Grundriß der Sozialpsychologie

Band 1

Grundriß der Sozialpsychologie

Band 1

Grundlegende Begriffe und Prozesse

von

Prof. Dr. Alexander Thomas

Regensburg

Verlag für Psychologie · Dr. C. J. Hogrefe

Göttingen · Toronto · Zürich

Satz: Druckvorlagen Bernert GmbH, Göttingen.
Druck und Bindung: Dieterichsche Universitätsbuchdruckerei
W. Fr. Kaestner GmbH & Co. KG, D-3400 Göttingen-Rosdorf.
Printed in Germany.
Auf säurefreiem Papier gedruckt.
ISBN 3-8017-0364-9

Vorwort

Das vorliegende Buch setzt in gewisser Weise die Tradition des bewährten und in zwei Auflagen (1974/1976) erschienenen Werkes von Mueller und Thomas „Einführung in die Sozialpsychologie“ fort. Als dieses Buch 1974 erschien, gab es einführende Werke zur Sozialpsychologie im deutschsprachigen Raum nur als Übersetzungen amerikanischer Originalausgaben. Ein Einführungsbuch, das einen Überblick über den aktuellen Forschungsstand lieferte und zugleich auch die sozialpsychologischen Beiträge der deutschsprachigen Psychologie ausreichend würdigte, fehlte.

Die beschleunigte Entwicklung des Faches Sozialpsychologie in den letzten 20 Jahren und das große Interesse, das den sozialen Bedingtheiten und sozialen Wirkungen menschlichen Erlebens und Handelns in der Psychologie und darüber hinaus in der breiten Öffentlichkeit entgegengebracht worden ist, führte zu einer Reihe deutschsprachiger Einführungswerke. Ein Vergleich zwischen ihnen zeigt zentrale Tendenzen. Erstens kristallisiert sich ein Kern an sozialpsychologischen Erkenntnissen heraus, auf deren Darstellung kein einführendes Werk mehr verzichten kann. Verbunden damit ist ein übereinstimmender Kanon zentraler Forschungsgebiete und behandelter Grundprozesse der Sozialpsychologie. Auf die Darstellung solcher grundlegenden Thematiken und sozialpsychologischen Prozesse konzentriert sich der vorliegende Band. Zum zweiten zeigt die Auswahl der referierten Forschungsbefunde, ihre Gewichtung im Gesamtkontext und ihre Interpretation die spezifische Sichtweise des Autors, seine wissenschaftstheoretische Position und seine fachspezifischen Schwerpunktsetzungen. In diesem Band wird das Grundanliegen der „Einführung in die Sozialpsychologie“ beibehalten und weitergeführt: „Wir gehen davon aus, daß sozialpsychologische Erkenntnisse nur auf dem Boden empirisch-wissenschaftlicher Forschung gewonnen werden können, wobei die Forschungsmethoden den vielfältigen praktischen Aufgaben der Sozialpsychologie verpflichtet sein müssen“ (Mueller & Thomas, 1974, S. 5). Drittens hat sich das Gebiet der allgemeinen und angewandten Sozialpsychologie so vielschichtig entwickelt, daß es in einem Einführungswerk allein nicht mehr annähernd lückenlos dargestellt werden kann. Selbst eine Beschränkung auf grundlegende Begriffe und Prozesse erfordert eine Auswahl des zu behandelnden Stoffes und eine beispielhafte Darstellung von Aspekten zentraler Probleme sozialpsychologischer Forschung. Zum weiterführenden und vertieften Studium der hier angesprochenen Themen muß der Leser auf die inzwischen zahlreich erschienenen thematisch orientierten Fachbücher zurückgreifen, auf die im Text verwiesen wird.

Da die Erkenntnisse sozialpsychologischer Forschung für vielfältige Praxisfelder zwischenmenschlichen Zusammenlebens von Bedeutung sind, soll das vorliegende Buch nicht nur Studenten im Hauptfach Psychologie, sondern auch allen Studierenden der Sozial-, Wirtschafts- und Erziehungswissenschaften ein fundiertes Wissen über sozialpsychologische Prozesse und Erscheinungen vermitteln. Einen Überblick über die Methoden und Ergebnisse sozialpsychologischer Forschung und ihre Anwendung bei der Lösung sozialer Probleme soll dieses Buch darüber hinaus auch den Pädagogen und Erziehern in der Jugend- und Erwachsenenbildung ermöglichen. Dies trifft ebenfalls zu für die an sozialpsychologischen Erkenntnissen interessierten und mit Aufgaben der Menschenführung, Mitarbeiterbeurteilung und Mitarbeiterberatung befaßten Berufstätigen in Wirtschaft, Industrie, Verwaltung und Politik.

Mein Dank gilt allen Mitarbeitern, die zum Gelingen des Buches beigetragen haben.

Alexander Thomas — Regensburg, im Juli 1990

Inhaltsverzeichnis

Kapitel VII: Einstellung und Einstellungsänderung

Kapitel VIII: Soziale Wahrnehmung und Kognition

Kapitel IX: Soziale Attraktion

Einleitung

Die Sozialpsychologie als Teilfach der Psychologie umfaßt Analysen und Erkenntnisse über die soziale Bedingtheit und die sozialen Folgen des Handelns und Erlebens einzelner Personen und kleiner Gruppen. In den letzten Jahrzehnten sind in der Psychologie, in den Sozialwissenschaften und im praktischen Handeln die soziale Bedingtheit und die sozialen Folgen menschlichen Verhaltens immer deutlicher erkannt worden. Es wurde eine solche Fülle oft widersprüchlicher Theorien, Modelle und Verhaltensregeln entwickelt, daß ein Überblick über die vorliegenden Erkenntnisse, ihre Einordnung und Bewertung nicht leicht fällt. Gerade die Entwicklung sozialpsychologischer Theorien zur Beschreibung und Erklärung dieser vielfältigen Zusammenhänge zwischen sozialen Handlungsbedingungen uns Handlungsfolgen, die zur Orientierung beitragen könnten, hat mit der schnellen Zunahme experimenteller Forschung und der Anhäufung sozialpsychologischer Einzelbefunde nicht Schritt gehalten. In dieser Situation soll das Buch eine gewisse Orientierungshilfe leisten, indem es durch anschauliche Darstellung wesentlicher Gedanken und Forschungsergebnisse eine Einführung in das Fachgebiet gibt. Dem Leser wird es so ermöglicht, in Erweiterung dieses gewonnenen Überblicks spezifischen Fragestellungen nachzugehen und Spezialarbeiten zu verstehen und einzuordnen. Dabei ist es ebenso ein Ziel, die soziale und historische Bedingtheit psychologischer Untersuchungen aufzuzeigen, wie auf die Bedeutung hinzuweisen, die psychologische Faktoren für das Verständnis gesamtgesellschaftlicher Vorgänge haben.

Das vorliegende Buch geht von zwei Grundgedanken aus, die als Grundannahme der Sozialpsychologie bezeichnet werden können: (1) Sowohl das Gesellschaftliche als auch das Individuelle und Persönliche ist unlösbar an den Stil des Miteinander-Umgehens der Menschen, an ihre Interaktionen gebunden. (2) Die aus den Interaktionen geschaffene soziale Umwelt entwickelt eine Eigengesetzlichkeit, die auf den einzelnen zurückwirkt und ihn bis in seine psychischen Grundfunktionen (Wahrnehmen, Denken, Empfinden und Handeln) hinein beeinflußt.

In zehn Kapiteln werden grundlegende Fragestellungen, Theorien und Begriffe der Sozialpsychologie behandelt sowie die grundlegenden psychischen Prozesse der sozialen Interaktion zwischen Individuum und seiner Umwelt analysiert.

Das erste Kapitel beschreibt Gegenstand und Aufgabe der Sozialpsychologie als Teilfach der Psychologie. Anhand von zwei Experimenten wird gezeigt, wie soziale Phänomene in der Sozialpsychologie untersucht werden, und zwar einmal mit einer stärkeren Betonung psychologischer und zum anderen mehr soziologischer Zielsetzung.

Das zweite Kapitel befaßt sich mit der geschichtlichen Entwicklung des Faches und den an seiner Entstehung beteiligten sozialen und gesellschaftlichen Veränderungsprozessen. Zudem wird ein Überblick über die bekanntesten sozialpsychologischen Theorien aus dem Bereich der kognitiven Theorien, der Gruppen- und Lerntheorien und der Motivations- und Informationsverarbeitungstheorien gegeben.

Mit dem dritten Kapitel beginnt die Darstellung zentraler Forschungsgebiete der Sozialpsychologie. Wenn die Aufgabe der Sozialpsychologie in der Analyse der sozialen Bedingungen und Wirkungen im menschlichen Verhalten und Erleben besteht, dann sollte folgerichtig eine Darstellung grundlegender Begriffe und Probleme mit der Behandlung der Interaktion und der Kommunikation beginnen. Interaktion findet immer unter dem Einfluß sozialer Normen und Rollen statt, die von sozialen Systemen, Gruppen und der Gesellschaft abhängig sind. Soziales Verhalten kommt zustande aufgrund der Wirkung sozialer Motive und ist bestimmt von individuellen Einstellungen, von Wahrnehmungsvorgängen und kognitiven Prozessen, wobei der sozialen Attraktion eine zentrale verhaltenssteuernde Funktion zukommt. Die Fähigkeit zur Interaktion und Kommunikation wird über den Prozeß des sozialen Lernens im Verlauf der lebenslangen Sozialisation erworben.

Das dritte Kapitel befaßt sich also folgerichtig zunächst mit den Bedingungen, Prozessen und Wirkungen der Interaktion und Kommunikation zwischen Individuen und in Gruppen. Dabei werden die unterschiedlichen Betrachtungsweisen von Interaktion und Kommunikation und die verschiedenen Interaktionsregeln dargestellt.

Das vierte Kapitel behandelt Aspekte der sozialen Norm und sozialen Rolle, soweit sie zur Beschreibung und Analyse sozialer Vorgänge unter sozialpsychologischer Perspektive bedeutsam sind.

Im fünften Kapitel werden Gruppen und Gesellschaft als soziale Systeme analysiert. Sie stellen einerseits Bedingungen und Determinanten individuellen und sozialen Verhaltens dar, und andererseits kann der Mensch auf sie aktiv gestaltend einwirken.

Das sechste Kapitel befaßt sich mit Formen und Prozessen der sozialen Motivation. Neben theoretischen Konzepten zur sozialen Motivation werden als spezifische Formen sozialer Motivierung das Hilfemotiv, Aggressionsmotiv, Machtmotiv und Anschlußmotiv behandelt.

Das siebte Kapitel beginnt mit einem Überblick über zentrale Themen und Probleme der Einstellungsforschung. Neben der vergleichenden Analyse verschiedener Auffassungen über Art und Funktion von Einstellungen und den Methoden zur Erfassung von Einstellungen werden Einstellungsresultate über den Wandel und die Sicherung von Einstellungen behandelt. Zudem wird das Problem der Beziehungen zwischen Einstellung und Verhalten diskutiert.

Das achte Kapitel behandelt die komplexen Prozesse der sozialen Wahrnehmung und Urteilsbildung. Hierbei wird besonders auf die kognitiven, motivationalen und situativen Einflüsse im Prozeß der sozialen Wahrnehmung näher eingegangen. In diesem Zusammenhang werden auch zentrale Ergebnisse der Attributionsforschung diskutiert.

Im neunten Kapitel werden die Bedingungen und Formen der sozialen Attraktion beschrieben. Es wird gezeigt, wie Menschen versuchen, sich gegenseitig zu beeindrucken und einen zuverlässigen Eindruck vom Interaktionspartner zu bekommen. In diesem Zusammenhang wird auch auf psychologische Aspekte von Freundschaft und Liebe als Formen interpersonaler Attraktion eingegangen.

Das zehnte Kapitel behandelt den Prozeß der Sozialisation als lebenslangen Vorgang in der Persönlichkeitsentwicklung. Zudem wird die Theorie des sozialen Lernens dargestellt und am Beispiel pro-sozialer Verhaltensleistungen die Wirkung des Modellernens demonstriert.

Jedes Kapitel enthält zum Schluß eine Zusammenfassung zentraler Inhalte, Angaben über weiterführende Literatur zum behandelten Thema und problemorientierte Fragen zur Selbstüberprüfung des gewonnenen Erkenntnisstandes.

Kapitel I

Gegenstand, Aufgabe und Ortsbestimmung der Sozialpsychologie

Eine Einführung in die Sozialpsychologie muß von einer Bestimmung des Gegenstandes, der Aufgaben und der Stellung der Sozialpsychologie als einer interdisziplinären Wissenschaft zwischen Psychologie und Soziologie ausgehen. Es ist inzwischen unbestritten, daß die Sozialpsychologie eine auf empirisch-wissenschaftlichen Methoden fußende Wissenschaft ist, die einerseits die soziale Bedingtheit und die sozialen Folgen individuellen Handelns und Erlebens analysiert, und andererseits die Bedeutung des „subjektiven Faktors“ im gesellschaftlichen Geschehen zu erfassen sucht. Damit werden zugleich die Grundlagen zur Schulung sozialen Verhaltens gelegt. Gerade diese, für die Sozialpsychologie so bezeichnende Polarität zwischen individuellen und gesellschaftlichen Bedingungen und Wirkungen menschlichen Handelns durchzieht wie ein roter Faden die sozialpsychologische Forschung und den Text dieser Einführung.

Gegenstand der Sozialpsychologie

Es besteht weitgehend Einigkeit unter den Forschern, daß die sozialpsychologische Forschung sich mit den sozialen Einflußfaktoren auf individuelles und gruppenspezifisches Verhalten und Erleben befaßt. Während der Gegenstand der psychologischen Forschung allgemein in den psychischen Grundlagen menschlichen Verhaltens und Erlebens besteht, wie sie in der Wahrnehmung, im Denken, in den Gefühlen, in Motiven, im Lernen, in der Bewegung und im Handeln wirksam werden, betrachtet die Sozialpsychologie diese Grundlagen unter dem spezifischen Aspekt des Sozialen. Zentrale Fragen sozialpsychologischer Forschung sind dabei z. B.:

Wie beeinflußt eine real-anwesende oder nur vorgestellte Person oder Personengruppe das Wahrnehmen, Denken, Urteilen, Empfinden, Lernen usw. des Handelnden?

Welchen Einfluß hat eine bestimmte soziale Umwelt auf das individuelle Verhalten?

Wie versucht der Handelnde seine soziale Umwelt zu beeinflussen?

Dabei kann die soziale Umwelt nur aus einer Person, aus mehreren Einzelpersonen oder einer Gruppe bestehen. Die Person oder die Personen können in der Rolle des passiv Anwesenden auftreten oder sie können versuchen, den Handelnden selbst aktiv zu beeinflussen. Besonders wichtig ist hierbei die Unterscheidung, ob die beeinflussenden Personen für den Handelnden in der Handlungssituation wahrnehmbar vorhanden sind oder nur vorgestellt werden. Eine soziale Beeinflussung erfolgt selbst dann, wenn der Handelnde für ihn bedeutsame Personen nur in seiner Vorstellung lebendig werden läßt.

Es ist allerdings eine zu einseitige Betrachtung des Gegenstandes sozialpsychologischer Forschung, wenn man sich den Handelnden als lediglich passiv der Beeinflussung durch die soziale Umwelt ausgesetzt vorstellt. Der einzelne selbst ist an diesem Beeinflussungsprozeß aktiv beteiligt, so daß in einer konkreten Handlungssituation immer die Interaktion zwischen Handelndem und seiner sozialen Umwelt, bestehend aus Einzelpersonen oder Gruppen, für die sozialpsychologische Forschung von Bedeutung ist.

Schon am Beispiel des nachweislich ersten sozialpsychologischen Experiments (Triplett, 1898) läßt sich zeigen, wie ein Gegenstand, ein Thema, eine Fragestellung für sozialpsychologische Forschung zugänglich wird. Triplett, Psychologe an der Universität von Indiana (USA), interessierte sich für die zu seiner Zeit sehr populären Radrennen. Beim Studium der Rennberichte amerikanischer Radwettkämpfe fiel ihm auf, daß die Fahrtzeiten immer dann kürzer waren, wenn die Rennfahrer gegeneinander um die Wette fuhren, als wenn sie einzeln nach Zeit die Rennstrecke zurücklegten. Sind also mehrere Fahrer gleichzeitig auf der Rennstrecke, so ist die für eine bestimmte Distanz benötigte Fahrtzeit geringer, als wenn nur ein Fahrer sich bemüht, die Strecke so schnell wie möglich zu durchfahren. Triplett erklärte sich diesen Effekt damit, daß die Wettkampfkonkurrenten den einzelnen Fahrer stimulieren, eine noch höhere Leistung zu erbringen als beim üblichen Zeitfahren. In verallgemeinerter Form entwickelte er aus diesem Erklärungsansatz die Theorie der Dynamogenese, die besagt, daß die Gegenwart anderer Personen die Antriebskräfte des Handelnden stimuliert (dynamisiert) und somit zur Leistungssteigerung führt.

Ausgehend von diesen Alltagsbeobachtungen aus dem Bereich des Sports und dem Versuch einer ersten Erklärung für den beobachteten leistungssteigernden Effekt entwickelte Triplett in der Folgezeit ein Laborexperiment, um die Gültigkeit seiner Theorie zu prüfen. Er ließ Kinder Angelschnüre aufwickeln, wobei die eine Hälfte der Kinder diese Tätigkeit für sich allein durchzuführen hatte, und die andere Hälfte sie im Wettbewerb mit den anderen Kindern ausführte. Das Ergebnis fiel eindeutig aus: die Kinder, die ihre Aufgabe unter Wettbewerbsbedingungen zu erfüllen hatten, wickelten die Angelschnüre schneller auf als die Kinder, die für sich alleine die Aufgabe erledigen mußten. Triplett folgerte daraus, daß es ein allgemein gültiges Gesetz der sozialen Förderung oder Bahnung (social facilitation) geben müsse, das in jeder Situation wirksam ist, in der eine Leistung in Anwesenheit anderer Personen erbracht werden muß. In weiteren Experimenten konnte eine Leistungssteigerung auch dann nachgewiesen werden, wenn andere Personen nur als Zuschauer anwesend waren oder im selben Raum andere Tätigkeiten ausführten. Selbst dann, wenn Mitkonkurrenten nicht physisch, also für den Probanden sichtbar, anwesend waren, sondern nur vom Versuchsleiter mitgeteilt wurde, in einem Nachbarraum fänden zur gleichen Zeit ähnliche Untersuchungen statt und der Proband solle sich anstrengen, um mithalten zu können, erfolgte eine deutliche Leistungssteigerung.

Wenn auch die von Triplett durchgeführten statistischen Analysen heutigen Standards nicht mehr entsprechen (Lück, 1969), so konnte in Folgeuntersuchungen sehr wohl die Wirksamkeit sozialer Stimulation in Verhaltensbereichen wie physische Kraft- und Schnelligkeitsleistung, Handgeschicklichkeit, senso-motorische Koordinationsfähigkeit, Schmerztoleranz, Gedächtnis- und Aufmerksamkeitsleistung und bei Problemlöseaufgaben statistisch gesichert werden. Es sei der Vollständigkeit halber schon an dieser Stelle erwähnt, daß neben den leistungsfördernden auch leistungsmindernde Wirkungen durch anwesende Personen festgestellt werden konnten. Erst Zajonc (1965) gelang auf der Basis eines triebtheoretischen Modells eine Erklärung für diese widersprüchlichen Befunde. Er stellte fest, daß die Anwesenheit anderer Personen als Zuschauer oder Leistungskonkurrenten zu einer Erhöhung des physiologischen Erregungsniveaus führt, mit der Folge, daß der Akteur auf den gegebenen Reiz (Aufforderung, eine spezifische Aufgabe zu bearbeiten) bevorzugt die im Rahmen seines Verhaltensrepertoires wahrscheinlichste, dominante Reaktion zeigt. Diese dominante Reaktion ist leistungsfördernd, wenn sie zur Aufgabenerfüllung beiträgt, und leistungshemmend, wenn andere, nicht dominante Reaktionen adäquater wären.

Die hier geschilderten Beobachtungen aus dem Bereich des Leistungssports und die laborexperimentellen Untersuchungen betonen zwar die Beeinflussung des Akteurs durch die Zuschauer, doch zeigt jede spannende Sportveranstaltung deutlich, wie die Spieler auch die Zuschauer beeinflussen. Sportliche Leistungen reißen die Zuschauer beifallklatschend von den Sitzen, Fehlleistungen provozieren bei ihnen Enttäuschungen, Wut und Mißfallensbekundungen. Diese Reaktionen wirken auf die Spieler dynamisierend oder demoralisierend. Eine solche Sportler-Zuschauer-Interaktion besteht in einem fein aufeinander abgestimmten Wechselspiel gegenseitiger, interdependenter sozialer Beeinflussungen, die dem Sportspiel erst die gewünschte Spannung verleihen.

Es läßt sich festhalten, Gegenstand sozialpsychologischer Forschung sind die Reaktionen des Individuums auf soziale Beeinflussungen, wobei die zu erfassenden und zu analysierenden Reaktionen aus Gedanken, Gefühlen, Handlungen und Verhaltensweisen bestehen können. Die Wirkfaktoren sozialer Beeinflussung, also die sozialen Stimuli, umfassen alles, was durch wirkliche, erwartete oder vorweggenommene, antizipierte Anwesenheit anderer Personen vermittelt und angeregt wird.

Die im folgenden genannten zentralen Themen der Sozialpsychologie (Steiner, 1979) zeigen, daß die sozialpsychologische Forschung außerordentlich vielfältige Problembereiche umfaßt und nicht einem einheitlichen Konzept folgt, obwohl die Themenliste keineswegs vollständig ist. Als zentrale Forschungsthemen sind zu nennen:

1. Sozialer Einfluß:
— soziale Aktivierung
— Konformität
— Gruppendruck
— Macht
— Einfluß durch Majoritäten und Minoritäten

2. Interaktion und Kommunikation:
— Interaktion in Gruppen und zwischen Gruppen
— Gruppenentscheidung und Gruppenleistung
— Kooperation und Wettbewerb
— Interaktion und Konflikt
— Führung
— sozialer Vergleich
— verbale und nonverbale Kommunikation
— Sprache
— Kommunikation zwischen Personen
— Kommunikation in und zwischen Gruppen
— Austausch positiver und negativer Verhaltenskonsequenzen
— Massenkommunikation

3. Soziale Motivation und Emotion:
— sozialer Anschluß und soziale Attraktion
— Sympathie und Ablehnung
— Freundschaft
— Hilfsbereitschaft
— Aggressionsmotiv
— Machtmotiv
— Reaktanz (Widerstand gegen Freiheitseinschränkung)

4. Soziale Normen:
— Normentwicklung und Normveränderung
— Internalisierung von sozialen Normen
— Norm-Rolle-Status
— Gegenseitigkeits- und Fairneßnorm
— Gerechtigkeitsnorm

5. Einstellung:
— Einstellungsmessung
— Einstellungsänderung
— Einstellung und Verhaltensvorhersage

— Konsistenz sozialer Urteile
— Reduktion von Dissonanz
— Assimilation und Kontrast

6. Soziale Wahrnehmung und Attribution:
— soziale Mitbedingtheit der Wahrnehmung
— Personenwahrnehmung und Eindrucksbildung
— Selbstwahrnehmung
— Stereotype und Vorurteile
— Ursachenzuschreibung (Attribution) für das Verhalten anderer Personen und eigenes Verhalten
— Alltagstheorien, „naive" Theorien sozialen Verhaltens

7. Soziales Lernen und Sozialisation:
— soziale Verstärkung
— soziale Belohnung und Bestrafung
— Imitations- und Modellernen
— Sozialisationstheorien
— Sozialisationsziele
— Formen der Sozialisation
— Sozialisationsinstanzen

Die wechselseitige Beeinflussung zwischen Individuum und seiner sozialen Umwelt, bestehend aus einzelnen Personen, aus Ansammlungen vieler Personen, Massen, Verbänden und aus Gruppen, auf dem Hintergrund der Wechselwirkungen mit der nicht-sozialen Umwelt, der Natur und Kultur, wird in

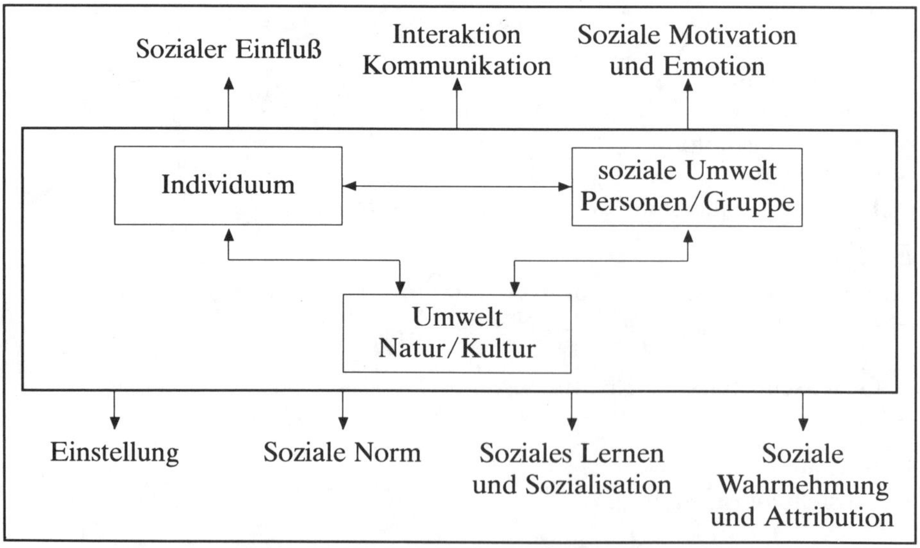

Abbildung 1: Gegenstandsbereiche sozialpsychologischer Forschung

der sozialpsychologischen Forschung unter verschiedenen Blickwinkeln betrachtet. Eine Analyse dieses Kräftedreiecks unter dem Blickwinkel des sozialen Einflusses läßt andere Themen und Probleme in den Vordergrund treten, wie z. B. Leistungsbeeinflussung durch andere Personen oder Konformitätswirkungen, als wenn Prozesse des sozialen Lernens und von Sozialisationswirkungen in ihren Auswirkungen auf die Beziehungen im Kräftedreieck Individuum-soziale Umwelt-gegenständliche Umwelt untersucht werden.

Die Geschichte sozialpsychologischer Forschung zeigt, daß zu verschiedenen Zeiten unterschiedliche Forschungsschwerpunkte gesetzt wurden, daß bisher wenig beachtete Themen in den Vordergrund treten, wobei das Interesse an anderen Themen nachläßt und die Betrachtungsrichtungen sich vielfach überschneiden können. Auch lassen sich nicht alle sozialpsychologisch relevanten Untersuchungsthemen eindeutig einem der in Abbildung 1 eingetragenen Gegenstandsbereiche zuordnen. So kann die Analyse der Bedingungs-, Verlaufs- und Wirkungsweisen des Erlebens von Einsamkeit unter dem Aspekt der sozialen Motivation und Emotion als Auswirkung des unbefriedigten Bedürfnisses nach sozialem Anschluß und sozialer Attraktion, aber auch unter dem Gesichtspunkt soziale Wahrnehmung, Selbst- und Personenwahrnehmung, Attribution und soziale Kognition untersucht werden (Thomas, 1984).

Widersprüchliche Untersuchungsresultate, konkurrierende sozialpsychologische Theorien oder kontroverse wissenschaftliche Diskussionen um die Begründung von Zusammenhängen, die den an gesicherten sozialpsychologischen Forschungsergebnissen interessierten Leser, nicht selten aber auch den Fachmann verwirren, lassen sich oft besser einordnen und verstehen, wenn die Resultate und die Argumentation unter dem Aspekt des Perspektivenwechsels betrachtet und analysiert werden.

Aufgaben der Sozialpsychologie

Die Sozialpsychologie hat, wie jede Wissenschaft, nicht nur einen Gegenstand, mit dem sie sich beschäftigt, sondern auch im wissenschaftlichen und gesellschaftlichen Gefüge eine Aufgabe zu erfüllen. Die Wissenschaften und die vielfältigen Bemühungen der Forscher um das Auffinden und Erklären lebensrelevanter Zusammenhänge und Regelmäßigkeiten sollen letztlich dem Menschen dienen. Mit Hilfe wissenschaftlicher Erkenntnisse soll der Mensch sich selbst, seine Umwelt und seine vielfältigen Beziehungen zur Umwelt besser verstehen. Er soll zudem in der Lage sein, sein Leben so zu organisieren wie er es wünscht und daß es den Erfordernissen der sozialen Umwelt und den Bedingungen von Natur und Kultur gerecht wird.

Daraus ergeben sich zwei grundlegende Aufgaben der Sozialpsychologie:

(1) Einsichten vermitteln in die Bedeutung der individuellen Einflußfaktoren im sozialen Interaktionsgeschehen. Erkenntnisse gewinnen und vermitteln

über den Einfluß des Individuums auf die Umwelt und die Beeinflussung individuellen Verhaltens und Handelns durch die Umwelt.

(2) Entwicklung von Trainingsmethoden und Schulung der Fähigkeit zur individuellen Selbstverwirklichung in sozialen Situationen und zur Integration in Gruppen und in soziale Bezüge.

Individuum und Gesellschaft

Man kann es als Aufgabe von Soziologie und Politikwissenschaft ansehen, das Funktionieren sozialer Systeme einsichtig zu machen, z. B. das Leben in einer Stadt zu analysieren, den Einfluß der sozialen Schichtung auf die soziale Mobilität in einer Gesellschaft zu untersuchen oder die Zusammenhänge zwischen Formen der Arbeitstätigkeit und Freizeitgestaltung zu analysieren. Die Psychologie würde dagegen für sich in Anspruch nehmen, die einzelnen Verhaltensakte des Menschen zu beschreiben und zu erklären, z. B. die unterschiedlichen Verhaltenskonsequenzen bei Hoffnung auf Erfolg und Furcht vor Mißerfolg zu bestimmen (Heckhausen, 1980) oder zu untersuchen, wie ein produktiver Denkprozeß verläuft (Wertheimer, 1945).

Soziologie und Psychologie haben damit jeweils einen eigenen Phänomenbereich oder, wie man auch sagt, ein ihnen gemäßes Abstraktionsniveau. Da aber der einzelne in einer Gesellschaft lebt, die Gesellschaft aber wiederum aus einzelnen besteht, bedarf es der Vermittlung zwischen den soziologischen und psychologischen Aspekten, und das versucht die Sozialpsychologie zu leisten. Sie ist bemüht, zwischen beiden Bereichen eine Beziehung herzustellen und das Verhältnis von Individuum und Gesellschaft einsehbar und verständlich zu machen.

Aus dem folgenden Zitat wird deutlich, wie sehr das Individuum sozialen Einflüssen ausgesetzt ist:

„Erstens hat aber noch nie jemand ein Verzeichnis der ursprünglichen oder unsozialisierten Neigungen aufstellen können, das mehr als nur geteilten und zeitweiligen Beifall gefunden hätte. Zweitens hat sich der Begriff einer ‚ursprünglichen menschlichen Natur' als außerordentlich unklar und dunkel erwiesen" (Cohen, 1972, S. 107).

Daneben steht das folgende Zitat, in dem die Autonomie und Freiheit des Menschen von sozialen Zwängen betont wird:

„Das Individuum geht niemals vollständig in seiner Gesellschaft auf, stimmt nicht vollständig mit ihr überein, ist nicht vollständig aus seiner Gesellschaft heraus zu erklären... und selbst, wenn der Mensch sich danach sehnt, total in ihr aufzugehen und sich von ihr beherrschen zu lassen, wird es ihm nicht vollständig gelingen. Anders als die Zellen des Organismus ist das Individuum eine sich selbst bestimmende Einheit mit der Fähigkeit zur Selbstverwirklichung" (MacIver, 1965, S. 412).

Die Sozialpsychologie ist bestrebt, das Verhältnis Individuum-Gesellschaft in doppelter Hinsicht aufzuklären:

Erstens wird versucht zu zeigen, inwieweit das sogenannte „Individuelle" ein Resultat gesellschaftlicher Prozesse ist. So hat sich erwiesen, daß Verhaltensweisen, die oft mit persönlichem Fehlverhalten und Versagen ursächlich verbunden werden, wie z. B. Leistungsversagen oder Formen abweichenden sexuellen Verhaltens, mehr das Resultat spezifischer gesellschaftlicher Strukturen und deren Wirkungen sind, wie z. B. Schichtspezifität von Bildungschancen oder sozial bedingte Sexualnormen. Zum zweiten aber kommt es darauf an, dem einzelnen zu zeigen, daß soziale Zwänge und Mechanismen, die er als für sich bindend und seinem eigenen Einfluß entzogen ansah, durch individuelles Handeln geändert und umstrukturiert werden können. So haben beispielsweise die Forschungen über die Entwicklung und Festigung der Autorität eines Führers in der Gruppe gezeigt, daß diese Autorität in erheblichem Maße von der Bereitschaft der Geführten abhängt, sie anzuerkennen und ihr zu folgen. Ebenso haben die Forschungen über die Wirkung sozialer Rollen und Normen deutlich gemacht, daß durch sie weniger spezifisches Verhalten determiniert wird als vielmehr ein Bereich abgesteckt wird, innerhalb dessen sich der einzelne nach seinen eigenen Wünschen und Bedürfnissen bewegen kann (Tenbruck, 1961; Sader, 1969). Darüber hinaus lassen sich nicht einmal die Rollen und Normen selbst als statische, festgefügte und unwandelbare Verhaltensspielräume und Verhaltensnormen bestimmen. Die soziale Wirklichkeit kennt ebenso gut das Aushandeln von Rollen, die subjektive oder gruppenspezifische Rolleninterpretation und die bewunderte und tolerierte Normabweichung, aus der nicht selten die Kräfte zur Neudefinition sozialer Normen erwachsen (Biddel, 1979; Moscovici, 1979).

Wenn es der Sozialpsychologie gelingt, verständlich zu machen, wie soziale Prozesse das individuelle Verhalten bestimmen und wie der einzelne seine soziale Umwelt beeinflussen kann, so wird damit das Individuum von einem Teil seiner „Schuld" für persönliches Fehlverhalten befreit. Der Handelnde kann zudem erkennen, in welchen Freiräumen er sich ungezwungen bewegen kann und welche Handlungsspielräume er sich selbst oder zusammen mit anderen schaffen kann. Ziel einer so verstandenen Sozialpsychologie ist die Förderung der Chancen zur Selbstverwirklichung, die Entwicklung von Ich-Stärke, die Identifikation des einzelnen gegenüber der Gesellschaft und die Förderung einer bewußten und reflektierten Integration in Gruppen, Gemeinschaften und in die Gesellschaft, im Unterschied zur unwissenden und unreflektierten Integration.

Schulung sozialen Verhaltens

Schon die Alltagserfahrung lehrt, daß Einsicht in soziale Zusammenhänge nicht notwendigerweise auch Veränderungen des Denkens und Handelns zur Folge hat. Selbst wenn man annimmt, daß Einsicht eine Einstellungsänderung bewirkt, dann hat es sich doch als unerwartet schwierig erwiesen, von einer solchen Einstellungsänderung auf Modifikationen im Verhalten zu schließen (Festinger, 1978; Stroebe, 1980). Aus der Einstellungsforschung sind eine ganze Reihe von Gründen für diesen Mangel an Übereinstimmung zwischen Einstellung und Verhalten bekannt, aber ein besonders wichtiger liegt darin, daß es dem einzelnen an der Fertigkeit mangeln kann, seinen Einstellungen entsprechend wirksame Handlungen folgen zu lassen.

So zeigten beispielsweise Untersuchungen über Erziehungsstile immer wieder, daß Lehrer zwar einem sozial-integrativen, die Bedürfnisse des Kindes mit berücksichtigenden Erziehungsstil sehr positiv gegenüber eingestellt waren und glaubten, ihn weitgehend zu praktizieren, was aber nicht der Realität entsprach. In der Unterrichtssituation zeigten sie eher einen autokratischen, d. h. anweisungs- und leistungsorientierten Erziehungsstil. Selbst wenn den Lehrern verschiedene Formen des Erziehungsverhaltens einsichtig gemacht wurden, man ihnen sogar ihr eigenes Interaktionsverhalten mit den Schülern im Film vorführte und sie auf die Differenzen zwischen dem von ihnen selbst gewünschten Erziehungsstil und dem praktizierten Erziehungsverhalten aufmerksam machte, konnten sie erst mit Hilfe der in einem gesonderten Verhaltenstraining erworbenen Fertigkeiten den erstrebten Erziehungsstil unterrichtswirksam einsetzen (Tausch, 1979).

Vielen Menschen fehlt nicht allein der gute Wille, das zu tun, was sie für richtig halten, sondern es mangelt ihnen an wirksamen, zielförderlichen Fertigkeiten. Von daher gesehen läßt sich für die Sozialpsychologie die Aufgabe stellen, dem veränderten Bewußtsein Mittel in die Hand zu geben, sich in der sozialen Umwelt durchzusetzen. Wie stellt man es an, daß einem die in der Gesellschaft bestehenden Handlungsspielräume auch zugänglich sind? Wie lassen sich Freiräume erweitern? Wie erzielt man Veränderungen in den Einstellungen und Verhaltensweisen seiner Interaktionspartner? Ganz konkret: Wie kann man sich mit seiner Meinung in einer Diskussionsgruppe durchsetzen? Was kann man tun, damit Vorgesetzte auf die eigenen Arbeitsleistungen aufmerksam werden und sie würdigen?

Der Schulung sozialer Fertigkeiten widmet sich die auf den Ergebnissen der Kleingruppenforschung aufbauende und auf Kurt Lewin (1947 a, b/1948; Graumann, 1985) zurückgehende Gruppendynamik, deren Methoden auf die Schulung des sozialen Verhaltens abzielen. Hinzu kommen Methoden des Kommunikations- und Interaktionstrainings (Mandel et al., 1971; Bach & Wyden, 1968) und vielfältige Verfahren aus dem Bereich der Gruppentherapie, der Selbsterfahrungsgruppen, des Psychodramas und Rollenspiels u. ä. (Dunckel & Rummel, 1983). Alle diese Methoden der Schulung sozialen Verhaltens sind insofern als Methoden wertfrei, als sie dazu dienen können, den einzelnen an die Gruppe anzupassen, ihn aber auch befähigen können, unerwünschtem Gruppendruck zu widerstehen und eigene Interessen in Konkurrenz mit anderen durchzusetzen. Das Ziel der Schulung sozialer Fertigkeiten und sozialer Handlungsbereitschaft sollte darin bestehen, die Individualität des einzelnen gegenüber den Anpassungszwängen der sozialen Umwelt zu stärken, doch sollte zugleich auch die Fähigkeit zur bewußten und reflektierten sozialen Integration gefördert werden.

Gegenüber einer zu einseitigen Betonung der Individualität und Durchsetzungsfähigkeit des einzelnen gegenüber Ansprüchen und Erwartungen der sozialen Umwelt wird die Sozialpsychologie zukünftig stärker als bisher wieder Kräfte der Gruppenbindung und sozialen Interaktion zu erforschen und zu schulen haben. Eine aktive und produktive Auseinandersetzung des Individuums mit seiner sozialen Umwelt in unserer Gesellschaft bedarf spezifischer Fertigkeiten in beiden Richtungen: Fertigkeiten zur Stärkung der Individualität und Selbstbehauptung und Fertigkeiten zur sozialen Bindung an Personen und Gruppen und zur Integration in soziale Beziehungsgefüge.

Ortsbestimmung der Sozialpsychologie

Wie bereits angedeutet, stellt die Sozialpsychologie eine Verbindung dar zwischen den Denkmodellen der Soziologie und der Psychologie. Ihr kommt eine zwischen dem mehr makro-analytischen Vorgehen der Soziologie und dem eher mikro-analytischen Ansatz der Psychologie vermittelnde Funktion zu, indem sie sich auf die im einzelnen Individuum ablaufenden psychischen Prozesse konzentriert, die durch soziale Determinanten angeregt und beeinflußt sind.

Die Auseinandersetzungen um eine eindeutige Ortsbestimmung der Sozialpsychologie zwischen Psychologie und Soziologie wurden besonders heftig geführt, als die Sozialpsychologie sich als eigenständige Disziplin innerhalb der Psychologie zu etablieren begann, was nur mit erheblichen Anstrengungen gelang. So wurde beispielsweise erst 1961 der erste Lehrstuhl für Sozialpsychologie in Köln eingerichtet. Ein Überblick über die verschiedenen Bemühungen um eine klare Ortsbestimmung der Sozialpsychologie findet sich im Wörterbuch der Soziologie (Bernsdorf, 1969):

„Innerhalb der Psychologie mußte sich die Sozialpsychologie mit einiger Anstrengung etablieren. Die Soziologie, vor allem in Amerika, kam ihr entgegen; das zeigen theoretische Bemühungen (G.H. Mead, 1934; Parsons & Shils, 1959) wie empirische Untersuchungen. Diese überschneiden sich in Themenwahl und Methodik so stark mit sozialpsychologischen Arbeiten, daß dem ersten Blick nicht die Integration der beiden Wissenschaften, sondern ihre Unterscheidung problematisch erscheint. Krech und Crutchfield (1948) hatten Sozialpsychologie als Wissenschaft vom Verhalten des Individuums in der Gesellschaft definiert. Francis (1965) griff diese Bestimmung auf und schlug vor, den Trennungsstrich zwischen Untersuchungen der Persönlichkeit und der Kleingruppenforschung zu ziehen und diese der Mikrosoziologie zu überlassen. Gegen diese verlockend einfache Unterscheidung ist einzuwenden, daß nicht nur in Untersuchungen über das Verhalten einzelner Gruppenmitglieder zueinander, sondern auch in Studien über die Leistungen von Gruppen verschiedener Struktur, in denen ganze Gruppen miteinander verglichen werden, psychologische Faktoren eine entscheidende Rolle spielen (z. B. Mulder, 1959). Oft wurde die Kategorie der ‚Rolle' als Grenzbrücke zwischen Soziologie und Sozialpsychologie bezeichnet. Dahrendorf (1958) hält eine systematische Scheidung zwischen den Arbeitsbereichen der beiden Disziplinen anhand eines Begriffs von Rolle als Bündel von Verhaltenserwartungen für denkbar, wobei er voraussetzt, daß der Soziologe Rollen als irreduzible Elemente seiner Analyse betrachten kann, während der Sozialpsychologe, nach der Wirkung von Rollen auf individuelles Verhalten fragend, sie auflösen und auf psychologisch faßbare Komponenten reduzieren muß. Damit ist natürlich nur ein Programm der Arbeitsteilung entworfen. Nachzuweisen wäre vor allem, ob eine Soziologie, die sich streng an diese Regeln hielte, über reine Beschreibung hinaus zu ausreichenden Erklärungen und Vorhersagen gelangen könnte. (...) Das Problem rührt an die Kardinalfrage der Soziologie: In welcher Richtung soll sie nach den Ursachen und Vermittlungen sozialer Phänomene suchen — sie, die ihre Legitimation als selbständige Wissenschaft gegenüber der Psychologie aus der augenfälligen Diskrepanz zwischen den wie immer ineinander verrechneten Verhaltensweisen einzelner und dem Charakter gesellschaftlicher Prozesse zieht, die aber (...) die Gesellschaft dennoch aus Individuen konstituiert sieht. Parons' Antwort ist die Bemühung um eine generell gültige Theorie vom sozialen Handeln, zu der nach seiner Auffassung Psychologen und Soziologen dadurch beitragen können, daß sie die gleichen Begriffe auf verschiedenem Abstraktionsniveau verwenden. Der Fortschritt ihrer Wissenschaft würde dann voraussichtlich zu einer Annäherung der beiden Abstraktionsebenen führen und den Unterschied zwischen ihnen schließlich aufheben. (Die Sozialpsychologie darf nicht davon ablassen) die Verbindung zur Soziologie zu suchen, wenn sie nicht selber wieder in unverbindlichen Psychologismus zurückfallen will. Warnende Beispiele bieten viele Industrieuntersuchungen, die sich auf die Bedeutung informeller Gruppenbildungen konzentrierten und darüber die objektiven Bedingungen dieser Gruppenphänomene und des Arbeitsprozesses aus den Augen verloren" (S. 1053—1054).

Im psychologischen Wörterbuch (Dorsch, 1982, S. 632) findet sich folgende ergänzende Anmerkung zu diesem Thema:

„Ziemlich häufig wird Sozialpsychologie auch heute noch als Teil der Soziologie verstanden, während sich die Besinnung auf ihre eigentliche Aufgabe nur zögernd durchzusetzen scheint: statt auf der höheren Analyse-Ebene mit soziologischen Begriffen zu erklären, wird die Erklärung auf die psychologische Analyse-Ebene zurückgeführt, d. h. mit Begriffen des individuellen Verhaltens in der Wechselwirkung mit anderen Individuen oder deren Erzeugnissen (z. B. den Symbolen, den sprachlichen Zeichen und Inhalten) gearbeitet. Man könnte Sozialpsychologie als das Ganze der Allgemeinen Psychologie auffassen, weil es kein menschliches Verhalten ohne sozialen Kontext gibt. Allport hält das zwar für theoretisch gerechtfertigt, aber etwas unpraktisch, weil es psychische Phänomene gebe, die man ohne explizite Berücksichtigung der sozialen Wechselwirkungen behandeln könne. (...) Aufgabe der Sozialpsychologie ist es also, globale Begriffe wie Rolle, Institution, Gruppe auf psychische Variablen zu reduzieren. Diese sicherlich sehr schwierige Arbeit macht Soziologie nicht überflüssig, sondern ist ein Bemühen auf anderer Analyseebene. Auch die Kulturpsychologie, die Nationalcharaktere, das kollektive Verhalten (Massen und soziale Bewegungen) sind legitime Themen der Sozialpsychologie, wenn sie entsprechend behandelt werden. Es geht um die Erklärung des Beitrages des einzelnen zu den Gruppenphänomenen sowie der Veränderung des einzelnen durch diese. Die Möglichkeit, Soziologie auf Psychologie zu reduzieren (Hummel & Opp, 1971), macht Soziologie also nicht überflüssig; im Verhältnis zur Sozialpsychologie ist sie vielmehr ebenso Hilfswissenschaft wie Linguistik oder Physik und Chemie".

Und im Wörterbuch der marxistisch-leninistischen Soziologie heißt es schließlich (J.W. Eichhorn et al., 1969, S.421/422):

„Sie (die Sozialpsychologie) setzt ihre Untersuchungen dort an, wo die ‚Kette' der gesellschaftlichen Determination der Individuen unmittelbar den einzelnen Menschen ‚erreicht', und dieses ist die vorwiegend unmittelbare Wechselwirkung der Individuen in konkreten Gruppen oder Kollektiven."

Anstelle weiterer theoretischer Erörterungen werden im folgenden zwei experimentelle Untersuchungen vorgestellt, die zeigen können, zu welchen Erkenntnissen einmal ein mehr psychologischer und zum anderen ein mehr soziologischer Forschungsansatz in der Sozialpsychologie führt.

Modelle sozialpsychologischer Forschung

Experiment über Gehorsamsleistung und Entscheidungsfreiheit

Die referierte Untersuchung stammt von Milgram (1964a, b, 1966, 1974), und die Untersuchungsfrage lautete: Wie verhalten sich Personen, die einem sozialen Druck ausgesetzt werden, anderen Menschen Schmerz zuzufügen? Die Arbeit ist Teil einer Serie von Experimenten zum Problem des Gehorsams.

Die experimentelle Situation besteht darin, daß eine in den Versuch eingeweihte Versuchsperson (Vp) und eine naive, nicht eingeweihte Vp eine dritte Person („Schüler") beaufsichtigen, die in einem anderen Raum angeblich mit einer Lernaufgabe beschäftigt ist. Vor der naiven Vp steht ein imposant wirkender Schock-Generator; auf diesem sind 30 Schalthebel mit Markierungen von 15—450 Volt in einer Reihe angebracht. Ferner sind entlang der Schalterreihe verbale Kennzeichen verteilt wie: „schwacher Schock“, „starker Schock“, „intensiver Schock“ und „Gefahr“. Jedesmal, wenn der „Schüler“ einen Lernfehler macht, wird er von der naiven Vp mit einem elektrischen Schock bestraft. Die eingeweihte Vp drängt nun im Laufe des Experiments darauf, daß der „Schüler“ mit immer stärkeren elektrischen Schlägen zu bestrafen ist. Der Versuchsleiter beobachtet, inwieweit die naive Vp auf die Vorschläge und Befehle der eingeweihten Vp zur Verstärkung der Elektroschocks eingeht oder sich ihnen wiedersetzt. Der „Schüler“ im anderen Raum ist ebenfalls eingeweiht. Er erhält in Wirklichkeit überhaupt keinen Elektroschock, sondern bedient lediglich ein Tonband, mit dem die angeblichen Reaktionen des „Schülers“ der naiven Versuchsperson übermittelt werden. Zuerst stöhnt der „Schüler“ auf dem Tonband, dann protestiert er, um schließlich zu verlangen, daß das Experiment abgebrochen wird. Bei Stromstößen bis zu 75 Volt gibt der „Schüler“ kein Zeichen des Unbehagens von sich, dann fängt er leicht an zu stöhnen. Bei 120 Volt möchte er das Experiment wegen Herzstörungen abbrechen. Bei 285 Volt antwortet der „Schüler“ mit einem unartikulierten Schrei, und von 300 Volt an gibt er überhaupt keine Antwort mehr.

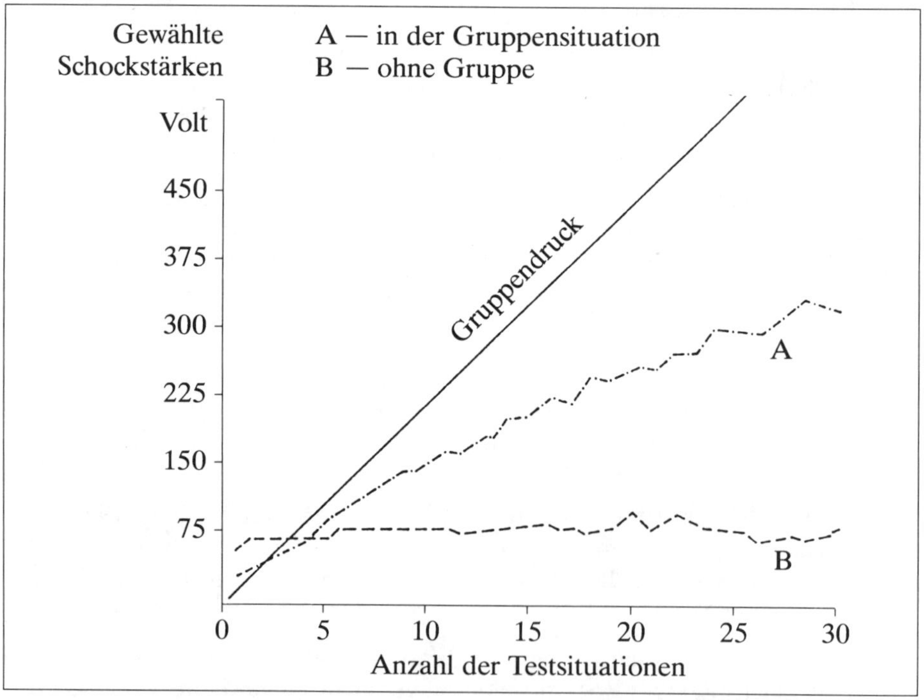

Abbildung 2: Ergebnisse des Milgramschen Konformitätsversuches: Durchschnittliche Schockstärken unter Versuchs- und Kontrollbedingungen im Verlauf von 30 Testsituationen

Natürlich enthielt das Experiment auch eine Kontrollgruppe. Sie diente dazu festzustellen, welche Schockstärken beim Fehlen eines Gruppeneinflusses von naiven Vpn gewählt werden. Hierbei wurden die Vpn instruiert, Lernfehler der Person im anderen Raum jedesmal mit einem Schock zu bestrafen und dabei Schockstärken anzuwenden, die sie für angemessen hielten.

Die Ergebnisse zeigen nun, daß die uneingeweihten Vpn dem Gruppeneinfluß eindeutig nachgaben: Die im letzten Versuchsstadium durchschnittlich angewendete Schockstärke war „sehr stark" (Schalthebel Nr. 14, das entspricht 210 Volt). Der Kontrollgruppendurchschnitt im gleichen Versuchsstadium zeigte dagegen nur „schwacher Schock" (45 Volt). Unter Gruppeneinfluß wendeten 10 von 40 Vpn Schockstärken von 375 Volt und darüber an, im Kontrollversuch taten das nur 2 von 40 Vpn. Die Abbildung 2 veranschaulicht die Ergebnisse in der Experimentalgruppe und der Kontrollgruppe.

Befragungen bei Psychologen und Psychiatern, aber auch bei Laien hatten ergeben, daß diese annahmen, die Versuchspersonen würden im Standardexperiment eine maximale Schockstärke von 135 Volt verabreichen. In vielen Untersuchungen zeigte sich aber, daß 62% der Versuchspersonen dem Versuchsleiter bis zu einer maximalen Schockstärke von 450 Volt gehorchten. Dieser Wert wurde dann erreicht, wenn das Opfer in einem Nebenraum untergebracht war und von der Vpn weder gesehen noch gehört werden konnte. Es zeigte sich aber auch, daß die Gehorsamsbereitschaft bis auf 30% zurückging, wenn die räumliche Distanz zwischen „Lehrer" und „Schüler" so weit reduziert wurde, daß sie sich gegenseitig berühren konnten, und wenn die Versuchsperson die Hand des „Schülers" auf eine Schockplatte drücken mußte, wenn dieser sich gegen die Bestrafung wehren wollte.

Es sei noch anzumerken, daß dieses Experiment große Verbreitung gefunden hat und lebhafte Diskussionen über Autoritätshörigkeit, Gehorsamserzwingung und Widerstand gegen Autoritäts- und Gruppendruck (Milgram, 1974, 1977; Günther, 1983), aber auch über ethische Probleme sozialpsychologischer Experimente hervorgerufen hat (Sbandi, 1973; Baumrind, 1972).

Experiment über Koalitionsbildung

Die hier beschriebene Arbeit wurde von Gamson durchgeführt und 1961 in der *American Sociological Review* veröffentlicht. Die Untersuchungsfrage lautete: Auf Grund welcher Gesetzmäßigkeiten schließen sich Personen zu Koalitionen zusammen?

Die experimentelle Situation bestand darin, daß Gamson Gruppen von fünf Vpn anwies sich vorzustellen, sie hätten politische Verhandlungen zu führen. Jede der fünf Vpn hatte eine „Hausmacht", die ihr eine gewisse Verhandlungsstärke gab. Die Hausmacht war definiert als Stimmenzahl im Parlament, die man kontrollierte. In diesem Spiel hatte das „Parlament" 101 Sitze. Drei

Vpn kontrollierten je 17 Stimmen, zwei Vpn kontrollierten je 25 Stimmen. Nun gibt es eine Theorie über die Formation von Koalitionen, die besagt, daß immer die Verhandlungspartner sich zusammenschließen werden, die die schwächste Hausmacht haben, die aber gerade für die geforderte Mehrheit vonnöten ist. In diesem Spiel wurde für einen parlamentarischen Sieg eine einfache Mehrheit gefordert. Es sollten sich also nach der Theorie der geringsten Einflußquellen die drei Vpn, die je 17 Parlamentsstimmen kontrollierten, zusammentun. Verteilten sich die Koalitionen nach dem puren Zufall, dann sollten sich die Koalition der drei Leute mit je 17 Parlamentsstimmen in 10% der Fälle finden. In dem Experiment ergab sich diese Koalition in 33% der Fälle. Das ist ein nicht zufälliges Ergebnis und stützt damit die Theorie, die besagt, daß sich die Schwachen zusammenschließen.

Vergleich der beiden Untersuchungen

Vergleicht man diese beiden Experimente, dann erscheint in der ersten Untersuchung von Milgram als Forschungsgegenstand die einzelne Person, das Individuum. Die Hypothese besagt, daß die psychologische Reaktion des Individuums von sozialen Faktoren beeinflußt wird, in diesem Fall von dem Druck zur Gehorsamsleistung, der von einer Autoritätsperson bzw. einer Gruppe ausgeht.

In dem Experiment von Gamson dagegen ist das Untersuchungsobjekt die Art der Koalition, die sich bildet. Eine Koalition ist eine Gruppe, kein Individuum. Die Variable, die den Koalitionsprozeß beeinflußt, ist die Hausmacht. Hausmacht ist aber ebenfalls keine psychologische Variable, sondern eine soziologische Gegebenheit.

Beides sind Untersuchungen, die in den Bereich der Sozialpsychologie fallen, aber jede liegt auf einem anderen Abstraktionsniveau, einmal auf dem Abstraktionsniveau des Individuums, das andere Mal auf dem Abstraktionsniveau der Gruppe. Je nach der Betrachtungsrichtung kann man von einer mehr psychologisch orientierten Sozialpsychologie oder von einer mehr soziologisch orientierten Sozialpsychologie sprechen. Die psychologisch orientierte Sozialpsychologie untersucht den Einfluß sozialer Faktoren auf die psychischen Prozesse des Individuums. Die soziologisch orientierte Sozialpsychologie dagegen beschäftigt sich mit den Gruppenprozessen als solche, wobei das Individuum nur das Element darstellt, das in den Gruppenprozeß mit eingeht. Der Gruppenprozeß selbst läßt sich aber nicht aus der Summe der individuellen Einzelprozesse erklären. Begriffe wie Gruppenstruktur, Gruppenzusammenhalt, Gruppenklima usw. sind eigenständige soziale Erscheinungen, die sich genauso wenig auf psychische Vorgänge im Individuum reduzieren lassen, wie sich individualpsychologische Vorgänge, wie z. B. das Erleben von Freude, Wut, Einsamkeit auf physiologische Prozesse reduzieren und durch sie erklären lassen.

Das Verhältnis von Allgemeiner Psychologie zur Sozialpsychologie

Hier ist die Frage zu stellen, was denn nun die Sozialpsychologie zum Verständnis menschlichen Verhaltens beiträgt. Was auch immer in dem Experiment von Milgram geschah, kann durch die Interaktion von drei Komponenten erklärt werden, (1) die Konstitution einer Person, (2) ihre erworbenen Eigenschaften und Gewohnheiten, (3) die soziale Bedeutung der Situation. Die Allgemeine Psychologie berücksichtigt zur Erklärung menschlichen Verhaltens einerseits die konstitutionellen Bedingungsfaktoren des Menschen (Kretschmer, 1977; Eysenck, 1967, 1985 und Überblick zur Thematik in Herrmann & Lantermann, 1985), und andererseits die erworbenen Eigenschaften. Die Sozialpsychologie fügt nun diesem Erklärungsmodell einen dritten Faktor hinzu, die „soziale Bedeutung" der Situation. Unter sozialer Bedeutung sind die Werte, Normen und Rollenerwartungen zu verstehen, die in einer gegebenen Situation verhaltensrelevant werden.

Aus den Forschungen der kulturvergleichenden Psychologie sind eine Fülle von Beispielen bekannt, die zeigen, wie Verhaltensweisen der Menschen in fremden Kulturen nur verständlich werden, wenn man die spezifische Bedeutung der sozialen Situation mit berücksichtigt. So berichtet beispielsweise Hofstätter (1963), daß bei einigen australischen Stämmen die Sitte vorherrscht, die alten und gebrechlichen Großeltern zu töten. Aus der Betrachtung unseres sozialen Bezugsrahmens heraus erscheint uns eine solche Handlung als unmoralisch und gewissenlos. Berücksichtigt man aber die primitiven Lebensumstände dieser Stämme, die ihr Überleben nur sichern können, wenn alle Mitglieder aktiv zum Lebensunterhalt beitragen, kommt man leicht dazu, dieses Töten als Milde und Mitleid zu interpretieren, das die Alten vor einem unwürdigen Dahinvegetieren bewahrt und zur Überlebenssicherung des Stammes beiträgt.

Diese Berücksichtigung der sozialen Bedeutung einer Situation hat die experimentelle Psychologie oft vernachlässigt. Sie ging von der Annahme aus, daß die von ihr untersuchten Phänomene alle in einem Bereich identischer sozialer Bedeutung auftraten. Zu Beginn der psychologischen Forschung war diese Annahme sicherlich berechtigt. Solange man sich mit Reaktionszeiten, sensomotorischen Koordinationsleistungen, psycho-physischen Reaktionen oder dem Erlernen sinnloser Silben beschäftigte, konnte man ziemlich sicher sein, Phänomene identischer sozialer Bedeutung zu untersuchen. Sobald aber die psychologischen Untersuchungen sich nicht nur auf individuelles Verhalten erstreckten, sondern Interaktionen zwischen Personen, größere Populationen bzw. das soziale Umfeld mit einbezogen und komplexere Verhaltensweisen studierten, ließ sich diese Annahme nicht länger halten.

Die soziale Bedeutung der Situation wurde in dem Augenblick ein wichtiges Thema, in dem die Psychologie das von sozialen Normen gesteuerte Verhalten zu untersuchen begann. Ein Beispiel für diese Themenstellung sind Untersuchungen über den Unterschied zwischen den Geschlechtern: Sind z. B. Mädchen klüger als Jungen? Diese Frage kann nicht beantwortet werden, ohne den sozialen Stellenwert und die soziale Bedeutung von Jungen und Mädchen im kulturell-gesellschaftlichen Kontext mitzuberücksichtigen. Selbst bei der ursprünglichen Interpretation der Befunde aus dem schon berichteten Experiment zur Gehorsamsbereitschaft von Milgram (1974) war die soziale Bedeutung der Versuchssituation für die beteiligten Personen zu wenig berücksichtigt worden. Die Tatsache, daß ein so überwältigender Prozentsatz von Vpn bereit war, den Anweisungen des VL gehorchend elektrische Schocks von scheinbar lebensgefährlichen Stärken zu verabreichen, wurde als Beispiel dafür interpretiert, daß unter sozialem Druck Menschen zu eindeutig unmoralischen, aggressiven Verhaltensweisen fähig sind und selbst dann nicht den Gehorsam verweigern, wenn sie gegen ihre moralische Überzeugung verstoßen. In einer Wiederholung des Milgram-Experiments durch Mixon (1972) in Form von Rollenspielen zeigte sich, daß für die Vp die Reaktion des VL auf die Schmerzensschreie des „Opfers“ und auf deren plötzliches Verstummen eine wichtige Information zur Situationsinterpretation darstellte. Der VL zeigte offensichtlich keine Beunruhigung, obwohl nach „gesundem Menschenverstand“ zu urteilen etwas mit dem Experiment nicht in Ordnung war. Anstatt unruhig zu werden und das Experiment abzubrechen, forderte der VL die Vp auf, weitere Stromstöße zu verabreichen, obwohl das „Opfer“ bereits zu schreien aufgehört hatte. Mixon konnte zeigen, daß die Vpn sich sofort weigerten, das Experiment fortzuführen, wenn der VL Zeichen der Unsicherheit und Betroffenheit über das Verhalten des „Opfers“ zeigte.

Mixon stützt die Interpretation dieses Resultats auf ein interaktionstheoretisches Konzept von Harré und Secord (1972): Seine Argumentation geht davon aus, daß der soziale Kontext den Ablauf sozialer Handlungen bestimmt. Das Verständnis, das eine Vp von der Versuchssituation gewinnt, also die handlungswirksame Bedeutung der Versuchssituation, ist für ihre Verhaltensinterpretation von großer Bedeutung. Offensichtlich wird einem VL in einer Versuchssituation zwar das Recht zugebilligt, seiner Vp leichte Schmerzen zuzufügen, er ist jedoch nicht berechtigt, den Versuch so weit zu treiben, daß bleibende psychische oder physische Schäden entstehen können. Zudem ist bekannt, daß in einem Experiment nicht alles so real ist wie es den Anschein hat, d. h. die Vp weiß, daß man evtl. mit Täuschungen rechnen muß. Das von den Schmerzensschreien des „Opfers“ völlig unberührte Verhalten des VL zeigt also der Vp den ordnungsgemäßen Ablauf des Experiments an und legitimiert so zum Weitermachen. Unsicherheit und Unruhe des VL dagegen zeigen ihr an, daß etwas nicht stimmt, daß etwas Unvorhergesehenes passiert ist und daß dem „Opfer“ womöglich tatsächlich etwas zugestoßen ist. Die Konsequenzen sind Abbruch der Strafhandlungen und Gehorsamsverweigerung. Dieses Beispiel zeigt auch, wie wichtig es für den Forscher ist, die experimentelle Situation als soziale Interaktionssituation zu behandeln und die Ergebnisse der subjektiven Interpretation der Versuchssituation durch die Vpn zu analysieren, um falsche Befundinterpretationen zu vermeiden. Zum anderen wird hierbei deutlich, wie unterschiedlich das Verhalten der Vpn sein kann, je nachdem, welche Bedeutung die Vpn der durch das Experiment geschaffenen sozialen Situation zuerkennen. Die Bedeutung der sozialen Situation wird faßbar in der subjektiven Interpretation der „Rolle", die den beteiligten Personen zugestanden wird, und in den „Regeln", nach denen sie zu interagieren haben.

Ohne Berücksichtigung des sozialen Kontextes und seiner Bedeutung für die beteiligten Personen bleiben Phänomene wie Gewissen und Moral als Determinanten sozialen Handelns völlig unverständlich. Die in der allgemein-psychologischen Forschung selbstverständliche Praxis, die Versuchsperson im Experiment nur als isoliertes Individuum zu behandeln, das den Anweisungen des Versuchsleiters blind folgt, hat die Sozialpsychologie als zu einseitig kritisiert. Die Untersuchungssituation als solche, selbst, ob im Experimentallabor oder in der Feldstudie, muß als soziale Interaktionssituation verstanden und selbst zum Gegenstand der Sozialpsychologie gemacht werden. Bungard (1980) schreibt dazu in seinem Buch mit dem bezeichnenden Titel „Die ‚gute' Versuchsperson denkt nicht":

„Die Laborsituation (wurde) selbst zu einem Gegenstand der Sozialpsychologie gemacht. Die Grundüberlegung war dabei, daß jedes Experiment notgedrungen eine soziale Interaktion zwischen Versuchsleiter (VL) und Versuchsperson (Vp) darstellt. Bei der Überprüfung sozialpsychologischer Hypothesen muß also grundsätzlich eine Konfundierung der experimentellen Variablen mit den interaktiven und kommunikativen Merkmalen der Erhebungssituation unterstellt werden. In den letzten beiden Jahrzehnten wurde unter dem Stichwort ‚Sozialpsychologie des Experiments' eine kaum noch zu übersehende Fülle von empirischen Studien publiziert, in denen der gravierende Einfluß dieser früher nur selten thematisierten sozialpsychologischen Variablen unter Beweis gestellt wurde" (S. 13).

Mit der Annahme, daß man auf die Erfahrung sozialer Bedeutungen im Experiment verzichten könne, da die psychischen Ereignisse sich immer in einem Bereich identischer sozialer Bedeutungen abspielten, umging die Allgemeine Psychologie natürlich viele „heiße Eisen". Solange man sich mit Reaktionszeiten, psychophysiologischen Reaktionen, visueller Wahrnehmung usw. befaßt, sind Probleme wie soziale Gerechtigkeit, Konformität, Vorurteil u. a. unbedeutend. Wohlgemerkt, auch die Sozialpsychologie verfolgt für sich genommen einen zu einseitigen Ansatzpunkt. Sie kann jedoch die Einseitigkeit einer vorwiegend naturwissenschaftlich und individuumorientierten Psychologie kompensieren. Dabei ist der Streit, ob Psychologie eine Naturwissenschaft oder eine Sozialwissenschaft sei, zwar immer noch nicht beigelegt. Es ist aber eine unfruchtbare Diskussion, da die Psychologie immer beide Aspekte zu berücksichtigen hat.

Auch die Auseinandersetzung darüber, ob sozialpsychologische Phänomene mit Methoden untersucht werden können, die den Naturwissenschaften entlehnt sind, hat sich als relativ unfruchtbar erwiesen. Zwar besteht kein Zweifel daran, daß in der bisherigen Sozialpsychologie die an den Naturwissenschaften orientierten laborexperimentellen Forschungsmethoden überwiegen, doch sind auch immer wieder feldexperimentelle und nicht-experimentelle Methoden, wie z. B. Feldbeobachtungen, Inhaltsanalyse, Rollenspiel, Spurenanalyse zur Anwendung gekommen. Die Alternative, entweder nur laborexperimentelle Methoden oder nur feldexperimentelle und nicht-reaktive Forschungsmethoden zur Untersuchung sozialpsychologischer Phänomene einzusetzen, ist falsch gestellt. Die verschiedenen Methoden ergänzen und bereichern das gesamte Methodenarsenal der empirischen Sozialforschung. Die Heftigkeit, mit der die Diskussion um die „richtigen" und gegenstandsgerechten Forschungsmethoden in der Sozialpsychologie und den Sozialwissenschaften überhaupt geführt wurde, hängt zweifellos mit der zu einseitigen Betonung der rein labor-experimentellen Methoden zusammen, die nicht selten zu Artefakten geführt hat. Die experimentelle Situation, in der Versuchsleiter und Versuchspersonen interagieren, wurde oft überhaupt nicht und wird immer noch zu selten als soziales Beziehungsgefüge begriffen und analysiert, so daß die Versuchsergebnisse durch unkontrollierte intervenierende Einflußfaktoren verzerrt werden (Timaeus, 1974) oder sich als Kunstprodukte des methodischen Vorgehens (Artefakte) entpuppen. Andererseits muß man Stroebe (1978) zustimmen, wenn er meint:

„Die Unzufriedenheit mit dem gegenwärtigen Wissensstand der Sozialpsychologie (...) hat zu einer Desillusionierung über die experimentelle Methode geführt. Während sie vor einem Jahrzehnt noch als Gütezeichen sozialpsychologischer Forschung galt, wird heute nach neuen methodischen Wegen als Ersatz für das Experiment gesucht. Schon zu Anfang wurde der Verdacht geäußert, daß hier eine Methode zum Sündenbock für Probleme gemacht wird, die eigentlich auf Mängeln der theoretischen Konzeption beruhen. (...) Keiner der Einwände scheint schwerwiegend genug, um die totale Verdammung des Experiments, wie sie heute vielfach praktiziert wird, berechtigt erscheinen zu lassen. Wenn es überhaupt eine Krise der Sozialpsychologie gibt, ist dies eine Krise der Theorie und nicht der Methode" (S. 44).

Auch in Zukunft wird die Sozialpsychologie auf einen gesicherten Bestand an empirisch-wissenschaftlichen Methoden, die teilweise von der naturwissenschaftlichen Forschung beeinflußt sind, nicht verzichten können. Gleichzeitig aber sind neue Methoden zu entwickeln und die vorhandenen so einzusetzen, daß sie den Aufgaben der Sozialpsychologie gerecht werden. Diese methodischen Probleme lassen sich nur lösen, wenn sie nicht isoliert von den eigentlichen Aufgaben der sozialpsychologischen Forschung behandelt werden, sondern in enger Verbindung mit der Weiterentwicklung, Neuentwicklung und empirischen Überprüfung sozialpsychologischer Theorien.

Zusammenfassung

Die Sozialpsychologie beschreibt und analysiert mit Hilfe empirischer wissenschaftlicher Methoden die soziale Bedingtheit und die sozialen Folgen individuellen Handelns. Die psychischen Grundlagen menschlichen Verhaltens und Erlebens werden unter dem spezifischen Aspekt des sozialen Kontextes behandelt. Der Mensch ist seiner sozialen Umwelt nicht einfach nur passiv ausgeliefert, sondern aktiv an ihrer Gestaltung beteiligt, wie es bereits die frühen Forschungen über die aktivierenden Wirkungen des sozialen Einflusses zeigten. Dabei wirkt nicht allein die tatsächliche Gegenwart anderer Personen, sondern bereits das bloß vorgestellte, erwartete bzw. vorweggenommene Auftreten sozial bedeutsamer Personen und sozialer Ereignisse.

Aufgabe der Sozialpsychologie ist es, Erkenntnisse zu gewinnen und Einsichten zu vermitteln über die Interdependenz zwischen individuellem Verhalten und sozialer Umwelt. Hinzu kommt die Entwicklung von Methoden zur Förderung der sozialen Handlungskompetenz beim Individuum und in Gruppen.

Mit der Soziologie hat die Sozialpsychologie viele gemeinsame Forschungsthemen, doch unterscheidet sie sich im Einsatz experimenteller Methoden und der Konzentration auf die Analyse der Schnittstelle zwischen Individuum und Gruppe bzw. Kollektiven. Diese unterschiedliche Betrachtungsweise zwischen Sozialpsychologie und Soziologie wird am Beispiel der Experimente zur Gehorsamsbereitschaft (Milgram, 1974) und der Koalitionsbildung (Gamson, 1961) aufgezeigt.

Die Erfassung verhaltensdeterminierender sozialer Situationen ist für die sozialpsychologische Forschung und für eine sachgerechte Analyse sozialer Prozesse von entscheidender Bedeutung, was am Beispiel des Experiments zur Gehorsamsbereitschaft demonstriert wird.

Für die Sozialpsychologie als wissenschaftliche Disziplin ist der Einsatz experimenteller Methoden unverzichtbar. Die Forschungen zur „Sozialpsychologie des Experiments“ haben die soziale Bedingtheit experimenteller Untersuchungstechniken deutlich gemacht und den Blick für die Entwicklung feldexperimenteller und nicht-reaktiver Forschungsmethoden geschärft.

Fragen

1. Welches sind die fundamentalen Forschungsthemen der Sozialpsychologie als Teilfach der Psychologie?

2. Welche Probleme ergeben sich aus der sozialpsychologischen Forschung?

3. Welche Aufgaben hat die Sozialpsychologie zu erfüllen?

4. Wie kann die Sozialpsychologie zur Förderung sozialer Fertigkeiten beitragen?

5. Wodurch kommt die leistungsfördernde bzw. leistungshemmende Wirkung sozialer Stimuli zustande?

6. Worin unterscheidet sich eine sozialpsychologische Analyse sozialer Phänomene von einer soziologischen Analyse?

7. Was versteht man unter dem Begriff der „sozialen Bedeutung“ einer Situation und welche Funktion kommt ihrer Erfassung zu?

8. Welche Erkenntnisse sind aus einer „Sozialpsychologie des Experiments“ zu gewinnen?

Weiterführende Literatur

Bungard, W. (Hrsg.). (1980). *Die „gute“ Versuchsperson denkt nicht. Artefakte in der Sozialpsychologie.* München: Urban & Schwarzenberg.

Carlsmith, J.M., Ellsworth, P.C. & Aronson, E. (1976). *Methods of research in social psychology.* Reading, Mass.: Addison-Wesley.

Jones, E.E. (1985). Major developments in social psychology during the past five decades. In G. Lindzey & E. Aronson (Eds.). *The Handbook of Social Psychology,* Vol. I (pp. 47—108). New York: Random House.

Mertens, W. (1975). *Sozialpsychologie des Experiments — Das Experiment als soziale Interaktion.* Hamburg: Hoffmann & Campe.

Kapitel II

Geschichtliche Entwicklung und Theorienbildung in der Sozialpsychologie

Die sozialpsychologische Forschung beginnt erst in dem Augenblick, in dem der Mensch als Objekt empirisch-wissenschaftlicher Forschung erkannt wurde, als nämlich die institutionalisierten Kontrollmechanismen und Regulatoren wie Sitte, Gesetz, Brauchtum und Religion ihre Funktion weitgehend verloren hatten und die durch sie zusammengehaltene und in sich geschlossene Welt auseinanderbrach. Infolgedessen ist die Sozialpsychologie eine relativ junge Wissenschaft und noch am Anfang ihres wissenschaftlichen Erkenntnisprozesses, was in einem Vergleich mit den Naturwissenschaften deutlich gemacht wird.

Erst auf diesem Hintergrund werden die andauernden Auseinandersetzungen um die Entwicklung der Theorienbildung in der Sozialpsychologie verständlich, die noch weitgehend von ungeprüften Annahmen psychoanalytischer, kognitivistischer, behavioristischer und rollentheoretischer Art ausgehen müssen. Dabei wird das Dilemma der Sozialpsychologie deutlich gemacht, indem gezeigt wird, daß die Sozialpsychologie zwar empirische Kriterien zur Überprüfung ihrer Aussagen entwickeln muß, aber nicht ohne vorgeformte Begriffssysteme auskommen kann.

Geschichtliche Entwicklung der Sozialpsychologie

Geschichtlicher Vergleich der Anfänge von Natur- und Sozialwissenschaften

Wie Zajonc (1966) berichtete, berechnete der griechische Astronom Eratosthenes um 250 v. Chr. in Ägypten den Erdumfang, indem er die Winkel der Mittagssonne in Alexandrien und Assuan verglich. Assuan liegt genau südlich von Alexandrien auf dem Wendekreis des Krebses, und der Winkel zwischen Mittagssonne und der Erde beträgt dort am Tag der Sommersonnenwende genau 90 Grad. Seine Ergebnisse gehören zu den ersten wissenschaftlichen Beobachtungen, die uns überliefert sind. Seine Berechnung des Erdumfangs weicht um etwa 300 km von den heutigen *Schätzungen* ab, also um weniger als 1 Prozent.

Die Geschwindigkeit des Lichts wurde erstmalig im Jahre 1675 von dem dänischen Astronomen Römer bestimmt. Er verglich die beobachteten Umlaufbahnen der Jupiter-Monde mit seinen präzise kalkulierten theoretischen Vorhersagen. Auch seine Ergebnisse kommen den heutigen sehr nahe.

Der erste experimentelle Versuch in der Sozialpsychologie wurde erst 1897 von Triplett durchgeführt. Wie schon berichtet, wollte Triplett untersuchen, wie die Anwesenheit anderer Personen die Leistung beeinflußt, und er fand dabei heraus, daß Leistungssteigerungen eintreten, wenn andere Personen zuschauen oder gleichzeitig ähnliche Leistungen erbringen.

Man sieht also, zwischen den ersten naturwissenschaftlichen Beobachtungen und dem ersten sozialpsychologischen Experiment liegen mehr als 2000 Jahre. An sich selbst war der Mensch zwar immer schon interessiert, aber vor dem 20. Jahrhundert hat ihn dieses Interesse nie dazu bewogen, sich wissenschaftlich und systematisch mit sich selbst, seinen Mitmenschen und den Interaktionen zwischen Menschen auseinanderzusetzen. 2000 Jahre vergingen, ehe das Interesse wach wurde, sich den zwischenmenschlichen Beziehungen mit der gleichen wissenschaftlichen Strenge zuzuwenden wie den Naturphänomenen.

So ist die Sozialpsychologie als wissenschaftliche Disziplin ein Produkt dieses Jahrhunderts, nicht einmal 100 Jahre alt und eine Leistung nur weniger Forschergenerationen. Zudem wurden über 90% aller sozialpsychologischen Untersuchungen in den letzten 30 Jahren durchgeführt.

Gründe für das späte Auftreten der Sozialpsychologie

Für das vergleichsweise späte Auftreten sozialpsychologischer Forschung lassen sich vier Gründe nennen:

a) Es gab keine forschungsrelevanten Fragen.

b) Es fehlte an geeigneten Forschungsmethoden.

c) Der Mensch wurde nicht als möglicher Gegenstand empirisch-wissenschaftlicher Forschung angesehen.

d) Es mangelte an sozialwissenschaftlichem Problembewußtsein.

Mangel an sozialpsychologisch relevanten Fragestellungen

Lag der Mangel an sozialpsychologischen Experimenten vielleicht daran, daß sich bis zum 20. Jahrhundert kaum sozialpsychologisch relevante Probleme gestellt hatten? Das scheint ebenfalls undenkbar. Fragen nach den Gesetzmäßigkeiten menschlichen Zusammenlebens müssen sich eigentlich schon beim Steinzeitmenschen ergeben haben. Zur Eroberung eines Landes, zum Bau von Pyramiden bedarf es der koordinierten Anstrengung von Zehntausenden von

Menschen. Jeder, der Reiche eroberte oder Pyramiden baute, muß den unzähligen Problemen menschlichen Zusammenlebens immer wieder begegnet sein. Die ältesten Gesetzbücher zeigen, daß es so war, der Kodex des Hammurabi genauso wie das Alte Testament. Sieben der zehn Gebote beziehen sich ausdrücklich auf das Verhalten den Mitmenschen gegenüber. Solange es Gesellschaft gibt, solange gibt es Sitte, Gesetz, Brauchtum, Religion. Das eine ist ohne das andere nicht denkbar. Sozialpsychologische Probleme hat es also schon immer gegeben.

Mangel an Forschungstechniken

Lag das späte Einsetzen sozialpsychologischer Untersuchungen am Fehlen geeigneter Forschungstechniken? Nein, sicherlich nicht! Das Wissen und das technische Verständnis, das Triplett für seine Versuche benötigte, gab es bestimmt schon vor 4000 Jahren. Alles, was man brauchte, waren (a) Menschen, die bereit waren, allein und in Gruppen zu arbeiten und sich dabei beobachten zu lassen; man brauchte (b) eine Aufgabe, die unter beiden Bedingungen ausgeführt werden konnte und (c) eine Möglichkeit, die Arbeitseinheiten dieser Aufgabe zu messen. All das gab es aber mit Sicherheit schon im Ägypten der Pharaonen.

Der Mensch als Gegenstand empirisch-wissenschaftlicher Forschung

Bei der Frage nach den Gründen für das späte Einsetzen sozialpsychologischer Forschung vergißt man leicht, daß psychologische Untersuchungen generell erst im 19. Jahrhundert begannen. Es sind kaum mehr als etwas über 100 Jahre vergangen, seit Wilhelm Wundt 1879 das erste experimental-psychologische Laboratorium gründete.

Der Grund dafür ist sicherlich auch in der Tatsache zu suchen, daß der Mensch zögerte und auch keine Notwendigkeit dazu sah, sich selbst zum Gegenstand empirischer Untersuchungen zu machen. Erst das Zeitalter der Renaissance und der Aufklärung legten die geistesgeschichtlichen Grundlagen dafür, daß die rationale Analyse und Bewältigung aller Seinsfragen, sowohl der unbelebten wie der belebten Natur, und damit auch des Menschen selbst, zur Forderung erhoben wurde. Damit war der Mensch nicht mehr das einmalige, unantastbare Geschöpf Gottes, das dem Zugriff wissenschaftlicher Analysen entzogen war, sondern es waren die geistigen Grundlagen geschaffen, auch den Menschen als Objekt eines empirisch-wissenschaftlichen Forschungsvorgangs zu betrachten und zu behandeln. Das erste Ergebnis dieser Einstellung zum Menschen als einem wissenschaftlichen Forschungsobjekt war ein Schock. Es war Charles Darwin's Buch „The origin of the Species“ (1859), das den Menschen seiner erdachten Vorrangstellung in der Natur beraubte und ihn in die Gesellschaft von Affen und Igeln brachte. Der Mensch war nicht länger das Ebenbild Gottes oder das Maß aller Dinge, sondern einfach ein Glied in einer komplexen Kette von Evolutionsschritten.

Gerade als Reaktion auf diesen Schock wird die Betonung der Rationalität des Menschen verständlich. Wenn schon nicht das Maß aller Dinge, so hat der Mensch doch insofern eine Sonderstellung, als nur ihm die Fähigkeit zuerkannt wird, durch leidenschaftsloses Einsetzen seines Verstandes die Welt zu kontrollieren und sein Schicksal selbst zu bestimmen. Unter diesen Bedingungen lohnt es sich dann auch, solch ein Wesen empirisch-wissenschaftlich zu studieren, denn die Annahme, daß menschliches Handeln rational gesteuert ist, läßt hoffen, die Gesetzmäßigkeiten dieses Handelns zu erfassen.

Dieses Argument wird von Wylie (1959, S. 34) so zusammengefaßt:

„Die Wissenschaften entwickelten sich letzten Endes in dem Maße, in dem sie den selbstgefälligen Nimbus des Menschen zerstörten. Zuerst entwickelte sich die Mathematik, weil sie die menschliche Selbstgefälligkeit kaum berührte. Als nächstes entwickelte sich die Physik, die die menschliche Illusion von der kosmologischen Besonderheit der Erde zerstörte. Die außergewöhnliche Stellung des Menschen blieb davon allerdings unberührt. Die Biologie entwickelte sich und begriff den Menschen als Tier, während er selbst immer noch glaubte, göttlichen Ursprungs zu sein. Psychologie wird heute gemieden, da bei ihrer Anerkennung tausende hochgestochener Selbstverständlichkeiten und Myriaden geheiligter Lehrsätze, selbst diejenigen von Wissenschaftlern, aufgegeben werden müßten."

Zwar wird die Psychologie heute nicht mehr gemieden, doch fällt es vielen immer noch schwer, sie als ernst zu nehmende Wissenschaft anzuerkennen. Man begegnet ihr nicht selten nach wie vor mit großer Skepsis und Zurückhaltung.

Mangel an Problembewußtsein

Mangel an Problemen und an technischer Bildung war es also wohl nicht, der sozialpsychologisches Forschen verhinderte. Es war eher die Scheu, den Menschen zum Objekt der Forschung, zur Versuchsperson zu machen, die man als Grund anführen kann.

Zajonc (1966) trägt noch ein weiteres Argument vor. Er meint, empirisch-wissenschaftliche Sozialpsychologie sei deswegen nicht betrieben worden, weil man die Fragen und Probleme, die man sah, für gelöst hielt, oder doch wenigstens glaubte, daß die Antworten verfügbar seien.

So beschäftigte sich beispielsweise Thomas v. Aquin u. a. mit dem Problem, ob ein Engel den anderen erleuchtet oder ein rangniedriger Engel zu einem ranghöheren spricht und ähnliches mehr. Es ist leicht einzusehen, daß solche Fragen Grundlagen eines heutigen Forschungsprojektes sein könnten, wenn man von einem Unterschied absieht: Thomas v. Aquin beschäftigte sich nicht mit den sozialen Beziehungen zwischen Menschen, sondern zwischen Engeln. Wo

Thomas v. Aquin die Konsequenzen menschlichen Handelns diskutierte, wurden solche Fragen nach den Beziehungen zwischen den Menschen *nicht* gestellt. Wie die meisten seiner Zeitgenossen — und wie viele Menschen auch heute noch — nahm er an, daß für den menschlichen Bereich die Fragen schon gelöst wären. In einer Weise hatte Thomas v. Aquin sogar recht, denn er kannte tatsächlich die Antworten auf die sozialpsychologischen Fragen seiner Zeit. Er glaubte an die Verbindlichkeit, Gottgegebenheit und Natürlichkeit von Sitte, Gesetz, Brauchtum und Religion.

Zweifellos sind es diese sozialen Mechanismen wie Sitte, Gesetz, Brauchtum und Religion, die es den Mitgliedern einer bestimmten Gesellschaft, die diese Mechanismen anerkennen, ermöglichen, soziales Verhalten zu erklären und vorherzusagen. Gerade wegen ihrer regulatorischen Natur sind diese institutionalisierten Mechanismen Determinanten menschlicher Interaktionsbeziehungen. Wenn soziale Prozesse allgemeinen Regeln unterliegen, dann ist damit ihr Ablauf innerhalb spezifischer Grenzen festgelegt und verbindlich legitimiert. So werden diese Mechanismen in allen Gesellschaften zu handlichen Erklärungsprinzipien sozialen Verhaltens. Wenn beispielsweise ein Polizist ein Strafmandat wegen Falschparkens gibt und dazu sagt: „Es tut mir leid, aber Sie haben gegen die Verkehrsordnung verstoßen, und es ist nun mal meine Pflicht, dies zu ahnden“, dann gibt dieser Polizist nicht nur eine Entschuldigung für sein Verhalten, sondern auch eine Begründung für sein Tun, indem er sich einmal auf ein entsprechendes Verkehrsgesetz beruft und zum anderen auf seine berufliche Aufgabe in der Rolle des Polizisten.

Solange nun diese Mechanismen — Sitte, Gesetz, Brauchtum, Religion — Bedingungen schufen, in denen das soziale Verhalten mit ziemlicher Sicherheit vorhergesagt werden konnte, solange stellten sie befriedigende Erklärungen dar, und solange konnte auch sozialpsychologische Empirie kaum irgendwelche zusätzlichen Erkenntnisse von Bedeutung liefern. In diesem Sinn besaß Thomas v. Aquin tatsächlich alle die Erkenntnisse, die für soziales Handeln in seiner Zeit nötig waren. Der Unterschied zwischen seiner Zeit und den heutigen Bedingungen liegt darin, daß der einfache Hinweis auf einen dieser institutionalisierten Mechanismen keine befriedigende Antwort mehr darstellt. Wir können uns nicht mehr darauf verlassen, daß ein Mensch sich seinem Stande entsprechend verhält. Unser Leben wird durch Sitte, Gesetz, Brauchtum und Religion weniger eindeutig geregelt, denn viele Bereiche des gesellschaftlichen Lebens, die früher unter strenger Kontrolle dieser Mechanismen standen, haben sich verselbständigt. Auch dort, wo die Regeln noch bestehen, werden Übertretungen heute weitaus milder bestraft als früher. Die Macht eines Herrn über seine Dienerschaft reichte viel weiter, als heute der Einfluß eines Arbeitgebers auf seine Mitarbeiter. Der Einfluß religiöser Dogmen, Gebote und Riten war gewaltig, verglichen mit heute. Solche Bedingungen haben in früheren Jahrhunderten zu entschieden größerer gesellschaftlicher Uniformität geführt, als wir sie kennen. Diese weitreichende Kontrolle des sozialen Verhaltens großer Teile der Bevölkerung ließ die Suche nach wissenschaftlichen Erklärungen als wenig bedeutsam erscheinen, da sie keine Relevanz für das praktische Handeln besaßen.

Das änderte sich erst, als die Reformation Uneinheitlichkeit in Bereiche des religiösen Verhaltens brachte, die bis dahin vom Dogma beherrscht waren. Dabei blieb es aber nicht. Mit dem Ende des Feudalsystems und in der Folge der industriellen Revolution zog die Loslösung von institutionalisierten Kontrollinstanzen in weitere Bereiche des sozialen Verhaltens ein. Die relativen Erleichterungen bei der Durchsetzung einer Ehescheidung z. B. sind ein Produkt des vorigen Jahrhunderts. Mit der Auflockerung der angestammten Kontrollinstanzen wurde die erzielte soziale Gleichförmigkeit aufgehoben. Damit wurde es nicht nur immer schwieriger, soziales Verhalten zu regulieren. Es wurde auch schwieriger, dieses Verhalten vorherzusagen und zu begründen. Das Wissen um die angestammten Kontrollinstanzen — Sitte, Gesetz, Brauchtum, Religion — reichte einfach nicht mehr aus, die nach wie vor noch vorhandene Gleichförmigkeit zu erklären. Man brauchte dazu die Resultate wissenschaftlicher Forschung.

Allerdings bedeutet die Befreiung von den Zwängen durch Sitte, Gesetz, Brauchtum und Religion nicht schon eine Befreiung von sozialen Zwängen überhaupt. Es entwickelten sich andere Zwangsmechanismen, die vielleicht weniger durchschaubar, deswegen aber nicht weniger wirksam sind. Propaganda, Werbung, der subtile Druck der öffentlichen Meinung u. a. haben inzwischen weitgehend den Platz von Drohung und Gewalt eingenommen. Das mag für den einzelnen zwar angenehmer sein, aber ein Zwang bleibt es doch. Wir haben es heute mit qualitativ anderen Zwängen zu tun, aber nicht unbedingt mit weniger Zwang. Es ist vermutlich eine unbeantwortbare Frage, ob es früher mehr Zwang gegeben hat, oder ob wir heute in bindenderen Zwängen stehen. Sicher ist aber, daß die Zwänge früher für das Individuum durchsichtiger waren, eindeutiger und direkter erlebt wurden. Es gab zudem klar definierte Instanzen, die Macht ausübten und denen man zu gehorchen hatte. Heute hat der einzelne eher das Gefühl, von schwer identifizierbaren anonymen Mächten manipuliert zu werden. Hierbei spielt der Einfluß der durch die Massenmedien produzierten sog. „öffentlichen Meinung“ auf das Denken und Handeln der Menschen in unserer Gesellschaft wohl eine sehr viel größere Rolle, als es die bisher vorliegenden, relativ spärlichen wissenschaftlichen Studien belegen.

Hinsichtlich der geschichtlichen Grundlagen sozialpsychologischer Forschung läßt sich zusammenfassend festhalten, daß sich die Bemühungen um Einsicht in das soziale Verhalten in drei Phasen vollzogen haben. Zunächst bemühte sich die Philosophie darum, ein Verständnis für den Sinn und die Bedeutung sozialer Vorgänge zu gewinnen. So war beispielsweise die Sozialphilosophie lange Zeit mit der Frage beschäftigt, ob die Natur des Menschen von Grund auf „gut“ oder „böse“ sei. Die so gestellte Frage war deshalb schwer zu beantworten, weil für jede der beiden Positionen Belege zu erbringen waren und nur nach einem einheitlichen Erklärungsprinzip gesucht wurde. Dieser einseitige Reduktionismus konnte nicht zu befriedigenden Resultaten führen, da die Vielfalt sozialen Verhaltens sich weder allein aus dem Streben nach Macht, dem Aggressionstrieb,dem Überlebenstrieb noch aus dem Bedürfnis nach sozialer Nähe und Anschluß erklären läßt. Menschliches Sozialverhalten ist vielfältig determiniert. Wie die Entwicklungspsychologie gezeigt hat, können in verschiedenen Phasen des individuellen Lebenslaufs sehr unterschiedliche Bedürfnisse und Strebungen handlungsrelevant werden. Deshalb reicht es nicht aus, die eine oder die andere anthropologische Grundkategorie zur Erklärung des gesamten individuellen Sozialverhaltens heranzuziehen, sondern es bedarf je nach Kontextbedingungen mehrdimensionaler Erklärungsmodelle.

Als nächstes wären die Bemühungen zu nennen, auf induktivem Wege, also „unverbildet" und „unbelastet" durch theoretische Grundpositionen den beobachtbaren sozialen Ereignissen, wie sie sich jedem Beobachter im Lebensalltag bieten, nachzuspüren, sie zu registrieren, zu quantifizieren, zu kategorisieren und zu systematisieren, um so auf Zusammenhänge zwischen verschiedenen Einflußfaktoren, Regeln und Gesetzmäßigkeiten in den sozialen Beziehungen zu stoßen. Theorien können erst nach der sorgfältigen Analyse unverfälscht gewonnener empirischer Daten entwickelt werden.

Die gegenwärtigen Bemühungen der sozialpsychologischen Forschung lassen sich schließlich als Versuch darstellen, eine Synthese beider Vorgehensweisen zu praktizieren. Sie gehen von der Annahme aus, daß ohne empirische Kriterien der Nachprüfbarkeit von Aussagen keine wissenschaftlichen Fortschritte zu erzielen sind, und daß andererseits die Welt nie voraussetzungslos, unvorbereitet, gleichsam theorielos erfaßt werden kann, sondern immer nur mit Hilfe vorgeformter Begriffssysteme und Theorien.

Jeder Versuch, soziale Ereignisse so zu erfassen, wie sie sind, bedarf eines theoretischen Konzepts der Informationsselektion, das hilft, zu registrierende von zu vernachlässigenden Merkmalen zu unterscheiden und der Klassifikation, das es erlaubt, zueinander passende und voneinander verschiedene Merkmale zu differenzieren. Ohne Theorie, und sei sie auch nur implizit vorhanden, also dem Beobachter selbst noch nicht bewußt, ist sozialpsychologische Forschung und überhaupt wissenschaftliches Arbeiten unmöglich. Theorien sind einerseits immer schon vorhanden und beeinflussen bereits den Prozeß der Datenerhebung, müssen aber auch überprüfbar sein, da die Sozialpsychologie sich als empirische Wissenschaft versteht. Das damit gegebene Dilemma besteht darin, daß es um so schwerer ist, eine Theorie zu überprüfen, je umfassender sie ist. Mit der Forderung nach Prüfbarkeit muß vorläufig jedenfalls das Ziel aufgegeben werden, einheitliche, allumfassende Erklärungsprinzipien für soziales Verhalten zu entwickeln.

Schon die bisherigen Darlegungen weisen auf den hohen Stellenwert der Theorienbildung in der Sozialpsychologie hin, auf die im nächsten Abschnitt näher eingegangen wird.

Theorien in der Sozialpsychologie

Der Begriff der Theorie und ihre Funktion

Wenn der zweifellos bedeutendste Begründer der experimentellen und angewandten Sozialpsychologie, Kurt Lewin (1890 — 1947), meint, „daß nichts so praktisch ist, wie eine gute Theorie", so hat er diese Aussage sowohl auf den Wissenschaftler wie auf den praktisch tätigen Psychologen bezogen. Das vollständige Zitat lautet: „Viele Psychologen, die heute in einem angewandten Bereich arbeiten, sind sich der Notwendigkeit einer engen Kooperation zwischen theoretischer und angewandter Psychologie bewußt. Dies kann in der Psychologie ebenso geschehen, wie in der Physik, wenn der Theoretiker nicht mit hochgezogenen Augenbrauen abschätzig auf angewandte Probleme blickt oder soziale Berührungsängste entwickelt, und wenn der angewandte Psychologe sich bewußt ist, daß *nichts so praktisch ist, wie eine gute Theorie*" (Lewin, 1944, S. 23; Übersetzung vom Autor). Obwohl ja gerade die Aufgabe des Wissenschaftlers darin besteht, tragfähige und zuverlässige Theorien über z. B. soziales Verhalten, seine Bedingungen und Wirkungen zu entwickeln, ist er bereits bei seiner Forschungsarbeit auf Theorien angewiesen. Theorien, auch wenn sie zunächst noch unbewiesen und hypothetisch sind, helfen ihm, seine Forschungsziele zu bestimmen, leiten sein forschendes Handeln und dienen als Grundlage der Bewertung gewonnener Resultate. Dabei wird der Forscher sich offenhalten müssen für Veränderungen seiner Ausgangstheorien bis hin zur Erkenntnis, daß seine Theorien falsch waren und durch neue ersetzt werden müssen.

Der praktisch tätige Psychologe braucht Theorien, die sein Handeln als Psychologe (Beobachten psychischer Phänomene, Diagnostizieren und Bewerten psychischer Wirkungszusammenhänge und Beeinflussen psychischer Prozesse) steuern und begründen. Für ihn sind Theorien dann von großem Wert, wenn sie geeignet sind, komplexe psychische Erscheinungen so zu strukturieren, daß Ursachen und Wirkungen unterscheidbar sind, und wenn sie auf der Basis einer Bedingungsanalyse zutreffende Verhaltensprognosen erlauben.

Die Vertreter der sogenannten naiven Verhaltenstheorie gehen sogar davon aus, daß jeder Mensch über einen Satz von psychologischen und sozialpsychologischen Theorien verfügt, deren er sich zur Regulation seiner Alltagshandlungen bedient. Wenn auch dem Handelnden selbst meist nicht bewußt ist, daß er über solche Theorien verfügt und sie im Alltagsverhalten einsetzt (implizite Theorien), so bestimmen sie dennoch sein soziales Verhalten im alltäglichen Umgang mit anderen Personen (Laucken, 1974).

Wenn also nichts so praktisch ist, wie eine gute Theorie, dann muß man sich zunächst fragen: Was zeichnet eine gute Theorie aus? Oder allgemeiner gefragt: Woraus besteht eine Theorie? Welche Theorien hat die Sozialpsychologie entwickelt?

Eine Theorie besteht aus einem Gefüge von Sätzen, die nachprüfbar und kommunizierbar sind, die in systematischer Beziehung zueinander stehen und mit deren Hilfe sich Phänomene ordnen und zukünftige Ereignisse voraussagen lassen. Eine Theorie erlaubt es, über die Grenzen der unmittelbaren Einzelbeobachtung hinauszugehen und zutreffende Prognosen zu machen. Dies ist wiederum eine wichtige Voraussetzung für die praktisch-technische Verwertbarkeit einer Theorie. Außerdem dient eine Theorie dazu, die weitere Arbeit anzuleiten. Aus ihr lassen sich Hinweise gewinnen, wo Forschungslücken liegen und wo sinnvollerweise weitergeforscht werden muß.

Ein weiteres wichtiges Kennzeichen der Theorie ist zu beachten. Eine Theorie ist lediglich ein Werkzeug und sollte auch als solches behandelt werden. Sie ist nicht die Erkenntnis der letzten Wahrheit. Wer es lernt, eine Theorie nur als ein Werkzeug anzusehen, wird es aufgeben, nach der einzigen, der wahren Theorie zu fragen. Eine solche Theorie gibt es nicht. Jede Theorie verliert an dem einen oder anderen Punkt ihre Erklärungskraft. Man sollte deshalb immer fragen, auf welchen Phänomenbereich eine Theorie sinnvoll anwendbar ist und wie sie sich auf diesen Bereich anwenden läßt.

Wissenschaftliche Aussagen können nie den Anspruch erheben, Aussagen über Wahrheiten oder Unwahrheiten eines Sachverhaltes zu sein. Wissenschaftliche Aussagen sind immer nur Aussagen über den relativen Grad der Gewißheit eines Sachverhaltes. Jeder wissenschaftliche Begriff ist auf einer gedachten Skala von unterschiedlichen Wahrscheinlichkeiten anzusiedeln, aber keiner der Begriffe ist unabdingbar wahr oder unwiderruflich falsch. Eine solche wahrscheinlichkeitstheoretische Einstellung ist nicht nur von großem Wert in der Wissenschaft, sondern auch im Leben allgemein. Es gehört schon viel Mut dazu, Unwissenheit und Unsicherheit einzugestehen. Wenn wir im Leben Entscheidungen treffen, wissen wir nie, ob es die richtigen sind. Wir versuchen zwar, auf der Grundlage erreichbarer Entscheidungskriterien so korrekt wie möglich zu urteilen, ob die Entscheidung aber richtig oder falsch war, läßt sich immer nur am Ergebnis ablesen. Möglicherweise ist es geradezu ein Kennzeichen offener, wandlungsfähiger und innovativer Gesellschaften, wichtige Dinge nie endgültig und mit letzter Gewißheit zu entscheiden, sondern für mögliche Veränderungen offen und in der Schwebe zu halten.

Das hier skizzierte Bild von einer wissenschaftlichen Theorie ist sicherlich idealtypisch überzeichnet. Es wäre zwar wünschenswert, wenn hinter allen Theorien diese Einstellung des Nicht-sicher-Wissens, des nicht unbedingt Recht-haben-Wollens stünde, aber in der Wissenschaft sind auch Theorien von Vorurteilen beeinflußt und belastet. Einmal von den Vorurteilen derer, die sie entworfen haben, und zum anderen von den Vorurteilen derer, die über die Phänomene berichten, zu deren Erklärung die Theorie entwickelt wurde. Man denke in diesem Zusammenhang an die vielen von Männern entworfenen Theorien über das „Wesen der Frau". Ein Beispiel für die zweite Art von Vorurteilswirkung ist Freuds Buch „Totem und Tabu" (1912), in dem er seine

Vorstellungen vom Ursprung der Gesellschaft darlegt. Er stützt sich dabei auf Reiseberichte aus dem 19. Jahrhundert und kommt zu dem Schluß, daß die Gesellschaft sich aus der Urfamilie entwickelt hat. Dagegen glaubt der psychoanalytisch geschulte Anthropologe Roheim (1925) auf Grund der von ihm vor Ort erhobenen Daten die Theorie vertreten zu können, daß soziales Brauchtum und soziale Institution auf infantile Erfahrungen und Ängste zurückgeführt werden können. Es geht hier nicht darum zu entscheiden, welche Theorie „richtig“ ist. Annahmen über den Ursprung der Gesellschaft sind wegen ihrer Unüberprüfbarkeit sowieso eher als Hypothese zu betrachten und weniger als wissenschaftliche Theorien. Es geht vielmehr darum zu zeigen, wie wichtig es für den Vergleich von Theorien ist, die ihnen zugrunde liegenden, meist ungeprüften Annahmen aufzuspüren. Es sind gewöhnlich diese unausgesprochenen Annahmen, um die sich die polemischen Diskussionen ranken.

Ein weiteres Beispiel ist die Kontroverse um die Verläßlichkeit der kulturanthropologischen Untersuchungen von Margret Mead (1928) auf Samoa und der von ihr entwickelten Theorie über den kulturellen Determinismus. Margret Mead ging davon aus, daß die menschliche Natur das „Roheste von allen Rohmaterialien“ sei, das erst durch die Kultur seine Form erhalte, wobei biologisches Erbe — wenn überhaupt — nur eine untergeordnete Rolle spiele. Überzeugt von der Richtigkeit dieser Theorie und auf der Suche nach Bestätigungen begann Mead 1925 anthropologische Studien bei den Samoanern, Bewohnern einer polynesischen Inselgruppe im Stillen Ozean, deren Ergebnisse sie 1928 in ihrem bahnbrechenden Werk „Coming of Age in Samoa“ (dt.: Kindheit und Jugend in Samoa, 1974) publizierte. Das Forschungsresultat stellt einen schlagkräftigen Beweis für die Richtigkeit der These vom kulturellen Determinismus dar, fand weite Verbreitung und trug viel dazu bei, die sozialpsychologische Forschungsrichtung des Behaviorismus zu festigen. Die Forschungsergebnisse lassen sich folgendermaßen zusammenfassen:

„Bislang galt die Adoleszenz in Amerika und Europa als eine Zeit unvermeidlicher emotioneller Konflikte und Belastungen. Würden diese Probleme durch biologische Reifungsprozesse entstehen, argumentierte Margret Mead, so wären sie notwendigerweise in allen Gesellschaftsformen anzutreffen. Doch in Samoa, wo das Leben leicht und unbeschwert sei, scheine die Zeit des Heranwachsens der sorgloseste und angenehmste Lebensabschnitt zu sein. Nach anthropologischen Begriffen sei Samoa also ein Negativbeispiel. Allein die Existenz dieses einen Gegenbeispiels belege, so Margret Mead, daß die in den USA und in anderen Ländern mit der Adoleszenz verbundenen Störungen auf kulturellen, nicht jedoch auf biologischen Ursachen beruhen. In der Kontroverse zwischen Anhängern des biologischen bzw. kulturellen Determinismus wurde Margret Mead’s Negativbeispiel von den Verfechtern der Vorrangigkeit kultureller Faktoren als triumphale Erkenntnis gefeiert“ (Freeman, 1983, S. 14). Ihr Buch wurde das meistverkaufte anthropologische Werk überhaupt, es hat das Denken von Millionen Menschen in aller Welt beeinflußt und hat

Gesetze, Sozialpolitik und pädagogisches Handeln in den USA und anderen Ländern wesentlich mitbestimmt.

Nun haben jahrzehntelange Forschungen des Anthropologen Derek Freeman (1983) 50 Jahre nach Veröffentlichung des Buches von Margret Mead ergeben, daß die Samoaner keineswegs in einem so ungezwungenen, konfliktfreien und paradiesischen Zustand leben wie Mead das beschrieben hat. Er stellte fest, daß die Samoaner ehrgeizig sind, einem harten Wettbewerb unterliegen und daß kriminelles Verhalten (Raub, Mord, Vergewaltigungen) weit verbreitet ist. Samoanische Kinder und Jugendliche ebenso wie Erwachsene sind in ein strenges Autoritätssystem eingespannt, das zu schweren psychischen Belastungen führt. Hysterische Reaktionen, Selbsttötungsdelikte und Formen extremer Eifersucht sind häufig anzutreffen. Freie Liebe, die Margret Mead beobachtet haben will, ist nicht nur verpönt, vielmehr wird der Kult weiblicher Unberührbarkeit in einem Ausmaß betrieben, wie es bisher in keiner anderen Kultur beobachtet wurde. Freeman kommt nach seinen ausführlichen Studien zu dem Schluß: „Im Falle von Margret Mead gibt es eindeutige Beweise dafür, daß ihr fester Glaube an die Doktrin eines extremen Kulturdeterminismus sie dazu verleitete, ein Bild von Samoa zu entwerfen, das eben diese Doktrin zu bestätigen schien. Schließlich hatte sie ja selbst einmal bekundet, sie wolle mit allen ihr zur Verfügung stehenden Mitteln dafür kämpfen. Leider gibt es jedoch schlüssige empirische Beweise dafür, daß Samoa in vielerlei Hinsicht durchaus nicht so ist, wie Mead es geschildert hat. (...) Im Rückblick auf Margret Mead's samoanische Forschungen möchte ich lediglich anmerken, als wie weise sich Karl Popper's Mahnung wieder einmal herausstellt, daß sowohl in der Wissenschaft als auch in der Gelehrsamkeit die unermüdliche rationale Kritik unserer Hypothesen wichtiger als alles andere ist, denn ‚indem sie unsere Fehler bloßstellt ... läßt sie uns die Schwierigkeiten des Problems begreifen, das wir zu lösen suchen‘, und bewahrt uns auf diese Weise vor der trügerischen Verlockung der ‚offenkundigen Wahrheit‘ einer übernommenen Lehrmeinung“ (Freeman, 1983, S. 321).

Margret Mead war offensichtlich so sehr von der Gültigkeit der Theorie des kulturellen Determinismus überzeugt, daß sie bei ihren Beobachtungen und Gesprächen auf Samoa nur die Informationen aufnahm und interpretierte, die diese Theorie zu bestätigen schienen, andere und möglicherweise der Theorie widersprechende Informationen aber überhaupt nicht zur Kenntnis nahm. Auch die Interpretation der registrierten Phänomene folgte offensichtlich weniger dem Ziel, die Gültigkeit der Theorie des kulturellen Determinismus kritisch zu überprüfen, sondern diese Theorie zu bestätigen.

An wissenschaftliche Theorien wird allgemein die Forderung gestellt, (1) daß sie einen hohen Informationsgehalt haben sollen, (2) daß sie kommunizierbar sind, (3) daß sie überprüfbar sein sollen, (4) daß sie in ihren Grundannahmen widerspruchsfrei zu sein haben und (5) daß sie allgemein gültige Gesetze (nomologischer Charakter) beinhalten. Es ist immer wieder bezweifelt worden, ob die Forderung nach dem nomologischen Charakter der Theorie, also ihrer allgemeinen, raum-zeitlich uneingeschränkten Gültigkeit, für sozialpsychologische Theorien aufrechterhalten werden kann. So meint Gergen (1973) in einem Aufsatz mit dem bezeichnenden Titel „Social Psychology as History", daß nur die naturwissenschaftlichen Theorien nomologischen Gesetzescharakter beanspruchen können. Sozialwissenschaften können seiner Ansicht nach keine derartigen Gesetzesaussagen machen, da menschliches Verhalten nur aus der jeweiligen historischen, sozio-ökonomischen und kulturellen Situation heraus zu erklären sei. Demgegenüber meint Frey (1984), daß diese Auffassung erkenntnistheoretisch zu pessimistisch sei, denn hätten sich die Naturwissenschaften diesen Standpunkt zunutze gemacht, wären keine so bahnbrechenden Entwicklungen möglich gewesen. Er meint demgegenüber: „Sozialwissenschaftler sollten versuchen, Theorien über menschliches Verhalten aufzustellen, aus diesen Theorien Hypothesen ableiten und diese in Labor- und/oder Felduntersuchungen überprüfen. Der Entwicklungsstand einer empirischen Wissenschaft ist an ihrer Fähigkeit zu messen, inwieweit sie Theorien anbieten kann, die angeben, unter welchen Randbedingungen welche Verhaltensweisen auftreten. Die Spezifizierung der Randbedingungen ist derzeit bei den Sozialwissenschaften, insbesondere der Sozialpsychologie, noch unterentwickelt. Ebenso schwierig ist es, in der Realität die Anfangsbedingungen, unter denen eine Theorie zutrifft, zu identifizieren. Dies ist aber kein Grund zu Pessimismus" (S. 12—13).

Wenn eine Theorie aus einem Gefüge von Sätzen besteht, die logisch konsistent, klar und verständlich formuliert und somit leicht kommunizierbar sind, deren Aussagen empirisch nachprüfbar sind und in Beziehung stehen zu bekannten Tatsachen und schon existierenden Theorien (Shaw & Constanzo, 1970), dann muß sich der Kern einer jeden Theorie in wenigen Sätzen ausdrücken lassen. Wie sieht nun ein solches Gefüge von theoriebestimmenden Sätzen aus?

Theorie der kognitiven Dissonanz als Beispiel

Eine der bekanntesten Theorien in der Sozialpsychologie und die in der Einstellungsforschung wohl am weitesten verbreitete ist die „Theorie der kognitiven Dissonanz" von Festinger. Festinger (1957) selbst faßt den Kern seiner Theorie so zusammen:

„1. Zwischen kognitiven Elementen kann es dissonante oder ‚nicht zueinander passende' Beziehungen geben.

2. Das Vorhandensein von Dissonanz bewirkt Druck in Richtung auf Dissonanzreduktion oder Vermeidung von Dissonanzerhöhung.

3. Dieser Druck wirkt sich unter anderem in Verhaltensänderungen, Kognitionsänderungen und dahingehend aus, daß man sich auch neuen Informationen und neuen Meinungen aussetzt" (S. 31).

Diese Aussagen gehen von Voraussetzungen aus und enthalten eine ganze Reihe impliziter Annahmen, die man sich bewußt machen muß, will man den vollen Gehalt der Theorie begreifen. So wird angenommen, daß die Kognitionen (Gedanken, Meinungen, Werte, Wissensinhalte) eines Menschen ein zusammenhängendes System bilden, das nach Gleichgewicht (Konsistenz) strebt. Erst wenn die vorhandenen Kognitionen zueinander passen, ist das kognitive System ausgeglichen und „in Ruhe". Passen die auftretenden Kognitionen nicht zueinander, stehen sie also in dissonanter Beziehung zueinander, so entsteht Unruhe, also ein Bestreben, eine Motivation, konsonante Beziehungen herzustellen, damit sich das als befriedigend erlebte kognitive Gleichgewicht wieder einstellt.

Diesen Grundgedanken teilt die Theorie der kognitiven Dissonanz mit einer ganzen Reihe anderer Theorien, die vielfach unter dem Oberbegriff „Gleichgewichts- bzw. Konsistenztheorien" eingeordnet werden. Dazu gehören z. B. die Balance-Theorie (Heider, 1958), die Theorie der kommunikativen Handlung (Newcomb, 1943, 1953), die Theorie der persönlichen Konstrukte (Kelly, 1955), die Kongruenztheorie (Osgood & Tannenbaum, 1955) und die Theorie der affektiv-kognitiven Konsistenz (Rosenberg, 1960).

Kognitive Dissonanzen und Bemühungen, das gestörte Gleichgewicht wieder herzustellen, entstehen aber nur dann, wenn die Kognitionen in einer relevanten Beziehung zueinander stehen. Wenn beispielsweise ein Autofahrer von sich sagen kann „ich fahre gern rasant", und er weiß, „rasantes Autofahren ist lebensgefährlich", dann stehen zum einen beide Kognitionen in relevanter Beziehung zueinander, denn beide enthalten Aussagen über den Fahrstil, und zum anderen sollten sie im Fahrer eine dissonante Kognition aufbauen, da anzunehmen ist, daß niemand freiwillig und gerne eine Handlung ausführt, die ihm das Leben kosten kann. Demgegenüber stehen die Kognitionen „ich fahre gerne rasant" und „Psychologie ist eine interessante Wissenschaft" in einer irrelevanten Beziehung zueinander, da sie sich auf verschiedene Sachverhalte beziehen.

Weiterhin gibt die Theorie noch an, auf welchem Wege versucht wird, die dissonanten kognitiven Beziehungen wieder in konsonante zu überführen. So kann beispielsweise der rasante Autofahrer zu einer langsameren und vorsichtigeren Fahrweise übergehen (Verhaltensänderung), er kann durch eine hohe Bewertung seines fahrerischen Könnens die Gefährlichkeit seines Fahrstils abwerten (Kognitionsänderung), oder er befaßt sich nun intensiver mit verkehrsbedingten Unfallursachenstatistiken (Auseinandersetzung mit neuen Informationen) bzw. er bespricht mit seinen Freunden die Vor- und Nachteile rasanten Autofahrens (Auseinandersetzung mit anderen Meinungen).

Im Verlauf der letzten Jahrzehnte hat die Theorie der kognitiven Dissonanz eine Fülle von Erweiterungen und Veränderungen erfahren (Frey, 1984), die sich hauptsächlich auf eine Klärung und Präzisierung der Bedingungen konzentrierten, unter denen kognitive Dissonanz entsteht, und die sich mit der Art und dem Ausmaß der Dissonanzreduktion befaßten.

Als ein weiteres Beispiel für den in einem Gefüge von Sätzen zusammengefaßten Bestand einer sozialpsychologischen Theorie soll die ebenfalls auf Festinger (1954) zurückgehende „Theorie sozialer Vergleichsprozesse" dienen.

Festinger geht davon aus, daß der Mensch immerzu auf der Suche nach Sicherheit ist. Er muß sich in einer komplexen, sich ständig verändernden Welt zurechtfinden, er ist auf der Suche nach Erkenntnissen über verläßliche Beziehungen zwischen Ursache und Wirkung, er möchte das Verhalten seiner Mitmenschen zuverlässig vorhersagen können, und er möchte schließlich zu gesicherten Erkenntnissen kommen, die ihm Vorhersagen zukünftiger Ereignisse zutreffend erlauben. Um all dies zu erreichen, ist er darauf angewiesen, seine eigenen Vorstellungen, Meinungen, Einstellungen, Gedanken usw. über sich und seine Umwelt als zunächst vorläufige Hypothesen anzusehen, die sich in der Realität zu bewähren haben. Ebenso ist der Mensch bemüht, seinen Bestand an Fähigkeiten und Fertigkeiten dahingehend zu prüfen, ob er ein ausreichendes Qualitätsniveau erreicht hat oder ob er weiter verbessert werden muß. Eine solche Überprüfung bedarf der Bewertung und diese wiederum bedarf eines Bewertungsmaßstabes, der es erlaubt, die eigene Leistungsposition im Vergleich zur Position anderer Personen einzuschätzen. Die Frage ist nun, wie bilden sich solche Bewertungsmaßstäbe aus, woraus bestehen diese Maßstäbe, wie verändern sie sich und welche Funktion haben sie im gesamten Handlungszusammenhang? Die wesentlichen Grundgedanken der Theorie der sozialen Vergleichsprozesse lassen sich folgendermaßen zusammenfassen:

1. Es existiert ein Bedürfnis, eigene Meinungen und Fähigkeiten zu vergleichen und zu bewerten.

2. Sind keine objektiven Bewertungsmaßstäbe (also nicht an soziale Normen gebundene Bewertungssysteme) vorhanden, dann schätzt man eigene Meinungen und Fähigkeiten durch den Vergleich mit anderen Personen ein.

3. Existiert eine objektive, nicht-soziale Basis für die Bewertung von Fähigkeiten und Meinungen, dann wird nicht auf den Vergleich mit anderen Personen zurückgegriffen.

4. Sind weder objektive noch soziale Bewertungsmaßstäbe vorhanden, dann ist die subjektive Einschätzung von Meinungen und Fähigkeiten instabil.

5. Das Bedürfnis, sich mit anderen zu vergleichen, nimmt ab, wenn sich der Unterschied zwischen den Fähigkeiten und Meinungen der eigenen Person und denen anderer Personen vergrößert. Vergleiche finden also vorrangig zwischen Personen statt, die einander ähnlich sind.

6. Treten Diskrepanzen zwischen den eigenen Meinungen und Fähigkeiten und denen anderer Personen auf, dann entstehen Tendenzen, entweder die eigene Position zu ändern, um sie der der anderen anzunähern, oder die Posi-

tion der anderen zu ändern, um sie der eigenen näherzubringen, oder den Vergleich abzubrechen und damit die Vergleichspersonen aus der Betrachtung auszuschließen.

7. Werden Fähigkeiten verglichen und bewertet, besteht eine einseitig gerichtete Tendenz nach oben, d. h. es werden bevorzugt Personen mit höheren Fähigkeiten zum Vergleich herangezogen. Bei einem Vergleich von Meinungen fehlt diese Tendenz.

8. Bei auftretenden Diskrepanzen zwischen der eigenen Meinung und der Bewertung durch andere Personen ist der Druck zur Diskrepanzreduktion um so höher, je größer die Bedeutsamkeit der Meinung und Fähigkeit für das eigene Verhalten ist.

9. Die Beendigung eines Vergleichs mit anderen ist immer dann von Feindschaft oder Herabsetzung begleitet, wenn ein weiterer Vergleich mit dieser Gruppe unangenehme Folgen hätte.

10. Jeder Faktor, der die Bedeutung einer Gruppe als Vergleichsgruppe erhöht, wird den Druck in Richtung auf Konformität bezüglich der in dieser Gruppe vertretenen Meinungen und Fähigkeiten erhöhen.

11. Besteht Konsistenz zwischen dem Wissen um Diskrepanz und dem tatsächlichen diskrepanten Verhalten, dann entsteht eine Tendenz, den Vergleichsbereich einzuschränken.

12. Nimmt die Attraktivität der Vergleichsgruppe zu, so steigt auch der Uniformitätsdruck an.

Die so formulierten „Gesetzmäßigkeiten" sozialer Vergleichsprozesse sind in mehrfacher Hinsicht kritisiert worden und haben einer empirischen Überprüfung auch nicht in allen Punkten standhalten können (Haisch & Frey, 1984). So befaßten sich Untersuchungen zur Theorie der sozialen Vergleichsprozesse mit der Art der objektiven und sozialen Bewertungsmaßstäbe, der Bedeutung normenkonformer und nonkonformer Mitglieder der Vergleichsgruppe für die eigene Meinungsänderung, der Stärke der Motivation zum Vergleich von Meinungen und Fähigkeiten, der Wirkung von Ähnlichkeit und Unähnlichkeit auf die Attraktivität der Vergleichspersonen und Vergleichsgruppen, der Annahme, daß Fähigkeitsvergleiche nur an leistungsstärkeren Personen vorgenommen werden und mit emotionalen Prozessen wie Angst und soziale Geborgenheit in ihrer Wirkung auf den Vergleichsprozeß.

Die empirische Überprüfung einer Theorie besteht darin, daß aus ihr zunächst überprüfbare Hypothesen abgeleitet werden, die Voraussagen über das Auftreten eines Ereignisses machen, wenn bestimmte Bedingungen gegeben sind. In einer spezifischen Untersuchung wird dann geprüft, ob die gemachten Voraussagen zutreffen oder nicht, ob sich also die Theorie bestätigt und das vorhergesagte Ereignis mit ihr erklären läßt oder ob die Theorie verworfen werden muß. Dieser Prozeß der Theorieprüfung kann zu unterschiedlichen Resultaten führen. Selten wird sich eine Theorie vollständig empirisch bestätigen oder widerlegen lassen. Dazu sind die in der Sozialpsychologie verwandten Begriffe zu unscharf, sie lassen verschiedene Bedeutungen zu, und die Theorien sind zu allgemein formuliert. Meist ergeben die experimentellen Überprüfungen ein genaueres Bild von den Bedingungen, unter denen die aus der Theorie abgeleiteten Voraussagen zutreffen bzw. nicht zutreffen. Sie markieren also die Grenzen des Gültigkeitsbereichs der Theorie. Zudem lassen sich die Kernaussagen präzisieren und modifizieren. Alternative Theorien werden entwickelt und daraufhin geprüft, ob sie Ereignisse zutreffender vorhersagen können, und schließlich besteht nach einer ausreichend langen Prüfphase die Hoffnung, aus verschiedenen Einzeltheorien eine allgemeine Theorie entwickeln zu können.

Zum Verhältnis von theoretischer und experimenteller Forschung in der zukünftigen Sozialpsychologie meint Frey (1984, S. 13—14):

„Einerseits sollte man stärker als bisher um einen Theorienpluralismus bemüht sein, d. h. man sollte weiterhin zusätzliche Theorien zu entwickeln versuchen, die fähig sind, bestimmte Sachverhalte zu erklären, die von den vorhandenen Theorien nicht erklärt werden können. Andererseits sollte man bestrebt sein, vorhandene Theorien zu präzisieren und dahingehend zu verfeinern, daß konkrete Anfangsbedingungen, unter denen diese Theorien zutreffen, festgestellt werden. Man kann vermuten, daß ein Theorienpluralismus immer zu einer Erklärung durch Präzisierung beiträgt. Weiterhin bewirkt die Konfrontation von Theorien eine Stimulierung der experimentellen Forschung. Das Streben nach Theorienpluralismus sollte allerdings gleichzeitig mit dem Versuch verbunden sein, isoliert nebeneinanderstehende und über denselben Gegenstandsbereich Aussagen machende (Mini-) Theorien zu integrieren und zu einer allgemeineren Theorie zu entwickeln. Das Streben nach Theorienpluralismus und das Streben nach Integration von Theorien mit höherem Allgemeinheitsgrad ist also kein Widerspruch."

Übersicht über sozialpsychologische Theorien

Sozialpsychologische Theorien gehen meist von einem bestimmten Menschenbild aus. Sie machen Angaben darüber, was Menschen zum sozialen Handeln bewegt, motiviert, wie Menschen miteinander interagieren und wovon diese Interaktionen beeinflußt werden. Ausgehend von solchen Grundannahmen lassen sich sozialpsychologische Theorien einteilen in solche, die in einen psychoanalytischen, einen behavioristischen, einen kognitiven oder einen rollenspezifischen Bezugsrahmen passen (Mueller & Thomas, 1976, S. 46—48). So wird in der Psychoanalyse der Mensch vornehmlich als ein strebendes, schöpferisches Wesen („homo volens") gesehen, dessen Denken, Empfindungen und Verhalten von unbewußten Kräften (Triebenergien) in Gang gehalten und gesteuert wird. Demgegenüber ist der Mensch im Behaviorismus ein von Reizen gesteuerter Reaktionsmechanismus („homo mechanicus"), der den sozialen Umweltbedingungen völlig ausgeliefert ist. Der kognitive Ansatz faßt den Menschen auf als ein informationenverarbeitendes, denkendes Wesen („homo sapiens"), das in seinem Denken und mit Hilfe seiner kognitiven Fähigkeiten die Welt interpretiert und sich seine Welt schafft. Die Umweltgegebenheiten werden für ihn nicht direkt, gleichsam durch objektive Tatbestände, sondern erst durch seine eigene subjektive Interpretation und Sichtweise der Dinge und Ereignisse handlungsrelevant. Die bewußten kognitiven Prozesse erhalten in diesem Modell ein oft überproportional großes Gewicht. Im rollenspezifischen Bezugsrahmen wird der Mensch als Produkt sozialer Beziehungen („homo soziologicus") interpretiert. Handeln und Erleben ist nicht nur Ausdruck persönlichen Erlebens und Wollens, sondern auch das Resultat der Reflexion des Individuums über seine Stellung im sozialen Beziehungsgefüge und der Auseinandersetzung mit gesellschaftlichen Normen, Rollen und spezifischen Verhaltenserwartungen.

Eine eindeutige Zuordnung sozialpsychologischer Theorien zu einem dieser an vorherrschenden Menschenbildern orientierten Bezugsrahmen ist nur schwer möglich, da in neueren Theorien mehrere derartige Aspekte einfließen. So enthält z. B. die Theorie des Sozialen Lernens von Bandura (1962) sowohl Elemente des behavioristischen als auch des kognitivistischen Menschenbildes.

Manche Gliederungen sozialpsychologischer Theorien orientieren sich an allgemeinpsychologischen Theorieansätzen, wie sie in der noch jungen Geschichte der Psychologie entwickelt wurden. So finden sich z. B. bei Deutsch und Krauss (1965) neben den Einteilungen in psychoanalytische Theorien und die Rollentheorie noch der gestalttheoretische Ansatz, die Feldtheorie und die Verstärkungstheorien, wobei letztere weitgehend dem behavioristischen Bezugsrahmen entsprechen. In einer solchen Einteilung wird zwar die Wechselbeziehung zwischen sozialpsychologischen Theorien und den sie tragenden allgemeinpsychologischen Theorien deutlich, doch lassen sich auch hier viele neuere theoretische Konzepte nur schwer einordnen, da sie den vorgegebenen Bezugsrahmen sprengen und oft auch den Bezug zu den allgemeinpsychologischen Grundlagen verloren haben.

Der hier vorgelegte Überblick folgt einer mehr pragmatischen Einteilung von Frey und Irle (1984/1985), die eine Auswahl der in der Literatur beschriebenen sozialpsychologischen Theorien präsentieren und 29 Theorien nach 5 allgemeinen Beschreibungskategorien gruppieren. Im folgenden werden diese Theorien benannt und anhand des für sie zentralen Grundgedankens inhaltlich charakterisiert.

Kognitive Theorien

1. Hypothesentheorie der sozialen Wahrnehmung:
Jeder Wahrnehmungsprozeß beginnt mit einer „Hypothese“, d. h. einer Vermutung, Erwartung, Antizipation dessen, was beobachtbar sein wird und was sich ereignen wird. Diese Hypothese beeinflußt Auswahl und Interpretation der Wahrnehmungsinhalte.

2. Theorie der psychologischen Reaktanz:
Wird der von einer Person für sich beanspruchte Freiheitsspielraum für das eigene Entscheiden und Handeln von außen bedroht, eingeschränkt oder aufgehoben, dann entwickeln sich psychische Kräfte, Strebungen, Bedürfnisse, und es entsteht ein motivationaler Zustand (psychologische Reaktanz), den bedrohten oder verlorenen Freiheitsspielraum wieder herzustellen.

3. Theorie der sozialen Vergleichsprozesse:
Jedes Individuum strebt danach, seine Meinungen und Fähigkeiten zu bewerten. Stehen dafür keine objektiven, z. B. physikalischen Bewertungsmaßstäbe zur Verfügung, so werden Vergleiche mit anderen Personen und Personengruppen angestellt und entsprechende soziale Bewertungsmaßstäbe entwickelt oder auf bereits vorhandene zurückgegriffen.

4. Kognitiv-physiologische Theorie der Emotion:
Die von Schachter (1959) unter Bezug auf Festinger's Theorie der sozialen Vergleichsprozesse (1954) entwickelte Theorie geht davon aus, daß Emotionen eine Funktion kognitiver oder situativer und ebenso physiologischer Erregungen sind. Hat das Individuum für seinen physiologischen Erregungszustand keine ausreichende Erklärung zur Verfügung, entsteht ein Bedürfnis nach Bewertung und Begründung der körperlichen Erscheinungen, wodurch diese eine sehr verschiedene subjektive Bedeutung erlangen können.

5. Theorie der objektiven Selbstaufmerksamkeit:
Das Individuum kann seine Aufmerksamkeit überwiegend auf die eigene Person oder auf äußere Ereignisse richten. Wird die eigene Person zum Objekt der Betrachtung (objektive Selbstaufmerksamkeit), so kommt es einerseits zu einer Intensivierung und Aktualisierung bedeutsamer Stimmungen, Affekte, Erwartungen, Einstellungen usw., und andererseits werden die Diskrepanzen zwischen den hochrangigen erwünschten Verhaltensstandards und dem im Vergleich dazu meist minderwertigeren tatsächlichen Verhalten und Erleben deutlich bewußt, was immer einen negativen Affekt zur Folge hat. Dieses Diskrepanzerleben mit negativem Affekt erzeugt eine Motivation, das aktuelle Verhalten und Erleben den anerkannten Normen und Standards anzupassen.

6. Theorie der ausgleichenden Gerechtigkeit (Equity-Theorie):
Menschen sind bestrebt, soziale Interaktionsbeziehungen so zu gestalten und zu interpretieren, daß die eigenen Anstrengungen, Aufwendungen und Investitionen in einem angemessenen und gerechten Verhältnis stehen zu den Resultaten der Interaktionsbeziehung in Form von Nutzen und Gewinn. Perso-

nen, die miteinander interagieren, richten sich bei diesem Abwägen von Aufwand und Ergebnis nicht ausschließlich nach ihren eigenen Interessen, sondern auch nach von ihnen akzeptierten sozialen Normen, die als Gerechtigkeitsprinzip definierbar die spezifischen Erwartungen und Interpretationen des Interaktionsergebnisses steuern. Die Personen treten in eine soziale Austauschbeziehung ein mit spezifischen Zielvorstellungen über Verlauf und Resultat des Interaktionsprozesses, sie führen zielabhängige Handlungsweisen aus und reagieren auf erwartungskonforme oder erwartungsdiskrepante Interaktionsergebnisse.

7. Theorie der kognitiven Dissonanz:
Personen sind bestrebt, ihr kognitives System in einem Gleichgewichtszustand zu halten. Dieses kognitive System besteht aus Kognitionen, die in einer relevanten Beziehung zueinander stehen, also inhaltlich aufeinander bezogen sind, oder in einer irrelevanten Beziehung zueinander stehen, d. h. die Kognitionen stehen zusammenhanglos nebeneinander. Besteht eine relevante Beziehung zwischen den Kognitionen, so kann diese konsonant oder dissonant sein. Dissonant ist eine Beziehung immer dann, wenn aus den Kognitionen Entgegengesetztes gefolgert werden kann, im Falle konsonanter Beziehungen sind die beiden Kognitionen für die Person miteinander vereinbar. Kommt es durch Hinzufügen neuer Informationen zu kognitiver Dissonanz, so bewirkt dies einen Druck in Richtung auf Dissonanzreduktion oder Vermeidung von Dissonanzerhöhung, was mit Hilfe von Verhaltensänderungen, Kognitionsänderungen und der Aufnahme und Verarbeitung neuer Informationen und Meinungen erreicht wird.

Gruppen- und Lerntheorien

1. Theorie der sozialen Förderung und Unterdrückung:
Menschen (aber auch Tiere) neigen dazu, bei Anwesenheit anderer Personen (Tiere) ihre Leistungen zu steigern oder zu verringern. Anwesende Personen bewirken im Individuum eine Erhöhung des Erregungsniveaus und eine Steigerung der Antriebskräfte, was eine erhöhte Auftretenswahrscheinlichkeit für dominante, z. B. gewohnte und bereits gelernte Verhaltensreaktionen zur Folge hat. Die Anwesenheit von Personen führt zu Leistungssteigerungen bei gewohnten und gut gekonnten Aufgaben und zu Leistungsverringerung bei noch ungeübten und neu zu lernenden Aufgaben.

2. Theorie der Konvergenz und Divergenz von Gruppenurteilen:
Der Druck auf die Mitglieder einer Gruppe, miteinander über einen Sachverhalt zu diskutieren und Informationen auszutauschen, ist um so stärker, je größer die Meinungsverschiedenheiten unter den Gruppenmitgliedern sind, je bedeutsamer der diskutierte Sachverhalt für die Gruppe ist und je stärker der Zusammenhalt der Gruppenmitglieder (Kohäsion) untereinander ist. Die Tendenz, das Urteil über den Sachverhalt zu ändern, ist um so größer, je höher

der Druck zur Uniformität in der Gruppe ansteigt und je größer das Bestreben ist, Mitglied dieser Gruppe zu sein oder zu bleiben. Sie ist um so geringer, je mehr das ursprüngliche Urteil des Individuums dem einer anderen Gruppe entspricht, der es prinzipiell als Mitglied angehören könnte. Die Tendenz zur Änderung der Gruppenzusammensetzung, z. B. durch den Ausschluß nichtkonformer Mitglieder, steigt an mit dem Grad der Urteilsdiskrepanz, der Bedeutsamkeit des diskutierten Sachverhaltes für die Gruppe und dem Ausmaß der angestrebten Gruppenkohäsion.

3. Theorie des sozialen Einflusses von Minoritäten in Gruppen:
Es besteht keine einseitige Beeinflussung von Minoritäten durch Majoritäten, die z. B. Konformität erzwingen, sondern die Minorität kann ebenso Einfluß auf die Majorität ausüben. Dazu ist es notwendig, daß die Minorität zunächst einen Konflikt mit der Majorität auslöst und dann ihre Überzeugung unbeirrbar und konsistent zum Ausdruck bringt und gegen den sozialen Druck der Majorität verteidigt. Konsistent vorgetragene alternative Meinungen erzeugen soziale Instabilität in Gruppen, erwecken bei der Majorität den Eindruck, daß die Minorität sich ihres Urteils sicher und von seiner Richtigkeit überzeugt ist und daß soziale Sicherheit und Konsens nur über eine Annäherung des Standpunktes der Majorität an den der Minorität wiederherstellbar sind.

4. Theorie des interpersonalen Konfliktes:
Der Behandlung interpersonaler Konflikte liegen drei Basismotive zugrunde: (1) Das individualistische Motiv, bei dem ohne Rücksicht auf den Partner nur eigene Ziele verfolgt werden. (2) Das kooperative Motiv, bei dem auch das Wohl des Interaktionspartners Berücksichtigung findet. (3) Das wetteifernde Motiv, bei dem versucht wird, den Partner zu übertreffen. Produktive Konfliktverläufe sind wahrscheinlich, wenn ein Konfliktlösungsinteresse besteht, wenn Möglichkeiten zur Umstrukturierung des Problems gegeben sind und wenn eine Ideenvielfalt vorliegt, die zu unterschiedlichen Lösungswegen führen kann. Ein destruktiver Konfliktverlauf ergibt sich aus wetteifernder Motivation, verzerrter und falscher Wahrnehmung des Partners und dem Bedürfnis nach kognitiver Konsistenz mit den eigenen Überzeugungen und Handlungen. Wichtig für die Konfliktregulation sind die Wahrnehmungen der Situation durch die beteiligten Personen, die Handlungsweise des jeweiligen Kontrahenten und die damit erreichten Wirkungen beim Partner und schließlich die erwarteten Konsequenzen des Austauschprozesses.

5. Theorie der sozialen Macht:
Macht besteht in der Beeinflussung eines Systems (Personen, Gruppen u. ä.) durch ein anderes, was Veränderungen sowohl qualitativer als auch quantitativer Art zur Folge haben kann. Der Einsatz von Machtmitteln ist abhängig von den verfolgten Zielen und der Art der angestrebten Veränderung im System. Die tatsächlich erzielten Änderungen im System im Vergleich zu den angestrebten Änderungen zeigen das Ausmaß des Machteinflusses an. Der Einsatz von Machtmitteln erfordert Aufwand und Investitionen, die in Abhängigkeit

von der Beschaffenheit des Systems und den angestrebten Wirkungen der Machtausübung unterschiedlich hoch sein können. Der Machthaber beeinflußt zwar sein „Opfer“, ist aber zugleich gezwungen, sich in gewisser Weise auf sein „Opfer“ einzustellen und sich ihm anzupassen.

6. Theorie des Führungsverhaltens:
Es existiert keine einheitliche Führungstheorie. Das personalistische Theorienkonzept der Führung geht davon aus, daß Führungsfähigkeiten angeboren oder erworben sind und daß es stabile und veränderungsresistente, zeit- und situationsunabhängige führungsspezifische Persönlichkeitsdispositionen gibt.

Das verhaltenstheoretische Führungskonzept, angelehnt an die behavioristische Rahmentheorie, geht davon aus, daß zwischen dem Verhalten erfolgreicher und erfolgloser Führer charakteristische Unterschiede bestehen, die sich unter anderem in typischen Führungsstilen niederschlagen.

Das interaktionistische Führungskonzept konzentriert sich auf die Beziehung zwischen persönlichkeits- und situationsspezifischen Aspekten der Führung. Führer, Geführte, die gestellte Aufgabe und die sozialen, organisatorischen, kulturellen Rahmenbedingungen bilden das Interaktionsgefüge, in dem Führungsverhalten stattfindet.

7. Theorien der sozialen Identität in Intergruppenbeziehungen:
Individuen verhalten sich als Angehörige sozialer Gruppen und werden beeinflußt von den Beziehungen, die zwischen den Gruppen bestehen. Individuen teilen ihre Umwelt in unterscheidbare soziale Kategorien ein (z. B. Eigen- und Fremdgruppe), was der Orientierung über das soziale Beziehungsgefüge und der Identität der eigenen sozialen Position dient. Mit Hilfe sozialer Vergleiche zwischen Eigen- und Fremdgruppe schafft sich das Individuum eine soziale Identität, die dann positiv bewertet werden kann, wenn sich im sozialen Vergleich die eigene Gruppe anderen als überlegen erweist.

8. Soziale Lerntheorie der Persönlichkeit (Rotter, 1972):
Das individuelle Erleben bestimmt die für das Individuum bedeutsame Umwelt. Persönlichkeit ist das Resultat der Interaktion des Individuums mit seiner Umwelt. Vorausgegangene Erfahrungen beeinflussen neu erworbene Erfahrungen und diese modifizieren die vorhandenen. Das Individuum wendet sich den Bereichen der Umwelt zu, die erfahrungsgemäß Erfolg versprechen. Die Wahrscheinlichkeit für die Ausführung eines bestimmten Verhaltens (Verhaltenspotential) ist eine Funktion von:
(1) der Erwartung, daß mit einer gewissen Wahrscheinlichkeit ausgeführte Handlungen positive Folgen haben werden (Verstärkung),
(2) der Bedeutung dieser positiven Folgen für das Individuum (Verstärkungswert) und
(3) der psychologischen Situation, in der sich das Individuum während der Handlungsausführung befindet.

9. Theorie des sozialen Lernens (Bandura, 1979):
Verhalten kommt zustande auf der Basis kognitiv gespeicherter Abbilder des realen Verhaltens und entsprechender motorischer Fertigkeiten. In einer gegebenen Situation wird das Individuum die Verhaltensweisen zeigen:
(1) zu deren Ausführung es sich kompetent fühlt (Kompetenzerwartung),
(2) von denen es sich einen positiven Effekt verspricht (Erfolgserwartung) und
(3) bei denen zu erwarten ist, daß es den selbst gesetzten Leistungsstandard erreichen oder sogar übertreffen kann und sich dann dafür selbst belohnt (antizipierte Selbstbekräftigung).

Die Verhaltensabbilder werden vom Individuum dadurch ins Gedächtnis aufgenommen und gespeichert, daß es sein eigenes Verhalten beobachtet und es erfährt, was erfolgreich ist (direkte Erfahrung), indem es das Verhalten anderer, erfolgreicher Personen beobachtet und damit neues Verhalten kennenlernt (stellvertretende Erfahrung) und indem es aus Beschreibungen und Erklärungen (Instruktion) etwas über ihm bisher unbekanntes Verhalten erfährt.

10. Theorie des sozialen Austausches:
Sozialverhalten ist charakterisiert durch den Austausch materieller und immaterieller Güter, die für die Interaktionspartner mehr oder weniger belohnend oder kostspielig sind. Allgemein gelten folgende Austauschregeln:
(1) Je häufiger eine bestimmte Handlung belohnt worden ist, desto eher wird sie ausgeführt.
(2) Wenn in der Vergangenheit aufgrund eines bestimmten Reizes eine Handlung belohnt wurde, dann wird diese um so eher ausgeführt, je ähnlicher die gegenwärtige Reizsituation ist.
(3) Je wertvoller für eine Person das Resultat einer Handlung ist, desto eher wird sie diese Handlung ausführen.
(4) Je größer der Profit ist, den eine Person als Resultat einer Handlung erzielt, desto eher wird sie diese Handlung ausführen.
(5) Je öfter eine Person in jüngster Vergangenheit eine bestimmte Belohnung erhalten hat, desto weniger wertvoll wird für sie jede weitere Belohnung sein.
(6) Je krasser die Regel der ausgleichenden Gerechtigkeit zum Nachteil einer Person verletzt wird, desto eher wird diese mit Ärger reagieren.

Motivations- und Informationsverarbeitungstheorien

1. Theorie des sozialen Anschlusses (Affiliation):
Wird eine Person geängstigt, dann sucht sie sozialen Anschluß an andere Personen, wenn sie durch diese Kontaktaufnahme keine negativen Konsequenzen zu befürchten hat, wie z. B. Ablehnung oder Blamage. Sozialer Anschluß dient dazu, von anderen Personen Hilfe, Unterstützung und Verständnis zu erfahren und von ihnen akzeptiert zu werden. Die Entscheidung darüber, ob die Person im Zustand der Angst sozialen Anschluß sucht, bewußt den sozialen

Kontakt meidet und isoliert bleibt oder ein gleichgültiges Verhalten zeigt, hängt von den vermuteten Konsequenzen des sozialen Kontakts ab und richtet sich danach, welches Verhalten am ehesten geeignet ist, das Selbstwertgefühl zu erhalten.

2. Theorie der symbolischen Selbstergänzung:
Schon bei der Lösung einfacher Aufgaben stellt das Individuum einen Bezug zur eigenen Person her, indem es darauf achtet, daß seine selbstbezogenen Ziele, wie z. B. Fähigkeiten und Kompetenzen erreicht werden und erhalten bleiben. Werden die selbstbezogenen Ziele nicht erreicht, so bemüht sich die Person darum, alternative Merkmale selbstbezogener Ziele zur Schau zu stellen (selbstsymbolisierende Handlungen). Selbstsymbolisierende Handlungen, z. B. sich vor anderen Personen als „intelligenter Student" oder als „erfahrener Psychologe" darzustellen, sind nur erfolgreich, wenn sie von der sozialen Umwelt zur Kenntnis genommen und verstanden werden. Allerdings werden von dem um selbstbezogene Handlungen bemühten Individuum die psychischen Befindlichkeiten und Bedürfnisse anderer Personen meist nur unzureichend beachtet.

3. Impression-Management-Theorie:
Menschen sind ständig darum bemüht, den Eindruck, den sie auf andere Personen machen, zu steuern und zu kontrollieren. Bei der Ausführung einer Verhaltensweise wird die vermutete Reaktion des Interaktionspartners auf das eigene Verhalten mit berücksichtigt. Der Handelnde wird sich so verhalten, daß sein Gegenüber von ihm einen guten bzw. den erwünschten Eindruck bekommt und dementsprechend reagiert (Impression-Management). Alle Verhaltensweisen können grundsätzlich der Eindruckssteuerung dienen oder werden von dem Wunsch nach positiver Eindrucksbildung beeinflußt. Die von der sozialen Umwelt erwartete Reaktion auf das gezeigte Verhalten bestimmt die Art des Impression-Management- Prozesses.

4. Theorie des Selbstwertschutzes und der Selbstwerterhöhung:
Menschen sind immer bestrebt, ihr Selbstwertgefühl zu festigen bzw. zu erhöhen. Je niedriger das aktuelle Selbstwertgefühl einer Person ist und je unerfüllter ihr Bedürfnis nach positiver Selbstbewertung, um so stärker ist das Bestreben nach Schutz und Steigerung des Selbstwertes. Personen zentrieren ihre Aufmerksamkeit selektiv auf positive Informationen über die eigene Person und bewerten solche Informationen als glaubwürdiger und zutreffender als negative und abwertende Informationen. Eine unrealistisch positiv erscheinende Information wird jedoch als unglaubwürdig betrachtet und die Informationsquelle als inkompetent abgelehnt. Personen neigen dazu, ihre positiven Eigenschaften und deren generelle Bedeutung zu überschätzen und ihre negativen Eigenschaften zu unterschätzen.

5. Theorie der kognizierten Kontrolle:
Menschen trachten danach, Zustände und Ereignisse in sich selbst und in ihrer Umwelt kontrollieren zu können. Bemerkt eine Person, daß sie bedeutende

Ereignisse und Zustände nicht kontrollieren kann (Kontrollverlust), so hat das negative Folgen für ihr Erleben und Verhalten. Die Gewinnung oder Wiedergewinnung von Kontrollmöglichkeit über unangenehme Ereignisse reduziert die psychische Belastung. Wie auf den Kontrollverlust reagiert wird, ob passiv oder aktiv und mit welcher Intensität und Ausdauer, hängt ab von der subjektiv erlebten Bedeutsamkeit des Ereignisses und Zustandes, von der subjektiven Sicherheit, keine Kontrolle ausüben zu können, und von den vermuteten Ursachen für den Kontrollverlust.

6. Theorie der sozialen Urteilsbildung:
Urteile, die Menschen über andere Menschen und Objekte fällen, sind abhängig von Merkmalen des Urteilenden selbst und von den Umgebungsbedingungen (Kontext), die das zu beurteilende Objekt zu beeinflussen scheinen. Kontextmerkmale bestehen aus Reizen, die außerhalb der zu beurteilenden Objekte in der Urteilssituation vorliegen und wahrgenommen werden, aus bereits vorhandenen Erfahrungen mit dem Reizmaterial und aus sozialen Strukturen der Urteilssituation (Gruppendruck, Machtbeziehungen, Normen).

Dieser Überblick über sozialpsychologische Theorien ist keineswegs vollständig. Es gibt noch eine Fülle spezieller Theorien, deren Aussagen sich nur auf einen begrenzten Bereich sozialer Wirklichkeit beziehen. Zudem liefern die hier gegebenen kurzen Erklärungen nur wenige Hinweise auf zentrale Sachverhalte der genannten Theorien und decken keineswegs alle Teilaspekte ab. Besonders viele neuere Theorien unterliegen noch der empirischen Überprüfung, so daß es bisher nicht möglich ist, ihren vollen Erklärungsgehalt abzuschätzen, geschweige denn, ihren wesentlichen Gehalt in einem klar verständlichen und prägnanten Gefüge von Sätzen zu formulieren.

Ausführlichere Darstellungen zu den angesprochenen Theorien finden sich bei Frey und Irle (1984/85).

Wissenschaftliche Qualität sozialpsychologischer Theorien

Es wäre schön, wenn wir uns auf unsere sozialpsychologischen Theorien genauso verlassen könnten wie auf einige der naturwissenschaftlichen, z. B. die Theorie von der Bewegung der Himmelskörper. Leider erfüllt keine Theorie der Sozialpsychologie alle Ansprüche der heutigen Wissenschaftstheorie, besonders nicht die beiden folgenden: (a) Eindeutigkeit der Begriffe und (b) Übersetzbarkeit der Begriffe in prüfbare Aussagen.

Eindeutigkeit der Begriffe

Eine scharfe Kritik an der Eindeutigkeit der Begriffe in der Sozialpsychologie nimmt Seiffert (1972) vor, wenn er schreibt:

„Das Prädikatorensystem einer Wissenschaft muß so aufgebaut sein, daß bestimmte Unterscheidungen und Abgrenzungen bestehen bleiben, daß man also mit Sicherheit sagen kann, was womit gleichgesetzt, was unter was subsumiert und was womit keinesfalls in einen Topf geworfen werden darf. So ist ein Hase kein Reh, aber Hasen und Rehe sind beides Säugetiere, während ein Telegraphenmast wiederum kein Säugetier sein kann. Genau solche klaren Unterscheidungen gehen in der Sozialpsychologie, so wie sie heute vielfach gehandhabt wird, verloren. Diese Sozialpsychologie stellt sich als ein unklarer Brei von Individualaussagen, Hypothesen und Gesetzen dar, deren Prädikatoren in willkürlicher Weise aufeinander zurückgeführt werden, ohne daß klare Regeln dafür existieren, wie und wie weit diese Zurückführung zu geschehen habe" (S. 215).

Seiffert kritisiert in diesem Zitat, daß in dem Begriffssystem der Sozialpsychologie die Beziehungen zwischen den einzelnen Begriffen nicht klar definiert sind. Ferner spricht er von „Sozialpsychologischen Tautologien" und illustriert diese Gefahr am Beispiel des Satzes von Homans: „Wenn sich die Häufigkeit der Interaktion zwischen zwei oder mehr Personen erhöht, so wird auch das Ausmaß ihrer Neigung füreinander zunehmen, und vice versa." Er bemerkt dazu weiter:

„Ein Sozialpsychologe könnte der Ansicht sein, die Begriffe ‚Interaktion' und ‚Sympathie' seien noch nicht allgemein genug. So lasse sich zum Beispiel der Begriff ‚Interaktion' noch weiter formalisieren zu ‚gleichzeitige Bewegung' von menschlichen Organismen, und ebenso der Begriff ‚Sympathie' zu ‚gleichzeitiger Bewegung der Gefühle' zweier menschlicher Organismen. Wenn wir nun für ‚gleichzeitige Bewegung' den Ausdruck ‚Komotion' einführen, dann können wir sagen: ‚Interaktion' ist ein Sonderfall von ‚Komotion'; und ‚Sympathie' ist ein Sonderfall von ‚Komotion'; und das Homanssche Gesetz hieße dann: ‚Komotion führt zu Komotion, und Komotion führt zu Komotion'." (1972, S. 214).

Es ergibt sich also folgendes Problem: Die konkrete sozialpsychologische Aussage, z. B. „vor oder nach einer Party schenkt Fräulein Stella ihren Nachbarn Blumen", interessiert den Wissenschaftler nur sehr begrenzt. Ihm geht es um generelle Regeln. Er möchte sagen können: „Es besteht die Norm, Lärmbelästigung durch Blumengeschenke zu kompensieren." Aber warum soll der Wissenschaftler bei dieser immerhin noch recht konkreten Formulierung der Regel stehen bleiben? Wer oder was sollte ihn daran hindern zu sagen: „Um Sanktionen zu vermeiden, darf das Ausmaß der sozialen Kosten einen Schwellenwert nicht übersteigen." Gibt es eine Regel, die mir sagt, daß es unzulässig ist, ‚Lärmbelästigung' dem umfassenderen Begriff ‚soziale Kosten' zu subsumieren? Eine solche Regel gibt es nicht, und daher besteht die Gefahr, Begriffe wie z. B. ‚Belohnung' oder ‚soziale Interaktion' so weit zu fassen, daß sie entleert werden und an Erklärungswert verlieren. „Eine immer weiter getriebene Verallgemeinerung und Abstraktion würde schließlich dazu führen, daß jeder sozialpsychologische Begriff auf denselben Allgemeinbegriff reduziert würde und daher nur noch Tautologien übrig blieben“ (Seiffert, 1972, S. 214).

Übersetzbarkeit der Begriffe in überprüfbare Aussagen

Eine empirische Überprüfung der Aussagen sozialpsychologischer Theorien steht und fällt mit der Möglichkeit, die theoretischen Begriffe in empirisch überprüfbare Aussagen zu übersetzen. Dieses Problem läßt sich am Begriff der „Einstellung“ deutlich machen. Nehmen wir die Hypothese: „Einstellungen haben — unter angebbaren Bedingungen — eine sensitivierende Wirkung auf unsere Wahrnehmung.“ Um diese Hypothese zu überprüfen brauchen wir neben anderem sicher eine Feststellung darüber, welches Indiz wir als Beweis dafür annehmen wollen, daß eine ‚Einstellung‘ vorliegt. Dazu gibt es in der Sozialpsychologie nur in wenigen Ausnahmefällen eindeutige Zuordnungen von Konzept und Operationalisierung. Das heißt, es ist nur in ganz wenigen Fällen absolut zwingend, die angenommene Einstellung so und nicht anders zu erfassen.

Wie verworren die Lage ist, deutet sich bei Cook und Selltiz (1964) an, die für den Begriff ‚Einstellung‘ die folgenden Übersetzungsmöglichkeiten angeben: (1) Selbst-Aussagen über den Zustand der eigenen Gefühle, Denkweisen und Handlungsintentionen. (2) Verhaltensbeobachtungen durch Dritte. (3) Reaktionen auf nicht eindeutig strukturierte Vorlagen, z. B. projektive Tests. (4) Art und Weise des Lösens „objektiver“ Aufgaben. (5) Physiologische Reaktionen auf die Darbietung von Einstellungsobjekten.

Mit viel Phantasie und Einfallsreichtum ist es durchaus möglich, Verfahren zu ersinnen, die abstrakte Begriffe wie ‚Konformität‘, ‚Rollendistanz‘ oder auch ‚Einstellung‘ in konkrete meßbare Einheiten übersetzen. In der Sozialpsychologie ist es aber bisher noch nicht gelungen, Einigkeit darüber zu erzielen, welche der verschiedenen Operationalisierungen für die Arbeit auf einem bestimmten Forschungsgebiet als verbindlich gelten sollen. Wie sehr diese verworrene Situation die Vergleichbarkeit der Ergebnisse, die Kommunikation unter den Wissenschaftlern und damit den Fortschritt der Arbeit behindert, wird plastisch, wenn man sich vorstellt, es würde innerhalb einer Stadt nach fünf oder mehr verschiedenen Zeitmaßen gelebt.

Konsequenzen für die Theorienbildung in der Sozialpsychologie

Eine strenge wissenschaftliche Überprüfung der theoretischen Aussagen in der Sozialpsychologie und ihre Trennung in richtige und falsche, wobei eine Aussage dann als falsch anzusehen wäre, wenn das, was sie voraussagt, nicht genau zutrifft, müßte zwangsläufig dazu führen, daß ein sehr großer Teil der theoretischen Aussagen in der Sozialpsychologie eindeutig als falsch zu klassifizieren wären. Bei der Überprüfung sozialpsychologischer Theorien zeigt sich aber immer wieder, daß neben falschen Voraussagen auch zutreffende vorhanden sind. Manches trifft eben nur unter spezifischen Bedingungen und mit bestimmten Einschränkungen zu. Deshalb ist eine scharfe Trennung der Aussagen in wahre und falsche für die Entwicklung sozialpsychologischer Theorien wenig nützlich. Ein gangbarer Weg ist die Konzeption eines abgestuften Wahrheitsbegriffes, der davon ausgeht, daß theoretische Aussagen eine mehr oder weniger zutreffende Beschreibung entsprechender Gesetzmäßigkeiten enthalten. Beim gegenwärtigen Stand der Theorieentwicklung sind präzise formulierte Aussagen nicht unbedingt besser als weniger präzise, denn theoretische Aussagen, die sehr genau formuliert sind, enthalten oft eine Fülle recht komplizierter und schwer überprüfbarer Variablen. Schon aus forschungspraktischen Gründen sind deshalb oft weniger genau formulierte und mit dem vorhandenen Methodeninventar einfacher zu überprüfende Aussagen geeigneter.

Was in Anbetracht des theoretischen Entwicklungsstandes der Sozialpsychologie zu tun ist, beschreibt Stroebe (1980, S. 56) so:

„So schwer es fällt, müssen wir uns mit der provisorischen Natur unserer Erkenntnisse abfinden. Da die Theorien, mit denen wir empirische Befunde erklären, grundsätzlich nicht als wahr erwiesen werden können, sind auch alle Erklärungen nur vorläufig. Sie werden so lange beibehalten, bis sich eine bessere Erklärung durch eine bessere Theorie findet. Es bleibt nur ein Trost. Indem wir unsere Theorien immer wieder einer strengen Kritik unterziehen und einerseits nach theoriedivergenten Fakten suchen, andererseits nach Theorien mit höherem empirischen Gehalt, die neue interessante Voraussagen erlauben, können wir zumindest hoffen, uns der Wahrheit anzunähern. Wissen werden wir dies allerdings nie."

Zusammenfassung

Sozialpsychologische Forschung wurde erst möglich, als der Mensch bereit war, sich selbst zum Gegenstand empirischer Untersuchungen zu machen. Zudem verloren die traditionellen Regulations- und Kontrollmechanismen wie Sitte, Gesetz, Brauchtum und Religion im Zuge der Reformation, der Aufklärung und der industriellen Revolution immer mehr an Bedeutung für das Leben der einzelnen Menschen und für die Gesellschaft. An ihre Stelle traten wissenschaftliche Bemühungen um Einsicht und Verständnis für soziales Verhalten und soziale Zusammenhänge.

Die moderne sozialpsychologische Forschung geht von der Annahme aus, daß ohne empirische Kriterien für die Nachprüfbarkeit wissenschaftlicher Aussagen über soziale Sachverhalte kein wissenschaftlicher Fortschritt zu erzielen ist. Andererseits kann die Welt nie voraussetzungslos erfaßt werden, sondern immer nur mit Hilfe von Theorien.

Der Forscher benötigt gute Theorien zur Präzisierung seiner Forscherziele, zur Bewertung der gewonnenen Resultate und zum Erkennen noch vorhandener Erkenntnislücken. Der praktisch tätige Psychologe benötigt Theorien zur Steuerung, Kontrolle und Begründung seines Handelns in Diagnose, Beratung Intervention und Evaluation. Dabei müssen die meist impliziten Annahmen wissenschaftlicher Theorien immer auch einer kritischen Prüfung unterzogen werden, wie sich an den Studien von S. Freud und M. Mead zeigen läßt. Am Beispiel der Theorie kognitiver Dissonanz und der Theorie sozialer Vergleichsprozesse werden die innere Struktur von Theorien und ihre charakteristischen Merkmale beschrieben.

Entsprechend ihren grundlegenden Menschenbildern lassen sich sozialpsychologische Theorien gliedern in psychoanalytische, behavioristische, kognitive und rollenspezifische Theorien. Es werden unter einem mehr pragmatischen Gliederungsaspekt die wichtigsten kognitiven Theorien, die Gruppen- und Lerntheorien und die Motivations- und Informationsverarbeitungstheorien zusammenfassend dargestellt.

So imponierend der Bestand an unterscheidbaren sozialpsychologischen Theorien auch ist, das Erreichen einer hohen wissenschaftlichen Qualität des Theorienbestandes, einer Eindeutigkeit in der Begriffsdefinition und -verwendung und einer Übersetzbarkeit der Begriffe in überprüfbare Aussagen bereitet noch sehr große Probleme. Die Sozialpsychologie wird sich deshalb auch auf absehbare Zeit noch mit vorläufigen und fehlerbehafteten Erklärungen zufrieden geben müssen.

Fragen

1. Welches waren die geschichtlichen Voraussetzungen für das Entstehen einer wissenschaftlichen Sozialpsychologie?

2. Welches sind die charakteristischen Merkmale guter Theorien in der Sozialpsychologie?

3. Welche Funktionen haben Theorien in der Sozialpsychologie?

4. Welche Anforderungen müssen wissenschaftliche Theorien erfüllen?

5. Welches sind die zentralen Aussagen der kognitiven Dissonanztheorie und der Theorie sozialer Vergleichsprozesse?

6. Welche Bedeutung haben Menschenbilder in der Theorienbildung?

7. Welche kognitiven Theorien, Gruppen- und Lerntheorien und Motivations- und Informationsverarbeitungstheorien lassen sich unterscheiden? Wie heißen sie und aus welchen zentralen Aussagen bestehen sie?

8. Warum sind sozialpsychologische Theorien und daraus abgeleitete Erklärungen fehlerhaft und nur von begrenzter Gültigkeit?

Weiterführende Literatur

Allport, G.W. (1985). The historical background of modern social psychology. In G. Lindzey & E. Aronson (Eds.). *The Handbook of Social Psychology,* Vol. I (pp. 1—46). New York: Random House.

Frey, D. & Irle, M. (Hrsg.). (1984/1985). *Theorien der Sozialpsychologie,* Bd. I—III. Bern: Huber.

Kapitel III

Interaktion und Kommunikation

Wenn Menschen zusammentreffen, findet immer Interaktion und Kommunikation statt. „Man kann nicht ‚nicht kommunizieren'", lautet die erste und bedeutsamste Kommunikationsregel von Watzlawick (1967/1969). Selbst dann, wenn man sich bewußt kommunikationsfeindlich verhalten würde, z. B. indem man anderen Personen den Rücken zuwendet, teilnahmslos vor sich hin starrt, Aufforderungen zur sozialen Interaktion ignoriert u. ä. teilt man etwas mit, nämlich, daß man nicht kommunizieren und mit den anderen interagieren möchte. Sobald Menschen aufeinander aufmerksam werden, einander bemerken, bildet sich ein soziales Interaktionssystem aus, dem niemand ausweichen kann, ohne eine Botschaft auszusenden und zu kommunizieren. Wer diesem Interaktionsgefüge entflieht, bringt durch diese Handlung zum Ausdruck, daß er mit den anderen nichts zu tun haben will.

Begriffsbestimmungen von Interaktion und Kommunikation

Unter sozialer Interaktion versteht Bergius (in Dorsch u. a. 1982, S. 315):

„Die gegenseitige Beeinflussung von Individuen innerhalb von und zwischen Gruppen und die dadurch entstehenden Änderungen des Verhaltens oder der Einstellungen, Meinungen etc."

Ein wichtiges Kennzeichen der sozialen Interaktion ist die Interdependenz, die sich in der gleichzeitigen und wechselseitigen Beeinflussung der Interaktionspartner ausdrückt. Interdependente Beziehungen haben die Eigenart, daß sich bei ihnen nicht eindeutig zwischen Ursachen und Wirkungen, zwischen abhängigen und unabhängigen Variablen trennen läßt. Oft ist es in der Sozialpsychologie praktischer und sachgerechter, von gegenseitiger Abhängigkeit zu sprechen als von einseitiger Verursachung. Wenn z. B. angenommen wird, daß verschiedene Erziehungsstile in der Kindererziehung zu bestimmten Persönlichkeitstypen im späteren Leben führen, dann ist damit noch keineswegs sicher, daß es sich nicht auch umgekehrt verhält. Warum soll es nicht so sein, daß bestimmte Persönlichkeitstypen bestimmte Methoden der Kindererziehung bevorzugen? Oder noch ein anderes Beispiel: Wenn ein Lehrer meint, daß die aggressiven Verhaltensweisen des Schülers die Ursache für die erfolgte Bestrafung seien, so kann aus der Sicht des Schülers seine Tendenz zur Aggressivität gerade die Folge der häufigen Bestrafung durch den Lehrer sein.

Unter Kommunikation versteht man im allgemeinen den Austausch jeglicher Mitteilungen zwischen Individuen. Nach Lasswell (1948) sind im Prozeß der Kommunikation folgende Komponenten zu unterscheiden: Wer (Kommunikator, Sender) sagt was (Nachricht, Information, Mitteilung), zu wem (Kommunikationsempfänger), womit (Zeichen, Signal, verbales oder nicht-verbales Verhalten), durch welches Medium (Kommunikationskanal), mit welcher Absicht (Intention, Ziel), mit welchem Effekt (Resultat, Resultatfolgen)?

In Definitionen von Kommunikation wird meist darauf hingewiesen, daß Kommunikation eine spezifische Form der Interaktion ist, doch hat sich eine Trennung zwischen Interaktion und Kommunikation als willkürlich und deshalb wissenschaftlich unfruchtbar erwiesen. Festzuhalten bleibt allerdings, daß über den Begriff ‚Kommunikation' die Interaktion auch die Bedeutung von ‚Informationsaustausch' bekommt. Dabei ist wiederum das Wort ‚Austausch' zu unterstreichen, um hervorzuheben, daß von Interaktion und Kommunikation immer dann die Rede ist, wenn nicht eine einseitig gerichtete Handlung vorliegt, sondern eine Interdependenz, also eine Wechselwirkung zwischen den beteiligten Personen.

Die zentralen Forschungsfragen lassen sich folgendermaßen beschreiben:

(1) Welche psychologischen und sozialpsychologischen Prozesse ermöglichen einen Informationsaustausch?
(2) Welche Kommunikationskanäle werden für den Austausch von Informationen benutzt?
(3) Welche Funktionen kommen diesen Informationskanälen bei der Interaktionsregulation zu?
(4) Wie werden Informationen aus verschiedenen Kommunikationskanälen verarbeitet und miteinander in Beziehung gesetzt?

Weiterhin ist es wichtig, nach den Gründen zu fragen, warum die Begriffe ‚Interaktion' und ‚Kommunikation' für die Sozialpsychologie so wichtig sind. Einen der Gründe gibt Graumann (1972) an, wenn er schreibt:

„Interaktion wie Kommunikation lassen sich weder ausschließlich individuumzentriert noch rein system-zentriert fassen, so sinnvoll und notwendig es auch ist, von interagierenden Individuen oder von Kommunikationsnetzen und -systemen zu sprechen. Vielmehr hat es den Anschein, daß die Verwendung der Begriffe Interaktion und Kommunikation der theoretisch gefährlichen Polarisierung Individuum vs. Gesellschaft entgegenwirkt, indem sie stärker, als es früher der Fall war, das, was (...) zwischen Individuum und Gruppe oder Gesellschaft geschieht, zu artikulieren gestattet. Zwei Modelle haben in ihrer Einseitigkeit die wissenschaftliche Erfassung der sozialen Wirklichkeit erschwert: das des Individuums, das auf ‚soziale Reize' ‚reagiert', das sozialer Aggregate und Systeme, deren Eigengesetzlichkeit die Austauschbarkeit der sie konstituierenden Elemente (= Individuen) impliziert" (S. 1110/1111).

Der zweite Hauptgrund für die Wichtigkeit der beiden Begriffe ‚Interaktion' und ‚Kommunikation' liegt in der heutigen Konzeption des Wesens sozialer Systeme, die nicht mehr als Strukturen verstanden werden, in denen Prozesse ablaufen, sondern als Prozesse, deren geordneter Ablauf uns den Eindruck von Struktur vermittelt. Katz und Kahn (1966) formulieren diese Auffassung in Anlehnung an F.H. Allport so: „Ein soziales System ist eher ein System von Ereignissen und Geschehensabläufen, als ein physikalisch faßbares Gebilde, und es besitzt deshalb auch keine andere, als eine funktionale Struktur" (S. 31).

Unterschiedliche Betrachtungsweisen von ‚Interaktion' und ‚Kommunikation'

Im sozialen Handeln zwischen Individuen und in Gruppen können Interaktion und Kommunikation einerseits zur wechselseitigen Steuerung und Kontrolle und andererseits zum Austausch von materiellen und immateriellen Gütern dienen. Die dabei ablaufenden Prozesse und ihre psychischen Wirkungen bestimmen den Handlungserfolg.

Interaktion und Kommunikation als wechselseitige Steuerung und Kontrolle

Es wird manchmal behauptet, daß Interaktion dann vorliegt, wenn das Wissen um die Reaktion des anderen in die Konzeption der eigenen Handlung eingeht. Interaktion sei also das Vorwegnehmen der Reaktionen des anderen im eigenen Handeln. Das ist aber keineswegs ausreichend, denn dieser Definition entsprechend kann man auch mit einem Stuhl oder Stein interagieren. Wenn man einen Stuhl hochhebt, tut man das bereits mit der Vorwegnahme einer Reaktion des Stuhles, nämlich seiner Schwere. Deshalb gehört zum sozialpsychologischen Begriff der Interaktion, daß der andere ebenfalls ein Handlungszentrum mit eigenständigen Erwartungen ist, die in seine Handlungen einfließen. Bei der Interaktion handelt es sich also streng genommen um ein untrennbares dialektisches Verhältnis. Nun kann man allerdings dialektische Verhältnisse nur beschreiben, nicht jedoch im empirisch-wissenschaftlichen Sinn exakt erfassen, weil man die an der Interaktion beteiligten Personen nicht gleichzeitig als Handelnde und als Empfänger von Handlungen erfassen kann. Empirisch-wissenschaftlich läßt sich Interaktion nur als Aktion und Reaktion von aufeinander bezogenen Handlungen und Erlebnisweisen untersuchen. Das, was im eigentlichen Sinn Beziehung stiftet, was im Interaktionsgeschehen gleichzeitig abläuft, geht dabei verloren.

Aus dem dialektischen Verhältnis entwickelt sich das kybernetische System von durch Rückkoppelung gesteuertem Verhalten. Wieso man von ‚Steuerung' und ‚Kontrolle' anstatt nur von ‚Einwirkung' sprechen muß, erklärt Graumann (1972) folgendermaßen:

„Interaktion wird insofern zu einem motivationspsychologischen Begriff, als Menschen einander dadurch steuern bzw. kontrollieren, daß sie einander ‚belohnen' und ‚strafen' können. (...) Begrifflich wichtig — und sicher anthropologisch bedeutsam — ist, daß die Tatsache, daß Menschen aufeinander angewiesen sind und in diesem Sinne einander bedürfen, dahingehend expliziert werden muß, daß Menschen, sofern sie einander Befriedigung gewähren und verweigern können, einander steuern, kontrollieren bis hin zum Extremfall der sozialen Manipulation" (S. 1115).

So verstanden rückt der Begriff Interaktion in die Nähe des soziologischen Begriffs der ‚sozialen Kontrolle', und der liegt mehr in der Nachbarschaft von ‚Strafe' als von ‚Belohnung'. Es besteht zwar kein zwingender theoretischer Grund, unter ‚Sanktionen' etwas ausschließlich Negatives zu verstehen, gemeinhin ist es aber so. Dafür ist die Diskussion des Begriffes ‚soziale Kontrolle' bei Homans ein Beispiel. Einerseits behauptet er, daß der Prozeß der sozialen Kontrolle mittels der Terminologie von Lohn und Strafe darstellbar sei, andererseits aber faßt er die Diskussion so zusammen: „Das Verhalten des einzelnen wird kontrolliert, weil im Endergebnis die Abweichung von der Norm für ihn unangenehm ist und weil die gegenseitige Abhängigkeit der Verhaltenselemente beinhaltet, daß eine relativ kleine Abweichung relativ große Folgen haben wird" (Homans, 1960, S. 297). Oder an anderer Stelle schreibt er, „daß die Wirksamkeit der Kontrolle in der großen Anzahl von Übeln liegt, die ein Mensch bei der Abweichung von einer Gruppennorm über sich heraufbeschwört" (Homans, 1960, S. 278). Von dieser eher auf Strafe hin orientierten Auffassung von Interaktion als wechselseitiger Steuerung sollte Interaktion als mehr belohnungsorientierter Austausch abgehoben werden.

Interaktion und Kommunikation als wechselseitiger Austausch materieller und immaterieller Güter

Es ist wichtig, darauf hinzuweisen, daß die Unterscheidung von Interaktion als Steuerung und Interaktion als Austausch eine analytische Unterscheidung ist. Dies will besagen, daß hier Tendenzen und Schwerpunkte sozialpsychologischen Denkens herausgearbeitet werden sollen. In einer konkreten Interaktion zweier Menschen werden vermutlich beide Tendenzen ihren Platz finden: (1) Die Tendenz, abweichendes Verhalten durch strafende Sanktionen zurückzudrängen und (2) die Tendenz, gewünschtes Verhalten durch Anbieten materieller und immaterieller „Güter" hervorzulocken. Was hier deutlich werden soll, ist der Unterschied von Handeln „Damit nicht" verglichen mit Handeln „Um zu". Graumann (1972) schreibt zur Charakterisierung dieses Ansatzes:

„Wird also soziale Interaktion, wenigstens prinzipiell, als Austauschprozeß konzipiert und dieser Austausch wiederum als wechselseitige Gratifikation, dann steht diese soziologische Theorie in der Tradition der Moralisten, Moral- und Sozialphilosophen, die Hedonismus und/oder Egoismus zur motivationalen Basis von Gesellung und Gesellschaft erklären.(...) Auch Geben ist nur deswegen seliger als Nehmen, weil es vorteilhafter ist, ein soziales Guthaben bzw. Kredit zu haben, als sozialer Schuldner zu sein" (S. 1135).

Ein wesentlicher Vertreter dieser Theorie ist Homans, der in seinem Buch „Elementarformen sozialen Verhaltens" (1961) und an anderen Stellen Regeln für diesen Austausch formuliert. Grundsätzlich geht er von der Annahme aus, daß Menschen sich gegenseitig zu Aktivitäten anregen, indem sie soziale Anerkennung, Sympathie, Freundschaft u. ä. zum Tausch anbieten. In einem von Smelser (1967) herausgegebenen Buch beschreibt Homans die Regeln, denen dieses soziale Verhalten unterliegt, folgendermaßen:

(1) „Je häufiger die Tätigkeit einer Person belohnt worden ist, desto wahrscheinlicher wird sie diese Tätigkeit ausüben" (1967, S. 33).

(2) „Wenn in der Vergangenheit das Vorkommen eines oder mehrerer bestimmter Reize Anlaß dafür geworden ist, daß die Tätigkeit einer Person belohnt wurde, dann wird eine Person diese oder eine ähnliche Tätigkeit um so eher ausüben, je ähnlicher die gegenwärtigen Reize jenen vergangenen sind" (1967, S. 33).

(3) „Je wertvoller für jemanden der Lohn für eine Tätigkeit ist, desto eher wird er diese Tätigkeit ausüben" (1967, S. 35).

(4) „Je öfter jemand in der Vergangenheit eine bestimmte Belohnung erhalten hat, desto weniger wertvoll werden weitere Einheiten dieser Belohnung für ihn sein" (1967, S. 37).

(5) „Wenn jemand aus seinem Handeln nicht den Lohn, den er erwartet, dafür Strafe, die er nicht erwartet, bezieht, dann wird er ärgerlich, und im Ärger sind die Ergebnisse aggressiven Verhaltens belohnend" (1967, S. 301).

An dieser Konzeption sind nun verschiedene Aspekte kritisiert worden. So möchte Malewski (1967) zwei Arten von Verhaltensweisen unterschieden wissen: (1) Verhaltensweisen, die sich nicht auf andere richten, aber von anderen belohnt werden und (2) Verhaltensweisen, die anderen direkte Belohnung einbringen und deshalb von ihnen reziprok belohnt werden.

Stendenbach (1963) übt generell Kritik an der Auffassung, daß Interaktion als Austauschprozeß zu sehen sei. Er zieht es vor, von ‚Gratifikation' zu sprechen. ‚Gratifikation' ist, nach Stendenbach, nicht nur die Belohnung, die eine Person von einer anderen im Austausch erhält, sondern z. B. auch die Erfüllung einer verinnerlichten Norm der Gesellschaft oder der Bezugsgruppe.

Wichtig scheint auch die Kritik von Jones und Gerard (1967). Sie weisen darauf hin, daß wir andere Menschen in ihrem Verhalten nicht nur dadurch beeinflussen, daß wir sie für ihre Handlungen belohnen und bestrafen, sondern auch dadurch, daß ein Handelnder Reize aussendet, die beim Empfänger eingefahrene Verhaltensweisen auslösen. Die Autoren schreiben:

„Kontrolle von Schlüsselreizen ist für A ein Weg, Interaktionsergebnisse für sich zu verbessern, indem er in B Reaktionen erzeugt, die für ihn (A) erfreulich sind. Dabei wird nicht unbedingt ein Austausch vorgenommen — denn A braucht nicht notwendigerweise für den Vorteil zu bezahlen, den er B entlockt hat. A's Erfolg beim Erreichen der gewünschten Reaktionen in B (...) beruht (...) auf seinem Verständnis für die Verhaltensmöglichkeiten des anderen und im Nutzbarmachen der engen Verbindung zwischen diesen Verhaltensmöglichkeiten und den sie auslösenden Mechanismen. Indem er aus der Lerngeschichte der anderen Person Kapital schlägt, versucht Individuum A Reizsituationen zu schaffen, die das von ihm gewünschte Verhalten in B hervorrufen" (Jones und Gerard, 1967, S. 534/535).

Weiterhin ist zu berücksichtigen, daß in sozialen Interaktionen nicht nur Belohnungen gegeben werden, sondern auch Kosten entstehen. Zwar fehlt bislang noch eine der Analyse von Belohnungen vergleichbare Systematisierung der Kosten, doch lassen sich schon einige dieser Kosten nennen, wie z. B. Zeitaufwand, Anstrengung, Unsicherheit, Ärger und jegliche Art psychischer Belastung. Bierhoff stellt in diesem Zusammenhang fest:

„Es liegt nahe, Belohnungen und Kosten auf einer gemeinsamen Skala der Güte der Konsequenzen zu erfassen, in der Belohnungs- und Kostenkomponenten zusammengefaßt sind (s. Thibaut & Kelley, 1959). Überraschenderweise ist die Frage der Skalierung der Güte der Konsequenzen in der Vergangenheit weitgehend vernachlässigt worden. Mit Hilfe der multidimensionalen Skalierung bestände aber die Möglichkeit, diese Frage direkt anzugehen. Wenn mehrere Handlungsalternativen zur Verfügung stehen, die sich gegenseitig ausschließen, wird erwartet, daß die Alternative bevorzugt wird, die die Nettobelohnung maximiert. Eine solche austauschtheoretische Aussage läßt sich mit Hilfe logischer Regeln formulieren (Bierhoff, 1973). Wenn eine Person diesem Handlungsschema in sozialen Situationen folgt, wird ihr Verhalten durch die Austauschtheorie vorhergesagt. Erfolgreiche austauschtheoretische Vorhersagen sozialen Verhaltens setzen allerdings nicht nur voraus, daß die Austauschtheorie valide ist, sondern auch, daß sich die spezifischen sozialen Motivationstheorien, aus denen Belohnungen und Kosten abgeleitet werden, bewähren. Außerdem ist impliziert, daß Individuen in der sozialen Interaktion bei der Wahl bestimmter Handlungsalternativen sozialen Urteilsprozessen folgen, die dem Modell entsprechen (Bierhoff, 1981). Unter diesen Bedingungen läßt sich eine austauschtheoretische Betrachtungsweise einem rationalen Modell menschlichen Verhaltens zuordnen" (1987, S. 137).

Prozeß der Interaktion und Kommunikation

Nach einem Modell von Shannon und Weaver (1949) besteht der Kommunikationsprozeß aus folgenden Komponenten:

(1) Informationsquelle, z. B. eine Person als Sender einer Information
(2) Übertragungssystem, z. B. das gesprochene Wort
(3) Kommunikationskanal, z. B. der akustische oder visuelle Kanal
(4) Störquellen, z. B. Lärm oder undeutliche Aussprache
(5) Empfangssystem, das informationsaufnehmende System beim Empfänger
(6) Bestimmungsort, z. B. eine Person B als Empfänger der Botschaft.

Der gesamte Kommunikationsprozeß läßt sich durch folgende Abbildung veranschaulichen:

Zentrale Teilprozesse des Kommunikationsvorgangs sind einmal das Encodieren und zum anderen das Decodieren. Wie die Abbildung 3 zeigt, encodiert der Sender zunächst eine Botschaft (z. B. in sprachliche Signale), die dann

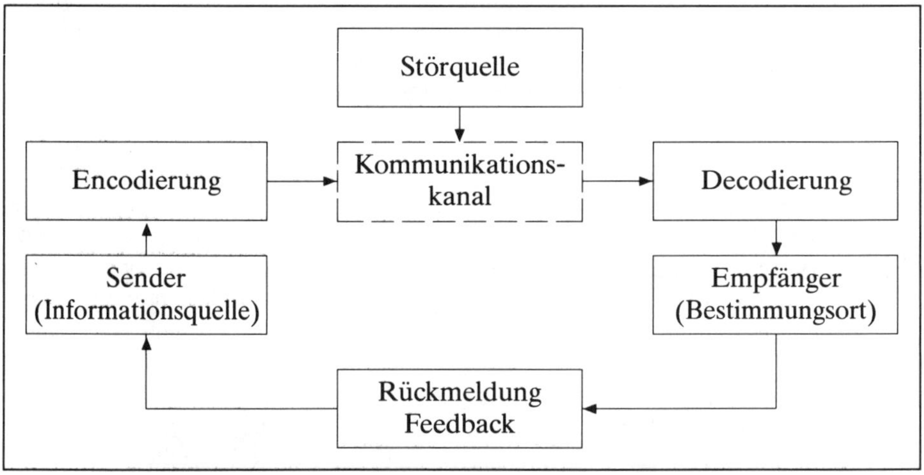

Abbildung 3: Modell eines Kommunikationsprozesses

über einen Kommunikationskanal (z. B. über den akustischen Kanal) weitergeleitet wird. Der Empfänger entschlüsselt (decodiert) die übermittelten Signale, wobei die Qualität der Entschlüsselung u. a. durch den Einfluß von Störquellen (z. B. Lärm im Gesprächsumfeld) beeinträchtigt werden kann. So können Störquellen bewirken, daß die Signale beim Empfänger in verzerrter und entstellter Form ankommen, was zu Fehlinterpretationen der ausgesandten Informationen führen kann. Im Regelfall wird der Empfänger nach Empfang und Interpretation der Signale dem Sender eine Rückmeldung (feedback) geben, indem er z. B. eine gestellte Frage beantwortet oder mit einer weiteren Information reagiert.

Fehler in der Encodierung und Decodierung sind häufige Ursachen für Mißverständnisse zwischen Sender und Empfänger.

Gesetzmäßigkeiten menschlichen Interaktions- und Kommunikationsverhaltens

Im Zusammenhang mit den bei der Interaktion und Kommunikation stattfindenden Verlaufsprozessen zwischen Quelle, Sender, Nachricht, Empfänger und Ziel sind, einem Überblick von Scherer (1977) folgend, einige wichtige Gesetzmäßigkeiten menschlichen Interaktions- und Kommunikationsverhaltens zu berücksichtigen.

1. Koorientierung der Kommunikationspartner: Die Kommunikationspartner müssen zunächst einmal aufeinander aufmerksam werden und diese gegenseitige Aufmerksamkeit während des Interaktionsprozesses beibehalten. Fehlende oder mangelhafte Koorientierung führt oft zu einer Unterbrechung des Kommunikationsflusses bzw. zu Bemerkungen wie: „Du hörst mir ja gar nicht zu!“ Körperhaltung, der Gesichtsausdruck, die Blickzuwendung bzw. -abwendung, Gestik und einfache, vokale Signale wie „hm“, „so“, „ja“ dienen der fortlaufenden Koorientierung. Zudem erfordert die Koorientierung eine gegenseitige Abstimmung der Wortführung und den Austausch der Sprecherrolle.

2. Wechselseitige Kontingenz des Verhaltens von Interaktionspartnern: Jeder Teilnehmer am Interaktionsprozeß ist von den vorausgehenden Reaktionen seines Interaktionspartners und seinem eigenen Verhaltensplan abhängig. Neben den Mitteilungen des Senders sind Empfangsbestätigungen seitens des Empfängers notwendig, um den Kommunikationsfluß aufrechtzuerhalten. Bleibt eine solche Empfangsbestätigung aus, so kommt es zu einer Wiederholung der Mitteilung, oder es werden Bemerkungen geäußert wie: „Warum antwortest Du nicht?“ oder „Sprichst Du nicht mehr mit mir?“ oder „Hast Du verstanden, was ich meine?“. Nur in den Fällen hoher gegenseitiger Vertrautheit der Kommunikationspartner kann auf eine Empfangsbestätigung verzichtet werden.

3. Interpersonale Kommunikation besteht aus zielgerichtetem Verhalten der beteiligten Partner: Wenn auch vorausgesetzt werden kann, daß Interaktion und Kommunikation dann erfolgen, wenn ein Partner zur Erreichung von Handlungszielen erforderlich ist, so darf damit noch nicht unterstellt werden, daß eine solche zielgerichtete Absicht (Intention) dem Handelnden immer bewußt sein muß. „Die Forderung nach Vorliegen bewußter Mitteilungsintentionen schränkt das Phänomen Kommunikation auf einen sehr engen, vorwiegend sprachlich orientierten Bereich ein, während es das Fehlen dieser Voraussetzung erlaubt, nahezu allen Informationsaustausch unter den Kommunikationsbegriff zu subsumieren“ (Scherer, 1977, S. 229). Die Intention des Handelnden kann durch ‚unbewußte‘, ‚vorbewußte‘ oder, aufgrund der bisher gewonnenen Erfahrungen oder des erreichten Lernniveaus, durch ‚noch nicht voll bewußte‘ Komponenten der Verhaltenssteuerung beeinflußt werden. Es zeigt sich, daß gerade das alltägliche Handeln durch unausgesprochene, ‚vor-

und unbewußte' Erwartungen, Interpretationen des Partnerverhaltens und Befolgung von Verhaltensvorschriften bestimmt ist.

4. Kommunikation als Übermittlung von Information: In einem kommunikativen Vorgang werden eine Fülle von Informationen vermittelt, die den Kommunikationspartnern erlauben, den Grad ihrer Unwissenheit und Ungewißheit über ihre Beziehungen zu Personen und Objekten der Umwelt zu reduzieren. Die Ausdruckspsychologie und die Forschungen zur nonverbalen Kommunikation haben gezeigt, daß in der Art der Interaktion und im kommunikativen Akt viele bedeutsame Informationen über die Identität der Person des Handelnden, seine Kognitionen, seine Intentionen, Stimmungen, emotionalen Befindlichkeiten u. ä. erkennbar sind und vermittelt werden.

5. Die verfügbaren Sinnesorgane als Übertragungskanäle oder -modalitäten zur Informationsvermittlung: Entsprechend den dem Menschen verfügbaren Sinnesorganen lassen sich auditive, visuelle, olfaktorische (durch den Geruchssinn vermittelt), taktile (durch Berührung vermittelt), termale (durch Wärme vermittelt) und gustatorische (durch den Geschmackssinn vermittelt) Mitteilungen unterscheiden. Bei der Informationsübermittlung werden in der Praxis meist mehrere Übertragungskanäle benutzt. Forschungen in natürlichen Kommunikationssituationen haben die große Bedeutung vokaler Zeichen (Pausen, Betonungen, Sprechmelodien usw.) und nonvokaler Zeichen (Mimik, Gestik usw.) für die Segmentierung und Rhythmisierung des Sprachflusses beim Sprechakt ebenso wie für die adäquate Informationsaufnahme auf Seiten des Empfängers erwiesen.

6. Die Bedeutung nonverbaler Informationen für die Attribution von Mitteilungen: Wenn man davon ausgeht, daß im Kommunikationsprozeß der Sender einer Information mit seiner Mitteilung auf den Empfänger einen Einfluß ausüben will, dann wird der Empfänger versuchen herauszufinden, welche Ursachen für das Zustandekommen der Mitteilung verantwortlich sind. Als Ursachen können entweder überdauernde Eigenschaften seines Partners (Persönlichkeit) oder situative Faktoren (normative Verhaltensvorschriften oder Stimmung) identifiziert werden. Neuere Forschungen zeigen, daß zur Attribution von Mitteilungsursachen vornehmlich nonverbale Zeichenkomplexe genutzt werden (Scherer & Wallbott, 1979).

Nonverbale Kommunikation

Menschliche Kommunikation erfolgt mit Hilfe der Sprache und mit Hilfe nicht-sprachlicher (nonverbaler) Zeichen und Symbole. Die wichtigsten Formen nonverbaler Kommunikation sind:

(1) Kommunikation durch Blickverhalten (Blickkontakt)

(2) Kommunikation durch Gesichtsausdruck (Mimik)

(3) Kommunikation durch Körperhaltung und Körperbewegung (Gestik)

(4) Kommunikation durch Berührung (Taktilität)

(5) Kommunikation durch räumliche Distanz zum anderen (personaler Raum)

(6) Kommunikation durch nonverbale vokale Signale, die sprachlich vermittelte Information begleiten (z. B. stimmliche Merkmale, Pausen, Betonungen oder paralinguistische Äußerungen).

Im Prozeß der zwischenmenschlichen Interaktion kommt der Kommunikation durch Blickverhalten vorrangig die Funktion zu, den Gesprächsablauf zu regulieren, eine Rückmeldung über die erhaltene Information zu geben (z. B. zu signalisieren, daß die Information verstanden worden ist), Emotionen auszudrücken und die Beziehungsqualität zu definieren (z. B. dadurch, daß Sympathie oder Antipathie ausgedrückt wird). Neuere Arbeiten zur Kommunikation über den Gesichtsausdruck und die Mimik beschäftigen sich insbesondere mit der Frage, welche Beziehung zwischen Gemütserregung (Emotion) und Gesichtsausdruck besteht. Die empirischen Studien von Ekman u. a. (1972) ergaben, daß den Grundemotionen wie Überraschung, Furcht, Ärger, Abscheu, Freude und Traurigkeit jeweils ganz bestimmte mimische Konstellationen entsprechen. So wird z. B. Überraschung dadurch ausgedrückt, daß man die Augenbrauen nach oben zieht, die Augenlider weit öffnet und die Stirn runzelt. Eine bestimmte Gefühlserregung ruft aber nicht automatisch einen entsprechenden Gesichtsausdruck hervor, sondern nur dann, wenn die sozialen Kontextbedingungen dies sinnvoll erscheinen lassen. Eine Emotion wird dann nicht durch mimisches Ausdrucksverhalten begleitet, wenn dadurch soziale Normen verletzt werden. Mimische Reaktionen auf Abscheu und Ekel werden unterdrückt, wenn die Gefahr besteht, daß Höflichkeitsnormen verletzt und wichtige soziale Beziehungen gestört werden. Eine Emotion wird oft nur dann mimisch ausgedrückt, wenn eine andere Person vorhanden ist, für die dieser Ausdruck Informationswert besitzt. Personen, denen ein freudiges Ereignis widerfahren ist, tendieren dazu, häufiger zu lächeln, wenn sie in Gesellschaft sind, als wenn sie das Eintreten des freudigen Ereignisses allein erleben. Da Menschen in der Lage sind, ihre Mimik in großem Ausmaß zu kontrollieren, können sie durch eine Veränderung des Gesichtsausdruckes Emotionen kommunizieren, die tatsächlich nicht vorhanden sind, z. B. durch Lächeln Freude vortäuschen. Die Untersuchungen von Ekman haben gezeigt, daß Menschen eine universelle, also von kulturspezifischen Unterschieden relativ unbeeinflußte Fähigkeit zur Interpretation mimischen Ausdrucksverhaltens besitzen. sitzen.

Die Kommunikation durch Körperhaltung und Körperbewegungen dient dazu, die Prägnanz von sprachlichen Mitteilungen zu erhöhen, sprachlich vermittelte Informationen durch bestimmte Gesten zu ersetzen und die Beziehungsqualität zwischen den Interaktionspartnern zu definieren, z. B. indem durch Körperhaltung Statusunterschiede sichtbar gemacht bzw. betont werden und indem Sympathieempfindungen mit Hilfe der Körpersprache kommuniziert werden.

Kommunikation durch Berührung liegt häufig dann vor, wenn Höflichkeit, Intimität und Vertraulichkeit sowie Statusunterschiede zum Ausdruck gebracht werden sollen. Besteht eine räumliche Distanz zum Interaktionspartner, so können mit Hilfe der Kommunikation Informationen über Sympathie, Ähnlichkeit und Statusunterschiede vermittelt werden. Je sympathischer und ähnlicher die Personen einander sind, um so geringer ist in einer Kommunikationssituation die räumliche Distanz zwischen ihnen. Kommunikation durch nonverbale vokale Merkmale dient häufig dazu, die Qualität der Beziehung zwischen den Kommunikationspartnern zu definieren und im Verlauf des Kommunikationsprozesses zu verändern.

Bei der Interaktion mit einer Person werden in der Regel Informationen über mehrere Kommunikationskanäle gleichzeitig empfangen. Diese Informationen werden allerdings nicht isoliert interpretiert, sondern bilden eine Ganzheit, aus der schließlich, unter Berücksichtigung der situativen Kontextbedingungen, bedeutungshaltige Schlußfolgerungen gezogen werden. In sozialpsychologischen Untersuchungen hat sich nun gezeigt, daß den Kommunikationskanälen ein unterschiedliches Gewicht hinsichtlich der Erschließung des Bedeutungsgehalts von Informationen zukommt. So haben visuell erfaßte Informationen mehr Einfluß auf die Interpretation als verbale und vokale Informationen. Dies gilt insbesondere bei der Übermittlung von Sympathieempfindungen, wohingegen bei Informationen, die sich auf Status- und Machtverteilungen beziehen, die Überlegenheit der visuell vermittelten Eindrücke weniger stark ausgeprägt ist.

Pragmatische Regeln der Interaktion und Kommunikation

Bisher wurde noch nicht auf die Frage eingegangen, nach welchen Regeln zwischenmenschliche Kommunikation abläuft. Wenn menschliche Kommunikation nach Regeln verläuft, und es ist anzunehmen, daß sie das tut, dann muß es möglich sein, diese Regeln zu formulieren. Watzlawick und seine Mitarbeiter (1967/1969) haben die folgenden pragmatischen Regeln des Kommunizierens aufgestellt.

Man kann nicht ‚nicht-kommunizieren‘

Da alles Verhalten in einer zwischenmenschlichen Situation Mitteilungscharakter für den anderen hat, ist es unmöglich, nicht zu kommunizieren. Nicht nur, wenn ich mich jemandem zuwende, sondern auch wenn ich mich abwende, d. h. die Kommunikation zu verweigern suche, gebe ich ein Zeichen, nämlich: Ich will mit Dir nichts zu tun haben. Also auch wer schweigt, kommuniziert. Daraus ergibt sich, wie schon dargelegt: Man kann nicht „nicht-kommunizieren“.

Man wird aber anmerken müssen, daß nicht jede Mehr-Personen-Situation automatisch auch schon eine Kommunikations-Situation oder eine Beziehung schafft. Nur wenn für die beteiligten Personen eine sie alle einschließende, handlungsrelevante Norm besteht, ist eine „Situation" oder „Beziehung" im Sinne Watzlawicks gegeben, die bedingt, daß man nicht „nicht-kommunizieren" kann.

Kommunikation hat einen Inhalts- und einen Beziehungsaspekt

Diese Regel soll besagen, daß jede Mitteilung neben ihrem Inhalt einen Hinweis vom Sender für den Empfänger enthält, wie er seine Mitteilung verstanden haben will. Dieser Hinweis erklärt, wie der Sender die Beziehung zwischen sich und dem Empfänger versteht. In diesem Sinne liegt in der Mitteilung auch eine persönliche Stellungnahme zum anderen. Dabei kann u. U. der Beziehungsaspekt wichtiger werden als der Inhaltsaspekt.

Watzlawick gibt dazu folgendes Beispiel: „Wenn Frau A auf Frau B's Halskette deutet und fragt: ‚Sind das echte Perlen?', so ist der Inhalt ihrer Frage ein Ersuchen um Information über das Objekt. Gleichzeitig aber definiert sie damit auch, und kann gar nicht anders, ihre Beziehung zu Frau B. Die Art, wie sie fragt (der Ton ihrer Stimme, ihr Gesichtsausdruck, der Kontext usw.), wird entweder wohlwollende Freundlichkeit, Neid, Bewunderung oder irgendeine andere Einstellung zu Frau B ausdrücken ... Für unsere Überlegungen ist wichtig die Tatsache, daß dieser Aspekt der Interaktion zwischen den beiden nichts mit der Echtheit der Perlen zu tun hat ..., sondern mit den gegenseitigen Definitionen ihrer Beziehung, mögen sie sich auch weiter über Perlen unterhalten" (1969, S. 54).

Kommunikationsabläufe werden unterschiedlich strukturiert

Die Interaktion zweier Partner erscheint dem unvoreingenommenen Beobachter als ein ununterbrochener Austausch von Mitteilungen. Jeder Teilnehmer am Kommunikationsablauf legt eine bestimmte Struktur und Gliederung der Abläufe zugrunde. Jeder gliedert die Ereignisfolge auf seine Weise. Der Mann sagt etwa: „Ich meide Dich, weil Du nörgelst." Dagegen sagt die Frau: „Ich nörgele, weil Du mich meidest." Jeder von beiden nimmt sein eigenes Verhalten nur als Reaktion auf das Verhalten des anderen wahr. Jeder sieht das Verhalten des anderen als ursächlich.

In diesem Zusammenhang wird die Relativität aller Rollen deutlich: Obwohl z. B. Führer und Geführte ihre Interaktionen so zu gliedern pflegen, als habe der eine die Initiative, als sei er dominant, während der andere abhängig, untergeordnet erscheint, läßt sich oft nur schwer entscheiden, wer hier zuerst kommt und was aus dem Führer ohne die Geführten würde.

Festzuhalten ist, daß die Beteiligten zwischen sich Beziehungsstrukturen herstellen und daß die Gleichartigkeit dieser Strukturen keine Selbstverständlichkeit ist, sondern ein Ergebnis ausgiebiger Metakommunikation.

Kommunikation bedient sich digitaler und analoger Modalitäten

Im Nervensystem gibt es zwei verschiedene Arten der Signalübermittlung: (1) Durch Neuronen, die nach dem Alles-oder-Nichts-Prinzip arbeiten, und (2) durch die Aktivität innersektorischer Drüsen, die Hormone als Informationsträger in den Blutkreislauf geben. Beide Kommunikationsformen bestehen nicht nur nebeneinander, sondern greifen oft in sehr komplexer Form ineinander.

Dieselben unterschiedlichen Kommunikationsweisen finden sich auch in künstlichen Systemen: Es gibt Rechenautomaten, die nach dem Alles-oder-Nichts-Prinzip mit Transistoren arbeiten. Sie heißen Digitalrechner, da sie mit Zahlen in der Weise operieren, daß sowohl Daten als auch Instruktionen in Form von Zahlen verarbeitet werden. Dabei besteht eine willkürliche Entsprechung zwischen einer bestimmten Information und der ihr zugeordneten Zahl.

Daneben gibt es aber noch eine andere Art von Maschinen, die nicht mit willkürlicher Kodifizierung arbeiten, sondern eine Entsprechung, eine Analogie der Daten herstellen. Man bezeichnet diese Maschinen dementsprechend auch als Analogrechner.

Auf dem Gebiet der menschlichen Kommunikation treffen wir nun ebenfalls beide Kommunikationsweisen an. Es gibt zwei verschiedene Weisen, in denen etwas dargestellt werden kann: entweder durch einen Namen oder sonst ein Symbol, das dem Gegenstand zugeordnet ist, oder aber durch Entsprechung, Analogie, z. B. in der Form einer Zeichnung. Die Darstellung durch Wörter und Symbole entspräche der digitalen Kommunikation, und die Darstellung durch Entsprechungen, wie z. B. Zeichen oder Ausdrucksverhalten, entspräche der analogen Kommunikationsform.

Digitale Kommunikationen haben eine komplexe und vielseitige logische Struktur oder Grammatik. Die menschlichen Errungenschaften sind ohne digitale Kommunikation, besonders die Sprache, kaum denkbar. Auf dem Gebiet der Beziehungen bedienen wir uns dagegen oft analoger Kommunikationsformen; das wird leicht einsehbar, wenn man sich etwa vergegenwärtigt, wie schwer es ist, mit Worten Liebe oder Zuneigung glaubhaft zu beteuern, wenn man sie nicht zugleich auf analoge Weise, z. B. durch Gebärden, Mimik ausdrücken kann.

Es ist anzunehmen, daß der Inhaltsaspekt digital, während der Beziehungsaspekt vorwiegend auf analogem Wege kommuniziert wird.

Pragmatisches Gewicht erhält der Sachverhalt dadurch, daß es Probleme der Übersetzung von Bedeutungsgehalten zwischen beiden Bereichen gibt. Vor allem fehlt in der analogen Kommunikation eine logische Syntax. Das heißt, so grundlegende Sinnelemente wie die Beziehung ‚wenn-dann' oder die Beziehung ‚entweder-oder' fehlen in dieser Art der Kommunikation. Ja, noch viel grundlegender: Man kann auf analogem Wege kein ‚Nicht-sein' ausdrücken, sondern immer nur ein anderes ‚So-sein'. Das gibt vielen analogen Mitteilungen den Charakter der Mehrdeutigkeit. Diese Schwierigkeiten hat sowohl der Sender einer Kommunikation, dem es schwerfällt, digitale Übersetzungen für seine analogen Mitteilungen zu finden, wie andererseits auch der Empfänger, der nicht weiß, wie er eine analoge Kommunikation aufzufassen hat. Dagegen besitzt die digitale Kommunikationsform kein ausreichendes Vokabular zur klaren Definition von Beziehungen. Wenn ein Konflikt über die Bedeutung einer analogen Kommunikation entsteht, wird jeder Partner in der Beziehung dazu neigen, die Vokabel zu wählen, die seiner Sicht entspricht. Um ein Beispiel zu geben: Es hängt ganz vom momentanen Stand der Beziehung ab, ob ein Geschenk als Ausdruck der Zuneigung, als Bestechung oder als Wiedergutmachung aufgefaßt wird.

Kommunikation verläuft entweder symmetrisch oder komplementär.

Eine komplementäre Beziehungsform liegt vor, wenn ein Über- und Unterordnungsverhältnis besteht, wie z. B. zwischen Eltern und Kindern, Arzt und Patient oder Lehrer und Schüler. Symmetrische Interaktion besteht, wenn beide Partner einander als gleichwertig oder ebenbürtig erachten, sei es nun aufgrund zugeschriebener oder erworbener Fähigkeiten.

Wir müssen zum Verständnis dieser Regel davon ausgehen, daß jede Kommunikation in einer Ordnung systematisch strukturierter Beziehungen zwischen den Kommunizierenden steht. Wenn z. B. für das Verhalten des Individuums A in dessen Kultur Dominanz und als kulturbedingtes Antwortverhalten von B darauf Unterwerfung erwartet wird, so ist es wahrscheinlich, daß diese Unterwerfung ein weiteres Dominanzverhalten auslöst, das seinerseits weitere Unterwerfung fordert. Wir haben es also mit einer potentiellen Progression zu tun, und wenn nicht andere Faktoren mitspielen, die diesem Übermaß von Dominanz und Unterwerfung Grenzen setzen, so muß A immer dominanter und B immer unterwürfiger werden.

Die symmetrische Beziehungsform zwischen Individuen oder Gruppen zeichnet sich dadurch aus, daß auf eine Handlung von A die gleiche oder eine sehr ähnliche Handlung von B erfolgt. So läßt sich beispielsweise häufig gegen Ende eines Fußballspiels beobachten, daß leichte und zum Teil unbeabsichtigte Regelverletzungen einer Mannschaft mit aggressivem Spielverhalten seitens der anderen Mannschaft beantwortet werden, was einen Prozeß der Eskalation gegenseitiger Aggressivitäten unter den Spielern zur Folge haben kann, wenn der Schiedsrichter nicht regelnd eingreift.

Beziehung zwischen kommunikativem Handeln und Diskurs

Nach Habermas (1971) lassen sich zwei Formen umgangssprachlicher Kommunikation unterscheiden, nämlich auf der einen Seite ‚kommunikatives Handeln' und auf der anderen Seite der ‚Diskurs'. Die soeben besprochenen pragmatischen Regeln des Kommunizierens beziehen sich auf das kommunikative Handeln und nicht auf den Diskurs. Im kommunikativen Handeln sind Äußerungen in den Gesamtkontext der Handlung eingebettet. Sie sind gleichsam Teile des Handelns. Die Geltung von Sinnzusammenhängen wird schon vorausgesetzt, um handlungsbezogene Erfahrungen auszutauschen. Demgegenüber werden im Diskurs Sinnzusammenhänge, deren Geltungsbereich problematisch geworden ist, zum Thema sprachlicher Auseinandersetzung gemacht.

Bei den Begriffen ‚kommunikatives Handeln' und ‚Diskurs' haben wir es mit analytischen Kategorien zu tun, die wir in dieser eindeutigen Form in der Realität nur selten antreffen, denn wir können auch aus unseren Diskursen Beziehungsaspekte und analoge Kommunikationen wohl kaum völlig ausschließen. Wichtig ist es zu erkennen, daß diese Begriffe Zielpunkte anbieten, auf die hin wir unsere Bemühungen ausrichten können. So sollte man z. B. in der politischen Bildung auf die Ausbildung der Diskursfähigkeit Wert legen. Beim Diskurs geht es um die Sache, beim kommunikativen Handeln um die Beziehung.

Schließlich muß aber auch erkannt werden, daß es Realitäten gibt, die sich auch auf dem Wege über den Diskurs nicht ändern lassen. Einen Diskurs führen, kann politisches Handeln bedeuten. Aber es gibt andere Formen politischen Handelns, und die soziale Situation kann nach anderen Formen verlangen. Nach Habermas (1971) gelten nun auch für den Diskurs folgende Regeln.

Aufhebung von Handlungszwängen im Diskurs

Diese Regel soll besagen, daß in einem Diskurs keine Motive außer kooperativer Verständigungsbereitschaft gelten sollten. Man kann sich darüber streiten, ob nicht auch Motive wie intellektuelle Leidenschaft und Sachinteresse im Diskurs ihren Platz finden können; festhalten muß man in jedem Fall, daß ein Diskurs nicht zustande kommen kann, wenn die Beteiligten unter äußeren Handlungs- und Entscheidungszwängen stehen. Auch politische oder ökonomische Interessenlagen können solche Handlungszwänge darstellen, die einen Diskurs unmöglich machen.

Aufhebung von Geltungsansprüchen im Diskurs

Um einen Diskurs zu führen, scheint es nach Habermas unerläßlich, sich auf Diskussionen über Sachverhalte einzulassen, die der Fall, aber auch nicht der Fall sein können. Ebenso muß man bereit sein, über Vorschläge nachzudenken, die richtig, aber auch nicht richtig sein können.

Zusprechen von Ebenbürtigkeit und Vernunft im Diskurs

Verständigungsbereitschaft wurde als das wesentliche Motiv für den Diskurs bezeichnet. Aber die Frage bleibt: Wie ist eine solche Verständigungsbereitschaft überhaupt möglich? Warum sollen die Partner denn aufeinander hören? Das ist nach Habermas nur möglich, indem man dem Partner Zurechnungsfähigkeit und Vernunft unterstellt. Genau wie wir in einer kommunikativen Beziehung Vernunft für uns in Anspruch nehmen, so müssen wir diese Eigenschaft auch dem Partner zugestehen. Täten wir das nicht, gäbe es nur Scheinkommunikation. Wir müssen, um überhaupt kommunizieren zu können, annehmen, daß der Partner jede seiner Behauptungen auch begründen kann, und daß er zudem auch meint, was er sagt. Von diesem Postulat ist auszugehen, obwohl jeder weiß, daß es durchaus nicht immer erfüllt ist. Seine Berechtigung ist aber immerhin so häufig gegeben, daß die Annahme von Vernunft und Aufrichtigkeit beim Partner immer noch die effektivste Handlungsmaxime ist.

Vernünftige Wahrhaftigkeit erweist sich im Handeln

Wie kann man die vernünftige Kompetenz eines Partners feststellen? Man muß ja aufgrund irgendeines Kriteriums in der Lage sein zu entscheiden, ob der Diskurs abgebrochen werden muß, weil das Zugestehen von Vernunft und Aufrichtigkeit nicht berechtigt war. Habermas schlägt vor, einen Sprecher an der „Wahrhaftigkeit seiner Äußerungen" zu messen. Habermas schreibt:

„Ein Sprecher äußert sich wahrhaftig, wenn er die Intentionen, die er im Vollzug seiner Sprechakte zu erkennen gibt, sich oder anderen nicht bloß vortäuscht, sondern tatsächlich meint. (...) Der wahrhaftige Sprecher übernimmt die Verpflichtung, für die Konsequenzen einzustehen, die er mit den impliziten Ernsthaftigkeitsbedingungen seiner Sprechakte auf sich genommen hat (...) Ich schlage vor, eine Äußerung dann wahrhaftig zu nennen, wenn der Sprecher den Regeln, die für den Vollzug eines Sprechaktes, insbesondere für die Verpflichtung, die impliziten Ernsthaftigkeitsbedingungen gegebenenfalls zu erfüllen, konstitutiv sind, tatsächlich folgt" (1971, S. 131 ff.).

Diskurse verlangen nach der ‚idealen Sprechsituation'

Um einen Diskurs zu führen, muß eine Situation gegeben sein, in der jeder die Freiheit hat, sich mitzuteilen. Weiterhin muß jeder bemüht sein, die Wahrheit über einen Gegenstand zu finden und auszusprechen. Alle am Diskurs beteiligten Personen müssen die Regeln befolgen, die Freiheit und Wahrheit möglich machen. Der Diskurs verlangt also, daß alle Sprechakte sich sozusagen in gereinigter Form, in einer ‚idealen Sprechsituation', darstellen, frei von störenden Emotionen und blockierenden Macht- und Herrschaftsbeziehungen.

Zusammenfassung

Soziale Interaktion bezeichnet die zwischen Personen und Gruppen bestehende gegenseitige Beeinflussung. Mit dem Begriff ‚Kommunikation' wird der Bedeutung des Informationsaustausches im Zusammenhang mit Interaktionsvorgängen Rechnung getragen. Die Funktion von Interaktion und Kommunikation im sozialen Handeln zwischen Individuen und Gruppen zeigt sich in der wechselseitigen Steuerung und Kontrolle von Verhalten und im Austausch materieller und immaterieller Güter. In diesem Zusammenhang wird der austauschtheoretische Erklärungsansatz diskutiert.

Im Prozeß der Interaktion und Kommunikation sind die Koorientierung der Interaktionspartner, die wechselseitige Kontingenz ihres Verhaltens, die individuelle Zielorientierung und ihre Interpretation durch den Interaktionspartner, die Art und Weise und der Inhalt der übermittelten Information von zentraler Bedeutung. Neben sprachlichen Informationen werden Formen nonverbaler Informationsübermittlung, besonders für den Prozeß der Attribution von Mitteilungen, die Darstellung von Gefühlen und die Definition der Beziehungsqualität im Interaktionsprozeß eingesetzt.

Die von Watzlawick entwickelten pragmatischen Regeln der Kommunikation kennzeichnen die Ablaufstruktur zwischenmenschlicher Kommunikation. Die Unterscheidung zwischen kommunikativem Handeln und Diskurs nach Habermas verweist auf die Bedeutung bereits vorausgesetzter und unausgesprochener Sinnzusammenhänge im kommunikativen Handeln und die Möglichkeit, sie zum Gegenstand sprachlicher Auseinandersetzung zu machen.

Fragen

1. Welche Prozesse werden mit dem Begriff Interaktion und Kommunikation bezeichnet?
2. In welchen Prozessen zeigt sich die Steuerungs- und Kontrollfunktion von Interaktion und Kommunikation?
3. Wie läßt sich der Prozeß sozialer Interaktion mit der Austauschtheorie erklären?
4. Welches sind die zentralen Determinanten im Interaktions- und Kommunikationsprozeß?
5. Welche Formen nonverbaler Kommunikation lassen sich unterscheiden?
6. Nach welchen Regeln verläuft zwischenmenschliche Kommunikation?
7. Was versteht man unter einem Diskurs?
8. Worin unterscheiden sich kommunikatives Handeln und Diskurs?

Weiterführende Literatur

Argyle, M. (1979). *Körpersprache und Kommunikation.* Paderborn: Junfermann-Verlag.

Argyle, M. (1983). *The psychology of interpersonal behavior.* Harmondsworth: Penguin Books.

Hörmann, M. (1977). *Psychologie der Sprache*. Berlin: Springer.
Meggle, G. (1981). *Grundbegriffe der Kommunikation*. Berlin: de Gruyter.
Roberts, D. F. & Maccoby, N. (1985). Effects of mass communication. In G. Lindzey & E. Aronson (Eds.), *The Handbook of Social Psychology* (Vol. II) (pp. 539–598). New York: Random House.
Scherer, K.R. & Giles, H. (1979). *Social markers in speach.* Cambridge: Cambridge University Press.

Kapitel IV

Soziale Norm und soziale Rolle

Mit der fortschreitenden Erforschung des sozialen Verhaltens wurde deutlich, daß soziales Zusammenleben in sehr differenzierter Weise geordnet ist, und daß diese Ordnung von zwei bedeutsamen Regulationsfaktoren geprägt wird: Der sozialen Norm und der sozialen Rolle. Erst das Bestimmen von Normen und die Kontrolle des normgemäßen Verhaltens ermöglichen ein geordnetes Zusammenleben in Gruppen. So ist zum Beispiel das Einhalten von Spielregeln die Grundvoraussetzung für das Zustandekommen selbst der einfachsten Gruppenspiele. Schnelles und reibungsloses Handeln in Gruppen setzt voraus, daß man weiß, wie die anderen Gruppenmitglieder sich verhalten werden, und daß man ihr Verhalten kalkulieren kann. Nur wenn eine Person sich so verhält, wie es den Erwartungen der Gruppenmitglieder entspricht, wenn sie also der ihr zugedachten Rolle gemäß handelt, kann es zu Kooperation in der Gruppe kommen. Im folgenden Kapitel werden wir uns damit befassen, wieweit soziale Normen und Rollen das Verhalten des einzelnen Gruppenmitgliedes bestimmen, und wie normgerechtes und rollengemäßes Verhalten kontrolliert werden kann.

Die soziale Norm

Definition des Begriffes ‚Norm'

Eine Norm ist die den Gruppenmitgliedern gemeinsame und von ihnen geteilte Erwartung darüber, wie man sich in einer bestimmten Situation verhalten und wie man denken soll. ‚Gemeinsame Erwartung' heißt in diesem Zusammenhang, daß alle oder doch die meisten Gruppenmitglieder wissen, was erwartet wird. Die Spezifizierung ‚geteilt' soll darauf hinweisen, daß zum Normcharakter einer Erwartung nicht nur gehört, daß es sich um eine allgemein verbreitete Erwartung handelt, sondern auch, daß jeder einzelne weiß, daß die anderen Gruppenmitglieder um diese Erwartung wissen.

Am Beispiel der Straßenverkehrsordnung läßt sich gut zeigen, daß eine Erwartung sowohl gemeinsam als auch geteilt sein muß, um handlungssteuernd wirken zu können: Wüßte man nicht, daß man bei ‚Grün' fahren darf, auch wenn man auf einer kleinen Nebenstraße wartet, würde man sich nur sehr zögernd über die Kreuzung wagen, obwohl die Autos auf der anderen Straße halten. Aber auch wenn man selber genau weiß, daß man fahren darf, sich aber nicht sicher ist, ob das die anderen wissen, wird man vorsichtig sein. Zügig wird die Handlung also nur dann ablaufen, wenn man weiß, was von einem erwartet wird, und wenn man sicher ist, daß die anderen das auch wissen.

Normen haben zwei grundlegende Charakteristika: (1) Sie werden von der Person als von außen kommend erlebt, als nicht von ihr selbst geschaffen (Externalität), und (2) diese Normen üben über die genannten Erwartungen einen Zwang auf das Denken und Verhalten der Person aus, ganz gleich, ob die Person diese Norm nun anerkennt oder nicht. Diese Charakterisierung stammt von Durkheim (1898). Durkheim spricht zwar nicht von Normen, sondern von „soziologischen Tatbeständen", faßt aber darunter auch das, was hier ‚Norm' genannt wird.

Normen variieren hinsichtlich der Stärke, mit der jeder dieser Faktoren sie bestimmt. Wenn wir die ‚Externalität' und den ‚Zwangscharakter' der Normen als Dimensionen auffassen, können wir folgendes Schema entwerfen:

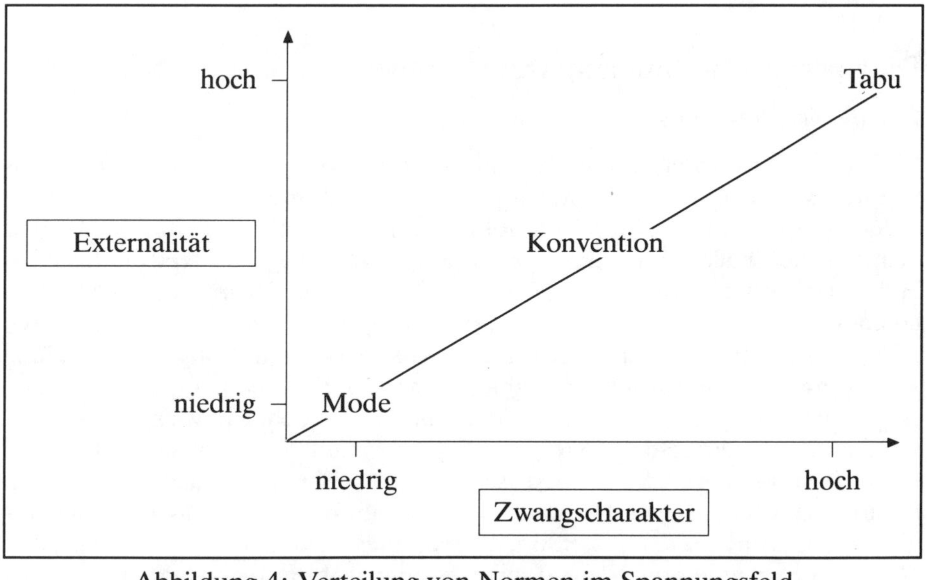

Abbildung 4: Verteilung von Normen im Spannungsfeld von Externalität und Zwangscharakter

Dabei ist allerdings zu berücksichtigen, daß in einer offenen, von Meinungsmachern, Meinungsführern und den Massenmedien bestimmten Gesellschaft der Externalitätsgrad zunimmt. Immer mehr Menschen richten sich in immer mehr Verhaltensbereichen nach dem, was zur Zeit ‚in' ist, was ein ‚moderner'

Mensch tut, denkt und empfindet, ohne sich dieses äußeren Drucks noch bewußt zu werden. So gesehen unterliegt die Mode zwar einem geringen Grad an unausweichlichem Handlungszwang (siehe Abb. 4), aber die Externalität ist nur noch für denjenigen niedrig, der einen eigenen, sehr persönlichen Modestil entwickelt hat und sich nicht von der jährlich neu propagierten Moderichtung abhängig macht (Roberts & Maccoby, 1985).

Diese Art der Klassifizierung von Normen nach dem Grad des handlungssteuernden Einflusses, den sie auf eine Person ausüben, und nach dem Grad, in dem die Erwartungen als von außen kommend erlebt werden, vernachlässigt allerdings zwei Bereiche des Verhaltens, auf die z. B. Hofstätter (1963) hinweist: (1) Die Selbstverständlichkeiten und (2) den Bereich der individuellen Freiheit. Nach unserer Definition kann man hier nicht von normativ bestimmtem Verhalten sprechen. Bei den Handlungen im Bereich der individuellen Freiheit setzt der Handelnde die Regeln selber, sie werden nicht als von außen kommend erlebt, und bei der Orientierung an dem, was als selbstverständlich gilt, fehlt der Zwangscharakter. Wir werden zunächst näher auf die Kategorien des Verhaltens eingehen, die in das beschriebene Schema passen: Das sind Tabus, Konventionen und Moden. Danach behandeln wir die Selbstverständlichkeiten und den Bereich der individuellen Freiheit gesondert.

Die normativ bestimmten Verhaltensbereiche

Der Bereich der Tabus

Für Freud gibt es drei Tabus: Vatermord, Inzest und Kannibalismus. Das, was von den Menschen am intensivsten gewünscht wird, muß am striktesten unterdrückt werden. In der Sozialpsychologie wird der Begriff weiter gefaßt und kennzeichnet nach Hofstätter die in Frage gestellte Selbstverständlichkeit. Hofstätter verweist darauf, daß der alte, klassische Begriff des ‚consensus communis' zu seiner Zeit eine unbezweifelte Selbstverständlichkeit war. Als aber im 18. Jahrhundert aus diesem ‚consensus communis' unsere Vorstellung von ‚common sense' wurde, da enthielt dieser Begriff schon einen Appell, den Appell an den ‚gesunden Menschenverstand'. Mit dem Hinweis auf den gesunden Menschenverstand wird ein Anspruch auf Selbstverständlichkeit zu einem Zeitpunkt gestellt, an dem schon nicht mehr allen klar ist, was denn darunter zu verstehen sei. Hofstätter verweist auf die amerikanische Unabhängigkeitserklärung, in der es heißt: „We hold these truths to be self-evident that all men are created equal." Nun kann es aber wohl in einer Gesellschaft, die sich der Sklavenhalterei bediente, kaum selbstverständlich gewesen sein, daß alle Menschen gleich sein sollten. Man denke daran, wie lange bei uns der Begriff der Oder-Neisse-Linie diesen Tabu-Charakter hatte, genauso wie die ‚freiheitlich-demokratische Grundordnung'. Es ist ein fordernder Unterton, der mitschwingt, wenn eine gesellschaftliche Gruppierung etwas als „selbstverständlich" hinstellt. Verhaltensweisen, die solche geforderten Selbstverständlichkeiten in Frage stellen, werden am ehesten als verräterisch, krankhaft und kriminell geahndet.

Wie sehr die Bestimmung dessen, was als kriminell zu gelten hat, sozial bedingt ist, zeigen z. B. die Kriegsverbrecherprozesse. Noch Anfang 1972 sagte ein Richter über einen Angeklagten, der an Exekutionen von Juden beteiligt war: "‚Keiner der Angeklagten ist kriminell, und ohne das NS-Regime hätten sie niemals vor einem Schwurgericht gestanden. Sie handelten in Übereinstimmung mit ihrer Umwelt, nicht gegen sie'; und nicht einmal aus Kreisen der Justiz regte sich Einspruch" (Der Spiegel, 1973, Nr. 9, S. 17).

Der Bereich der Konventionen

Bei der Besprechung der Tabus konnte der Eindruck entstehen, als ob strenge Normen nur in bezug auf die Grundlagen der Gesellschaft aufgestellt würden. Das ist nun aber keineswegs so. Auch Sitten und Gebräuche sind Normen. Es ist eine Konvention, daß man sich während eines Gottesdienstes nicht laut mit seinem Nachbarn unterhält oder als Lehrer keinen radikalen politischen Standpunkt vertritt. Verstieße man gegen diese Konventionen, würde man zwar nicht als Verbrecher behandelt, aber das Verhalten würde durch negative Sanktionen geahndet.

Der Begriff des ‚Gesetzes' läßt sich in das von uns gewählte Koordinatensystem allerdings nicht einordnen, da Gesetze auf der einen Seite Sachverhalte regeln, die wir als tabuisiert ansehen, und andererseits den noch zu besprechenden Bereich der Moden und Launen berühren.

Der Bereich der Moden

An so triviale Dinge wie die Art, sich zu kleiden oder zu sprechen, können sich ebenfalls Erwartungen binden. Eine Person, die sich nicht an die Mode hält, wird zwar nur selten direkt bestraft, aber doch häufig als Außenseiter gesehen. Es wird einem in diesem Falle nicht gerade etwas Negatives zugefügt, aber doch häufig etwas Positives vorenthalten. Man wird nicht eingeladen, gemieden, nicht um die eigene Meinung gefragt und ähnliches mehr.

Die Entdeckung der engen Verquickung von Mode und Wirtschaft ist durchaus nicht neu. So hatte Thorndike schon 1929 die Statistiken über den Kauf von Textilien analysiert und herausgefunden, daß nur 48 % des Geldes für Kleidung zum Schutz gegen Kälte und Krankheit ausgegeben wurde. Der Rest, 52 %, wurde aus modischen und sozialen Gründen ausgegeben.

Die nicht normativ bestimmten Verhaltensbereiche

Der Bereich der Selbstverständlichkeiten

Über den Bereich der Selbstverständlichkeiten läßt sich nur schwer reden. Einmal nimmt die Zahl der Selbstverständlichkeiten mit der Zunahme der

Komplexität einer Gesellschaft ab. Andererseits sind wir uns unserer Selbstverständlichkeiten nicht bewußt, solange wir nicht mit gegenteiligen Meinungen konfrontiert werden. Solange wir um sie nicht wissen, können wir sie auch nicht in Frage stellen. Deswegen ist es so schwer, Beispiele für diesen Bereich zu finden. Die Aussage, „der Mensch ist den Tieren an Denkfähigkeit überlegen“, dürfte eine Selbstverständlichkeit darstellen. Sicher lenkt diese Maxime unser Verhalten und Denken, aber wir sind uns dessen nicht bewußt. Wir haben auch nicht das Gefühl, unter einem Zwang zu stehen, auch wenn wir uns nach der Maxime in unserem Handeln und Denken richten. Ohne Konfrontation werden wir uns dieser Steuerung nicht bewußt. Ein soziales System, das sich ganz und gar von allem äußeren Kontakt abschlösse, könnte sich niemals seiner eigenen Selbstverständlichkeiten bewußt werden, ebensowenig wie eine Person ohne Spiegel erkennen kann, wie sie aussieht.

Der Bereich der individuellen Freiheit

Verglichen mit den Gebieten des Lebens, die von der Art der bis jetzt besprochenen Normen beeinflußt werden, ist der Bereich der individuellen Freiheit relativ klein. Man versuche einmal, alle die Dinge aufzuzählen, zu deren Erledigung man nicht irgendwelche sozialen Maßstäbe heranzieht. Die Zahl ist gar nicht so groß. Oder, wie die Dame zum Pfarrer sagte: Alles, was ich gerne tue, ist entweder ungesetzlich, unmoralisch oder macht dick.

Allerdings bedeutet die Enge dieses Bereichs nicht notwendigerweise, daß man sich unfrei fühlt. Wenn es regnet, und man öffnet den Schirm, fühlt man sich kaum unfrei, nur weil das der Norm entspricht und alle anderen genauso handeln. Selbst bei unserem Rechensystem, dem Dezimalsystem, handelt es sich ja um eine soziale Steuerung, die aber wohl kaum als unterdrückend erlebt wird. Nicht selten werden Entscheidungen, bei denen die Wahl als selbstverständlich empfunden wird, auch als frei gefällt erlebt. Das kann dazu führen, daß auch in Situationen, in denen Änderungen wünschenswert wären, das dazu nötige ‚revolutionäre Potential‘ fehlt. Die engen Grenzen des Bereichs der individuellen Freiheit werden gewöhnlich erst dann zum Problem, wenn zwei verschiedene Normsysteme miteinander in Konflikt geraten. Die Bürger einer demokratischen Gesellschaft meinen oft, daß Menschen, die in einer Diktatur leben, besonders stark unter der Unfreiheit leiden müßten. Dies ist aber für alle die Menschen nicht der Fall, die keine Alternative zu ihrer gegenwärtigen Lebenssituation kennengelernt haben oder über Massenmedien vermittelt bekommen.

Verständlicherweise ist dieser Bereich der individuellen Freiheit am größten auf der Ebene des Denkens. Er ist schon enger auf der Ebene der geäußerten Meinung und ist auf der Ebene des aktuellen Verhaltens und Handelns am weitesten eingeschränkt. Hofstätter bringt als Beispiel den Mann, dem eine bestimmte religiöse Praxis zuwider ist. Sich selbst gegenüber wird er vielleicht von „Zirkus“ sprechen. Nach seiner Meinung gefragt, wird er sich vermutlich gewählter ausdrücken. Und sollte er einmal einem Gottesdienst dieser Glaubensrichtung beiwohnen müssen, wird er sich vermutlich ähnlich wie die Gläubigen verhalten. In gewisser Hinsicht ist es unfair, von Menschen zu erwarten, daß sie „zu ihrem Wort stehen", wie man sagt. Worte unterliegen anderen Regulierungsmechanismen als Taten, das sollte man erkennen und akzeptieren. Diese letzte Aussage muß im Gegensatz zu der schon zitierten Äußerung von Habermas gesehen werden, daß die Wahrhaftigkeit von Aussagen an der Entsprechung von Worten und Taten zu messen sei (1971, S. 66). Da unseres Erachtens nach beide Prinzipien für die Analyse sozialen Verhaltens wichtig sind, entsteht hier ein Dilemma, das nach verschiedenen Richtungen hin aufgelöst werden kann. Man kann es aufgeben, an die Möglichkeit einer absoluten Wahrhaftigkeit zu glauben und sein soziales Handeln dementsprechend einrichten. Man kann aber auch versuchen, die normative Steuerung von Worten und Taten gleich zu gestalten, wobei noch zu klären wäre, ob sie gleich streng oder gleich tolerant gesteuert werden sollen.

Bis jetzt kann als empirisch gesicherte Regel gelten, daß sich die normative Steuerung einer Verhaltensweise mit dem Grad der Offentlichkeit erhöht. Es wäre deswegen aber falsch, die intimen Formen des Ausdrucks für die einzigen zu halten, aus denen hervorgeht, wie die Person wirklich ‚ist'. Eine solche Aussage kann man nur machen, wenn man von der Annahme eines absoluten Individuums ausgeht, dessen Individualität und Freiheit von der Gesellschaft in Ketten gelegt ist. Ein solches Bild vom Menschen vernachlässigt völlig die Tatsache, daß es ohne Leben in der Gesellschaft keine menschliche Natur gäbe. Was den Organismus zum Menschen macht, ist zwar in den Genen als Möglichkeit angelegt, aber zur Entfaltung kommt es erst durch das Aufwachsen und Leben in der Gesellschaft. Das heißt nicht, daß die Gesellschaft uns keinen Zwang auferlegt. Sie tut es und wird es selbst nach der Meinung Marcuses (1955) wohl immer bis zu einem gewissen, nicht reduzierbaren Grad tun müssen. Wir sollten aber gleichermaßen bereit sein, anzuerkennen, wie sehr wir zu unserer Entfaltung der Gesellschaft bedürfen. Man bedenke, wieviel von der eigenen Individualität übrig bleiben würde, wenn man sich selbst das Brot backen, die Kleider nähen und 14 Stunden am Tag arbeiten müßte. Erst die Gesellschaft und das von ihr entwickelte Wirtschaftssystem schaffen die materiellen und normativen Voraussetzungen, den individuellen Freiheitsspielraum zu erweitern.

Struktur und Entstehung von Normen

Das Spektrum innerhalb jeder Norm

Das Verständnis der sozialen Normen wird unter anderem auch dadurch erschwert, daß es oft nicht leicht ist, Normen als Tabu, Konvention oder Mode einzuordnen. Denn häufig bestehen soziale Normen aus Strukturen von Erwartungen unterschiedlicher Art. Nehmen wir als Beispiel die Norm:

‚Ehre Vater und Mutter.' Darin steckt erstens, daß die Eltern für uns ein Liebesobjekt sein sollen. Es wird vermutlich nicht viele Leute geben, die das anzweifeln würden. Es handelt sich um einen Satz, der einer Selbstverständlichkeit recht nahe kommt. Andere Aspekte dieser Norm werden durch strikte Tabus geschützt, z. B. das Inzest-Tabu. Ein Teil der Erwartungen hat den Charakter von Konventionen, z. B. die Forderung, daß man den Eltern helfen soll, wenn sie in Not sind. Ein Teil der Norm ist einfach Mode, z. B. die Beachtung des Muttertages. Und schließlich ist es uns selbst überlassen , ob wir unsere Eltern zu Weihnachten beschenken, und was wir ihnen schenken.

Die Entstehung von Normen

Bis jetzt haben wir zu erläutern versucht, wie Normen das Verhalten beeinflussen. Aber umgekehrt läßt sich fragen, wo kommen die Normen her, wenn nicht aus der Abstimmung von Verhaltensweisen in der Interaktion. So sieht es jedenfalls Homans (1960), wenn er schreibt:

„Die Normen gehen häufig aus der diffusen Interaktion der Mitglieder hervor. Wenn diese sich für eine Weile verbinden, kristallisieren sich wie über Nacht die Gruppennormen heraus und nehmen feste Gestalt an. An einem Tag wurden sie befolgt, aber nicht ausdrücklich vertreten. Am nächsten Tag schon ist sich die Gruppe ihrer voll bewußt. Der Ursprung der Normen wird leicht vergessen, falls er überhaupt jemals bekannt war" (S. 387).

Bei der Bildung von Normen oder auch bei der Änderung schon bestehender Normen kann man von den Aufforderungen in der konkreten Lebenssituation ausgehen. Danach tritt in einem ersten Stadium ein Ereignis auf, auf das die Person reagieren muß und auf das sie nicht mit Hilfe ihrer bisherigen Lebenserfahrung antworten kann. Besonders plastische Beispiele sind Extremsituationen, z. B. Bombenangriff, Flutkatastrophe, aber auch so etwas wie das Auftreten einer ansteckenden Krankheit oder die Sanierung eines Stadtviertels stellen solche Ereignisse dar. Eine gute Beschreibung der Reaktion auf solche Ereignisse findet man in Steinbecks ‚Früchte des Zorns'. In einem zweiten Stadium handelt dann die Person in einer der Situation angemessenen Weise, aber dieses neue Verhalten läuft den bestehenden Normen zuwider. Bis zu diesem Zeitpunkt reagiert die Person lediglich auf die Forderung der veränderten Situation nach ihrem eigenen, besten Vorverständnis. Dieses Vorverständnis stützt sich selber natürlich wieder auf Normen, aber auf solche, die nicht auf die konkrete Situation zugeschnitten sind. In einem dritten Stadium hört die Person dann und sieht, daß andere Menschen in einer gegebenen Situation genauso handeln wie sie selbst. Damit ist ein Bestimmungsstück des Begriffes ‚Norm' erfüllt, der Aspekt der Gemeinsamkeit ist jetzt gegeben. In einem weiteren, vierten Stadium lernt die Person, daß die anderen so handeln, als erwarteten sie dieses gemeinsame neue Verhalten von der Person. Jetzt ist also nicht nur der Aspekt der Gemeinsamkeit vorhanden, sondern auch das andere Bestimmungsstück der Norm, das gegenseitige Wissen um die Gemeinsamkeit. Letztlich kann dann noch die Kodifizierung der Norm eintreten. Kodifizierung heißt nicht nur, daß die Norm Gesetzeskraft erlangt, sondern auch, daß Philosophen, Autoren, Wissenschaftler die Norm durch Argumente, Verherrlichung oder Analyse legitimieren.

Diese Theorie klingt plausibel. Es lassen sich auch leicht Beobachtungen finden, die sie stützen. Sehr schwer ist es dagegen, den konkreten Entwicklungsgang auch nur einer Kleingruppennorm, geschweige denn einer gesamtgesellschaftlichen Norm exakt und überzeugend nachzuzeichnen. Mit Aussagen wie der folgenden ist für die empirische Wissenschaft wenig gewonnen:

„Sie [Normen] verändern sich, entstehen und vergehen (...) in Übereinstimmung mit der Entwicklung der Produktions- und Klassenverhältnisse (...) Normen können nur in dem oben erläuterten gesellschaftlich-historischen Zusammenhang verstanden (...) werden. Darin besteht das einzig richtige, wissenschaftlich-materialistische Herangehen an das Problem der Normen in der Soziologie. Jedes andere Herangehen an dieses Problem ist idealistisch und unwissenschaftlich“ (Eichhorn u. a., 1969, S. 308).

In diesem Zusammenhang sei noch einmal auf den Unterschied in der Qualität der Normen hingewiesen. Je kleiner die soziale Einheit, desto mehr werden die Absprachen innerhalb der Gruppe dem einzelnen Gruppenmitglied als persönliche Wünsche und Forderungen bestimmter anderer Gruppenmitglieder erscheinen. Schon Simmel (1908) hat darauf hingewiesen, daß sich in kleinen Gruppen wie der Zweierbeziehung die Gruppennorm und der persönliche Einfluß kaum unterscheiden. Erst in größeren Verbänden wird aus den praktischen Arrangements eine moralische Verpflichtung im Sinne Durkheims. Dieser unterschiedliche, moralisch weniger verbindliche Charakter der Kleingruppennormen bezieht sich natürlich nur auf solche Normen, die innerhalb der jeweiligen Kleingruppe entstanden sind. Da die Kleingruppe aber kein isoliertes Gebilde in einem sozialen Vakuum ist, wird ein großer Teil ihrer Normen denen der umgreifenden gesellschaftlichen Strukturen entsprechen. Nach der Behandlung des Begriffs der Norm wenden wir uns im nächsten Abschnitt dem Begriff ‚Rolle‘ zu und werden sehen, daß wir damit die begonnene Diskussion lediglich fortführen, denn auch beim Begriff der Rolle haben wir es mit Mustern von Verhaltenserwartungen zu tun. Am Begriff der Norm müßte die immer nur künstlich aufzulösende Dialektik sozialer Beziehungen klar geworden sein. Einerseits schlossen wir uns Homans an, der davon ausgeht, daß es zur Bildung und zur Änderung von Normen der Kommunikation bedarf. Aber sofort ist zurückzufragen, wie denn eine Kommunikation zwischen zwei oder mehr Personen möglich sein soll, wenn nicht bereits Normabsprachen bestehen. Im Fehlen solcher Normabsprachen sieht die Kommunikationstheorie z. B. einen wesentlichen Grund für die Schwierigkeit, mit Schizophrenen in Beziehung zu treten (Watzlawick u. a., 1969). Unseres Erachtens sind wir hier wieder an einer der Grenzen exakter empirisch-wissenschaftlicher Aussagemöglichkeiten. Auf der Ebene des Beobachtbaren müssen wir feststellen, daß

Kommunikation und normative Übereinkunft sich wechselseitig bedingen. ‚Das, was geschaffen werden soll, muß schon da sein, um geschaffen werden zu können', ist eine unlogische Aussage, beschreibt aber in aller Strenge den Sachverhalt. Nun läßt sich durchaus die These vertreten, daß sich die Entstehung dieses Verhältnisses aus einer sehr großen Anzahl auf einer menschlichen Urgemeinsamkeit aufbauender Interaktionen erklären läßt. Aber wir fürchten, daß selbst wissenschaftliche Analysen nicht in der Lage sind, die Grundlagen und Abläufe in so komplexen zwischenmenschlichen Prozessen voll zu erfassen. Daß eine solche Haltung der wissenschaftlichen Bescheidenheit oder der Resignation praktische Folgen hat, wird im folgenden noch deutlich werden.

Die soziale Rolle

Definition des Begriffs ‚Rolle'

Der Begriff ‚Rolle' läßt sich am ehesten definieren, wenn man ihn gegen einen anderen Begriff absetzt, den der sozialen ‚Position'. Jeder Mensch hat in der Gesellschaft eine bestimmte Stellung inne. Er ist entweder männlich oder weiblich, er hat ein bestimmtes Alter, einen bestimmten Familienstand, Beruf, Wohnort, Herkunft usw. Soziologische Kategorien dieser Art stellen Dimensionen dar, die den Ort eines Menschen im sozialen System bestimmen. Diesen Ort im sozialen System nennen wir ‚Position' oder auch ‚Status'.

Mit jeder dieser Ortsbestimmungen im sozialen System ist ein Satz von Erwartungen darüber verbunden, wie der Inhaber einer Position sich verhalten soll. Die Struktur von Erwartungen, die sich an eine Position knüpft, definieren wir als ‚Rolle'. Rolle ist der dynamische Aspekt des statischen Begriffs Position. Beispiel: ‚Arzt' bedeutet eine Position im sozialen System. Verbunden mit dieser Position sind Verhaltenserwartungen, z. B. daß ein Arzt Tag und Nacht angesprochen werden kann, daß er über die Krankheiten seiner Patienten Schweigen bewahrt und so fort. Das Verhaltensmuster, das sich aus diesen Erwartungen ergibt, nennen wir die Rolle des Arztes.

Nun hatten wir aber bereits ‚Norm' als Verhaltenserwartung definiert. Und so schreibt Hollander (1958, S. 119) dann auch: „Obgleich sie weiter besteht, ist die Unterscheidung zwischen Normen und Rollen weder bedeutsam noch leicht aufrecht zu erhalten." Will man unbedingt eine Unterscheidung treffen, kann man Rolle als Begriff für eine bestimmte Art von Norm ansehen. So sieht es Homans (1960, S. 136/137), wenn er schreibt, daß „eine Norm, welche die erwartete Beziehung einer Person in bestimmter Lage zu anderen Personen festsetzt (...) als die Rolle dieser Person bezeichnet [wird]". Ebenso sieht es Newcomb (1950), der einem Abschnitt seines Buches die Überschrift gibt: „Positionen und Rollen: Normen zur Wahrnehmung von Personen."

Norm ist also der weitere Begriff, Rolle der engere, eingeschränkt auf die Beziehung zu Personen.

Die Analyse von Rollen

Mit der einfachen Aussage, daß es sich bei Rollen um Muster von Verhaltenserwartungen handelt, ist noch nichts darüber gesagt, woher diese Erwartungen stammen und auf was sie sich beziehen. Einen Ansatz zur Beantwortung dieser Frage machen Hiebsch und Vorwerg (1973). Bei der Frage nach den Ursachen der Rollenerwartungen schließen sie sich der Meinung von Karl Marx an, „... daß die Rolle einer bestimmten Menschengruppe in der Gesellschaft bestimmt ist durch ihre Funktion in der kombinierten gesellschaftlichen Arbeit“ (S. 188). Ein solcher Satz kann für einen Sozialpsychologen ein erkenntnisleitendes Interesse darstellen, für die empirische Arbeit bringt er sehr wenig. Die Begriffe ‚Gesellschaft‘ oder ‚gesellschaftliche Arbeit‘ sind für eine sozialpsychologische Rollenanalyse zu abstrakt und zu allgemein. Anders dagegen verhält es sich mit den von Hiebsch und Vorwerg aufgeführten Aspekten der Rollenanalyse, die sich als überaus nützlich erweisen können.

Zunächst kann man an einer Rolle einen objektiven und einen subjektiven Aspekt unterscheiden. Der objektive Aspekt bezieht sich auf die Forderungen der Umwelt an den Rollenträger. Der subjektive Aspekt dagegen befaßt sich mit der Art, in der die Rollenerwartungen der Umwelt von der Person interpretiert werden. Rommetveit (1955) nennt den objektiven Aspekt die „gesendete Rolle“ und bezeichnet die subjektive Interpretation als die „empfangene Rolle“.

Abgesehen von dieser Trennung in den objektiven und subjektiven Aspekt der Rolle lohnt es sich auch, die folgenden drei Bestimmungsstücke des Rollenverhaltens zu betrachten:

(1) Die individualpsychologischen Voraussetzungen adäquaten Rollenverhaltens, (2) den Gestaltungsspielraum der Rolle und den damit zusammenhängenden Verinnerlichungsgrad und (3) die Stellung der spezifischen Rolle im Netzwerk des gesamten Rollensystems.

Individualpsychologische Faktoren adäquaten Rollenverhaltens

Man kann davon ausgehen, daß Rollen dazu dienen sollen, bestimmte Funktionskomplexe effektiv zu gestalten, und daß es bestimmter Persönlichkeitseigenschaften bedarf, um die geforderten Kooperationsvorgänge durchführen zu können. Man fühlt sich hier z. B. an Parsons (1951) erinnert, der meint, daß Rollen festgelegt werden, um die Erfüllung der notwendigen sozialen Aufgaben zu garantieren, zu koordinieren und zu standardisieren.

Natürlich eröffnet sich auf diesem Wege auch die Möglichkeit einer kritischen Rollenanalyse, z. B. indem man die Dysfunktionalität einer Rolle aufzeigt, ihren überholten Charakter oder ihre vorurteilsbehaftete Verbindlichkeit mit psychologischen Eigenschaften. Man denke nur daran, wie viele Rollen früher der Frau verschlossen blieben, weil ihr angeblich die ‚psychologischen Voraussetzungen' fehlten.

Grundsätzlich geht es bei diesem Aspekt der Rollenanalyse um die alte Frage, wie Individualität und Rollenverhalten zueinander stehen. Kann man die Rolle, analog der Rolle im Theater, als etwas ansehen, das man in der Garderobe abschminken kann; ober sollte, wie Plessner (1960, S. 114) meint, das „Sein in einer Rolle von dem eigentlichen Selbstsein" nicht grundsätzlich getrennt werden?

In ähnlicher Weise sprechen Sarbin und Allen (1968) von „self-role congruence", von der Übereinstimmung zwischen Selbst und Rolle. Sie schreiben: „Der Begriff der Übereinstimmung von Selbst und Rolle bezieht sich auf das Maß, in dem Eigenschaften des Selbst Charakterzüge, Werthaltungen, Glaubenssätze und in der Rolle liegende Verhaltensforderungen sich decken oder überschneiden" (S. 524). Die Schwierigkeiten dieses Aspektes der Rollenanalyse werden auch von Sader (1969) angesprochen: „Daß dem Begriff des Selbst (...) so wenig Interesse entgegengebracht wird, hat in erster Linie methodologische Gründe: Wir können zwar häufig Verhalten und Eigenschaften eindeutig einer Rolle zuordnen, (...), aber wir können nichts einwandfrei dem Selbst zuordnen" (S. 216).

Um dieser Begriffsverwirrung, die sich um den Begriff des ‚Selbst' rankt, in etwa zu entgehen, sprechen Sarbin und Allen mehr von „sozialer Identität" und weniger von einem ‚Selbst'. Sie stellen fest:

„Sarbin und Kulik (1965) betrachten das ‚Selbst' als einen umfassenden Begriff zur Bezeichnung aller Vorstellungen, die im Zusammenhang mit der Selbsteinschätzung des Individuums in allen Umweltdimensionen entstehen, körperlichen und körperfernen. Soziale Identität würde demnach den Teil des Selbst darstellen, der alle Vorstellungen im Zusammenhang mit der Stellung des Individuums im sozialen Umfeld umfaßt" (1968, S. 550).

Gestaltungsspielraum der Rolle

Rollen unterscheiden sich hinsichtlich des Spielraumes, den sie für persönliche Ausgestaltung gewähren. Dabei muß der Doppelcharakter dieses Spielraumes gesehen werden. Einmal gibt es Rollen, bei denen die Umwelt fordert, daß der Träger sie in seinem Sinne ausgestaltet, daß er sich nicht mit der Erfüllung der fixierten Forderungen zufrieden gibt. ‚Prinzgemahl' oder ‚Wehrbeauftragter' wären Beispiele solcher Rollen. Andererseits aber gibt es Rollen, an die die Gesellschaft keine großen Ausgestaltungsforderungen stellt, denen sie aber großen Ausgestaltungsspielraum läßt. ‚Professor' und ‚Wissenschaftler' sind hierfür Beispiele. In der Mehrzahl der Rollen werden Gestaltungsanforderungen und Gestaltungsspielraum miteinander korrelieren, und das macht die Fälle des Auseinanderklaffens um so interessanter. So ergibt sich der relativ große Gestaltungsspielraum des Professors bei verhältnismäßig geringen Gestaltungsanforderungen sicher zum guten Teil aus der Unkenntnis und aus dem Mangel an Verständnis für das Wesen dieser Rolle. Und zwar handelt es sich hier keineswegs nur um ein Unverständnis der Gesellschaft ganz allgemein für das Wesen dieser Rolle, sondern auch um mangelndes Verständnis zwischen Kollegen. Wer ist schon bereit zu sagen, was er glaubt, von einem Kollegen an Ausgestaltung seiner Rolle erwarten zu können? Wer will und kann schon sachkundig beurteilen, was auf einem bestimmten Gebiet machbar ist und welche Leistungen gerechterweise erwartet werden können?

Im vorigen Abschnitt wurde das Spannungsverhältnis von Individualität und Rollenverhalten als Problem beschrieben. Eine mögliche Lösung des Problems liegt in der Verinnerlichung der Rolle. Im Falle der Verinnerlichung würden Rolle und Selbst tatsächlich zusammenfallen. Nun unterscheiden sich Rollen hinsichtlich des Grades, in dem sie verinnerlicht, d. h. zu Bestandteilen der Person gemacht werden müssen, um adäquat erfüllt werden zu können. So gibt es auf der einen Seite Rollen in der Gesellschaft, z. B. Fließbandarbeiter, die von einer Person nicht verlangen, daß sie sich mit der Rolle identifiziert. Man kann auch ohne diese Verinnerlichung ein adäquat funktionierender Rollenträger sein. Andererseits ist das bei Rollen wie Lehrer oder Staatspräsident nicht denkbar. Ein Staatspräsident, der sich nicht mit seiner Rolle identifiziert, kann sich nicht an der Macht halten. Interessanterweise sind Hiebsch und Vorwerg der Meinung, daß das Prestige einer Rolle, ihr Sozialstatus, sich entsprechend dem Grad dieser Verinnerlichungsanforderung verteilt. Beobachten könne man das, wenn z. B. ein bestimmter Funktionär für nicht ersetzbar gehalten würde, obwohl er doch eigentlich Träger einer institutionalisierten Rolle sei. Dazu bemerken sie :

„In einem solchen Falle ist es dem Rollenträger offenbar gelungen, die Verinnerlichung der erforderlichen Rollenmerkmale so komplett und echt zu vollziehen, daß er daraus im Sinne der Anerkennung von der Gruppe zusätzlichen (persönlichen) Status erwerben konnte. Dieser, auf die betreffende Person beschränkte zusätzliche Status, summiert sich mit dem Status ihrer Position, der rollenabhängig ist, zu einem ungeteilten und für diese bestimmte Person auch unteilbaren Anerkennungs- und Verehrungsmodus. Dieser wird dann gelegentlich derart überwertig, daß die Austauschbarkeit von Personen in Rollen als Möglichkeit nicht mehr gewußt wird. So erklären sich auch die ‚Katastrophenreaktionen' beim unverhofften Ausscheiden (etwa durch Tod) solcher Rollenträger" (1967, S. 180).

Was nun gesehen werden muß, ist die Tatsache, daß der Grad der Verinnerlichung eng an den Gestaltungsspielraum und die Gestaltungsanforderungen der Rolle geknüpft ist. Der Grad der Verinnerlichung einer Rolle hängt von dem Maß ab, in dem es möglich ist, im Rollenverhalten unterschiedliche Verhaltensweisen, Seinsmöglichkeiten und Talente zu realisieren. Die Verinnerlichung der Rolle wächst mit den Möglichkeiten zur Selbstaktualisierung in der Rolle.

Stellung der Rolle im Rollensystem

Es handelt sich bei diesem Aspekt um die mit einer Rolle verbundenen Koordinations-Erwartungen, das heißt, um die Festlegung und Bestimmung der verschiedenen Beziehungen zu anderen Rollen, einmal im Sinne von zu erbringenden Dienstleistungen für andere Rollen, zum anderen im Sinne von Hilfeleistungen, die von anderen Rollen beansprucht werden dürfen. So gehört zur Rolle des Lehrers die Verpflichtung, den Eltern Rede und Antwort zu stehen und seine Handlungen vor ihnen zu rechtfertigen. Es gehört dazu aber auch die Forderung an die übergeordnete Dienstbehörde, im Falle eines Konfliktes mit den Eltern bis zum Beweis eines Verschuldens Rückendeckung zu gewähren.

Die Analyse der Funktion und der Stellung einer spezifischen Rolle im Netzwerk anderer Rollen ist ohne Hinzunahme des sozialen Umfeldes der Rolle nicht möglich. Die Stellung in einem Netzwerk ergibt sich erst aus der Beziehung zu anderen Teilen des Systems. Dies ist aber unstrittig. Problematisch ist dagegen, wie weit gespannt das Netzwerk der Rollen sein muß, um eine befriedigende Analyse der Stellung der spezifischen Rolle im Rollensystem zu geben. Bei bestimmten Rollen, wie z. B. ‚Vater' oder ‚Lehrer', ist die entsprechende Analyse sicher nicht ohne eine Reflektion der gesamten gesellschaftlichen Situation zu leisten. Es gibt aber auch andere Rollen, wie z. B. ‚Sekretär im Kegelklub' oder die Rolle des ‚Vermittlers' in einer Arbeitsgruppe, bei denen die Gesamtgesellschaft keinen passenden Bezugsrahmen für die Rollenanalyse abgibt. Wir stoßen hier erneut auf die von Seiffert (1972) behandelte Problematik, daß es in der Sozialpsychologie noch keine bindenden Regeln gibt, die eine klare Grenzziehung zwischen individuellen und allgemeinen Begriffen erlauben. Auf das Problem der Rollenanalyse angewandt heißt das: Ob das Rollenverhalten und die Stellung von Rollen zueinander durch Begriffe analysiert werden, die sich am Erleben der beteiligten Individuen orientieren, z. B. ‚Gestaltungsspielraum' und ‚Randstellung im System', oder ob für diese Analyse Begriffe auf einem höheren Abstraktionsniveau gewählt werden, wie z. B. ‚Bedeutung der Rolle für den Produktionsprozeß', läßt sich nicht von der Logik der Wissenschaft her entscheiden, sondern bestimmt sich aus der Werthaltung des Wissenschaftlers. Auch der pragmatische Standpunkt, der in der Behauptung deutlich wird, daß die Begriffsebene sich an der Aufgabe orientieren soll, beinhaltet eine Wertentscheidung, die widerspiegelt, daß die Sozialpsychologie für eine sozio-technische Wissenschaft gehalten wird. Verwenden wir nahe am individuellen Erleben liegende Begriffe, können wir damit den sozialen Alltag erträglicher gestalten. Bedienen wir uns der globaleren Begriffe der gesamtgesellschaftlichen Analyse, sprechen wir von ‚Klassencharakter', ‚Rasse' oder ‚geopolitischer Situation', dann reflektieren und unterstützen wir damit ein Bemühen um Lösungen von Problemen, das sich nicht mit einem bloßen Erträglicher-Machen begnügen will. Dabei ist zu beachten, daß nur eine nahe am Erleben bleibende Sozialpsychologie Hoffnung haben kann, eine empirische Wissenschaft zu bleiben. Um diese Art empirischer Sozialpsychologie aber geht es uns hier.

Ziel der Rollenanalyse

Fragt man, was aus der Sicht einer nahe am Erleben bleibenden Sozialpsychologie das Ziel einer solchen Rollenanalyse ist, so bietet sich der von Sarbin und Allen hervorgehobene Begriff des „role enactment" an. Wir wählen als Übersetzung den Begriff ‚Rollenhandlung'. Ziel der Rollenanalyse ist also eine Beurteilung der Qualität einer Rollenhandlung. Klare Aussagen über ‚richtig' und ‚falsch' lassen sich nach Sarbin und Allen bei einer solchen Beurteilung nicht fällen. Sie schreiben: „Wenn das Beobachtungsobjekt eine Person ist, die eine soziale Rolle spielt, so kann der Beobachter schwerlich eine einfache richtig-falsch-Unterscheidung treffen; er muß seine Schlüsse vielmehr aus der Angemessenheit, dem Anstand und der Überzeugungskraft der Handlung ziehen" (1968, S. 490).

Aufgrund einer Rollenanalyse sollten sich folgende Fragen entscheiden lassen: (1) Ist das Handeln der sozialen Position des Handelnden angemessen, d. h. läßt sein Handeln erkennen, daß er sich des Umfeldes bewußt ist, in dem die Handlungen ablaufen? (2) Entspricht das sichtbare Verhalten den normativen Maßstäben, die einem Beurteiler als Bewertungskriterien dienen? (3) Ist das Rollenhandeln überzeugend, d. h. vermittelt es den Eindruck, daß der Rollenträger sich zu Recht in dieser Position befindet?

Die Art dieser Bewertungskriterien des Rollenhandelns führt unmittelbar zu der Frage, was geschieht, wenn die Antworten zu diesen Fragen negativ ausfallen, d. h. zum Problem der sozialen Kontrolle.

Die Kontrolle normativen und rollengemäßen Verhaltens

Es ist durchaus keine müßige Frage, sich zu überlegen, warum die Angehörigen eines Sozialverbandes den Normen Folge leisten und sich rollengemäß verhalten. Die Annahme, Menschen seien vorwiegend durch negative Sanktionen gesteuert, drückt den Sachverhalt zumindest sehr vereinfacht aus. Neben den negativen Sanktionen wollen wir die Hoffnung auf Belohnung in Betracht ziehen, aber auch noch zwei weitere Gründe für sozial unauffälliges Verhalten nennen: (1) Einsicht in die sachliche Notwendigkeit und Angemessenheit der Forderungen und (2) das Fehlen von Handlungsalternativen.

Kontrolle durch negative Sanktionen

Es ist überhaupt keine Frage, daß wir alle unter negativen Sanktionen leiden, aber schon Homans (1950) weist darauf hin, daß man den Prozeß der sozialen Kontrolle völlig mißverstehen würde, wenn man glaube, diese Kontrolle läge nur oder auch nur vorwiegend in der Hand von Polizisten, Richtern, Lehrern usw.. Dieses „externe Kontrollsystem" ist eine historisch relativ späte soziale Entwicklung. Wie wir schon im letzten Kapitel ausgeführt haben, liegt die wesentliche Kontrollinstanz in der Interaktion der Menschen miteinander.

Weiterhin muß gesehen werden, daß sich im Umgang der Menschen miteinander Erwartungen bilden, Erfahrungen niederschlagen und daß es oft schon diese Erwartung der negativen Sanktionen ist, die unser Verhalten steuert. Und schließlich erteilen wir uns in sehr vielen Fällen die negativen Sanktionen selber in der Form von Schuldgefühlen und Angst vor Schuldgefühlen, also durch die Verinnerlichung von Normen und Rollenerwartungen.

Der Sozialpsychologe kann mit der Aussage wenig anfangen, daß die negativen Sanktionen, ob nun verinnerlicht oder erwartet, doch letzten Endes von der ‚Gesellschaft' ausgehen. Wie schon oft ist ‚Gesellschaft' ein für nachprüfbare Analysen recht unbrauchbarer Begriff, denn er ist für die Mehrzahl der Phänomene, für die wir uns in der Sozialpsychologie interessieren, zu global, zu ‚total' (vgl. Seiffert, 1972, S. 242 ff). Der Abstand zwischen Begriff und erlebter Wirklichkeit ist schlichtweg zu groß, als daß ‚Gesellschaft' als Erklärungsprinzip in der Sozialpsychologie große Überzeugungskraft hätte. Wir begegnen nicht ‚der Gesellschaft', sondern konkreten Menschen und Gruppen, die durchaus nicht alle im gleichen Verhältnis zu ‚der Gesellschaft' stehen.

Kontrolle durch positiven Anreiz

Die Annahme, soziales Verhalten würde vorwiegend durch die negativen Konsequenzen der Abweichung kontrolliert, entspricht kaum den Tatsachen. Zumindest muß eingeräumt werden, daß negative Sanktionen nicht allein stehen, sondern meist erst dann einsetzen, wenn der Anreiz von Belohnungen nicht zur Kontrolle des Verhaltens ausreicht.

Tenbruck (1961) zeigt in seiner Kritik des Homo sociologicus, daß in dieser Betonung der negativen Sanktionen der Gesellschaft eine besondere Gefahr zu sehen ist. Sader (1969) greift das auf und schreibt:

„Daß so gern — und insbesondere in der deutschen Populärsoziologie — unterstellt wird, das Individuum werde vor allem durch negative Sanktionen veranlaßt, sich den (minderwertigen) Vorschriften der (Massen-)Gesellschaft zu unterwerfen, anstatt den (höherwertigen) Vorstellungen seines eigenen persönlichen Ich zu folgen, hat Gründe, die vor allem in der politischen und gesellschafts-politischen Erziehung unserer Staatsbürger zu suchen sind: Die Gesellschaft hat einen negativen Wertakzent, das einzelne Individuum eher einen positiven. Gesellschaftliches Sein gilt als Entfremdung des Individuellen" (S. 217/218).

Die Betonung negativer Sanktionen entspricht einem Bild vom menschlichen Zusammenleben, das den heutigen Verhältnissen nicht angemessen ist. Wenn Menschen in einfachen, klar definierbaren Beziehungen zueinander stehen, wenn die sozialen Probleme so wenige Dimensionen enthalten, daß es möglich ist, eindeutige Maßstäbe für ‚gut' und ‚böse' zu setzen, kann Strafe als Kontrolle eventuell wirksam sein. Sonst nicht!

Die Wirksamkeit von negativen Sanktionen als Kontrollmechanismen setzt voraus, daß die negativen Sanktionen als legitim angesehen werden, was wiederum bedingt, daß man abweichendes Verhalten als persönliche Schuld ansprechen kann. In einer so komplexen Welt wie der unseren läßt sich eine solche Verbindung schwerer ziehen als früher. Fehlt sie aber, so werden negative Sanktionen zu teuer, sie kosten der Gruppe zu viel Energie. Einfach strukturierte Leistungen, wie Steine klopfen, kann man erzwingen. Hochwertige und komplexe Leistungen, wie wissenschaftliche Erfindungen, Erarbeitung eines wissenschaftlichen Vortragstextes oder Sicherstellung des Flugverkehrs, lassen sich nicht erzwingen, weil es hier in sehr vielen Fällen nicht möglich ist, ein Versagen oder einen Fehler als Schuld auszulegen. Zudem hängt die Qualität des Leistungsergebnisses in hohem Maße von der individuellen Qualifikation und Leistungsmotivation ab.

In den letzten Jahrzehnten haben sich besonders die pädagogische Psychologie und die Pädagogik unter dem Stichwort Lern- und Leistungsmotivation mit der Analyse der Beziehung zwischen positiven Lernanreizen, Lernprozeß und Lernergebnis befaßt. Dabei hat sich gezeigt, daß positive Lernanreize wie Lob nicht immer den Lernerfolg erhöhen, sondern nur dann, wenn sie systematisch, gezielt und unter Berücksichtigung der personalen und situativen Kontextbedingungen eingesetzt werden. Gage und Berliner (1986) schreiben dazu:

„Wenn Lob systematisch nach bestimmten Verhaltensweisen eingesetzt wird, führt das zu einer Anhebung der Häufigkeit dieser Verhaltensweisen: dieser Aspekt kann nicht stark genug betont werden. Denn es bedeutet zugleich, daß soziale Anerkennung in ihren vielen Ausprägungen ein relativ konstanter Verstärker oder Lernanreiz ist. Zugleich müssen wir aber im Auge behalten, daß zu viel Lob beim Schüler relativ rasch zu Übersättigung führen kann. Lob kann im Unterricht zu einem so häufigen Faktor der Kommunikation werden, daß es seinen Nutzen als motivierende Kraft verliert. Als weiteren Aspekt müssen wir berücksichtigen, daß manche Schüler weniger stark auf Lob reagieren als andere. Trotz dieser Einschränkungen ist es jedoch offensichtlich so, daß häufige soziale Anerkennung, die gezielt auf erwünschtes Verhalten hin erfolgt, das zuverlässigste Mittel für einen Lehrer sein kann, wenn schulische Leistungen oder schulisches Verhalten geändert werden sollen" (S. 439—440).

So konnte Brophy (1981) aufgrund umfangreicher Untersuchungen über die Auswirkungen von Lob im Unterricht eine Liste von Bedingungen für effektives und ineffektives Lob zusammenstellen.

Allerdings ist die Diskussion um ein ausgewogenes Verhältnis zwischen Sanktionen und positiven Anreizen zur Förderung der Lern- und Leistungsmotivation und zum Erreichen einer hohen Leistungsqualität bei komplexen Aufgabenstellungen auch in der pädagogischen Psychologie noch nicht verstummt. Zu viele Bedingungs- und Einflußfaktoren sind in ihren Auswirkungen auf das Lernergebnis noch zu wenig untersucht und noch nicht in allen Details erkannt.

Kontrolle durch Einsicht in sachliche Notwendigkeit

Bisher haben wir darauf verwiesen, daß Kontrolle normativen und rollengemäßen Verhaltens nicht nur als Wirkung negativer Sanktionen verstanden werden darf. Aber es läßt sich fragen, ob es überhaupt in jedem Fall irgendwelcher Bekräftigungen, seien sie positiver oder negativer Art, bedarf, um das sozial erwünschte Verhalten hervorzurufen. Ist es wirklich nötig, daß immer irgendeine Instanz, ein Partner, eine Gruppe, die Gesellschaft, eine innere ‚Stimme', das ‚Über-Ich' oder Gewissen eingreift? Normen und Rollen haben schließlich eine Funktion, einen nicht nur gesellschaftlichen Nutzen, sondern auch in sehr vielen Fällen einen persönlich einsehbaren und nachvollziehbaren Grund, der die Frage nach Sanktionen überflüssig erscheinen läßt. Mit anderen Worten, die Einhaltung von Normen und das Demonstrieren rollengemäßen Verhaltens ist nicht nur eine Sache äußerer Instanzen oder des Über-Ich, sondern genauso eine Sache des Ich, der rationalen Einsicht.

Im Zusammenhang mit der Frage nach den Funktionen von Normen und Rollen weisen Brandt und Köhler (1972) besonders auf die Entlastungsfunktion hin. Normen und Rollen werden dann handlungssteuernd wirksam, wenn für die Beurteilung eines Sachverhaltes nicht genügend Information zur Verfügung steht. Im Falle, daß Normen als von außen kommend erlebt werden, bilden sie eine unpersönliche neutrale Regulation, die es oft leichter macht, mit anderen Menschen umzugehen. Brandt und Köhler verweisen auf Blau (1964), für den Normen und Rollen die direkte Transaktion der Individuen miteinander durch einen indirekten Austausch ersetzen. Die Frage, wie Normen und Rollen den Zusammenhalt der Gruppe fördern und die Effektivität der Gruppenarbeit steigern können, und ob nicht gerade die geschlossene, effektive Gruppe einen gewissen Schutz *individueller* Interessen gewährt, wird im Zusammenhang mit der Psychologie der Gruppe zu behandeln sein.

Wir haben schon bei der Besprechung des Normbegriffes auf die unterschiedliche Qualität sozialwissenschaftlicher Begriffe in großen und kleinen Sozialverbänden hingewiesen. Das dort Gesagte hat Geltung auch für den Rollenbegriff: In kleineren Sozialverbänden reduziert sich der Herrschafts- und Zwangscharakter von Normen bzw. Rollen. Dagegen verstärkt sich entschieden das Moment der freien Vereinbarung. Wir schließen uns einem Kritiker der Rollentheorie an, der schreibt, daß „nicht zu vergessen ist, daß sich seit Lewins Arbeiten die Verwendung des Konzeptes in ausgesprochen praktisch-soziotechnischer Absicht immer mehr zu bewähren scheint" (Willms, 1971, S. 24). Da die Sozialpsychologie für uns eine „praktisch-soziotechnische" Wissenschaft ist und sein sollte, können wir durchaus bei der Anschauung bleiben, daß die Rollentheorie Ergebnisse liefert, die Erklärungswert haben. Außerdem vertreten wir die Ansicht, daß Ergebnisse der Rollentheorie durchaus in verschiedenen gesellschaftlichen Systemen Gültigkeit haben können, da Gesellschaftssysteme nicht nur Unterschiede, sondern auch Gemeinsamkeiten aufweisen, zumindest die Gemeinsamkeit anthropologischer Konstanten und die Gemeinsamkeit von Sachzwängen.

Als Beispiel einer solchen „praktisch-soziotechnischen" Untersuchung, deren Ergebnisse wir für generell gültig halten, ist die Arbeit von Lieberman (1956) über den Einfluß des Rollenwechsels auf die Einstellung der Rollenträger anzusehen. Bei der Untersuchung handelt es sich um eine Feldstudie. Befragt wurden über 2000 Arbeiter einer amerikanischen Fabrik zur Herstellung von Haushaltsgeräten. In Fragebögen wurden die Einstellungen zur Arbeitssituation, zu den Gewerkschaften und der Firmenleitung erfaßt. Im darauf folgenden Jahr wurden 23 Betriebsangehörige zu Vorarbeitern befördert, und 35 wurden Mitglieder des Betriebsrates. Nach mehreren Monaten in der neuen Rolle wurden die ursprünglichen Fragebögen zum zweitenmal ausgegeben. Es zeigten sich die erwarteten Änderungen der Einstellung: Verglichen mit ihren vor der Beförderung ausgefüllten Fragebögen zeigten die Vorarbeiter jetzt verstärkt eine pro-Management-Haltung, und die Betriebsratsmitglieder äußerten sich gewerkschaftsfreundlicher. In einer Kontrollgruppe, deren Mitglieder keine Beförderung erfuhren, ergaben sich keine vergleichbaren Einstellungsänderungen.

Schon dieses Ergebnis würde ausreichen, um zu zeigen, welche Funktion die Rolle für die Strukturierung von Einstellungen hat. Lieberman ging in der Untersuchung aber noch weiter. Durch wirtschaftliche Rückschläge der Firma kam es zu Entlassungen, die 8 Vorarbeiter überflüssig machten. Diese acht wurden wieder Arbeiter. Ebenso wechselten 14 Betriebsratsmitglieder zurück in den Arbeiterstand. Diese Zahlen sind zu klein, um Aussagen über eine Einstellungsänderung statistisch zu sichern, aber zumindest für die zu Arbeitern gemachten Vorarbeiter ergibt sich aus einer dritten Befragung eine deutliche Änderung der Einstellung hin zu den Aussagen der ersten der drei Befragungen vor jedem Rollenwechsel.

Kontrolle durch Einschränken von Handlungsalternativen

Folgt der einzelne den Normen aus Einsicht, so wird man angepaßtes Verhalten getrost als autonom betrachten können. Anders steht es in dem Fall, wenn äußere Instanzen die Umwelt für ein Individuum so gestalten, daß es faktisch keine Alternativen zum norm- und rollengemäßen Verhalten hat. Wenn die Norm besagt, „Du sollst nicht trinken“, und es ist schlichtweg kein Alkohol da, dann gibt es eben keine Alternative zum normgemäßen Verhalten. Die Wirksamkeit solcher Umweltstrukturierungen hängt erfahrungsgemäß von dem Geschick der strukturierenden Instanz ab, ihr handelndes Eingreifen zu kaschieren. Von daher rührt das häufige Bemühen der einen Seite, soziale Probleme als Sachprobleme hinzustellen, und das ebenso angestrengte Bemühen der anderen Seite, Sachzwänge als Manipulation der Herrschenden und als sozialen Konflikt zu „entlarven“. Denn während Menschen in erstaunlicher Weise bereit sind, „Schicksalsschläge“ zu ertragen, ohne zu murren, haben sie immer wieder eine Schwejksche Geschicklichkeit bewiesen, die Befriedigung persönlicher Bedürfnisse gegen soziale Zwänge durchzusetzen. Auf die Kontrolle durch Einschränkung von Handlungsalternativen verweist auch Homans (1950), wenn er meint, daß die Effektivität sozialer Kontrollen davon abhängt, welche sozialen und physischen Möglichkeiten die einzelnen haben, der Kontrollsituation zu entkommen.

In diesen Zusammenhang gehört die Erwähnung von zwei weiteren Begriffen, die von Thibaut und Kelley (1959) stammen:

“Vergleichsniveau“ und „Vergleichsniveau für Alternativen“. Für ihre Bekräftigungstheorie der Interaktion, die Interaktionen im wesentlichen auf die mit ihnen verbundenen Belohnungen und Kosten hin analysiert, brauchen sie einen Maßstab. An ihm wollen sie abschätzen können, ob eine Interaktion zufriedenstellend verlaufen wird oder nicht, ob die Ergebnisse, die man von der Interaktion erwartet oder die man vielleicht schon erfahren hat, auch im Hinblick auf eine länger dauernde Interaktionsbeziehung akzeptabel wären. Als ein solcher Maßstab dient ihnen einmal das „Vergleichsniveau“, Abschätzen der erhaltenen Belohnung gegen die Vorstellung von dem, was man an Belohnung zu verdienen glaubt. Nun kann man aber zehnmal der Meinung sein, man „verdiene“ eine Rektorenstelle; wenn keine Chancen bestehen, eine zu bekommen, wird man in sehr vielen Fällen auch eine Konrektorenstelle akzeptabel finden. Diesen Fall erfassen Thibaut und Kelley mit ihrem Begriff „Vergleichsniveau für Alternativen“. Es ist der Maßstab, den ein Interaktionspartner benutzt, um zu entscheiden, ob er die Beziehung aufrecht erhalten soll oder nicht. Ob sich also zwischen zwei Menschen eine dauerhafte Beziehung bildet, beruht nach dieser Theorie darauf, ob für beide die Ergebnisse der Interaktion so befriedigend sind, daß sie auch für beide über dem Punkt liegen, an dem andere Alternativen anziehender werden.

Zusammenfassend läßt sich feststellen, daß auch durch die Strukturierung der Umwelt, ob sie dem einzelnen nun bewußt ist oder nicht, norm- und rollengemäßes Verhalten erreicht werden kann. Der aktuelle Erkenntnisstand über die Zusammenhänge zwischen sozialen Normen, sozialen Rollen und Status findet sich zudem ausführlich dargestellt und diskutiert bei Biddle (1979).

Zusammenfassung

Normen und Rollen sind zentrale Regulationsfaktoren menschlichen Zusammenlebens. Normen sind die den Mitgliedern einer Gruppe, Gesellschaft oder Kultur gemeinsamen und von ihnen geteilten Erwartungen über angemessenes Verhalten in bestimmten Situationen. Rollen sind Erwartungen an den Inhaber einer bestimmten Position in einem sozialen Gefüge. Normen unterscheiden sich im Grad ihrer Externalität, also inwieweit sie von Individuen als von außen kommend und nicht als selbst geschaffen erlebt werden und im Grad ihres Zwangscharakters, also wie stark sie ein bestimmtes Denken und Verhalten erzwingen. Zu den normativ bestimmten Verhaltensbereichen gehören die Tabus mit einem hohen Zwangscharakter, die Konventionen mit einem mittleren und die Moden mit einem relativ niedrigen Grad an Zwang. Normen entstehen aus der Abstimmung über Verhaltensweisen in der Interaktion zwischen Personen. Es sind soziale Bestimmungsleistungen, die Gruppen und soziale Gemeinschaften konstituieren und deren Existenz nach innen und außen legitimieren.

Bei der Analyse von Rollen läßt sich unterscheiden zwischen einem objektiven Rollenaspekt, in dem sich die Forderungen der Umwelt an den Rollenträger dokumentieren und einem subjektiven Rollenaspekt, der sich in der persönlichen Interpretation der Rollenforderung niederschlägt. Zentrale Bestimmungsstücke des Rollenverhaltens sind individualpsychologische Faktoren, der Gestaltungsspielraum der Rolle und das Beziehungsgeflecht verschiedener Rollen zueinander. Rollenhandeln unterliegt der sozialen Kontrolle, die ausgeübt wird durch negative Sanktionen, positive Anreize, Einsicht in sachliche Notwendigkeiten und dem Begrenzen von Handlungsalternativen.

Fragen

1. Nach welchen Gesichtspunkten können die verschiedenen Arten von Normen klassifiziert werden, und was nützt eine solche Kategorisierung?

2. Welches Dilemma besteht zwischen der von Habermas formulierten vierten Regel für den Diskurs und dem unterschiedlichen Grad der normativen Kontrolle von Worten im Vergleich zu Taten?

3. Wie ist das Verhältnis von persönlichem Einfluß und normativer Kontrolle in sozialen Verbänden mit unterschiedlicher Größe?

4. Worin besteht der Unterschied in der Bedeutung für die Gesamtgesellschaft und für den einzelnen bei Rollen mit hohem bzw. niedrigem Verinnerlichungsgrad?

5. Durch welche Prozesse und Techniken wird die Einhaltung von norm- und rollengemäßem Verhalten kontrolliert? Wie wirksam sind die verschiedenen Kontrollen?

6. Welche Bedeutung kommt dem ‚Vergleichsniveau' und dem ‚Vergleichsniveau für Alternativen' bei der Beurteilung sozialer Interaktionsprozesse zu?

Weiterführende Literatur

Müller, G.F. & Müller-Andritzky, M. (1987). Norm, Rolle, Status. In D. Frey & S. Greif (Hrsg.), *Sozialpsychologie — Ein Handbuch in Schlüsselbegriffen* (2. erweiterte Auflage) (S. 250—254). München: Psychologie Verlags Union.

Opp, K.-D. (1983). *Die Entstehung sozialer Normen.* Tübingen: Mohr.

Stryker, S. & Statham, A. (1985). Symbolic interaction and role theory. In G. Lindzey & E. Aronson (Eds.), *The Handbook of Social Psychology,* Vol. I (pp. 311—378). New York: Random House.

Kapitel V

Soziales System, Gruppe und Gesellschaft

In Kapitel IV wurde dargestellt, daß auch durch die Strukturierung der Umwelt norm- und rollengemäßes Verhalten hervorgebracht werden kann. Nun wird zu klären sein, welche Art von Umwelt das Verhalten des Menschen vorrangig bestimmt.

Es sind im wesentlichen die sozialen Systeme ‚Gruppe' und ‚Gesellschaft', in denen sich das Individuum norm- und rollengemäß zu verhalten hat. Dabei darf Gruppe nicht ausschließlich als Klein- oder Primärgruppe verstanden werden, obwohl die Sozialpsychologie sich vorrangig mit der Umwelt der kleinen Gruppe befaßt hat (Witte, 1979). Wir sehen den Menschen als ein Gruppen-, nicht als ein Gesellschaftswesen und schreiben daher der Gruppe eine ausschlaggebende Bedeutung für die Formung des individuellen Verhaltens zu.

Weil aber die Gruppe in das größere Umfeld der Gesellschaft eingebettet ist, muß auch dieser Begriff besprochen werden. Dabei lassen sich beide Arten von Sozialgebilden, Gruppe ebenso wie Gesellschaft, als soziales System auffassen. Die Bestimmung des Begriffs ‚soziales System' und der Besonderheiten solcher Systeme steht deshalb am Anfang dieses Kapitels.

Der Begriff des sozialen Systems

Ein ‚System' ist zunächst einmal jede begriffliche, physikalische oder verhaltensmäßige Entität, die aus wechselseitig abhängigen Elementen besteht. Nach Luhmann (1971, S. 10) läßt sich ein System „als grenzerhaltende und bestanderhaltende Kombination von Prozessen untersuchen". Er vertritt die These, „daß Systeme der Reduktion von Komplexität dienen, und zwar durch Stabilisierung einer Innen/Außen-Differenz. Alles, was über Systeme ausgesagt wird — Differenzierung in Teile, Hierarchiebildung, Grenzerhaltung, Differenzierung von Struktur und Prozeß, selektive Umweltentwürfe usw. —, läßt sich ... funktional analysieren als Reduktio von Komplexität" (S. 11).

Gegenüber diesem generellen Systembegriff bedeutet der Begriff des sozialen Systems zumindest in zweierlei Hinsicht eine Einschränkung: (1) Soziale Systeme sind mit ‚Sinn' gefüllte Handlungssysteme und (2) soziale Systeme sind offene Systeme.

Soziale Systeme als sinnhafte Handlungssysteme

Die Vorstellung vom sozialen System als einem Handlungssystem ist am eindeutigsten mit dem Namen von Parsons verknüpft. Er schreibt (1951, S. 24): „... ein soziales System ist ein Modus der Organisation von Handlungselementen. Die Organisation bezieht sich auf das Überdauern oder den geordneten Wandlungsprozeß der Interaktionsmuster einer Vielzahl von Handelnden." ‚Handlung' aber wird von Parsons als etwas definiert, das man als ‚sinnhaft' bezeichnen kann.

„Handlung ist ein Prozeß innerhalb des Systems von Handelndem und Situation, der für den einzelnen Handelnden motivationale Bedeutung hat...Das heißt, daß die Richtung der korrespondierenden Handlungsprozesse für das Erreichen von Befriedigungen oder das Vermeiden von Deprivationen des Handelnden relevant ist...Nur insoweit die Beziehung des Handelnden zur Situation in diesem Sinn motivational bedeutsam ist, sprechen wir in dieser Arbeit von Handlung im strengen Sinne" (1951, S. 4).

Auch Luhmann versteht soziale Systeme als sinnhaft identifizierte Systeme, deren Grenzen nicht physischer Natur sind, sondern „Grenzen dessen, was in Sinnzusammenhängen relevant sein kann" (1971, S. 11/12). Während aber ‚Sinn' bei Parsons etwas ist, das eine Eigenschaft der Handlung darstellt, nämlich das Motiv, aus dem heraus wir etwas tun, sieht Luhmann ‚Sinn' als „eine bestimmte Strategie des selektiven Verhaltens unter den Bedingungen hoher Komplexität" (1971, S. 12). Nach seinen Worten unterscheidet er sich in diesem Punkt folgendermaßen von Parsons:

„Zwar hat Parsons den rein behavioristischen Standpunkt überwunden und definiert Handeln im Anschluß an Weber durch gemeinten Sinn. Aber der Sinnbegriff wird nicht weiter hinterfragt. Sinn wird wie eine Eigenschaft von Handlungen gesehen und nicht als Selektion aus einem Universum anderer Möglichkeiten" (1971, S. 13).

Mit der Vorstellung vom sozialen System als einem von Sinn erfüllten Handlungssystem verträgt sich auch die von Katz und Kahn (1966) besonders eindringlich vertretene Ansicht, daß soziale Systeme eine Struktur von Ereignissen darstellen und nicht von Dingen:

„Ein soziales System ist eher eine Struktur von Ereignissen oder Vorkommnissen als ein physikalisch faßbares Gebilde und besitzt deshalb außerhalb seiner Funktionalität keine Struktur. Physikalische oder biologische Systeme, wie etwa Automobile oder Organismen, besitzen eine anatomische Struktur, die auch dann vorhanden ist, wenn sie keine Funktionen ausüben... In diesem Sinne haben soziale Systeme keine anatomische Struktur... Wenn ein soziales System aufhört zu funktionieren, dann hat es auch keine identifizierbare Struktur mehr... Es gibt dann nichts Dauerhaftes und Beständiges mehr. Der Gebrauch physikalischer Modelle zum Verständnis sozialer Strukturen stellt den durchgängigsten, überdauerndsten und nutzlosesten Fehlschluß dar, der die Sozialwissenschaften belastet hat“ (S. 31).

Es ist also festzuhalten, daß soziale Systeme Ereignisse strukturieren, nicht Dinge. Erst so gewinnt der Begriff des sozialen Systems seine volle Dynamik, denn Dynamik erschöpft sich ja nicht im Aufweisen von Wechselwirkungen. Die können auch im Sinne von Ping-Pong-Spielen ganz mechanisch verstanden werden. Der uns wesentlicher erscheinende Unterschied zwischen Dynamik und Statik liegt in der Frage, ob man die Existenz einer Entität noch annehmen kann, wenn die in ihr ablaufenden Prozesse zum Erliegen gekommen sind. In diesem Sinne ist der menschliche Körper ein statisches Gebilde, der Mensch aber ein dynamisches, denn wenn die Prozesse zum Erliegen kommen, ist das Menschliche aus dem menschlichen Körper verschwunden.

Dies mag sehr einleuchtend und geradezu selbstverständlich klingen, ist es aber durchaus nicht, wie die soziale Praxis in vielen Beispielen zeigt. Man betrachte in diesem Zusammenhang nur einmal die in den letzten Jahren vollzogene Wandlung der juristischen Vorstellung über die Institution Ehe. Erst in jüngster Zeit hat sich auch in der Rechtssprechung durchgesetzt, daß die Auflösung der Ehe durch den Nachweis des Zusammenbruches der Partnerbeziehung begründet werden kann, so daß Scheidung dann lediglich die juristische Feststellung dieses Aufhörens der Beziehung ist. Einer solchen Vorstellung von der Ehe als einem Netzwerk von Beziehungen und sinnhaften Handlungen liegt ein völlig anderes Konzept zugrunde, als die Vorstellung von der Ehe als Vertrag oder als Sakrament.

Soziale Systeme als offene Systeme

Systeme kommen zumindest in zwei verschiedenen Ausprägungsformen vor, nämlich als geschlossene und als offene Systeme. Die Definition geschlossener physikalischer Modelle spezifiziert, daß in diesen Gegebenheiten die Tendenz zur Homogenität und zum Kräfteausgleich besteht und daß das Erreichen des Gleichgewichts das Ende aller Aktivitäten bedeutet. Mit anderen Worten, geschlossene Systeme folgen dem zweiten thermodynamischen Gesetz, das besagt, daß Energie einem Zustand der Entropie zustrebt, und d. h. der Gleichverteilung.

Eine solche Definition, so wurde bald erkannt, reicht für die Sozialwissenschaften nicht aus. ‚Entropie‘, Gleichverteilung der Energie, d. h. Aufhebung der Differenzierung, würde für soziale Systeme fast immer den Zusammenbruch bedeuten. Katz und Kahn (1966, S. 21/22) schreiben dazu:

„Um zu überleben, müssen offene Systeme den Prozeß der Entropie aufhalten; sie müssen negativ entrop werden. Der Prozeß der Entropie ist ein Naturgesetz, das besagt, daß alle Formen von Organisation sich auf Desorganisation oder Tod hinbewegen... Allerdings können offene Systeme dadurch, daß sie aus ihrer Umgebung mehr Energie aufnehmen als sie verbrauchen, Energie speichern und damit negative Entropie erwerben... In einem biologischen Organismus ist der Energienachschub qualitativ nicht so geregelt, daß die komplexe Struktur des lebenden Gewebes unbegrenzt erhalten werden kann. Soziale Systeme dagegen sind nicht in den gleichen physikalischen Konstanten verankert, wie biologische Organismen, und sind daher in der Lage, den Prozeß der Entropie fast unbegrenzt aufzuhalten.„

Die folgenden Aspekte sind demnach charakteristisch für offene Systeme: Sie müssen sowohl Energie als auch Information aus der Umwelt aufnehmen, um zu überdauern. Die Informationszufuhr ist nötig, um das Verhältnis zur Umwelt zu bestimmen. In ihrer einfachsten Form ist diese Information das negative Feedback, die Rückmeldung, die das System in die Lage versetzt, Kurskorrekturen vorzunehmen. Die entscheidende Bedeutung des negativen Feedback hebt Miller hervor (1955, S. 529):

„Wenn in einem System die negative Rückmeldung ausbleibt, verliert es sein Gleichgewicht, zur gleichen Zeit verwischen sich die Systemgrenzen, und das System hört auf zu funktionieren."

Diese Aufnahme von Informationen geschieht natürlich nicht ungesteuert und vorurteilsfrei, sondern selektiv, entsprechend dem jeweiligen Selbstverständnis des Systems.

Um aber Energie und Information aufnehmen zu „dürfen", wird von offenen Systemen fast immer erwartet, daß sie Produkte oder Leistungen an die Umgebung abgeben. Dazu bedarf es gewöhnlich eines Umsetzens, einer Transformation der aufgenommenen Energie. In anderen Worten, offene Systeme können ohne Arbeit nur in den allerseltensten Fällen überleben. Sie müssen der Umgebung, mit der sie verflochten sind, eine Leistung bieten, die die Umwelt veranlaßt, dem System Energie zur Verfügung zu stellen.

Der Begriff der Gruppe

Gruppe als Gebilde und als Prozeß

Im weitesten Sinne definieren Cartwright und Zander (1968) ‚Gruppe' als eine Ansammlung von Personen, die voneinander abhängig sind. Damit wird ‚Gruppe' zunächst einmal durch das Faktum der Interdependenz bestimmt. Die Vielfalt der Gruppenbegriffe kommt dadurch zustande, daß die Gruppen, die wir vorfinden, sich nach Art und Stärke dieser Interdependenz deutlich voneinander unterscheiden. Deshalb fassen auch die meisten Autoren den Gruppenbegriff enger als Cartwright und Zander.

Allgemein kann man unterscheiden zwischen Autoren, die den Begriff der ‚Interaktion‘ in den Vordergrund stellen, und Autoren, die den Begriff ‚Norm‘ besonders hervorheben. Diese sehen das Konstituierende einer Gruppe in den gemeinsamen und geteilten Erwartungen einer Anzahl von Personen. Eine Definition, die auf Interaktion besonderen Wert legt, ist z. B. die von Homans. Er definiert Gruppe folgendermaßen:

„Eine Gruppe ist definiert durch die Interaktion ihrer Teilnehmer. Wenn wir sagen, die Individuen A, B, C, D, E bilden eine Gruppe, so bedeutet das, daß zumindest die folgenden Umstände herrschen: Innerhalb eines gegebenen Zeitraums steht A häufiger mit B, C, D, E in Interaktion als mit M, N, L, O, P... Auf diese Weise ist es möglich, durch bloße Zählung von Interaktionen eine Gruppe herauszuarbeiten, die sich quantitativ von anderen Gruppen unterscheidet“ (1960, S. 102/103).

Newcomb bestimmt die Gruppe, indem er die Übereinstimmung in den Normen betont. Er schreibt:

„Die Definition von Gruppe, für die man sich entscheidet, hängt natürlich von dem Zweck ab, für den man sie braucht... Der Sozialpsychologe ist ... daran interessiert, wie die soziale Umgebung das Verhalten beeinflußt, d. h. wie Individuen sich gegenseitig beeinflussen. Von besonderem Interesse ist in diesem Zusammenhang die Wirkung der Normen, die das Individuum mit anderen teilt oder zu teilen glaubt. Für unsere Zwecke wollen wir daher eine Definition aufstellen, die diese Gesichtspunkte berücksichtigt“ (1959, S. 424/425).

Sicher würde auch Homans die Wichtigkeit der Normen für das Gruppengeschehen nicht leugnen, aber er würde mehr den Vorgang betonen, durch den sich Normen aus Interaktionen entwickeln. Auch hier wieder kann das dialektische Verhältnis nur gewaltsam und künstlich aufgebrochen werden. Um Normen zu entwickeln, muß man miteinander umgehen, aber um überhaupt miteinander umgehen zu können, braucht man bereits Normen. Für unser Verständnis von Gruppe sind beide Bestimmungsstücke gleich wichtig. Nur im konkreten Fall, unter einer bestimmten Fragestellung, ist es gerechtfertigt, den einen oder anderen Aspekt hervorzuheben. Abhängigkeit voneinander und Interdependenz stiften sowohl Normen als auch Interaktionen. Wir definieren daher Gruppe als ein Aggregat von Personen, die miteinander interagieren und gewisse Normen gemeinsam haben. Da eine Differenzierung der Rollen ein wesentliches Ergebnis des Interaktionsvorganges ist und da das Gefühl, zusammenzugehören, ein bedeutsames Ergebnis normativer Übereinstimmung ist, kann man auch kurz so definieren: Eine Gruppe ist ein Aggregat von Personen, das durch Rollendifferenzierung und Wir-Gefühl gekennzeichnet ist.

Nun wird auch vieles ‚Gruppe‘ genannt, was einerseits kaum Rollendifferenzierung und andererseits kaum Wir-Gefühl aufweist. Dennoch wird die Übereinstimmung groß sein, daß es sich bei dem angesprochenen Gebilde um eine Gruppe handelt. Das Problem liegt darin, daß die deskriptive Bedeutung des

Begriffs Gruppe und die analytische Bedeutung leicht vermischt werden. Es steht mit dem Begriff Gruppe ähnlich wie mit dem Begriff ‚Mensch'. Bei der Identifizierung von etwas als ‚Mensch' bzw. ‚Tier' wird man kaum Schwierigkeiten haben. Dagegen ist es ausgesprochen schwierig, wenn nicht unmöglich, eine analytische Kategorie zu finden, die alle Menschen von allen Tieren trennt. Auf Gruppen angewandt: Einerseits handelt es sich bei Gruppen um real vorfindbare und eindeutig benennbare soziale Gebilde, andererseits aber haben wir oben eine analytische Kategorie definiert. Die Bestimmungsstücke dieser Kategorie sind zwar an der Wirklichkeit von Gruppen abgelesen, aber die Kombination der Bestimmungsstücke, die für die Definition der analytischen Kategorie ‚Gruppe' unerläßlich schien, ist nicht auf alle konkret als Gruppen anzusprechenden Einheiten anzuwenden.

Ein anschauliches Beispiel für diese Definitionsprobleme gibt Sader (1976) anhand einer vergleichenden Betrachtung von drei unterschiedlichen Definitionen von Gruppe, beginnend mit einer recht anspruchslosen, weiten Definition und endend mit einer anspruchsvollen, engen Definition.

Lindgren (1969) definiert Gruppe, indem er darauf verweist, daß, wenn zwei oder mehrere Personen in irgendeiner Beziehung zueinander stehen, sie eine Gruppe bilden.

Olmsted (1959) meint, daß eine Gruppe definiert werden kann als eine Mehrheit von Individuen, die in Kontakt miteinander stehen, aufeinander reagieren und in wesentlichen Punkten Gemeinsamkeiten erleben.

McDavid und Harary (1968) gehen davon aus, daß eine sozialpsychologische Gruppe ein organisiertes System von zwei oder mehr Individuen darstellt, die so miteinander verbunden sind, daß in einem gewissen Grade gemeinsame Funktionen möglich sind, Rollenbeziehungen zwischen den Mitgliedern bestehen und Normen existieren, die das Verhalten der Gruppe und anderer Mitglieder regeln.

Die Unterschiede in diesen drei Definitionen erläutert Sader durch folgendes Beispiel:

„Wenn zwei einander Fremde nebeneinander die Straße entlanggehen, dann sind sie offenbar nach keiner dieser drei Definitionen eine Gruppe. Werden diese beiden Personen jedoch gemeinsam von einem dritten für eine Wohltätigkeitssammlung angesprochen, so sind sie nach Lindgren eine Gruppe, nach Olmsted und McDavid und Harary jedoch nicht. Bitten wir fünf Studenten, die einander unbekannt sind, gemeinsam zu einem sozialpsychologischen Experiment in einen Raum und verlesen eine Instruktion, so sind die fünf nach Lindgren und Olmsted eine Gruppe, nicht jedoch nach McDavid und Harary. Erst wenn die Teilnehmer eine Weile miteinander zu tun gehabt haben und sich Ansätze von Rollenspezifizierung bilden konnten und sie gemeinsame Normen entwickelten, dann erst würden die Autoren der drei Definitionen wieder miteinander übereinstimmen und von einer sozialpsychologischen Gruppe reden“ (1976, S. 34).

Ein Sozialgebilde schlichtweg als ‚Gruppe‘ zu bezeichnen, mag für den Alltagsgebrauch ausreichen. Im Rahmen der Sozialpsychologie sollte der Begriff ‚Gruppe‘ nur dann verwendet werden, wenn es sich um Sozialgebilde handelt, die Wir-Gefühl und Rollendifferenzierung aufweisen. Es ist auch hilfreich, ein treffendes Adjektiv hinzuzufügen, wie das in diesem Buch geschieht, mit Begriffen wie ‚integrierte‘ oder ‚effektive‘ Gruppe, um so die Art der gemeinten Gruppe genauer zu definieren. Je kleiner ein Sozialgebilde zahlenmäßig ist, desto bedeutsamer wird das Wir-Gefühl für das Leben der Gruppe im Verhältnis zur Bedeutung der Rollendifferenzierung. Zu beachten ist in diesem Zusammenhang, daß die Grenze zwischen ‚Gruppe‘ und ‚Organisation‘ fließend ist. Je größer ein Sozialgebilde, desto relativ bedeutsamer wird die Rollendifferenzierung für Bestand und Entwicklung der ‚Gruppe‘.

Entstehung von Gruppen und ihr Wert für den einzelnen

Man kann wohl drei Hauptgründe unterscheiden, die zur Entstehung von Gruppen führen: (1) Der bewußt geplante Zusammenschluß, um ein Ziel zu erreichen. (2) Die spontane Gruppenbildung, die keinen nach außen gerichteten Zweck verfolgt, sondern die den Kontakt selber als ausreichenden Grund für den Zusammenschluß hält. (3) Gruppen können durch äußere Einflüsse geschaffen werden, indem die Gesellschaft einigen Gliedern ein gemeinsames Schicksal gibt. Ein Beispiel dafür wären Rekruten bei der Bundeswehr oder Gefangene in der Zelle. Der Zwang hat sie zusammengeführt, aber jetzt müssen sie auf irgendeine Weise miteinander auskommen, wenn sie sich das Leben nicht unnütz schwer machen wollen.

Damit sich eine Gruppe bilden kann, müssen zwei Prozesse möglichst simultan ablaufen: (1) Die Mitglieder der Gruppe müssen gemeinsame Normen, Werte und Sympathien entwickeln, und sie müssen (2) ihre Funktionen in der Gruppe, d. h. ihre Rollen aufeinander abstimmen. Wenn diese beiden Aufgaben gemeistert werden, dann sprechen wir der Definition gemäß von einer Gruppe. Damit die Gruppe aber auch nach außen wirksam werden kann, sind noch zwei weitere Prozesse nötig: (3) Die Mitglieder müssen motiviert werden, für die Gruppe nach außen hin wirksam zu werden. Sie dürfen sich nicht nur in einer Art kollektiver Selbstbetrachtung ergehen. (4) Die konkrete Arbeit muß geleistet, das Ziel muß angestrebt werden, wenn es dazu kommen soll, daß die Gruppe nach außen wirksam wird.

Man kann den Prozeß der Gruppenbildung auch so sehen, daß Normierung und Rollendifferenzierung in zwei Richtungen laufen müssen, nach innen auf die Gruppe selbst bezogen und nach außen auf die Umwelt bezogen.

Wenn man sich fragt, was für den einzelnen dabei herausspringt, wenn er sich einer oder mehrerer Gruppen anschließt, kann man mindestens vier Funktionen aufzählen: (1) Die Gruppe bietet Schutz nach außen. (2) Die Gruppe gibt den Forderungen des einzelnen ein größeres Gewicht. Die Gruppe kann z. B. mehr Leute erreichen, als es ein einzelner könnte. Die Gruppe kann den Ideen eines einzelnen damit in einem weiteren Kreis Gehör verschaffen, und überhaupt können nur so größere Projekte, die sich der einzelne wünscht, unternommen werden. In diesen beiden Fällen potenziert die Gruppe die Handlungsmöglichkeiten des einzelnen Mitgliedes. (3) Die Gruppe gibt dem einzelnen durch die Anerkennung, die sie ihm gewährt, die zum Leben nötige Orientierung und Sicherheit, besonders in einer komplex strukturierten und noch wenig vertrauten Umwelt. (4) Die Gruppe kann ein Freiraum sein, der Lernmöglichkeiten und Entwicklungschancen bietet, um Sozialisationsdefizite und psychische Störungen aus früheren Lebensabschnitten auszugleichen.

Der Begriff der Gesellschaft

Gesellschaft als Totalität und als soziales System

Wir verstehen ‚Gesellschaft' nicht als ‚ökonomische Gesellschaftsformation', nicht als „die Gesamtheit der materiellen und ideologischen Verhältnisse der Menschen, die durch geschichtlich bestimmte Produktionsverhältnisse, die vom Entwicklungsstand der Produktivkräfte abhängen, determiniert sind" (Eichhorn u. a., 1969, S. 152). Diese Definition kann bestenfalls Diskussionsgrundlage einer Definition des ‚Sozialen' sein. Wir sind zwar der Meinung, daß: „Der historische Charakter der Gesellschaft als System bedingt, daß es keine Gesellschaft ‚überhaupt' gibt, sondern nur ‚konkret-historische Gesellschaftssysteme'" (Eichhorn u. a., 1969, S. 145), aber darüber hinaus gehen wir von der Behauptung aus, die uns noch keinesfalls widerlegt scheint, daß kein konkret gefaßter Gesellschaftsbegriff alle materiellen und ideologischen Verhältnisse des Menschen aus sich heraus zu erklären vermag.

Für uns ist ‚Gesellschaft' ein handlungsfähiges, d. h. mit menschlichen und materiellen Ressourcen ausgestattetes, soziales System, das die Lebenszeit der ihm zugehörenden Menschen überdauert und so organisiert ist, daß es alle zu seinem Bestehen wesentlichen Funktionen erfüllen kann. Im wesentlichen ist dies die Definition Parsons (1951). Unter der Einschränkung, der die Gültigkeit sozialwissenschaftlicher Begriffe generell unterliegt, scheint es uns gerechtfertigt, von der bundesdeutschen Industriegesellschaft als einem konkreten, empirisch abgrenzbaren Gesellschaftssystem im Sinne Parsons zu sprechen. Wir behaupten von diesem System, daß es keinesfalls alle materiellen und ideologischen Verhältnisse ‚determiniert'. Zwar sind die meisten materiellen und ideologischen Verhältnisse *sozial* geregelt, doch sind diese Regelungen keinesfalls ausschließlich über das konkret aufweisbare soziale System ‚Gesellschaft' determiniert, sondern zum Teil vom gesellschaftsumgreifenden kulturellen System beeinflußt. Sie liegen zudem teilweise im Ermessensspielraum von Substrukturen in der Gesellschaft, wie z. B. die Regelung der Ausbildung von Gruppentrainern oder die Kriterien für die Zugehörigkeit zu Glaubensgemeinschaften. Also sind ‚sozial' und ‚gesellschaftlich' nicht das gleiche, sondern gemäß diesem Denkansatz läuft nur ein Teil der sozialen Beeinflussung über die Kanäle des konkreten sozialen Systems ‚Gesellschaft'. Die Unterscheidung von ‚sozial' und ‚gesellschaftlich', von Gesellschaft als Totalität und Gesellschaft als einem sozialen System neben anderen ist deshalb so wichtig, weil davon auszugehen ist, daß ein grobkörniger Begriffsapparat auch zu groben Verallgemeinerungen und undifferenzierten Handlungsweisen führt. Die bundesdeutsche Industriegesellschaft kann aufgefaßt werden als ein soziales System unter dem Primat der Wirtschaft, das im Sinne von Max Weber (1922) weitgehend bürokratisch organisiert ist und seinem Selbstverständnis nach eine pluralistische Gesellschaft darstellt. Wenn im folgenden statt von ‚bundesdeutscher Industriegesellschaft' lediglich generell von ‚bürgerlicher Industriegesellschaft' gesprochen wird, soll damit ausgedrückt werden, daß der besprochene Sachverhalt auf alle Gesellschaften zutrifft, die unter dem Primat der Wirtschaft stehen, bürokratisch organisiert sind und sich als pluralistische Gesellschaften verstehen.

Auf das pluralistische Selbstverständnis soll noch näher eingegangen werden, weil der Begriff des Pluralismus für sozialpsychologische Überlegungen zum Verhältnis von Individuum, Gruppe und Gesellschaft überaus wichtig scheint.

Der Begriff der pluralistischen Gesellschaft

Bei der Besprechung dieses weitgehend mißverstandenen Begriffs lehnen wir uns eng an die Ausführungen von Wolff (1965) an. Danach hat die Theorie des Pluralismus eine beschreibende und eine vorschreibende Komponente. Als Beschreibung versucht die Theorie zu erklären, wie die bürgerliche Industriegesellschaft funktioniert. Als Vorschrift definiert diese Theorie einen Idealtyp unserer industriellen Gesellschaft, wie sie sein könnte und wie sie sein sollte. Wolff zeigt sehr deutlich, wie das Konzept des Pluralismus den Versuch darstellt, Werte des 19. Jahrhunderts, z. B. individuelle Freiheit, in die moderne Welt hinüberzuretten und Demokratie auch weiterhin möglich zu machen. Das Funktionieren der Demokratie setzte ursprünglich eine unmittelbare und allen einsichtige Beziehung zwischen dem einzelnen Bürger und der Regierung voraus. Das ist die alte Theorie der Demokratie, wie sie auch von den Griechen verstanden wurde. Jeder Bürger ging auf den Marktplatz und diskutierte, verhandelte und stimmte ab über Dinge, die sein Leben berührten. Die Wichtigkeit dessen, was verhandelt wurde, war allen einsichtig. Mit der Zunahme der Bevölkerung und der Vergrößerung sozialer Gebilde — keine Stadtstaaten mehr, sondern industrielle Großgesellschaften — ging jede Hoffnung auf eine

Bewahrung der Unmittelbarkeit und Plausibilität der Regierungsvorgänge verloren.

Es ist für einen Arbeiter, der zwanzig Jahre in einem Betrieb gearbeitet hat und weiß, daß sein Betrieb rentabel ist, nur schwer einzusehen, wieso die Sicherheit seines Arbeitsplatzes davon abhängt, daß der Betrieb von einem multinationalen Konzern aufgekauft worden ist. Oder wer durchschaut schon die komplizierten Zusammenhänge zwischen Energieversorgung und Wirtschaftswachstum? Als die unmittelbare Einsicht in wirtschaftliche und politische Zusammenhänge nicht mehr gegeben war, wurden politische und institutionelle Vorkehrungen nötig, wie z. B. die Form der repräsentativen Demokratie, Expertenanhörungen, Beratungsgremien, Meinungsbefragungen usw. Allein die Größe und die arbeitsteilige Organisation der heutigen Industriegesellschaft haben vielfach die Möglichkeiten eines direkten Einflusses des einzelnen auf die Regierungsvorgänge zerstört. Die vermittelnden bürokratischen Organisationen haben in einem solchen Maße überhandgenommen, daß es vielen Bürgern nicht mehr erträglich erscheint. Dieser Zustand hat zur Erprobung und zum Einsatz neuer Formen der direkten Beeinflussung politischer und wirtschaftlicher Entscheidungen durch einzelne oder Gruppen geführt, was sich heute z. B. in Bürgerinitiativen, spontanen Protestdemonstrationen und Formen des Widerstandes gegen Beeinflussung zeigt.

Das Modell der pluralistischen Gesellschaft stellt eine Antwort auf die Erkenntnis dar, daß Demokratie in der Industriegesellschaft auf anderen Organisationsformen beruhen muß als denen des griechischen Stadtstaates oder der bäuerlichen Gemeindeversammlung. In der pluralistischen Gesellschaft werden politische Entscheidungen dann demokratisch genannt werden können, wenn sie aus dem Austragen von Konflikten mehr oder weniger beständiger Groß-Gruppen erwachsen, die sich ihrerseits wiederum auf eine breite Basis von Klein-Gruppen stützen. Wenn auch der einzelne Bürger nicht mehr an den Regierungsentscheidungen direkt teilhaben kann, so wird jedoch über politisch aktive Vertreter allen relevanten Gruppierungen in einer Gesellschaft ein Einfluß eingeräumt. Heute betritt der einzelne die politische Bühne nicht als isolierte Kraft, sondern als Vertreter einer Gruppe, und umgekehrt verhandelt der einzelne nicht mehr mit dem Zentrum der Regierungsentscheidungen, sondern mit einer Zwischenebene bürokratischer Organisationen, die nach unten Forderungen der Staatsgewalt weiterleiten und nach oben die Stimmung und die Bedürfnisse der einzelnen melden.

Die pluralistische Gesellschaft ist also ein Komplex ineinandergreifender Gruppen, deren Mitglieder ihre Interessen auf dem Wege über private Vereinigungen verfolgen. Diese privaten Vereinigungen sind durch ein föderatives System wieder zu größeren Einheiten zusammengefaßt, und diese größeren Einheiten nehmen Einfluß auf die Entscheidungen des Parlaments und der Regierung und halten die Regierungsgewalt in Schach. Die einzelnen Bürger treffen dann gegenüber der Exekutive und auch untereinander lediglich als

Gruppenvertreter aufeinander. Sie treten sich in einer Rollenbeziehung und nicht als Einzelwesen entgegen.

Diese Form der pluralistischen Gesellschaft ist zugleich ein Modell für die Art, wie politische Gemeinschaft organisiert sein sollte, um in der gegenwärtigen gesellschaftlichen Lage dem einzelnen ein Mindestmaß an individueller Freiheit zu sichern. Wenn auch eine völlige individuelle Freiheit schon allein mit Rücksicht auf die Bedürfnisse des anderen und der Gruppe nicht möglich ist, so kann doch ein gewisses Maß an individueller Freiheit dadurch gesichert werden, daß möglichst viele und möglichst verschiedenartige Gruppen entstehen und arbeitsfähig erhalten werden, die zwar der Individualität des einzelnen nicht perfekt entsprechen, ihr aber doch besser Rechnung tragen als dies in einer undifferenzierten Massengesellschaft der Fall wäre. Vorbedingung ist allerdings, daß das Individuum die Möglichkeit hat, zwischen den Gruppen frei zu wählen und eine mehrfache Gruppenmitgliedschaft einzugehen. Nur so kann der einzelne möglichst viele Aspekte seiner Persönlichkeit entwickeln und seine Handlungsziele erreichen.

Zusammenfassung

Soziale Systeme sind offene und mit ‚Sinn' erfüllte Handlungssysteme, die Ereignisse strukturieren und im Gegensatz zu physikalischen und biologischen Systemen außerhalb ihrer Funktionalität keine Struktur besitzen.

Gruppe ist ein Aggregat von Personen, die miteinander interagieren und gewisse Normen gemeinsam haben, bzw. die durch Rollendifferenzierung und Wir-Gefühl gekennzeichnet sind. Dabei ist die Gruppe nicht so sehr als statisch-figurales Gebilde aufzufassen, sondern als ein Prozeß, der die verschiedenen interpersonalen Kommunikationsformen kennzeichnet.

Gruppen entstehen als bewußt geplante Zusammenschlüsse zur Erreichung eines Ziels, als spontaner Zusammenschluß zum Aufbau und zur Aktivierung interpersonaler Kontakte und durch äußere Einflüsse.

Gesellschaft ist ein handlungsfähiges, soziales System, das die Lebensdauer seiner Mitglieder übersteigt und alle zu seinem Bestehen wesentlichen Funktionen erfüllen kann.

Die Begriffe ‚sozial' und ‚gesellschaftlich' sind voneinander zu trennen, da Gesellschaft nicht als Totalität, sondern als ein soziales System aufzufassen ist, das neben den gesellschaftsumgreifenden kulturellen Systemen und den Substrukturen der Gesellschaft die materiellen und ideologischen Verhältnisse determiniert.

Die bundesdeutsche Industriegesellschaft ist ein unter dem Primat der Wirtschaft stehendes, bürokratisch organisiertes und seinem Selbstverständnis nach pluralistisches Gesellschaftssystem.

Eine pluralistische Gesellschaft ist ein Komplex ineinandergreifender Gruppen, deren Mitglieder ihre Interessen auf dem Wege über die Mitgliedschaft in frei gewählten Gruppen durchzusetzen versuchen.

Fragen

1. Worin unterscheiden sich soziale Systeme von physikalischen Systemen?
2. Warum reicht es nicht aus, ein Sozialgebilde einfach als ‚Gruppe' zu bezeichnen?
3. Was für einen Nutzen bieten Gruppen und Gesellschaften dem einzelnen Individuum?
4. Warum ist es sinnvoll, zwischen ‚sozial' und ‚gesellschaftlich' zu unterscheiden, und welche Bedeutung hat diese Unterscheidung für die Orientierung und das praktische Handeln in sozialen Systemen?
5. Welche Gefahren drohen der pluralistischen Gesellschaftsordnung in einer modernen Industriegesellschaft?

Weiterführende Literatur

Deaux, K. & Wrightsman, L.S. (1984). *Social psychology in the 80s;* Chapter 18. Social psychology & society. Monterey: Brooks/Cole.

Kinder, D.R. & Sears, D.O. (1985). Public opinion and political action. In G. Lindzey & E. Aronson (Eds.), *The Handbook of Social Psychology*, Vol. II (pp. 659—742). New York: Random House.

Sader, M. (1976). *Psychologie der Gruppe.* München: Juventa.

Kapitel VI

Soziale Motivation

Nachdem wir Gruppe und Gesellschaft als soziale Systeme kennengelernt haben, in denen soziales Handeln abläuft, stellen wir uns jetzt die Frage, wie diese Systeme die individuellen Grundlagen des Handelns beeinflussen. Warum nehmen Menschen Beziehungen zueinander auf? Warum schließen sich Menschen immer wieder zu Gruppen zusammen? Warum unterwerfen sie sich Normen und Regeln, die ihren individuellen Bewegungsspielraum einengen, nur um als Gruppenmitglied anerkannt zu werden? Was treibt Menschen dazu, anderen ihren Willen aufzuzwingen, sie zu schädigen oder ihnen uneigennützig zu helfen und in einer Notlage beizustehen? Wir haben es hier mit Aspekten der sozialen Motivation zu tun. Bei der Besprechung dieser Frage wird sich zeigen, daß die Motivation zum sozialen Handeln aus vielen Quellen gespeist wird, wobei aus dem Bedürfnis nach Kontakt und Anerkennung wesentliche Impulse zum sozialen Handeln entstehen. Wenn wir Verhaltensweisen beobachten, die auf Interaktion mit anderen Personen abzielen, wenn wir sehen, daß eine Person einer anderen Person hilft (Hilfehandeln), sie an der Erreichung ihrer Ziele zu hindern versucht (Aggression), ihr den eigenen Willen aufzwingen will (Machthandeln) oder wenn sie um Anerkennung, Ansehen und soziale Zugehörigkeit bemüht ist (Anschlußhandeln), dann haben wir es mit Prozessen der sozialen Motivation zu tun.

Theoretische Konzepte zur sozialen Motivation

Nach Allport (1954) sind es drei Hauptrichtungen des Denkens, die versucht haben, eine Antwort auf die Frage zu geben, wie die Befriedigung der eigenen Bedürfnisse und Wünsche mit den Ansprüchen der sozialen Umwelt in Einklang gebracht werden kann.

Die klassische Theorie des Egoismus

Die erste Antwort gibt die klassische Theorie des Egoismus, wie sie, von Epikur kommend, z. B. von Hobbes formuliert wurde. Danach dreht sich das menschliche Trachten von Natur aus um die eigenen Bedürfnisse, aber aufgrund der Lebensumstände wird der Mensch gezwungen, eine Autorität anzuerkennen, die seinen Egoismus im Zaum hält, ihn zur Kooperation zwingt und ihn dafür vor den Gefahren des Egoismus der anderen schützt.

Diese Anschauung zieht sich durch die gesamte klassische Theorie der Ökonomie, wie sie von Jeremy Bentham und Adam Smith geschaffen wurde. Großzügigkeit als Handlungsimpuls wird zwar nicht absolut geleugnet, aber es wird angenommen, daß hinter diesem Antrieb zur Großzügigkeit immer die Hoffnung auf eine angemessene Belohnung und auf Ausgleich steht.

In diesem Jahrhundert vertrat neben anderen insbesondere Freud einen ähnlichen Standpunkt, besonders in seiner späten Schrift *Das Unbehagen in der Kultur* (1930). Freud geht davon aus, daß die Menschen nach Glück streben, und das heißt, daß sie auf der einen Seite Schmerz vermeiden wollen und auf der anderen Seite starke Lustgefühle anstreben. Daß wir trotzdem so oft leiden müssen, erklärt er aus drei Ursachen: (a) Der Übermacht der Natur, (b) der Hinfälligkeit unseres Körpers und (c) der Unzulänglichkeit der Institutionen, mit denen die Menschen ihre Beziehungen zueinander zu regeln versuchen. Als Antwort auf diese Versagungen wird der Mensch oft krank, weil er das ihm auferlegte Maß an Versagung nicht ertragen kann. Die Gesellschaft verlangt zu viel von ihm. Wenn das aber so ist, dann erhebt sich die Frage, warum die Menschen fortfahren, in Gemeinschaften zu leben. Freud meint, weil der Selbsterhaltungstrieb uns dazu zwingt. Nach Freud ist die individuelle Freiheit kein Kulturgut. Sie war am größten in der Zeit vor jeder Kultur. Allerdings gibt Freud zu, daß diese vorkulturelle Art der Freiheit praktisch wertlos war, weil der einzelne nicht imstande war, sie zu verteidigen. Der Kulturmensch hat nach Freud für ein hohes Maß an Verzicht auf sexuelle und aggressive Triebbefriedigung ein Stück Sicherheit eingetauscht. Er wird aber bei jeder Gelegenheit versuchen, den Fesseln der Institutionen zu entkommen, um sich eben doch noch ein Stück der vorkulturellen Freiheit zu erhaschen. Diesem Ansatz zufolge sind Person und Gesellschaft also Gegensätze, und das Beste, das sich erreichen läßt, ist eine unsichere Allianz und ein Kompromiß.

Die Theorie der unbegrenzten Formbarkeit

Die zweite Ansicht geht davon aus, daß der Mensch zum Zeitpunkt der Geburt als unbegrenzt formbar gesehen wird, daß seine Motivation sich ebenso gut gruppenbezogen wie selbstbezogen entwickeln kann. Durch die Erziehung kann der Mensch dazu gebracht werden, daß ihm das Wohl der Gruppe vorgeht. Es ist nach dieser Ansicht genauso ‚natürlich', sich für das Wohl anderer Menschen einzusetzen wie für das eigene. Die soziale Isolierung des einzelnen, sein Streben nach persönlichem Gewinn und nach persönlicher Befriedigung ist aus dieser Sicht nur die Konsequenz der individuum- und wettbewerbsorientierten bürgerlichen Gesellschaft. Diese Anschauung ist immer noch ein wesentlicher Bestandteil des marxistischen Menschenbildes (vgl. Bauer, 1952), aber auch Skinner (vgl. 1948, 1971) würde dieser Ansicht weitgehend zustimmen.

Die Identifikationstheorie

Die dritte Anschauung ist die des späten John Stuart Mill. Der einzelne in seinem Suchen nach Bedürfnisbefriedigung kann sich mit den Mitgliedern einer Gruppe identifizieren und dann, wenn das geschehen ist, aus der Befriedigung der Bedürfnisse der Mitmenschen persönliche Befriedigung ziehen. Eine Ausarbeitung dieser Anschauung, die dann später auch Anleihen bei der Psychoanalyse gemacht hat, ist für das heutige Denken charakteristisch. Es ist die Anschauung, die man schon bei Lindzey & Aronson in der ersten Auflage ihres *Handbook of Social Psychology* (1954) nachlesen kann. Sie läßt sich ungefähr folgendermaßen beschreiben:

Das neugeborene Kind hat noch kein Selbst, es wird vom Lustprinzip beherrscht. Mit der Entwicklung des Selbst kommt es auch zur Identifikation mit anderen Personen, so daß das Leid anderer unser eigenes Leid wird. Wenn wir diese in der Tat schon sehr früh bestehende Sympathie für andere „egoistisch" nennen wollen, dann haben wir insofern recht, als auch diese Impulse der Sympathie und des Altruismus auf das eigene Selbst bezogen sind. Auf der anderen Seite erweitert sich im Entwicklungsprozeß unser Selbst aber dergestalt, daß es geliebte andere Menschen als Teil des Selbst einschließt. Die Motivationen eines derart erweiterten Selbst dann noch egoistisch zu nennen, hieße den Begriff des Egoismus derart zu verwässern, daß er bedeutungslos wird.

Motiv und Motivation

Die Begriffe ‚Motiv' und ‚Motivation' als hypothetische Konstrukte sind in der Motivationspsychologie ausgiebig diskutiert worden (Heckhausen, 1980). Eine gemeinsame Verständigung unter den Forschern zeichnet sich dahingehend ab, daß ‚Motiv' als Sammelbegriff für so unterschiedliche Bezeichnungen verwandt werden kann wie Interesse, Bedürfnis, Beweggrund zum Handeln, Trieb, Strebung, Neigung u. ä.. Motive sind durch Lernprozesse erworbene, hoch generalisierte Wertungsdispositionen zur Ausführung bestimmter Klassen von Handlungen. Mit dem Begriff ‚Motiv' werden wertgeladene Zielzustände bezeichnet, die zwar noch nicht erreicht sind, aber angestrebt werden. Deshalb beinhaltet der Motivbegriff eine dynamische Richtungskomponente.

Mit dem Begriff ‚Motivation' wird das Zusammentreffen von Motiv und solchen situativen Anregungsbedingungen bezeichnet, die eine Zielerreichung erfolgreich erscheinen lassen. Unter Motivation ist ein Prozeß zu verstehen, in dem zwischen verschiedenen Handlungsmöglichkeiten ausgewählt wird, in dem sich eine Handlungssteuerung vollzieht, die auf das Erreichen motivspezifischer Zielzustände gerichtet ist, und in dem alle dazu erforderlichen Teilhandlungen aktiviert werden. Allgemein kann man sagen, daß mit Motivation die motivgesteuerte Zielgerichtetheit des Handelns in einer konkreten Person-Umwelt-Situation bezeichnet wird.

Für den Begriff von sozialer Motivation ist entscheidend, daß der Gegenstand des Nachdenkens und des Forschens die Beweggründe des Handelns sind, die auf soziale Objekte (z. B. Personen) gerichtet sind, und die soziale Erfahrungen aktivieren (wie z. B. soziale Nähe oder Ablehnung). Auf andere Personen gerichtete Handlungen haben für den Handelnden Folgen, und diese Folgen besitzen für ihn Anreizwerte von bestimmter Qualität und Stärke. Was zum sozialen Handeln motiviert, sind eben diese Anreizwerte der vorweggenommenen sozialen Folgen des erwarteten bzw. antizipierten Handlungsergebnisses. Handlungen und die mit ihnen erzielten Ergebnisse sind Mittel, um vorweggenommene Folgen des sozialen Handelns auszukosten oder zu meiden, je nachdem, ob die erwarteten Folgen eher positive (Anerkennung) oder negative (Bedrohung) Anreizwerte für den Handelnden haben.

Aus der Forschung zur sozialen Motivation liegen bisher recht umfangreiche Untersuchungen über vier Inhaltsklassen sozialer Handlungsziele vor. Es sind dies Untersuchungen über pro- und antisoziale Motive wie Hilfeleistung und Aggression, die durch bestimmte situative Anreizbedingungen angeregt werden, und über soziale Motive wie Anschluß und Macht, die demgegenüber eher als Persönlichkeitsdispositionen theoretisch konzipiert und diagnostisch zu erfassen versucht werden.

Auf die besonderen Schwierigkeiten bei der Untersuchung sozialer Motive verweist Heckhausen (1980): „Die angestrebten Handlungsziele lassen sich nur in der Interaktion mit anderen Menschen verwirklichen. Interaktion heißt Abfolge eines gegenseitigen Handelns, das zwischen den Handlungspartnern hin und her geht. Da die motivationspsychologische Analyse — Einheit eine molare Handlung des Individuums ist, wird das Geschehen aus der Perspektive eines der beteiligten Interaktionspartner betrachtet. Damit bestehen die situativen Bedingungen im wesentlichen aus den Handlungen des Gegenübers, des anderen Partners. Diese aber sind nicht wie etwa die Aufgabensituation beim Leistungshandeln im Handlungsablauf gleichbleibend, sondern ziemlich variabel, eben, weil der Handlungspartner selbst teils agiert, teils reagiert. Deshalb wird die Motivationsanalyse komplexer, der Methodenansatz aufwendiger. Die Analyse muß letztlich auch die Motivstruktur, die Handlungen und Kognitionen des Handlungspartners einbeziehen“ (S. 279).

Das Hilfemotiv

Prosozial motiviertes Verhalten, also Hilfehandeln, liegt dann vor, wenn zu erkennen ist, daß der Handelnde einem anderen aus Schwierigkeiten heraushilft und in Notlagen beisteht, ohne damit rechnen zu können, daß er für die aufgewandten Kosten adäquat entschädigt oder belohnt wird. Diese Art des selbstlosen, ausschließlich auf das Wohl des anderen Menschen gerichteten Verhaltens wird auch als altruistisches Verhalten bezeichnet. Damit muß zunächst offenbleiben, ob es altruistisches Verhalten im engeren Sinne überhaupt geben kann, da nicht auszuschließen ist, daß auch bei einem völlig ‚selbstlosen' Einsatz für einen Hilfsbedürftigen seitens des Helfers die Befriedigung eigener Bedürfnisse mit intendiert ist. Dies kann schon darin bestehen, durch die Hilfeleistung der sozialen Norm „Hilf dem Notleidenden!" zu entsprechen, um sich auf diese Weise selbst als hilfreichen Menschen bewerten zu können (Selbstbekräftigung) und von anderen soziale Anerkennung zu erhalten. Die Forschungen zum Hilfehandeln haben sich darauf konzentriert herauszufinden, was einen Menschen bewegt, treibt, zwingt, also motiviert, einem anderen Menschen zu helfen, aus einer aktuellen Notlage herauszukommen oder ihm zu helfen, eine dauerhafte Beeinträchtigung seiner Lebensbedingungen zu meistern. Zudem hat sich die Forschung mit der Frage beschäftigt, unter welchen Umständen und aus welchen Gründen gebotene Hilfeleistung verweigert wird.

Angeregt wurden viele experimentelle Untersuchungen zum Hilfehandeln durch den Mordfall an Kitty Genovese, über den 1964 in den New Yorker Zeitungen berichtet wurde. In einem ruhigen, gut bürgerlichen Vorort von New York wurde im Frühjahr 1964 frühmorgens auf offener Straße Kitty Genovese überfallen und durch Messerstiche ermordet. Das Verbrechen zog sich insgesamt über eine halbe Stunde hin, und nachweislich wurde es von 38 Anwohnern beobachtet bzw. die Schreie und Hilferufe der jungen Frau wurden registriert. Nicht ein einziger Anwohner griff ein, leistete Hilfe oder verständigte auch nur die Polizei. Vielmehr beobachteten viele Anwohner das Geschehen mit Anteilnahme und Interesse.

Die Spekulationen über die Ursachen für die unterlassene Hilfeleistung reichten von Überlegungen über das Verhalten des Individuums in der anonymen Masse der Großstadtbevölkerung bis hin zur Brutalität des Menschen in der modernen Industriegesellschaft.

Darley und Latané (1968) ließen sich von diesem Vorfall zu einer Reihe von Experimenten anregen, mit denen sie hofften, den Ursachen für die unterlassene Hilfeleistung auf die Spur zu kommen. Sie gingen von der Hypothese aus, daß die beobachtenden Personen zwar grundsätzlich zur Hilfe bereit gewesen wären, jedoch die gegebenen situativen Bedingungen und die zu erwartenden Konsequenzen sie hinderten, dem Mordopfer zu Hilfe zu kommen. Sie vermuteten, daß gerade wegen der großen Zahl von Zeugen, die den Mord verfolgten, die Hilfeleistung unterblieb, da jeder einzelne hoffte, die anderen würden helfen. Die daraus entwickelte allgemeine Hypothese lautet, daß in einer Notsituation mit wachsender Zahl potentieller Helfer die Hilfsbereitschaft abnimmt, da der einzelne die Möglichkeiten hat, die Verantwortung auf andere abzuwälzen. Es findet eine Verantwortungsdiffusion statt, die den einzelnen aus der Verantwortungspflicht entbindet.

Das von Darley und Latané durchgeführte Experiment fand mit Studenten statt, die zu einer Diskussion eingeladen wurden, wobei jeder Teilnehmer einzeln in einen kleinen Raum geführt wurde. Die Diskussion erfolgte über Kopfhörer und Mikrophon. Schon bald nach Beginn der Diskussionsrunde wurden die Studenten über ihren Kopfhörer Zeugen eines simulierten epileptischen Anfalls von einem der Teilnehmer. Die Studenten hörten den „Kranken“ stöhnen, stottern und um Hilfe rufen, bis er schließlich verstummte. Die unabhängige Variable in diesem Experiment bestand in der Variation der Anzahl von Studenten, die Zeugen des epileptischen Anfalls waren. Als abhängige Variable wurde registriert, wie viele Studenten aus dem Raum liefen, um dem Kommilitonen zu helfen oder wie viele den Versuchsleiter informierten und wie schnell diese Hilfeleistung erfolgte. Das Resultat zeigte, daß alle Studenten zu Hilfe eilten, wenn sie annahmen, daß sie als einzige den Notfall bemerkten. In der 6-Personen-Gruppe sank die Zahl der hilfsbereiten Studenten auf 32% ab. In 2-er Gruppen halfen die Studenten am schnellsten, in der 3-er Gruppe mittelmäßig schnell und in der 6-er Gruppe am langsamsten. Sie benötigte die längste Zeit, bis einer der Studenten zur Hilfeleistung ansetzte. Persönlichkeitsfaktoren als intervenierende Variablen konnten ausgeschlossen werden, da sich keine nennenswerten Korrelationen zwischen Persönlichkeitstestwerten und erfolgter und unterlassener Hilfeleistung bzw. der Schnelligkeit, mit der die Hilfeleistung erfolgte, zeigten. Die Gruppengröße erwies sich als der einzige verhaltensdeterminierende Faktor.

Im Verlauf weiterer Untersuchungen zum Hilfehandeln wurde eine Fülle von Einflußfaktoren ermittelt, die sich fördernd bzw. hemmend auf die Aktivierung des Hilfemotivs auswirken. Von zentraler Bedeutung für die Initiierung von Hilfehandlungen ist z. B. die Art der Notsituation und die Eindeutigkeit, mit der eine gegebene Situation für den potentiellen Helfer als Notsituation wahrgenommen werden kann. Die Umgebungsbedingungen, sozialer und nicht-sozialer Art, in denen der Notfall stattfindet, äußere Merkmale des Hilfsbedürftigen und die subjektive Interpretation des Helfers bezüglich der Entstehungsursachen für die Notsituation sind weitere wichtige Determinanten. Gegenstand der Forschung sind weiterhin die kognitiven und emotionalen Bedingungen der Hilfeleistung, die Empfindungen und Überlegungen bei ausgeführter oder unterlassener Hilfeleistung, die Interaktionsbeziehungen zwischen Hilfsbedürftigem und Helfer und schließlich die kognitiven und emotionalen Reaktionen nach Beendigung der Hilfehandlung auf Seiten des Helfers und des Hilfsbedürftigen.

In einem von Platzköster (1983) entwickelten und auf dem Motivationsmodell von Heckhausen (1980) aufbauendem handlungstheoretischen Motivationsmodell wird zwischen Theorien mit extrinsischer und intrinsischer Motivationsannahme unterschieden. Ein extrinsisches Motivationskonzept liegt dann vor, wenn die Motivation zur Hilfehandlung unabhängig von den Folgen der Handlung für den Hilfeempfänger betrachtet wird. Wird die Motivation demgegenüber in Abhängigkeit von den Konsequenzen der Hilfehandlung für den Notleidenden konzipiert, ist also die Hilfe für den Notleidenden das eigentliche Ziel des Handelnden, so handelt es sich um ein intrinsisches Motivationskonzept.

Unterscheiden lassen sich vier Theorieansätze mit extrinsischer und zwei mit intrinsischer Motivationsannahme.

Konzepte mit extrinsischer Motivationsannahme

1. Lerntheoretische Ansätze betrachten das Hilfehandeln stets in Verbindung mit einer positiven Bekräftigungsbilanz für den Helfenden. Hilfreiches Verhalten ist motiviert durch die Erwartung einer Belohnung.

2. Konzepte, die von der Selbstbekräftigung als Motivationsbedingung ausgehen, nehmen an, daß der Mechanismus der positiven Selbstbewertung auf einer Stimmungsverbesserung durch hilfreiches Verhalten beruht. Die Wahrnehmung einer geschädigten Person ruft demnach beim Beobachter negative Gefühle hervor. Personen, die sich unwohl fühlen, streben danach, einen besseren Gefühlszustand zu erreichen. Dieser verbesserte Gefühlszustand wird durch hilfreiches Verhalten hergestellt. Nach diesem Konzept müßten negative Stimmungen hilfreiches Verhalten motivieren. Wenn jedoch negative Stimmungen bereits durch andere soziale Bekräftigungen in positive Stimmungen umgewandelt wurden, sollte keine Erhöhung der Hilfsbereitschaft eintreten. Die dazu vorliegenden experimentellen Befunde sind allerdings recht widersprüchlich (Thompson, Cowan & Rosenhan, 1980).

3. Nach dem Kosten-Nutzen-Konzept wird Hilfeleistung dann erfolgen, wenn die Kosten-Nutzen-Bilanz für den Helfer günstig ist, und sie wird unterbleiben, wenn die zu erwartenden Kosten den erhofften Nutzen übersteigen (Latane & Darley, 1970). Dabei sind Aufwendungen an Zeit, Geld, der Einsatz von Ressourcen und unkalkulierbare Risiken als Kosten zu betrachten, und Dankbarkeit, soziale Anerkennung, das Gefühl der Macht und das Gefühl sozialen Normen gerecht zu werden, gehen als Nutzen in die Bilanzierung mit ein.

4. Nach dem Konzept der persönlichen Normen wird Hilfehandeln damit begründet, daß allgemeine gesellschaftliche Normen vom Individuum internalisiert und dadurch zu persönlichen Normen werden, die das Verhalten steuern. Für das Hilfehandeln sind die Norm der sozialen Verantwortlichkeit und die Norm der Gegenseitigkeit maßgeblich. Entsprechend der Norm der sozialen Verantwortlichkeit wird immer dann eine Hilfeleistung gefordert, wenn der Hilfsbedürftige vom potentiellen Helfer abhängig ist und damit eine Verantwortungsbeziehung besteht. Die Norm der Gegenseitigkeit als allgemeines Prinzip sozialer Interaktionen fordert, daß man demjenigen helfen wird, der einem selbst schon einmal geholfen hat. Demnach müßte der Empfänger einer Hilfeleistung um so mehr zum gegenseitigen Hilfehandeln motiviert sein, je situationsangemessener und prompter die erhaltene Hilfeleistung erfolgte, je dienlicher die Absichten des Helfers erschienen und je größer der Aufwand des Helfers eingeschätzt wird (Pruitt, 1968).

Konzepte mit intrinsischer Motivationsannahme

1. Das entscheidungstheoretische Modell altruistischen Verhaltens von Schwartz (1977) nimmt an, daß Normen und Werte in einer kognitiven Struktur des Individuums verankert sind. Durch die Wahrnehmung einer Notlage wird diese Struktur so aktiviert, daß moralische Verpflichtungsgefühle beim Beobachter entstehen, die mit Erwartungen bezüglich der Folgen geleisteter oder unterlassener Hilfehandlungen für den Hilfsbedürftigen verbunden sind. Antizipierte oder tatsächliche Erfüllung der Erwartung führt zu positiver und Nicht-Erfüllung zu negativer Selbstbewertung. Der Gesamtkomplex der Hilfehandlung vollzieht sich nach diesem Modell in drei Phasen von Entscheidungsschritten:

(1) Der Aktivierungsschritt, in dem die Notsituation und persönliche Verantwortung erfaßt wird.

(2) Der Verpflichtungsschritt, in dem die persönlichen und sozialen Normen aktiviert werden und dadurch moralische Verpflichtungsgefühle entstehen.

(3) Abwehrschritte, in denen potentielle Folgen der verschiedenen Handlungsmöglichkeiten eingeschätzt und hinsichtlich der persönlichen Standards bewertet werden. Individuelle Unterschiede in der Hilfsbereitschaft ergeben sich demnach aus der individuell unterschiedlichen Stärke der persönlichen Norm, die sich im Verpflichtungsgefühl niederschlägt, aus individuell unterschiedlichen Bewertungen der Folgen eigenen Verhaltens und schließlich aus einer unterschiedlichen Bereitschaft, Verantwortung zu übernehmen bzw. abzulehnen.

2. Nach dem Empathie-Modell (Krebs, 1975) kommt Hilfehandeln dadurch zustande, daß der potentielle Helfer sich in den Hilfsbedürftigen hineinversetzt und antizipiert, wie durch eigene Hilfe der Zustand des Hilfsbedürftigen verbessert werden kann. Einfühlung in die Situation des Hilfsbedürftigen und die damit verbundene Antizipation einer für den Hilfsbedürftigen positiv verlaufenden Situationsveränderung bewirkt eine Art vorweggenommener Bekräftigung, die das Hilfehandeln motiviert. Nach Coke, Batson & McDavis (1978) vollzieht sich der empathische Prozeß in zwei Stufen: die Rollenübernahme ruft empathische Reaktionen hervor, und die emotionalen Reaktionen steigern die Bereitschaft, die Not des anderen zu mildern. Untersuchungen haben allerdings gezeigt, daß der Empathie-Effekt nur dann einen merklichen Einfluß auf die Hilfehandlung hat, wenn die interagierenden Personen einander ähnlich sind oder ein und derselben Binnengruppe angehören (Bierhoff, 1980; Aderman, Brehm & Katz, 1974).

Nach dem handlungstheoretischen Motivationsmodell hilfreichen Verhaltens von Platzköster (1983) vollzieht sich das Hilfehandeln in einem Vier-Phasen-Ablauf:

(1) Die Situationserfassung umfaßt die Wahrnehmung, Strukturierung und Interpretation der Situation, ihre emotional-kognitive Bewertung, die Beurtei-

lung motivationsspezifischer Anforderungsgehalte und das Erkennen von Handlungsmöglichkeiten. Sie vollzieht sich auf dem Hintergrund von Fähigkeiten, Lernerfahrungen und der aktuellen Motivhierarchie. Im Handlungsprozeß führt die Situationserfassung zur Zielbildung, hilft bei der Planung und Steuerung der Handlungsausführung und wird selbst durch diese wieder beeinflußt.

(2) Die Zielbildung ergibt sich aus dem Vergleich der aktuellen Motivhierarchie mit den wahrgenommenen Anforderungsgehalten der Situation. Damit entwirft der Handelnde eine situationsbezogene Soll-Lage und nimmt den aktuellen Unterschied zur Ist-Lage-Befindlichkeit wahr. Die Aktivitäten richten sich auf die Überwindung der Soll-Lage/Ist-Lage-Diskrepanz.

(3) In der Planungs- und Entscheidungsphase werden, entsprechend der Zielhierarchie, Handlungspläne ausgearbeitet, die hinsichtlich ihrer Verwirklichungsmöglichkeiten, ihrer sozialen Angemessenheit, ihrer Erfolgschancen und des damit verbundenen Aufwandes beurteilt werden. Auf der Basis dieser Handlungspläne kann es zu einer neuen Festlegung von Handlungszielen kommen. Der potentielle Helfer entscheidet sich für die Hilfehandlung, die ihm in der gegebenen Situation am angemessensten und erfolgversprechendsten erscheint, und folgt damit dem Prinzip der subjektiven Zweckrationalität.

(4) Das eigentliche Hilfehandeln beginnt mit dem Entschluß zur Handlungsausführung.

Ein Überblick über die bisherigen Forschungen zum Hilfehandeln zeigt, daß die vorliegenden Konzepte lediglich einzelne Faktoren des komplexen Motivationsgeschehens erklären können. Das handlungstheoretische Modell von Platzköster beschreibt zwar das Zusammenwirken verschiedener kognitiver und emotionaler Motivationsbedingungen, es ist jedoch eher als heuristisches Modell aufzufassen und noch weit davon entfernt, zuverlässige Verhaltensprognosen zu erlauben. Das entscheidungstheoretische Modell von Schwartz verdient vor allem deshalb Beachtung, weil es Ansätze zur empirischen Überprüfung und Messung eines Motivs zum Hilfehandeln liefert.

Aus sozialpsychologischer Sicht kommt den beschriebenen Modellen schon deshalb nur eine begrenzte Aussagekraft zu, weil in ihnen das Hilfehandeln als Interaktionsprozeß zwischen Helfer und Hilfsbedürftigem zu wenig berücksichtigt wird. In der Theorie und in der empirischen Forschung ist der Notleidende zu einseitig in der Rolle des passiven Objekts der Hilfehandlung betrachtet worden. In vielen feldexperimentellen Untersuchungen (Bierhoff, 1980) hat sich gezeigt, daß der Hilfsbedürftige durch sein eigenes Verhalten die Auslösung, den Ablauf und die Folgen der Hilfeleistung mitbestimmt. So ist z. B. die Wahrnehmung der Situation als Notlage, die Erkennbarkeit und Interpretation der Ursachen für die Notlage, die Rollenverteilung und Rollendefinition zwischen Helfer und Hilfsbedürftigem sowie die nach Abschluß der Hilfehandlung bei allen beteiligten Personen erfolgende kognitiv-emotionale Bewertung und Verarbeitung des Geschehens wesentlich vom Verhalten des

Hilfsbedürftigen und seinen Reaktionen auf die erfolgte Hilfeleistung abhängig.

Das Aggressionsmotiv

Das Aggressionsmotiv stellt den Gegenpol zum Hilfemotiv dar. Als Aggression bezeichnet man eine Handlung dann, wenn sie gegen eine zweite Person gerichtet ist mit der Konsequenz, für den Betroffenen unangenehm oder schädigend zu sein, und wenn diese Schädigung vom Handelnden intendiert ist. Damit wird Aggression nicht als trieb- oder instinktgesteuertes Verhalten interpretiert, sondern als eine spezifische Form sozialer Interaktion, als soziales Handeln. Diese Auffassung von Aggression hat nach Hinde (1979) weitreichende Folgen. So muß bei einer Analyse von Aggression als soziale Interaktionen von beiden Partnern ausgegangen werden, wobei die zwischen ihnen bestehenden Wechselbeziehungen besonderer Beachtung bedürfen. Die bei einer aggressiven Handlung zwischen Täter und Opfer ablaufenden Interaktion sind für beide Partner mit Bedeutungen verbunden, die übereinstimmen oder nicht übereinstimmen können. Zudem findet die Aggression immer in einem bestimmten sozialen Kontext statt (z. B. während eines Fußballspiels oder bei einem Streit von Hausbewohnern). Diese Kontextbedingungen beeinflussen den Verlauf und die Bewertung der Intention und des Resultats der aggressiven Handlung.

Für die Psychologie waren weder die psychoanalytische Erklärung der Aggression als instinktgesteuertes Verhalten (Freud, 1930) noch die auf angeborene Triebpotentiale aufbauende Erklärung der Ethologie (Lorenz, 1963; Eibl-Eibesfeld, 1977) und Soziobiologie befriedigende Antworten auf die Fragen nach den Ursachen, Konsequenzen und Bedingungsfaktoren aggressiven Verhaltens. Die sozialpsychologischen Untersuchungen zeigten immer deutlicher, daß nicht so sehr angeborene, sondern erlernte und von sozialen Normen und Regeln beeinflußte Wahrnehmungs-, Bewertungs- und Verhaltensmuster den Verlauf aggressiver Handlungen bestimmen.

Von den Sozialpsychologen weitgehend akzeptiert ist die Vorstellung, daß aggressives Verhalten auf ein generelles Motiv zur physischen und psychischen Schädigung einer anderen Person zurückzuführen ist, das sowohl angeborene wie erlernte Komponenten beinhalten kann. In der Sozialpsychologie haben zweifellos die Frustrations-Aggressions-Hypothese (Dollard u. a., 1939) und die Theorie des sozialen Lernens (Bandura, 1973) die größte Bedeutung zur Erklärung aggressiven Verhaltens.

Frustrations-Aggressions-Hypothese

Die Frustrations-Aggressions-Hypothese geht davon aus, daß Aggression nur dann auftritt, wenn eine Frustration vorangegangen ist. Zwar führt eine Frustration nicht zwangsläufig zu einer Aggression, da auch andere als aggressive Verhaltensweisen die Folge frustrierender Erlebnisse sein können, doch ist eine vorausgehende Frustration die Bedingung für das Auftreten aggressiver Verhaltensweisen. Unter Frustration verstehen Dollard u. a. einen innerpsychischen Erlebniszustand, der mit einer Aktivierung psychischer Energien verbunden ist, die immer dann entstehen, wenn eine eigene Zielhandlung gestört wird und eine mit der Zielerreichung gleichzeitig zu gewinnende Bedürfnisbefriedigung verhindert wurde.

Die enge Verschränkung von Frustration und Aggression führte zur Annahme, daß Frustration unvermeidlich, gleichsam instinkthaft eine Aggression zur Folge haben müßte. Dieser Auffassung wurde insbesondere von Bandura und Walters (1963) und Berkowitz (1969) mit dem Argument widersprochen, daß Menschen lernen können, ihre aggressiven Reaktionen zu unterdrücken bzw. auf Frustrationen anders als unbedingt mit Aggression zu reagieren. Die Frustrations-Aggressions-Hypothese hat eine Fülle experimenteller Untersuchungen sowohl humanpsychologischer wie tierpsychologischer Art hervorgebracht, die zu einer Revision der ursprünglichen Frustrations-Aggressions-Hypothese führten. So ist nach Berkowitz (1965) anzunehmen, daß Frustration lediglich eine Bereitschaft zum aggressiven Handeln im Sinne einer intervenierenden Variablen erzeugt. Eine solche Aggressionsbereitschaft kann allerdings auch durch bereits erworbene aggressive Verhaltensgewohnheiten ausgelöst werden.

Die vorliegenden Forschungen lassen insgesamt den Schluß zu, daß, obwohl Frustration und Aggression oft eng miteinander verbunden sind, die Frustration nicht immer zur Aggression führt, oder daß die Frustration zwar keineswegs die alleinige, wohl aber eine mögliche Ursache für Aggression ist. So haben sich beispielsweise bestimmte Umweltgegebenheiten und Hinweisreize, z. B. die aufgeladene Stimmung in einem Stadium nach einem spannenden und wichtigen Fußballspiel, als wichtige aggressionsauslösende bzw. die Hemmschwelle für aggressives Verhalten reduzierende Komponenten erwiesen. Insgesamt hat die Entwicklung und Überprüfung der Frustrations-Aggressions-Hypothese gezeigt, von welch großer Bedeutung die enge Verschränkung innerpsychischer Antriebskomponenten und äußerer situativer Anregungsbedingungen bei der Erklärung aggressiven Verhaltens ist.

Theorie des sozialen Lernens

Die Theorie des sozialen Lernens, wie sie vornehmlich von Bandura (1973) entwickelt und auch bei der Erklärung aggressiven Verhaltens angewandt wurde, geht davon aus, daß durch die Beobachtung und das Nachahmen von Vorbildern aggressive Verhaltensakte nicht nur gelernt werden, sondern auch unterstützt und aktiviert werden. Wenn ein Kind z. B. aggressive Handlungen bei Erwachsenen beobachtet und dabei entdeckt, daß dieses Verhalten keine negativen, sondern eher positive Folgen für den Handelnden hat, dann wird es zukünftig bestrebt sein, ähnliche aggressive Verhaltensweisen auszuführen, um die zu erwartenden positiven Verhaltenskonsequenzen zu genießen. Diese erstrebenswerten Konsequenzen können durch andere Personen gegeben werden (Fremdbekräftigung), z. B. in Form von sozialer Zuwendung, der Übertragung von Machtbefugnissen und Einfluß, oder vom Handelnden selbst erzeugt werden (Selbstbekräftigungen), z. B. durch das Gefühl, mächtig und einflußreich zu sein. In der sozialen Lerntheorie wird eine deutliche Unterscheidung getroffen zwischen Lernen im Sinne der Aneignung und Ausführung. Wenn ein Kind aggressives Verhalten beobachtet, dann lernt es diese Verhaltensweisen zwar kennen und eignet sie sich an, die Ausführung aggressiven Verhaltens erfolgt aber immer in Interaktion mit anderen Personen in spezifischen Situationen, wodurch eine Fülle verhaltensbeeinflussender Faktoren hinzukommt. So kann aggressives Verhalten einer Modellperson beim Lernenden den Eindruck erwecken, daß in einer gegebenen Situation Aggressivität durchaus angebracht ist, toleriert oder sogar belohnt wird.

Zusammenfassend läßt sich feststellen, daß die Theorie des sozialen Lernens nicht nur zu erklären versucht, wie aggressives Verhalten gelernt wird, sondern auch die Bedingungen beschreibt, unter denen es ausgeführt und beibehalten wird. Die Theorie macht Aussagen sowohl über die externalen Bedingungen, die zur Ausführung aggressiven Verhaltens führen, als auch über die internalen Kontrollbedingungen. Wenn entsprechend der Theorie des sozialen Lernens Aggression sowohl external als auch internal determiniert ist, dann erhöht sich damit zweifellos die Möglichkeit für den Handelnden selbst und seine soziale Umgebung, aggressives Verhalten zu kontrollieren.

Die Aggressionsforschung der letzten Jahre hat sich zunehmend mit der Bedeutung situationsbedingter Einflußfaktoren auf das Aggressionsverhalten beschäftigt. Besonders mit der Betonung kognitiver Komponenten der Verhaltenssteuerung wurden Bedeutungs- und Interpretationsaspekte in der Vorbereitungs- und Ausführungsphase aggressiver Handlungen immer wichtiger. So stellten Tedeschi (1974) und Mitarbeiter in mehreren Untersuchungen fest, daß eine Person, die mit der ausdrücklichen Intention handelt, eine andere Person zu schädigen, nur dann als aggressiv beurteilt wird, wenn ihr Verhalten den sozialen Normen zuwiderläuft. Wenn demgegenüber die in einer bestimmten Gruppe oder Gesellschaft herrschenden sozialen Normen eine gewisse Art aggressiven Verhaltens zulassen (z. B. gegenüber Minderheiten), so wird eine intendierte Aggression keineswegs von der sozialen Umwelt auch als aggressives Verhalten beurteilt bzw. verurteilt. In diesem Zusammenhang ist die Reziprozitätsnorm oder Vergeltungsnorm von entscheidender Bedeutung, wonach aggressives Verhalten als Reaktion auf eine vorausgegangene Provokation nicht als aggressiv eingeschätzt wird, wohingegen ein identisches Verhalten als Antwort auf eine unprovozierte Situation sehr wohl als Aggression beurteilt wird. Das Opfer der aggressiven Handlung wird, abhängig von seiner Einschätzung der erlittenen Schädigung als absichtlich und normverletzend herbeigeführt, eine Antwortreaktion auswählen, die seiner Ansicht nach angemessen und gerechtfertigt ist. Vom nunmehr Betroffenen wird diese Reaktion jedoch möglicherweise als Aggression interpretiert. Wie auch die Untersuchungen von Mummendey (1983) deutlich zeigten, werden aggressive Interaktionen wesentlich davon bestimmt, inwieweit der Aggressor und das Opfer hinsichtlich der Bewertung der normativen Angemessenheit der gezeigten Verhaltensweisen übereinstimmende bzw. nicht übereinstimmende Bewertungen vornehmen. Auch hinsichtlich der Merkmale „Absichtlichkeit", „Schadenshöhe" und „Normabweichung" können identische aggressive Akte je nach sozialem Kontext unterschiedlich beurteilt werden.

Aufgrund der bisherigen Forschung läßt sich folgern:

Eine befriedigende Erklärung für aggressives Verhalten ist nur möglich, wenn die Art der Intentionalität, die Erwartung der durch aggressives Handeln erreichbaren Ziele und deren resultierende Folgen (z. B. Vergeltungsreaktionen), die aggressionsfördernden bzw. aggressionshemmenden Hinweisreize der Umgebung, die Erfahrungen der beteiligten Personen mit aggressiven Akten, der Befriedigungswert erzielter Aggressionseffekte und die handlungswirksamen Selbst- sowie Fremdbewertungen bekannt sind und genügend berücksichtigt werden (Heckhausen, 1980, S. 362 ff).

Das Machtmotiv

Die Sozialpsychologie, aber auch die Philosophie, Ethik, Anthropologie und Ethologie haben sich schon sehr früh mit den Bedingungen und Verlaufsprozessen des Machtstrebens als einem Bedürfnis, andere Menschen im Sinne der eigenen Zielerreichung zu beeinflussen, beschäftigt. Machtmotiviertes Handeln liegt immer dann vor, wenn zu erkennen ist, daß der Handelnde sich Machtquellen (z. B. materielle Güter, einflußreiche Positionen, Bewunderung, soziale Zustimmung) aneignet oder verfügbar hält, um das damit verbundene Prestige und Machtgefühl auszukosten. Machtmotiviertes Verhalten liegt auch dann vor, wenn der Handelnde versucht, das Verhalten und Erleben anderer Personen in der Weise zu beeinflussen, daß eigene Ziele und Bedürfnisse erreicht bzw. befriedigt werden können. Im günstigsten Falle nutzt er die Einflußmöglichkeiten seiner Machtquellen in der Weise, daß er durch sein Handeln in der zu beeinflussenden Person solche Motivationen anregt, die diese gleichsam ‚von selbst' in die von ihm gewünschte Richtung führen.

Dies kann dadurch geschehen, daß der Machtausübende für seinen Interaktionspartner Anreizwerte schafft (z. B. kann ein Chef für erfolgreiche Mitarbeiter Aufstiegsmöglichkeiten zur Verfügung stellen), oder indem er ein gegebenes Anreizfeld so umstrukturiert, daß es für seinen Interaktionspartner nach wie vor attraktiv ist, gleichzeitig aber seinen eigenen Zielen dient (z. B. kann ein Chef einem leistungsmotivierten Mitarbeiter eine besonders schwierige Aufgabe übertragen).

Nach dem Soziologen Max Weber läßt sich Macht allgemein folgendermaßen definieren: „Macht bedeutet jede Chance, innerhalb einer sozialen Erziehung den eigenen Willen auch gegen Widerstreben durchzusetzen, gleichviel, woraus diese Chance besteht“ (1922).

Machtquellen

Um gegenüber einem anderen Menschen auch gegen dessen Widerstreben den eigenen Willen durchsetzen zu können, muß der Machtausübende über Mittel (Ressourcen) verfügen, mit denen er beim Interaktionspartner eine Motivbefriedigung erreichen kann. Der Mitteleinsatz muß für den Machtausübenden so weit kontrollierbar sein, daß er Motivbefriedigung gewähren, vorenthalten oder entziehen kann. Diese motivspezifischen Ressourcen lassen sich als „Machtquellen“ bezeichnen, für die French & Raven (1959) und Raven (1974) eine Taxonomie von 5 Machtquellen entwickelt haben, auf die der Machthandelnde zurückgreifen kann.

Macht zu belohnen (reward power)

Unter ‚Macht zu belohnen‘ verstehen French und Raven die Fähigkeit von Menschen, anderen die Erreichung positiver Ziele zu ermöglichen. Dabei wollen sie die positiven Ziele konkret verstanden wissen und nicht in der allumfassenden Form, in der der Begriff ‚Belohnung‘ z. B. in der Austauschtheorie verstanden wird. Der Verehrer, der Blumen schenkt, der Vater, der mit den Kindern in den Zoo geht, der Lehrer, der eine gute Zensur gibt, sie alle ermöglichen anderen die Erreichung positiver Ziele.

Macht zu bestrafen (coercive power)

Die Macht zu bestrafen ist einfach die Umkehrung der Macht zu belohnen. Dabei ist die Unterscheidung zwischen den beiden Einflußquellen oft schwierig. Ist das Zurückhalten einer Belohnung bereits eine Bestrafung? Ist das Aufheben einer Bestrafung bereits eine Belohnung? Auch hier soll ‚Bestrafen‘ wieder sehr konkret verstanden werden, z. B. der Polizist, der ein Strafmandat gibt, der Prüfer, der einen Kandidaten durchfallen läßt, die Mutter, die das Fernsehen verbietet.

Die Schwierigkeit der Trennung beider Einflußquellen entspricht Lewin bereits 1931 in seiner Arbeit *Zur psychologischen Situation bei Lohn und Strafe*. Er betont in der Hauptsache zwei Unterschiede: (1) Man fühlt sich hingezogen zu Menschen, die einen belohnen, und man sucht Menschen zu meiden, die einen bestrafen. Aber wenn jemand sich zu Menschen hingezogen fühlt, besteht viel eher die Möglichkeit, daß die Maßstäbe der anderen *freiwillig* übernommen werden und es so zu einer Verhaltenssteuerung kommt, die von sozialer Kontrolle unabhängig ist. Die Wirkung des Strafeinflusses bleibt dagegen an die Präsenz der Strafinstanz gebunden. (2) Die Furcht vor Strafe führt nicht nur zu dem Wunsch, die konkrete Strafe zu vermeiden, sondern kann auch das Streben induzieren, die ganze Situation zu meiden, aus dem Felde zu gehen. Während Belohnung sich also gezielt auf einen Verhaltensakt beziehen kann, muß in der Bestrafungssituation zweierlei geleistet werden: Der spezifische Akt muß geahndet werden, und außerdem muß Energie darauf verwandt werden, den Empfänger der Strafe daran zu hindern, aus dem Felde zu gehen. Will man z. B. Arbeitsleistung dadurch steigern, daß man das Unterschreiten eines Solls durch Lohnkürzungen bestraft, dann muß man auch den Arbeitsplatzwechsel erschweren, indem man z. B. alternative Arbeitsplätze so unattraktiv macht, daß man selbst Arbeiten unter Androhung von Lohnkürzungen diesen Alternativen immer noch vorzieht.

Legitime Macht (legitimate power)

Der Begriff der ‚Legitimität' ist von mehreren Fachrichtungen behandelt worden und dementsprechend komplex. French und Raven (1959) geben eine psychologische Definition, deren Geltung auch auf diesen Bereich begrenzt gedacht werden soll. Danach ist ‚legitime Macht' ein Einfluß, der sich der verinnerlichten Werte des Beeinflußten bedient, um den Einfluß zu rechtfertigen. So gibt das vierte Gebot den Eltern gläubiger Christen einen legitimen Einfluß auf ihre Kinder. Oder ein Vertreter der Staatsmacht hat legitimen Einfluß auf einen Bürger, für den ein Eid auf die Verfassung nicht nur Wortmagie bedeutet. Wer der Meinung ist, daß man das Alter ehren soll, dem wird es nicht so leicht fallen, sich den Launen alter Leute zu widersetzen.

Legitime Macht ist nicht nur eine für sich allein wirkende Einflußquelle, sondern auch ein Aspekt der beiden vorher besprochenen Einwirkungen. Eine Bestechung wäre danach z. B. eine nicht legitime Belohnung. Auf der anderen Seite können die negativen Konsequenzen einer Bestrafung dadurch gemildert werden, daß die Strafe als legitimer Akt angesehen wird, der von den verinnerlichten Werten der Person geradezu gefordert wird. Zwischen der Größe des Sozialverbandes und der Legitimität des Einflusses besteht ein antithetisches Verhältnis. Je größer der Sozialverband, desto schwerer kann sich der einzelne mit ihm identifizieren und desto weniger wird er die aus ihm erwachsenden Forderungen als legitim anerkennen. Auch Menschen, die in ihrem privaten Finanzgebaren von skrupelhafter Ehrlichkeit sind, hinterziehen Steuern. Auch Menschen, die niemals das Buch eines Freundes behalten würden, stehlen Bücher aus Bibliotheken.

Die Schwierigkeit, sich mit abstrakten Gebilden zu identifizieren, ist einer der wesentlichen Gründe dafür, daß es nur begrenzt möglich ist, Ergebnisse der

Individualpsychologie oder der Kleingruppenforschung auf die Ebene des gesellschaftlichen Handelns zu übertragen. Man kann das Funktionieren eines Staates, auch schon das Funktionieren einer großen industriellen Organisation oder einer komplexen Bürokratie nicht durchgängig auf das Wirken persönlichen Einflusses gründen. Das im zwischenmenschlichen Bereich zynisch erscheinende Wort Lenins „Vertrauen ist gut, Kontrolle ist besser“, hat im gesellschaftlichen Bereich durchaus seine Gültigkeit. Die Identifikation mit dem Partner legitimiert dessen Einfluß auf mich. Der heute zur Legitimierung von Staatswesen fast durchgängig herangezogene „Wille des Volkes“ (vgl. Bernsdorf, 1969) ist in komplexen Systemen nie der Wille des ganzen Volkes und von daher gesehen bestenfalls „legal“, aber nicht im psychologischen Sinne „legitim“.

Persönliche Macht (referent power)

Lag nach unserer Definition die Basis der legitimen Macht darin, daß verinnerlichte Werte im Beeinflußten von ihm verlangten, der Macht zu folgen, so liegt die Basis der persönlichen Macht in den interpersonalen Beziehungen der Beteiligten. Man akzeptiert den Einfluß, weil man die Beziehung zu dem Mächtigen nicht aufgeben will. Es kann sich dabei um eine Person oder um eine kleine Gruppe handeln, in der die Beziehungen noch vom persönlichen Charakter bestimmt sind.

Einfluß auf Grund von Sachkunde (expert power)

Je komplexer die gesellschaftlichen Strukturen werden und je schwieriger es wird, sie zu durchschauen, um so lauter wird der Ruf nach dem Experten als einer Person, die über eine Sache so gut Bescheid weiß, daß kein rational denkender Mensch sich ihrem Einfluß entziehen kann. Oft wird behauptet, ein solcher Einfluß sei jenseits von Gut und Böse, sei schlichtweg „richtig“ und eigentlich auch kein Einfluß von außen, denn er sei ja in seinen Forderungen einzusehen, nachzuvollziehen und als richtig zu erkennen.

Dieses rosige Bild vom Experteneinfluß wird auf zweierlei Weise getrübt. Erstens ist das Wesentliche am Experteneinfluß, daß man tatsächlich Experte ist. Gerade das ist aber in einer komplexen Industriegesellschaft nur auf immer engeren Gebieten möglich. Ein Physiker, der sich zu allem und jedem als Experte äußert, kann in manchen Fällen lächerlich wirken und seinen Einfluß als Experte verlieren. Zweitens setzt das Vertrauen in die Wünschbarkeit des Experteneinflusses einen Glauben an die Rationalität des Menschen voraus, der zumindest seit Freud ernsthaft erschüttert ist und außerdem nicht nur von Adorno als Instrument der Herrschaft skeptisch angesehen wird. In der Tat liegt in der Einschränkung von Problemen auf das rational Erfaßbare eine Verkürzung. Die aus dieser Verkürzung resultierenden Fehler sind gerade deshalb so gefährlich, weil die Folgen solcher Fehler kaum einplanbar sind. Die

Verabsolutierung des Prinzips der Rationalität macht Fehler seltener, aber auch katastrophaler und schwerer korrigierbar. Das Gefährliche am Experteneinfluß ist, daß er zu leicht als Allheilmittel zur Lösung politischer Probleme erscheint und daß die Verläßlichkeit von Expertenurteilen oft nicht mehr nachvollziehbar ist.

Informationsmacht (informational power)

Zu den bisher beschriebenen 5 Machtquellen wurde von Raven und Kruglanski (1970) eine sechste Machtquelle hinzugefügt, die darin besteht, daß der Mächtige Zugang zu Informationsmitteln und zur Kontrolle über die Informationskanäle besitzt. Er hat damit die Möglichkeit, wichtige Informationen, die andere Personen zur eigenen Zielerreichung benötigen oder die es ihnen erlauben, die Folgen ihres eigenen Handelns genauer einschätzen zu können, zurückzuhalten, vorzuenthalten, verfügbar zu machen oder den Inhalt oder die Art der Informationsweitergabe zu beeinflussen. Dabei muß er nicht selber Experte sein, er muß lediglich die Möglichkeit besitzen, den Informationsapparat in seinem Sinne zu beeinflussen.

In einer realen Machtsituation wird sich der Mächtige aller Einflußquellen zu bedienen versuchen. Nur ihr relativer Anteil wird entsprechend der jeweiligen Einflußsituation wechseln.

Bedingungen und Wirkungen des Machtmotivs

Das Machtmotiv wirkt sich dahingehend aus, daß ein Mensch Befriedigung darin sucht, daß sich andere von ihm abhängig erweisen und er über Mittel zu deren Bedürfnisbefriedigung verfügt (z. B. Lehrer, Unternehmer, Parteivorsitzende). In vielen Berufen läßt sich beobachten, daß die Befriedigung des Machtbedürfnisses einen weit wichtigeren Aktivierungsfaktor darstellt als die Entlohnung.

Für Philipp Lersch besteht der Wille zur Macht in dem Bestreben, „das eigene Selbst als maßgebende Wirkungsinstanz der Um- und Mitwelt entgegenzusetzen, und zwar nicht in der Verfolgung sachlich bestimmter Ziele, sondern lediglich in der Absicht, die Um- und Mitwelt in Abhängigkeit vom eigenen Ich zu sehen, also das Bewußtsein von Herrschaft und Verfügungsgewalt über Um- und Mitwelt zu haben" (1966, S. 157—158). Auch nach McClelland (1966) ist das Verlangen nach Macht gleichbedeutend mit dem Bedürfnis, sich stark zu fühlen. Die Beeinflussung anderer ist für ihn nur eine von verschiedenen Formen, in der sich das Bedürfnis, sich stark zu fühlen, befriedigen läßt. Nach seiner Theorie durchläuft der Mensch verschiedene Entwicklungsstufen zur Ausbildung immer reiferer Formen des Machtmotivs: In einem frühen Stadium (orale Phase) empfängt der Mensch die gesuchte Stärke von anderen Personen. Im zweiten Stadium (anale Phase) gewinnt der Mensch Kraft durch

Selbstbeherrschung und Selbstbehauptung, um schließlich im dritten Stadium (phallische Phase) einen willentlich gesteuerten Einfluß auf andere Personen auszuüben. Im vierten Stadium (genitale Phase) steht der Einfluß auf andere Personen im Dienste einer höheren Autorität, z. B. eines moralischen oder religiösen Prinzips. Mit Hilfe dieser Theorie hat McClelland versucht, die Entwicklung des Machtmotivs in der individuellen (ontogenetischen) Entwicklung des Menschen zu beschreiben und Erklärungen für die verschiedenartige Ausprägung des Machtmotivs auf den verschiedenen Entwicklungsstufen zu geben.

Hinweise auf die genetischen Bedingungen des Machtmotivs finden sich vornehmlich in Untersuchungen der vergleichenden Verhaltensforschung (Ethologie), die sich mit der Ausbildung sozialer Rangordnungen bei höheren Wirbeltieren befassen. Viele Tiere, die in sozialen Gemeinschaften leben, kämpfen so lange miteinander, bis klar ist, welches Tier dem anderen über- bzw. unterlegen ist. Mit dem Erreichen eines hohen Ranges, der nicht allein von Körperkraft und Aggressivität, sondern auch von sozialverbindenden Verhaltensweisen abhängt, sind einerseits Vorrechte verbunden, wie z. B. bei der Wahl des Schlaf- oder Futterplatzes, andererseits werden damit Aufgaben übernommen, wie z. B. den Nachwuchs gegen Angriffe von außen zu verteidigen, die Gruppe zu führen und zusammenzuhalten, Streit zu schlichten und rangniederen Tieren als Verhaltensmodell zu dienen. Nach Auffassung der Verhaltensforscher ist das Streben nach Rang und Ansehen sowie die Bereitschaft, sich dem Stärkeren unterzuordnen, beim Menschen in allen Kulturen zu beobachten, was nur dadurch zu erklären ist, daß Dispositionen zu diesem Verhalten angeboren sein müssen (Eibl-Eibesfeldt, 1967).

Verlauf des Machthandelns

Eine zusammenhängende Darstellung der Prozesse des Machthandelns aus der Sicht der sozialen Motivationsforschung liefert am ehesten ein deskriptives Modell der einzelnen Schritte des Machthandelns, wie es von Cartwright (1965) entwickelt und von Kipnis (1974) erweitert wurde und das Heckhausen (1980) folgendermaßen beschreibt:

„Nachdem eine Machtmotivation angeregt ist, gibt (1) der Machtausübende der ‚Zielperson‘ zu erkennen, welches Verhalten er von ihr erwartet. Entspricht die Zielperson sogleich dieser Erwartung, so ist der machtmotivierte Handlungsablauf schon zu Ende. Läßt die Zielperson jedoch Widerstand erkennen (2), so mustert sozusagen der Machtmotivierte seine Machtquellen unter dem Gesichtspunkt, ob und welche er mit Aussicht auf Erfolg unter Berücksichtigung der Motivbasen der Zielperson zum Tragen bringen kann. In Abb. 5 sind in dem entsprechenden Kasten (3) einige persönliche und institutionelle Machtquellen aufgezählt. Welche Machtquellen man wählt, hängt übrigens nicht nur von den Motivbasen der Zielperson, sondern auch von der

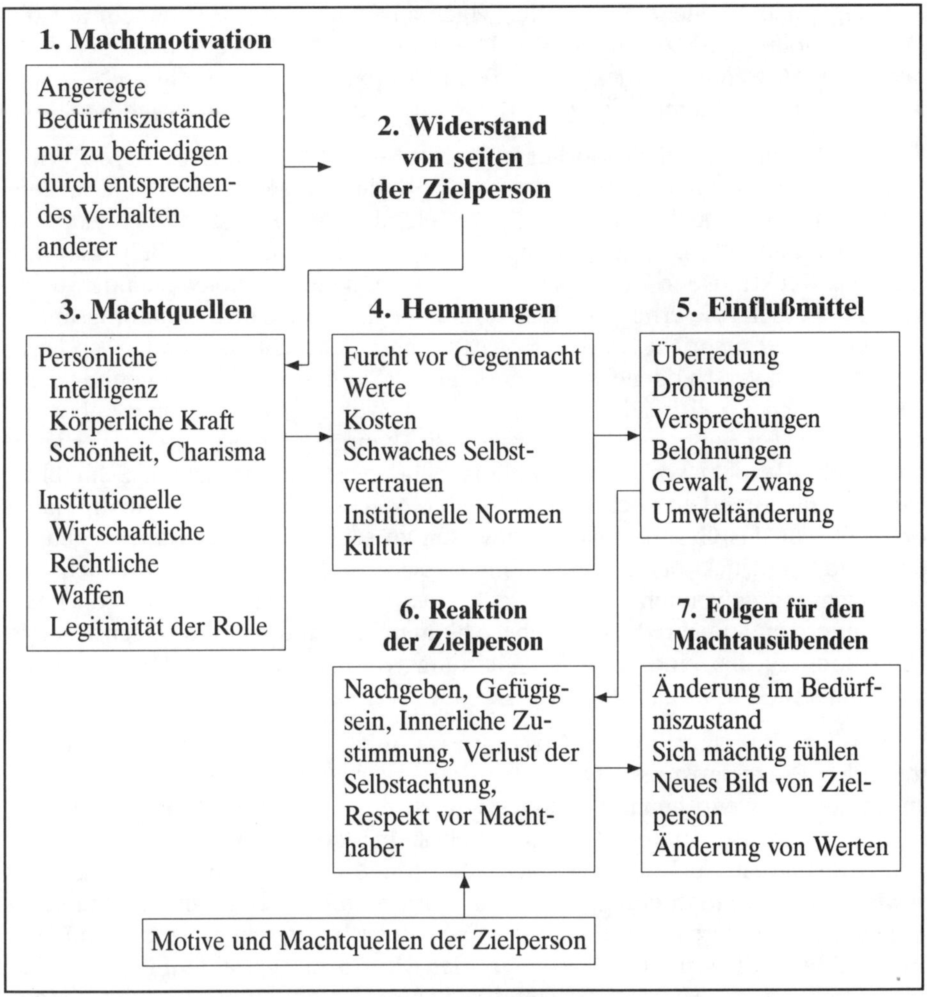

Abbildung 5: Diskriptives Modell des Machthandelns,
zit. nach Heckhausen (1980)

Art des Verhaltens ab, das man in die Zielperson induzieren will. Wünscht man etwa, vom anderen geliebt zu werden, so ist der Einsatz persönlicher Machtquellen angemessener als der Einsatz institutioneller.

Dem Einsatz eigener Machtquellen können aber Hemmungen entgegenstehen (4), die überwunden oder nicht überwunden werden. Solche Hemmungen können sein: Furcht vor Gegenmacht des anderen; Furcht vor Machtausübung, weil damit ein ideales Bild vom eigenen Ich unterzugehen droht; zu geringes Selbstvertrauen und damit zu viel Selbstzweifel an den eigenen Einflußmöglichkeiten; rivalisierende Werte (z. B. eine anti-autoritäre Wertüberzeugung); nachträgliche Kosten der Machtausübung (weil z. B. einem auf die Dauer Belohnungen zu kostspielig, Überwachungen des Verhaltens der Zielperson zu aufwendig werden können); institutionelle Normen darüber, welche Mittel der Einflußnahme sich gegenüber welchen Personen nicht gehören.

Sofern Hemmungen nicht vorliegen oder überwunden werden, werden Einflußmittel (5) benutzt. Sie entsprechen teils den eingesetzten Machtquellen, teils hängen sie von individuellen Unterschieden des Machtausübenden, teils von dessen Situationswahrnehmung, teils vom Widerstand der Zielperson ab. (...) Die Reaktion der Zielperson (6) hängt von deren Motiven und Machtquellen ab. Zeigt sie erneut Widerstand, so beginnt die ganze Handlungsabfolge von vorn. Entspricht sie den Erwartungen des Machtausübenden, so kann dies auf ganz verschiedene Arten geschehen. Sie kann äußerlich gefügig sein, aber innerlich Groll hegen, sie kann äußerlich mürrisch nachgeben, aber innerlich der Einflußnahme zustimmen. Sie kann an Selbstachtung verlieren oder mehr Respekt vor dem Machtausübenden gewinnen, u. a.m. Schließlich hat das Machthandeln auch Folgen für den Machtausübenden. (Wichtig dabei ist) vielleicht das Gefühl, mächtig gewesen zu sein, machtvollkommen gehandelt und Eindruck bei anderen hinterlassen zu haben, einen Zuwachs an Selbstachtung gewonnen zu haben o.ä. Das Bild von der Einflußperson kann sich ändern, man schreibt ihr mehr Abhängigkeit und weniger eigenständige Motivation zu, hat eine geringere Meinung von ihr, hält mehr Abstand u. a.“ (Heckhausen, 1980, S. 300—301).

Neben der Untersuchung des Machtmotivs und der beim Machthandeln auftretenden Prozesse ist es wichtig, der Frage nachzugehen, wie Menschen darauf reagieren, wenn jemand versucht, sie zu beherrschen und ihren Freiheitsspielraum einzuschränken. Offensichtlich steht dem Streben nach Machtausübung des einen ein Bedürfnis nach Autonomie und Aufrechterhaltung eines gewissen freien Entscheidungsspielraums und damit einer gewissen Unabhängigkeit beim anderen gegenüber. Die sozialpsychologischen Untersuchungen zur Reaktanz, die sich auf die Analyse des Motivs zur Verteidigung oder Wiederherstellung von Handlungsfreiheit beziehen (Brehm, 1966; Grabitz-Gniech & Grabitz, 1973), zeigen, daß eine Person um so mehr versucht ist, die bedrohte Freiheit wiederherzustellen, je höher sie Handlungsfreiheit im allgemeinen bewertet, je wichtiger ihr die Handlungsalternativen sind, in denen sie sich eingeschränkt fühlt, je mehr an verfügbaren Handlungsalternativen von der Einschränkung betroffen sind und je nachdrücklicher und unausweichlicher die durch den Machtausübenden erfolgte Bedrohung ist. Wie beim Machtmotiv, so zeigt sich auch bei der Reaktanz, daß die Stärke des Strebens nach Unabhängigkeit durch soziale Erfahrungen geprägt ist. Ob jemand eine Freiheitsbeschränkung überhaupt als unangenehm erlebt und mit welcher Intensität er die Wiederherstellung seiner Freiheit anstrebt, ist wesentlich davon abhängig, ob er in der Vergangenheit für derartige Bestrebungen belohnt oder bestraft wurde und welche unangenehmen und angenehmen Konsequenzen mit diesem Verhalten verbunden waren.

Das Anschlußmotiv

Das Bedürfnis, mit anderen Menschen Kontakt aufzunehmen, das Bedürfnis nach sozialem Anschluß, ist für das Leben und Überleben des Menschen zweifellos von zentraler Bedeutung. Die vergleichende Verhaltensforschung und die Entwicklungspsychologie haben in den letzten Jahren in einer Fülle empirischer Studien zeigen können, welche Auswirkungen befriedigende soziale Kontakte bzw. gestörtes Kontaktverhalten auf die Entwicklung von Mensch und Tier haben (Schmidt, 1982; Grossmann, 1983).

Allgemein läßt sich mit dem Begriff ‚Anschluß' eine Klasse von sozialen Interaktionen beschreiben, die dem Anschlußsuchenden dazu dienen, mit anderen Personen Kontakt aufzunehmen und aufrechtzuerhalten, der von beiden Partnern als anregend, befriedigend und bereichernd erfahren wird. In einer anschlußmotivierten Interaktionssituation kommt es nicht nur auf das Verhalten des Anschlußsuchenden, sondern auch auf den Interaktionspartner an. Ein sozialer Kontakt wird nur hergestellt, wenn der Anschlußsuchende seinen Kontaktwunsch durch entsprechende sprachliche und nicht-sprachliche Ausdruckssignale für den Partner verstehbar zu erkennen gibt, und wenn er zudem für den Partner attraktiv ist. Der Anschlußsuchende muß seinem Partner als jemand erscheinen, der seinerseits bereit ist, dessen Anschlußbedürfnisse zu befriedigen. Einseitigkeiten in den Erwartungen und in der Rollenverteilung zwischen den Partnern behindern oder zerstören den befriedigenden Verlauf des Interaktionsprozesses. Beide Interaktionspartner streben danach, vom anderen anerkannt und akzeptiert zu werden, für den anderen attraktiv zu sein, von ihm gemocht und für ihn sympathisch zu sein und evtl. von ihm geliebt zu werden. Um dieses Ziel zu erreichen, wird das gesamte verfügbare Repertoire an sprachlichen Mitteilungen und besonders auch nicht-sprachlichen Ausdrucksformen wie Kopfnicken, Blickkontakt, Lächeln, Körperberührung, Körperhaltungen usw. (Mehrabian, 1972; Scherer & Wallbott, 1979) eingesetzt.

Anschlußmotiviertes Verhalten weist deshalb eine so komplexe Interaktionsstruktur auf, weil es nur dann aufrechtzuerhalten ist und zu befriedigenden Resultaten führt, wenn eine wechselseitig ausbalancierte Interaktionssituation verwirklicht wird. Kommt es zu einer Störung dieser Balance, indem z. B. einer der Partner in der räumlichen Nähe zueinander, im Blickverhalten, beim Händeschütteln oder im Körperkontakt eine gewisse Distanzschwelle unterschreitet, dann führt das zu einer Erhöhung des Aktivitätsniveaus (Patterson, 1976) mit positiven oder negativen Gefühlsreaktionen. Welche Art von Gefühlszuständen aktiviert wird, hängt von den situativen und personalen Rahmenbedingungen ab. Positiv erlebte Gefühlszustände führen zu einer Zunahme intimer Verhaltensweisen. Negative Gefühlszustände verstärken Abwehrreaktionen wie Zurückweisen, Wegsehen oder Abwehren, um so die erwünschte soziale Distanzschwelle beizubehalten.

Zur Frage nach dem Zustandekommen eines Bedürfnisses nach Anschluß und sozialem Kontakt stößt man in der sozialpsychologischen Forschung immer wieder auf zwei Antworten: (1) Furchtreduktion und (2) Tendenz zum sozialen Vergleich.

Reduktion von Furcht als Grund für das Bedürfnis nach Kontakt

Bis jetzt haben wir nur gefragt, wie das Bedürfnis nach sozialem Kontakt wohl einzuordnen ist, und haben noch nicht gesehen, welche Faktoren dieses Bedürfnis verstärken oder vermindern.

Die systematischste Untersuchung stammt von Schachter (1959) und befaßt sich in der Hauptsache mit der Auswirkung von Furcht und Angst auf das Bedürfnis nach sozialem Kontakt. Den Versuchspersonen (Vpn) wurde mitgeteilt, daß ihnen Elektroschocks gegeben würden. Einer Gruppe wurde das in einer furchterregenden Weise gesagt, der anderen Gruppe in einer sie beruhigenden Weise. Dann wurde ihnen unter irgendeinem Vorwand die Möglichkeit gegeben, entweder allein oder in der Gesellschaft anderer zu warten. Es zeigte sich, daß die Personen, bei denen Furcht erregt worden war, es vorzogen, in der Gesellschaft anderer zu warten.

Schachters Ergebnisse legen die Vermutung nahe, daß sozialer Kontakt die Furcht reduziert. Um diese Hypothese genauer zu testen, machte Schachter einen weiteren Versuch. Die Grundanordnung war die gleiche. Nach der furchterregenden Instruktion hatten die Vpn wieder die Möglichkeit, allein oder in Gesellschaft anderer zu warten. Allerdings wurde gesagt, sie könnten sich mit den anderen nicht unterhalten oder nur über Dinge sprechen, die mit dem Experiment in keiner Beziehung standen. Unter dieser Bedingung zog es ein größerer Prozentsatz als vorher vor, allein zu warten. Da diese Untersuchung also zeigt, daß das Erschweren der Furchtreduzierung zu einem Absinken des Bedürfnisses nach sozialem Kontakt führt, kann man den Schluß ziehen, daß Reduzierung von Furcht zumindest einen Bedingungsfaktor des Bedürfnisses nach sozialem Kontakt darstellt. Ein interessanter Nebenbefund zeigt, daß Einzelkinder und Erstgeborene unter Furcht ein stärkeres Bedürfnis nach sozialem Kontakt haben als Geschwisterkinder und später geborene Kinder. Die plausibelste Erklärung dafür dürfte wohl sein, daß Einzelkinder und erstgeborene Kinder in der frühen Kindheit von den Eltern ein höheres Maß an Kontakt erfahren haben und dadurch auch ein stärkeres Bedürfnis nach sozialem Kontakt entwickelt haben. Wichtig ist in diesem Zusammenhang die Unterscheidung von Furcht als dem Schrecken vor etwas Realem und Angst als einer unbegründbaren Furcht. Wenn ein realistischer Anlaß zur Furcht da ist, kann die Gegenwart anderer in der Tat helfen. Man spricht sich gegenseitig Mut zu, man sieht, daß die anderen sich auch fürchten, und außerdem verleiht die größere Personenzahl ein Gefühl der Stärke. Man fühlt sich z. B. dem Versuchsleiter nicht so hilflos ausgeliefert. In lebensbedrohenden Lagen dagegen ist die Situation oft anders, da sie weitaus häufiger angsterregend als furchterregend sind, weil der Tod für viele Menschen unbegreiflich und schwer vorstellbar ist. Die Reaktion wird von der Definition der Situation abhängen. Im Zustand der Angst als einer rational schwer faßbaren Situation ist die Lage wieder anders. Da die anderen die eigene Lage in solchen Situationen häufig nicht teilen können, läßt sich von ihnen auch keine Hilfe erwarten. Oft schämt man sich auch, die eigene Angst auszusprechen, besonders wenn es sich um infantile Ängste handelt.

Die Hypothese, daß das Bedürfnis nach sozialem Kontakt unter Angst nachläßt, wurde auf eine recht angstprovozierende Weise von Sarnoff und Zimbardo (1961) getestet. Die Grundsituation war wieder dieselbe wie die bei Schachter beschriebene, nur daß einer Gruppe gesagt wurde, sie müßten während des Versuches an Babyflaschen, den Busen von Schaufensterpuppen und ähnlichem saugen. Da es sich bei den Versuchspersonen um 19—21jährige Männer handelte, war die Annahme, daß eine solche Situation Angst vor dem Durchbruch infantiler oraler Tendenzen erregen würde, wohl nicht fehl am Platze. Die Ergebnisse bestätigten dann auch die Hypothese: Je größer die Angst, desto geringer der Wunsch nach sozialem Kontakt.

Vergleichsprozesse als Grund für das Bedürfnis nach Kontakt

Die Untersuchungen, die zeigen, daß sozialer Kontakt furchtreduzierend wirken kann, bieten nur eine Erklärung für das Bedürfnis nach sozialem Kontakt. Festinger (1954) bietet eine weitere Erklärung mit seiner Theorie der sozialen Vergleichsprozesse. Diese Theorie ruht auf zwei Grundannahmen:

(1) Der Mensch hat ein Bedürfnis nach Orientierung, und dazu gehört Bewertung, auch Bewertung des eigenen Verhaltens. (2) In der Abwesenheit objektiver, nicht-sozialer Vergleichsmaßstäbe bewertet der Mensch sein eigenes Verhalten, indem er sich mit anderen vergleicht. Wenn andere Menschen die einzige Quelle nützlicher Informationen sind, wird sich der Mensch mit ihnen vergleichen, und je größer seine Unsicherheit, desto mehr wird er den Kontakt mit anderen suchen, um diese Unsicherheit zu reduzieren (Suls & Miller, 1977).

Diese Tendenz, die eigene Unsicherheit dadurch zu reduzieren, daß man sich mit anderen vergleicht, zeigt sich nun nicht nur in so eindeutig sozialen Bereichen wie gesellschaftlichem Erfolg oder künstlerischem Geschmack, sondern bereits bei der Einordnung und Bewertung der eigenen Gefühlslage. Das wird deutlich in einer Untersuchung von Schachter und Singer (1962). Durch Einspritzen von Epinephrin erzeugten sie einen richtungslosen emotionalen Erregungszustand. Die so erregten Vpn brachten sie zusammen mit Hilfskräften des Versuchsleiters, die einmal die Aufgabe hatten, euphorisch zu reagieren, zum anderen aber ärgerlich und wütend erschienen. Es ergab sich, wie erwartet, daß die Vpn sich in der Gegenwart der euphorischen Mitmenschen für glücklich hielten, während sie sich in der anderen Gruppe als wütend und aufgeregt bewerteten.

Dieses Bedürfnis nach sozialem Vergleich beeinflußt aber nicht nur den Grad unserer Kontaktwilligkeit, sondern auch, mit *wem* wir in Kontakt treten. Hier geht Festingers Theorie von der Annahme aus, daß Menschen sich mit denen zu vergleichen suchen, die ihnen ähnlich sind, und daß das Bedürfnis nach sozialem Vergleich um so stärker sein wird, je ähnlicher die Menschen sich sind. Diese Hypothese wurde von Zimbardo und Formica (1963) untersucht. Sie gingen wieder von der Versuchsanordnung Schachters aus, das heißt, es wurde den Versuchspersonen erzählt, daß ihnen Elektroschocks bevorstünden. Anschließend wurde ihnen die Möglichkeit gegeben, entweder mit Leuten zu warten, denen die Untersuchung noch bevorstand, die also in der gleichen Lage waren, oder mit Leuten zu warten, die das Experiment schon hinter sich hatten. Das Ergebnis war, daß die Versuchspersonen es vorzogen, mit denen zu warten, die in der gleichen Lage wie sie waren. Das Bedürfnis nach sozialem Kontakt war also auch vom Grad der situationsbedingten Ähnlichkeit abhängig. Je ähnlicher sich die Personen waren, desto stärker war ihr Bedürfnis nach sozialem Kontakt miteinander. Man kann nun den Schluß ziehen, daß das Bedürfnis, sich mit anderen zu vergleichen, als ein weiterer Grund für das Suchen nach sozialem Kontakt angesehen werden kann. Der Hauptfaktor in diesem Bedürfnis nach sozialen Vergleichsmaßstäben scheint der Grad der individuellen Unsicherheit zu sein. Je unsicherer man sich über eine Sache ist, desto mehr kann man durch einen Vergleich mit anderen lernen und desto größer ist demgemäß auch der Wunsch nach sozialem Kontakt.

Mit der Wirksamkeit des Bedürfnisses nach Furchtreduktion und nach Orientierung durch sozialen Vergleich sind die Ursachen für das Entstehen einer Tendenz zum sozialen Kontakt und Anschluß über die Zeit hinaus, in der dieser Kontakt für das Überleben nötig ist, sicher nicht ausreichend beschrieben. Sozialpsychologische Forschungen über interpersonale Attraktion, Sympathie, Freundschaft, Ehe und Partnerschaft (Mikula & Stroebe, 1977) analysieren Bereiche zwischenmenschlicher Beziehungen, in denen der verhaltenssteuernde Einfluß des Anschlußmotivs unverkennbar ist.

Für die motivationspsychologische Forschung stellt die Analyse sozialer Motive besondere Probleme dar, weil hier im Vergleich zu anderen Motivformen, z. B. dem Leistungsmotiv, immer von einer Interdependenz zwischen zwei Partnern ausgegangen werden muß. Soll ein zuverlässiges Bild der handlungsbeeinflussenden Wirkungen sozialer Motive entstehen, dann müssen folgende Einflußgrößen erfaßt werden: Die Motivstruktur des Handelnden und seines Partners, die Erwartungen des Handelnden bezüglich der Kognitionen, Emotionen und Reaktionen seines Partners und umgekehrt, die erfahrungsgeleitete und situationsabhängige subjektive Bewertung eigener und partnerbezogener Handlungsanreize und die Antizipation des Resultats der Interaktion und seiner Folgen. Handlungspsychologische Forschungskonzepte, in denen motivationspsychologische und sozialpsychologische Erkenntnisse integriert werden, lassen erwarten, daß dies in Zukunft geleistet werden kann (Hacker, Volpert & v. Cranach, 1982).

Zusammenfassung

Soziale Motivation umfaßt Prozesse, die Verhaltensweisen hervorbringen und steuern, die auf Interaktion und Beeinflussung anderer Personen abzielen. Die Theorien des klassischen Egoismus, der unbegrenzten Formbarkeit und der Identifikation versuchen zu erklären, wie die eigenen Bedürfnisse und Wünsche mit den Ansprüchen der sozialen Umwelt zu vereinbaren sind.

Das Hilfemotiv wird aktiviert, wenn der Handelnde die Notlage eines anderen erkennt, eine soziale Norm zur Hilfeleistung besteht und wenn diese in der Motivhierarchie des Handelnden verankert ist. Untersuchungen zum Hilfehandeln haben gezeigt, daß eine Fülle situativer Bedingungen und Verhaltensmerkmale des Hilfsbedürftigen sowie die Interpretation dieser Einflußgrößen durch den potentiellen Helfer für die Auslösung bzw. Unterlassung der Hilfeleistung verantwortlich sind.

Theorien zum Hilfehandeln mit extrinsischen Motivationsannahmen sind lerntheoretische Konzepte, Selbstbekräftigungstheorien, Kosten-Nutzen-Konzepte und Konzepte der persönlichen Norm. Zu den Theorien mit intrinsischen Motivationsannahmen gehören das entscheidungstheoretische Modell und das Empathie-Modell. Ein mehr handlungstheoretisch orientiertes Modell unterscheidet im Prozeß des Hilfehandelns eine Phase der Situationserfassung, der Zielbildung, der Planung und Entscheidung und der Entschlußfassung.

Die Aktivierung des Aggressionsmotivs als weitere Form sozialer Motivierung wird erklärt durch die Frustrations-Aggressions-Hypothese und die Theorie des sozialen Lernens. An der Auslösung aggressiven Verhaltens ist ein Komplex von Person- und Situationsdeterminanten beteiligt.

Das Machtmotiv zielt darauf ab, andere Menschen im Sinne der eigenen Zielerreichung zu beeinflussen. Als Machtquelle lassen sich unterscheiden: Macht zu belohnen, Macht zu bestrafen, legitime Macht, persönliche Macht, Expertenmacht und Informationsmacht. Auf die Ausübung von Macht gerichtete Handlungen durchlaufen folgende Phasen: Anregung des Machtmotivs, Widerstand seitens der Zielperson, Aktivierung von Machtquellen, Entstehen von Hemmungen zur Machtausübung, Aktivierung von Einflußmitteln, Reaktionen der Zielperson und Beurteilung der Folgen für den Machtausübenden. Machtausübung erzeugt bei der Zielperson häufig Reaktanz.

Das Anschlußmotiv aktiviert und begünstigt Handlungen, die darauf abzielen, zu anderen Menschen solche sozialen Beziehungen aufzunehmen, zu unterhalten und zu verstärken, die als anregend, befriedigend und bereichernd erlebt werden. Anschlußmotivation muß bei beiden Interaktionspartnern aktiviert werden, wenn die Beziehung befriedigend verlaufen soll. Das Anschlußmotiv als ein Grundmotiv menschlichen Verhaltens entsteht aufgrund der Notwendigkeit, mit Hilfe sozialer Kontakte Furcht zu reduzieren und aufgrund der Tendenz zum sozialen Vergleich. Zur Gewinnung von Orientierungssicherheit über sich selbst und seine Umgebung ist der soziale Vergleich mit anderen Personen unerläßlich, was wiederum das Anschlußmotiv stärkt.

Die wissenschaftliche Analyse sozialer Motive stellt wegen der komplexen Interdependenzen zwischen den Handlungspartnern besondere und nur schwer zu erfüllende Anforderungen.

Fragen

1. Welche Antworten geben die Theorien des klassischen Egoismus, der unbegrenzten Formbarkeit und der Identifikation auf Fragen nach der Abstimmung zwischen eigenen Wünschen und Anforderungen der sozialen Umwelt?

2. Wie lassen sich „Motiv“ und „Motivation“ definieren?

3. Welche besonderen Probleme ergeben sich bei der Analyse sozialer Motive?

4. Welche Theorien zum Hilfehandeln mit einer extrinsischen bzw. intrinsischen Motivationsannahme wurden bisher formuliert?

5. Welche Phasen lassen sich im Prozeß des Hilfehandelns unterscheiden?

6. Wie läßt sich die Auslösung aggressiven Verhaltens erklären?

7. Welche Machtquellen lassen sich unterscheiden?

8. Welche Wirkungen lassen sich beim Einsatz von Machtmitteln beobachten?

9. Welche Stufen durchläuft der Prozeß des Machthandelns?

10. Unter welcher Bedingung wird das Anschlußmotiv aktiviert?

11. Welche Funktionen erfüllen soziale Vergleichsprozesse?

Weiterführende Literatur

Bierhoff, H.W. (1988). *Sozialpsychologie — Ein Lehrbuch* (2. Auflage), Kap.II: Soziale Motive (S. 11—144). Stuttgart: Kohlhammer.

Heckhausen, H. (1980). *Motivation und Handeln.* Berlin: Springer-Verlag.

Lindzey, G. & Aronson, E. (1985). *The Handbook of Social Psychology,* Vol. II: Chapter 14, 21 and 22. New York: Random House.

Kapitel VII

Einstellung und Einstellungsänderung

Entwicklungen in der Forschung

Ein charakteristisches Merkmal heutiger Industriegesellschaften ist der schnelle Wandel von Lebensumwelten, Lebens- und Arbeitsbedingungen, Wünschen, Bedürfnissen, Zielen und Werten. Individuen, Gruppen und Gesellschaften müssen in der Lage sein, sich neuen Umweltbedingungen anzupassen, bisherige Gewohnheiten aufzugeben und sich auf neue Anforderungen einzustellen. Besonders die Schnelligkeit des sozialen Wandels ist der Grund für die Notwendigkeit einer fortlaufenden Sozialisation auch im Erwachsenenalter. Der Prozeß, mit dessen Hilfe einzelne Gruppen in der Gesellschaft oder die Gesellschaft als Ganzes ihre Mitglieder diesen veränderten Bedingungen anzupassen versuchen, ist vorwiegend der der Einstellungsänderung.

Ein weiteres charakteristisches Merkmal unserer Gesellschaft ist die Erkenntnis, daß sich viele gesamtgesellschaftliche Probleme wie Überbevölkerung, Umweltverschmutzung, Raubbau an den Ressourcen der Natur, gesundheitsschädigende Verhaltensweisen u. a. mit technischen und administrativen Mitteln alleine nicht lösen lassen, sondern daß es für das Überleben in Zukunft unerläßlich ist, daß Menschen ihre Verhaltensweisen ändern. Im Prinzip läßt sich zwar das Verhalten von Menschen dadurch ändern, daß man ihre Umwelt so strukturiert, daß sie sich nicht anders als in der gewünschten Weise verhalten können. Die Einrichtung von Gefängnissen ist dafür ein markantes Beispiel. Praktisch wäre allerdings dafür der Aufbau eines nicht zu rechtfertigenden Kontrollapparates erforderlich. Statt die gewünschten Verhaltensänderungen auf dem Weg der Umweltveränderung zu erzwingen, versucht man mit Hilfe der Einstellungsmessung, der Einstellungsänderung und der Sicherung bestehender Einstellungen eine Verhaltensänderung zu bewirken.

Es ist deshalb nicht verwunderlich, daß lange Zeit die Untersuchung von Prozessen der Entstehung, Wirkung und Änderung von Einstellungen ein Hauptarbeitsgebiet der Sozialpsychologie darstellte. Die Sozialpsychologen gingen dabei von der Annahme aus, das Verhalten des Menschen sei bestimmt von seinen Einstellungen, die er gegenüber seiner sozialen und gegenständlichen Umwelt entwickelt hat. Sollte es gelingen, die Einstellung einer Person gegenüber einem Objekt exakt und objektiv zu erfassen, z. B. mit Hilfe von Einstellungsskalen zu messen, dann müßte sich aufgrund dieser Kenntnisse das zu erwartende Verhalten vorhersagen lassen. Kennt man die Einstellung einer Person, dann kann man entscheiden, ob es sich hierbei um eine erwünschte oder unerwünschte Einstellung handelt und Methoden ersinnen, die unerwünschte Einstellung bzw. die damit verbundene Verhaltensreaktion zu verändern bzw. die erwünschte Einstellung und das erwünschte Verhalten zu festigen. Mit Hilfe des Einstellungskonzepts, so hofften die Sozialpsychologen, sollte es möglich sein, ein altes Problem der Psychologie zu klären, nämlich, warum sich Menschen trotz wechselnder Umgebungsbedingungen gegenüber einem Sachverhalt oder Objekt so relativ konstant verhalten, z. B. immer mit Abneigung oder Zuneigung reagieren, sich wohl oder sich unwohl fühlen. Zudem sollte es möglich sein, mit Hilfe des Einstellungskonzepts die immer wieder zu beobachtenden inter-individuellen Unterschiede in den Verhaltensreaktionen gegenüber ein und demselben Gegenstand aufgrund der inter-individuellen Einstellungsdifferenzen zu erklären.

Die Erwartungen, mit Hilfe des Einstellungskonzepts eines der Grundprobleme der Psychologie zu lösen, waren zu hoch gesteckt. Nach 50 Jahren Einstellungsforschung kommt schon Wicker (1969) in einem Überblicksreferat zu der Schlußfolgerung: „Insgesamt geht aus diesen Untersuchungen hervor, daß es wesentlich wahrscheinlicher ist, daß Einstellungen keine oder nur geringe Beziehung zum Verhalten aufweisen, als daß eine enge Beziehung zwischen Einstellung und Verhalten besteht“ (S. 65). Nicht nur die Annahme, daß Einstellungen das Verhalten vollständig determinieren, erwies sich als falsch, sondern die Bestimmung des Einstellungsbegriffs und der zugrundeliegenden Dimensionen war wesentlich schwieriger und vielschichtiger als ursprünglich angenommen. Ebenso bereitete die Erfassung von Einstellungen und die Interpretation der mit Einstellungsskalen gewonnenen Daten erhebliche Schwierigkeiten.

Den gegenwärtigen Forschungsstand über den Zusammenhang zwischen Einstellung und Verhalten beschreiben Rosch und Frey (1987) so:

„Versucht man eine Zusammenfassung des derzeitigen Standes der Einstellungs-Verhaltens-Forschung zu geben, so läßt sich sagen, daß kognitiv orientierte Studien auch in diesem Gebiet derzeit überwiegen. Ein einheitlicher Interpretationsrahmen der zahlreichen Einzelbefunde liegt — noch — nicht vor. Möglicherweise wird die Berücksichtigung motivationaler Überlegungen eine weitere Klärung dieser Frage bringen. Abschließend sei noch kurz darauf verwiesen, daß die umgekehrte Beziehung, nämlich die Auswirkungen von gezeigtem Verhalten auf Einstellungen, wesentlich eindeutiger nachgewiesen wurde. Entsprechend den Vorhersagen der Theorie der kognitiven Dissonanz und der Theorie der Selbstwahrnehmung zeigte sich, daß sich Einstellungen an das gezeigte Verhalten angleichen, und zwar um so mehr, je geringer die äußere Rechtfertigung für das Verhalten war.

Versucht man eine abschließende Zusammenfassung und Bewertung der Arbeiten zur Einstellungsforschung, so kann wohl global gesagt werden, daß sich die Hoffnungen nicht erfüllten, mit diesem Konzept der Einstellung einen wesentlichen Beitrag zur Erklärung menschlichen Verhaltens zu leisten.

Hinsichtlich des Phänomens der Einstellungsänderungen erscheinen trotz der umfangreichen Arbeiten noch zahlreiche Probleme ungeklärt. Forschungsstrategisch erscheinen drei Richtungen der zukünftigen Arbeit zur Einstellungsänderung sinnvoll: (1) Es ist notwendig, daß die Komplexität des Kommunikationsprozesses intensiver aufgeschlüsselt wird. Die Interaktion der beteiligten Faktoren muß kontrolliert und erforscht werden. (2) Es existiert bisher noch keine Einstellungsänderungstheorie auf breiter, integrativer Ebene. Der Weg zu einer solchen allgemeinen Theorie könnte über Arbeiten führen, in denen die bisher vorhandenen Theorien formalisiert und somit vergleichbar werden. (3) Schließlich ist es wünschenswert, daß auf dem Hintergrund allgemeiner Überlegungen dazu, wie Menschen insgesamt ‚funktionieren', Innovationen auf dem Gebiet der Erforschung von Einstellungsänderungen ermöglicht werden.

Im Hinblick auf die Frage zum Zusammenhang zwischen sozialen Einstellungen und Verhalten ist zu hoffen, daß durch die Berücksichtigung motivationaler Faktoren eine weitere Aufklärung auf diesem Gebiet zu erreichen sein wird. Bei dieser Frage handelt es sich — letztlich — um das Problem, inwieweit menschliches Verhalten vorhersagbar ist. Hierbei sind soziale Einstellungen sicher nur eine Teilmenge der zu berücksichtigenden Faktoren, weshalb die Hauptaufmerksamkeit auf die Frage gerichtet sein sollte, nach welchem Gesamtmodell Verhalten an sich prognostiziert wird" (303—304).

Der Einstellungsbegriff

Der Einstellungsbegriff wurde von Thomas und Znaniecki (1918) in die Soziologie und Sozialpsychologie eingeführt. In ihrer Arbeit über die Lebensgewohnheiten der polnischen Bauern in Polen und in Amerika wird der Begriff Einstellung zur Erklärung der beobachteten Unterschiede in den Lebensgewohnheiten herangezogen. Beide Forscher meinten sogar, daß die Sozialpsychologie geradezu als das Studium menschlicher Einstellungen und ihrer Bedeutung für das Handeln definiert werden muß. Von den vielfältigen Definitionsversuchen, die der Begriff „Einstellung" erfahren hat, lassen sich nach DeFleur und Westie (1963) zwei Gruppen von Definitionen unterscheiden, nämlich erstens Definitionen, die die Konsistenz des Verhaltens betonen und zweitens Konzepte, die von der Annahme latenter psychischer Prozesse ausgehen.

Definitionen, die auf behavioristischen Erklärungsmodellen aufbauen, betrachten „Einstellung" als ein anderes Wort für Konsistenz des Verhaltens. Sie sprechen von einer Einstellung dann, wenn in den verschiedensten Situationen identische Verhaltensweisen gezeigt werden, die sich nicht aus Situationsfaktoren erklären lassen. Die Frage, woher diese Konsistenz kommt und wie sie sich begründen läßt, wird allerdings nicht näher untersucht. Definitionen der zweiten Konzeption gehen zwar auch von der Beobachtung der Verhaltenskonsistenz aus, sie vollziehen jedoch einen weiteren Schritt, indem sie einen innerpsychischen Mechanismus annehmen, der für diese Konsistenz verantwortlich ist. Einstellung ist danach nicht nur als Wahrscheinlichkeit des Auftretens bestimmter Verhaltensweisen definiert. Die Unterscheidung dieser beiden Definitionsrichtungen hat für die Einstellungsmessung erhebliche Bedeutung. Hält man sich an die behavioristische Konzeption, so wird man versuchen, Verhaltenshäufigkeiten zu erfassen, wohingegen man nach der Konzeption des innerpsychischen Mechanismus eher dazu übergehen wird, Einstellungen dadurch zu messen, daß man die Versuchspersonen Meinungen oder Gefühle äußern läßt.

Diesem zweiten Konzept entspricht besonders gut die Definition von Allport (1935): „Einstellung ist ein seelischer und nervlicher Bereitschaftszustand, der durch die Erfahrung organisiert, einen richtenden und dynamischen Einfluß auf die Reaktion des Individuums, auf alle Objekte und Situationen ausübt, mit denen er verbunden ist" (S. 810). Nach Allport kann Einstellung nicht als etwas direkt Beobachtbares definiert werden, sondern als ein hypothetisches Konstrukt, ähnlich wie „Motivation" oder „Intelligenz". Der Begriff der Einstellung ist eine Abstraktion, die man dadurch zu konkretisieren versucht, daß man angibt, welche Bedingungen dem Erwerb bestimmter Einstellungen vorausgehen und welches Verhalten als Konsequenz von bestimmten Einstellungen zu erwarten ist. Dieser nach Allport „seelische und nervliche Bereitschaftszustand" läßt sich an bestimmten Indizien erkennen, wie z. B. in der Beantwortung von Fragebögen in der Messung physiologischer Reaktionen oder auch an Verhaltensweisen in Testsituationen. Nach Allport sind Einstellungen weiterhin durch Erfahrungen organisiert, d. h. sie werden gelernt und können durch Lernprozesse verändert werden. Diesen Aspekt betont besonders die Definition von Newcomb (1966) „Einstellung ist die aus dem Verhalten erschlossene Organisation der psychischen Prozesse eines Individuums, so weit sie sich auf bestimmte Aspekte der Welt beziehen, die dieses Individuum von anderen Aspekten unterscheidet. Sie stellen Residuen früherer Erfahrungen in bestimmten Situationen dar, die zusammen mit den gegenwärtigen Einflüssen das Verhalten in dieser Situation determinieren. Einstellungen sind insofern als beständig zu bezeichnen, als diese Residuen auf neue Situationen übertragen werden, andererseits sind sie insofern veränderlich, als neue Residuen durch Erfahrungen in neuen Situationen erworben werden" (S. 22).

Folgt man der Definition von Secord und Backman (1964), daß mit dem Ausdruck Einstellung gewisse Regelmäßigkeiten der Gefühle, Gedanken und Handlungsbereitschaften eines Individuums bezüglich irgendeines Aspektes seiner Umgebung bezeichnet werden, so wird damit auf die drei zentralen Dimensionen des Einstellungsbegriffs hingewiesen, die von Rosenberg und Hovland (1960) und von Katz (1967) in eine „Drei-Komponenten-Konzeption" der Einstellung zusammengefaßt wurden. Rosenberg und Hovland (1960) definieren Einstellung folgendermaßen: „... Einstellungen sind Tendenzen, auf bestimmte Klassen von Reizen mit bestimmten Klassen von Reaktionen zu antworten und (wir) bezeichnen die drei hauptsächlichen Klassen von Reaktionen als kognitive, affektive und verhaltensmäßige" (S. 3). Katz (1967) definiert Einstellung: „Einstellungen beinhalten sowohl einen affektiven oder Gefühls-Kern von Mögen oder Nicht-Mögen, wie auch kognitive und Meinungselemente, die den Einstellungsgegenstand, seine Eigenschaften und seine Beziehungen zu anderen Objekten beschreiben" (S. 49).

Die folgende Abbildung enthält die schematische Darstellung der „Drei-Komponenten-Konzeption" der Einstellung.

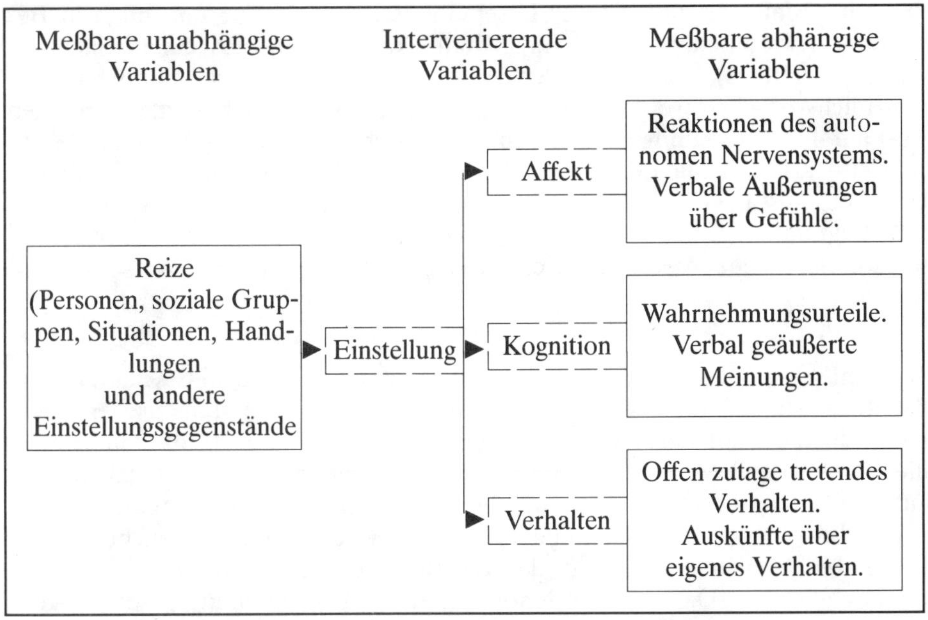

Abbildung 6: Schematische Darstellung der „Drei-Komponenten-Konzeption" der Einstellung (nach Rosenberg und Hovland, 1960)

Stroebe (1980) gibt dazu folgende Erklärung: „Unsere Einstellung gegenüber einem Einstellungsgegenstand, etwa unseren Bundestagsabgeordneten, setzt sich nach dieser Konzeption aus folgenden Komponenten zusammen. (1) Unsere Meinung über diesen Kandidaten: Wir halten ihn für intelligent und liberal in seinen Ansichten zu wesentlichen politischen Fragen; (2) Unsere Gefühle gegenüber diesem Kandidaten: Er ist uns sympathisch, wir mögen ihn und bewerten ihn positiv; (3) Unsere Verhaltensabsichten: Wir beabsichtigen, uns weiter über ihn zu informieren, für ihn zu stimmen und zu werben" (S. 140).

Die Einstellungsforschung hat sich allerdings vorwiegend mit der Erfassung und Analyse der affektiven und kognitiven Komponenten von Einstellungen befaßt, wobei in den vorliegenden Untersuchungen häufig nicht zwischen diesen Dimensionen getrennt wird.

Die Erfassung von Einstellungen

Die wichtigste Methode der Einstellungserfassung ist die Einstellungsskala. Das Gebiet der Einstellungs-Skalierung ist sicher das methodisch am exaktesten bearbeitete Gebiet der Sozialpsychologie. Einstellungsskalen sind so weit verbreitet, daß vermutlich jeder Leser dieses Buches schon mit ihnen in Berührung gekommen ist. Eine Einstellungsskala besteht aus einem Satz von Aussagen (Items), die einer Person oder Personengruppe mündlich oder schriftlich vorgelegt werden. Aufgrund der Antworten der befragten Personen wird auf ihre Einstellung geschlossen. Wenn sich auch die Skalen in ihrer Konzeption stark voneinander unterscheiden, so verfolgen sie doch das einheitliche Ziel, Aussagen in Skalenwerte umzuwandeln und damit die Position des einzelnen auf einem Kontinuum, also einer Skala, zu bestimmen. Für die Entscheidung, welche Aussagen in eine Skala aufgenommen werden sollen und wie viele Aussagen die Skala umfassen soll, sind mindestens drei Kriterien zu beachten:

1. Trennschärfe der Items (Aussagen): Eine Aussage muß so beschaffen sein, daß Personen mit unterschiedlicher Einstellung auch in systematischer Weise unterschiedlich auf die Items antworten. Das heißt also z. B., daß diejenigen, die für den Volkswagen sind, dazu tendieren, die Aussage zu bejahen: „Er läuft und läuft und läuft", während alle, oder doch die meisten von denen, die den Volkswagen nicht mögen, die Aussage eher verneinen. In manchen Fällen ist der Inhalt einer Aussage so, daß die Beziehung des Items zur Einstellung offensichtlich ist. Das ist aber schon bei dem eben erwähnten Volkswagen-Item nicht unbedingt der Fall. Es sind also Vorversuche nötig, um zu bestimmen, ob Zustimmung oder Ablehnung der Einzelaussagen auch tatsächlich mit positiver bzw. negativer Gesamthaltung zum Einstellungsobjekt einhergehen.

2. Trennfähigkeit entlang der gesamten Skala: Es ist zwar schon viel, wenn es gelingt, Freunde von Feinden zu trennen, aber Skalenkonstrukteure wollen feinere Unterschiede erfassen, die auf einer Skala zwischen totaler Zustimmung und totaler Ablehnung angesiedelt werden können. Die erstrebte feine Unterscheidungsfähigkeit der Aussagen oder Antwortmöglichkeiten kann nun für die einzelnen Skalenbereiche unterschiedlich sein. Gemeinhin scheinen Skalen im Mittelbereich einer Einstellung einigermaßen deutlich zu trennen, aber die vielleicht noch vorhandenen Unterschiede im Extrembereich bleiben im dunkeln. Dabei kann gerade die Identifizierung der Extreme von praktischer Relevanz sein. Es macht zum Beispiel durchaus einen Unterschied, ob man im Interesse einer gesellschaftlichen Veränderung nur erklärte Gegner tö-

ten will, oder ob man auch das Sterben von Unschuldigen in Kauf nimmt. Es ist deshalb oft so schwer, innerhalb eines Extrembereiches noch Unterschiede zu erfassen, weil die Aussagen, aus denen sich die Skala zusammensetzt, gewöhnlich im Kreis von Leuten gesammelt werden, die eine gemäßigte Einstellung haben. An Personen mit extremen Positionen heranzukommen und sie zu bewegen, diese auch in einer Befragung zu dokumentieren, ist nicht einfach.

3. Verhältnis von Zuverlässigkeit der Skala und Anzahl der Items: Es ist einleuchtend, daß die Antwort zu einer einzigen Frage weniger zuverlässige Schlüsse über die Einstellung des Befragten zuläßt als eine größere Anzahl von Antworten. Je größer die Zahl der Items, desto größer ist die Chance, daß sich bei einer wiederholten Darbietung der Skala der annähernd gleiche Einstellungswert ergeben wird. Einer der Gründe dafür ist, daß sich Fehler in den Randbedingungen wie Wortwahl, unverständliche Ausdrucksform usw. eher ausgleichen, wenn die Anzahl der Items relativ groß ist. Das gilt allerdings nur, solange es sich nicht um systematische, immer in die gleiche Richtung zielende Fehler handelt. Davon abgesehen kann man sagen: Je größer die Zahl der Items, desto größer ist die Wahrscheinlichkeit des Fehlerausgleichs. Andererseits kann man aus praktischen und aus psychologischen Gründen Skalen nicht beliebig lang machen, damit die Befragten nicht ermüden und die Lust an der Mitarbeit verlieren. Es muß also zwischen Machbarkeit und Zuverlässigkeit ein Kompromiß gefunden werden, wie überhaupt bei der Entwicklung einer Skala so viele Faktoren in Einklang gebracht werden müssen, daß ein perfektes Instrument nur schwer erstellbar ist.

Die Methoden zur Skalierung von Einstellungen haben zu drei Skalenmodellen geführt: (1) Die Methode der gleich-abständigen Intervalle (Thurstone-Skala). (2) Die Methode der summierten Bewertungen (Likert-Skala). (3) Die Methode der kumulativen Skalierung (Guttman-Skala). Weiterhin ist die häufig in der Einstellungsforschung eingesetzte Methode des semantischen Differentials (Osgood, 1957) zu erwähnen. Im folgenden werden die Grundlagen der verschiedenen Methoden zur Skalierung von Einstellungen kurz beschrieben und auf ihre Vor- und Nachteile hin kritisch analysiert.

(1) Methode der gleich-abständigen Intervalle:

Diese Methode ist zwar nur eine der Skalierungsmethoden, die von Thurstone und seinen Mitarbeitern in den 20er und 30er Jahren entwickelt wurden. Wir bezeichnen sie aber im folgenden, pars pro toto, der Einfachheit halber ohne weitere Spezifizierung als „Thurstone-Methode“. Thurstone skalierte mit diesem Verfahren Einstellungen zum Krieg, der Kirche, zur Geburtenkontrolle usw.. Grundlage der Methode ist das Erfragen von Urteilen einer Jury von Experten, um die Skalenwerte der einzelnen Items zu bestimmen. Im Anschluß an Krech u. a.(1948) wollen wir den Vorgang an Hand einer Skala erläutern, mit der Thurstone und Chave (1929) die Einstellung zur Kirche zu erfassen suchten.

Zunächst wurden aus den verschiedensten Quellen insgesamt 130 kirchenfreundliche und kirchenfeindliche Items gesammelt. Diese Aussagen wurden dann zusammen mit 11 alphabetisch geordneten Zetteln von A bis K einer großen Zahl von Beurteilern mit folgender Anweisung vorgelegt:

„Legen Sie auf den Zettel A diejenigen Aussagen, von denen Sie glauben, daß sie die höchste Wertschätzung der Kirche ausdrücken. Auf Zettel F legen Sie die Aussagen, die eine neutrale Meinung wiedergeben, und auf Zettel K legen Sie die Aussagen, die den höchsten Grad an Ablehnung der Kirche gegenüber enthalten. Auf die übrigen Zettel sortieren Sie bitte die Aussagen nach dem Grad der Wertschätzung oder Geringschätzung, den sie ausdrücken."

Um den Skalenwert eines einzelnen der 130 Items zu erhalten, das heißt seine Position auf einer 11-Punkte Dimension, wurde der Medianwert bestimmt, den das Item auf Grund der Beurteilung durch die Experten bekommen hatte. Dieser Medianwert ist dann der Skalenwert der Aussage.

Nun sagt aber der Median nichts aus über die Verteilung der Beurteilungen. Andererseits ist es einleuchtend, daß wir nur solche Items verwenden können, bei denen die Jury hinsichtlich der Beurteilungen nicht zu verschiedener Meinung ist. Als Maß der Verteilung nahmen Thurstone und Chave das Interquartil-Maß, das ist der Positionsbereich, in den 50% der Experten-Beurteilungen fallen (vgl. Guilford, 1956, S. 80—81). Hohe Übereinstimmung der Urteile auf der Bewertungsskala von A—K = 1—11 ergab einen kleinen Q-Wert (Interquartil-Wert); geringe Übereinstimmung, das heißt weit gestreute Urteile, ergab einen hohen Q-Wert.

Nachdem Skalen- und Q-Wert feststanden, wurden die 130 Items einer Gruppe von ca. 300 Versuchspersonen gegeben mit der Instruktion, diejenigen Aussagen auszuwählen, mit denen sie übereinstimmen. Stimmte eine Person nun Items zu, die stark differierende Skalenwerte aufwies, so wurden die Aussagen ausgesondert, die am wenigsten in das Gesamtbild paßten.

Thurstone und Chave illustrieren den Prozeß der Skalenkonstruktion, indem sie vom Schicksal einzelner Items berichten. Die Aussage „Ich bin einer Kirche interessiert, die schön ist und die die ästhetische Seite des Lebens betont" (Skalenwert 4.1) wurde als irrelevant für die Einstellung zur Kirche ausgeschieden. Sowohl fromme Kirchgänger als auch ausgesprochene Atheisten waren mit dieser Aussage einverstanden. An schönen Gebäuden erfreuten sich beide Gruppen. Die Aussage „Ich glaube, daß die Kirche einen guten Einfluß auf die unteren und ungebildeten Schichten hat, daß sie aber keine Bedeutung für die oberen Schichten besitzt" (Skalen-Wert 6.7) wurde ausgeschieden, weil sie sich als mehrdeutig erwies. Der Q-Wert dieser Aussage war mit 3.6 der größte in dieser Untersuchung errechnete Wert. Das Item enthält genaugenommen zwei Aussagen: „Die Kirche hat einen guten Einfluß" und „Die Kirche hat einen schichtspezifischen Einfluß". Wie der Q-Wert zeigt, konnten sich die Beurteiler nicht einig werden. Das Item „Ich habe das Gefühl, daß die Gottesdienste mich inspirieren und mir in der folgenden Woche helfen, besser zu leben" (Skalen-Wert 1.7) wurde beibehalten. Die Bewertung war recht eindeutig (Q-Wert 1.4) und es schien eine trennscharfe Aussage zu sein, d. h. Kirchgänger und Atheisten beantworteten sie unterschiedlich. Die Aussagen „Ich denke, daß die Kirche ein Platz für religiöse Unterweisung von Jung und Alt ist und in jeder Gemeinde gebraucht wird" (Skalen-Wert 1.5) wurde nicht verwandt. Die Aussage war zwar eindeutig (Q-Wert 1.4). Sie war auch relevant für die Erfassung einer Einstellung zur Kirche. Das ergab sich aus der hohen positiven Korrelation mit anderen kirchenfreundlichen Aussagen und der negativen Korrelation mit kirchenfeindlichen Items. Aber das Item war anderen Aussagen zu ähnlich und brachte darum keine neue Information. Die Aussage wurde für eine eventuelle Parallelform vorgemerkt.

Zur Kritik der Methode: Ein gewichtiger Einwand gegen diese Methode ist der, daß kaum auszuschließen ist, daß die persönliche Einstellung der Jury-Experten ihre Urteilsabgabe beeinflußt und daß es dadurch schwierig werden kann zu bestimmen, was man denn eigentlich erfaßt hat: Die Einstellung zur Kirche oder das Unbekannte, das die Jury für die Einstellung zur Kirche hält. Dieses Problem war von Anfang an bekannt, aber in den frühen Untersuchungen zu dieser Frage schien es, als spiele die persönliche Einstellung doch keine so bedeutende Rolle bei der Bestimmung der Skalenwerte eines Items, als könnten die Jury-Experten durchaus „objektiv" urteilen. In einer Untersuchung von Hinckley (1932), die Krech u. a. zitieren, wurden 114 Aussagen über Farbige von weißen Studenten aus den amerikanischen Südstaaten und aus dem Norden skaliert. Die Studenten aus dem Süden waren eindeutig negativ, die aus dem Norden eindeutig positiv Farbigen gegenüber eingestellt. Trotz dieser Unterschiede in der persönlichen Einstellung betrug die Korrelation der Skalenwerte beider Gruppen $r = 0.98$. Die individuelle Einstellung der Jury-Mitglieder schien also nichts mit der Fähigkeit zu tun zu haben, darüber zu urteilen, wie positiv bzw. negativ eine Aussage über Farbige einzuschätzen sei.

Später kritisierten Hovland und Sherif (1952) diese frühen Untersuchungen: In den verwendeten Studenten-Stichproben hätten sich kaum Personen mit extremen Meinungen befunden. Das ist durchaus möglich, und zwar durch das Zusammentreffen von zwei Umständen. In den frühen Untersuchungen waren auf einen Vorschlag Thurstones hin alle die Beurteiler als flüchtig und ungenau arbeitend ausgesondert worden, die ein Drittel oder mehr Aussagen einer einzigen der elf Kategorien zuordneten. Nun ist es zwar in der Tat nötig, ein Kriterium zu haben, nach dem man Beurteiler aussondern kann, die nicht exakt arbeiten und sich keine Mühe geben. Dies kann aber auch dazu führen, daß Beurteiler mit extremen persönlichen Einstellungen ausgeschlossen werden. Es hat sich nämlich gezeigt, daß solche Beurteiler in dem von ihnen abgelehnten Bereich der Einstellung nur wenig differenzieren, also durchaus ein Drittel der Items einer Kategorie zuordnen.

In ihrer Wiederholung der Untersuchung von Hinckley ließen Hovland und Sherif die gleichen 114 Aussagen skalieren, die Hinckley verwandt hatte. Sie legten diese Aussagen folgenden Gruppen vor: (1) schwarzen Studenten und Doktoranden, (2) weißen Studenten mit Pro-Farbigen Haltung, (3) weißen Studenten, deren Einstellung Farbigen gegenüber nicht bekannt war, und (4) weißen Studenten mit Anti-Farbigen Einstellung. Hovland und Sherif fanden, daß bei Anwendung des Kriteriums, Beurteiler mit 30 oder mehr Prozent der Aussagen in einer Kategorie zu eliminieren, 3/4 der farbigen Studenten und 2/3 der den Farbigen gegenüber freundlich eingestellten Weißen ausgesondert worden wären. Aber die Skalen-Werte gerade dieser beiden Gruppen unterschieden sich signifikant von denen der dritten Gruppe. Beurteiler mit extremen Einstellungen ordneten eine verhältnismäßig große Zahl von Aussagen den extremen Kategorien zu, und zwar in systematischer Weise. Beurteiler mit Farbigen gegenüber eindeutig freundlicher Haltung sahen viele von der dritten Gruppe als neutral bewertete Items als farbigenfeindlich an. In umgekehrter Weise tendierten Beurteiler mit farbigenfeindlichen Vorurteilen dazu, sogar leicht unvorteilhafte Aussagen als positiv einzustufen. Die Einstellung der Beurteiler hat also doch wohl einen Einfluß darauf, welche Skalenwerte einem Item zugeordnet werden. Allerdings wird dieser Effekt in den meisten Fällen gering sein, wenigstens nach Meinung von Krech u. a., da eine merkbare Verzerrung nur bei Beurteilern mit extremen Einstellungen auftritt.

(2) Methode der summierten Bewertungen:

Eine weitere Methode, Einstellungen zu skalieren, ist von Likert (1932) entwickelt worden und auch als „Likert-Skala“ in der Literatur eingeführt. Die Vorgehensweise läßt sich in den folgenden Schritten beschreiben: (1) Sammlung einer großen Anzahl von Aussagen, die nach Ansicht des Skalen-Konstrukteurs zum Objektbereich der interessierenden Einstellung gehören. (2) Vorversuche mit einer Gruppe von Versuchspersonen, die denen gleichen, die mit dieser Skala befragt werden sollen. Sie sollen zu jeder Aussage angeben, ob sie sie befürworten, ablehnen oder ihr unentschieden gegenüberstehen. (3) Bestimmung eines individuellen Scores dadurch, daß die den einzelnen Antwortkategorien zugeordneten Zahlenwerte addiert werden. Die Mehrzahl der Likert-Skalen operiert mit fünf Kategorien, die sinnentsprechend formuliert die folgende Abstufung ausdrücken: „stimme sehr zu“ — „stimme zu“ — „ich stimme weder zu noch lehne ich ab“ — „lehne ab“ — „lehne sehr ab“. Angenommen also, der Befragte hatte zehn Aussagen auf sich zu beziehen, und fünfmal stimmte er zu, und weitere fünfmal zeigte er sich unentschieden in seinem Urteil. Dann wäre sein Score auf dieser Einstellungsskala $5 \times 2 + 5 \times 3 = 25$. (4) Selektion der am besten trennenden Items durch Itemanalyse. Dieser letzte Schritt geschieht dadurch, daß für jede Aussage der Punktwert des einzelnen Items mit dem Gesamtpunktwert aller Items korreliert wird. Die Items mit der höchsten Korrelation werden beibehalten, denn sie bilden mit den anderen Items am deutlichsten eine Einheit.

Wir haben hier nur die grundsätzliche Vorgehensweise geschildert. Die Methode kann verfeinert werden, indem man z. B. eine Gesamtskala aus in sich zusammenhängenden Gruppen von Items bildet, wobei die Itemgruppen unabhängig voneinander sein können. Oder die Items können einer der faktorenanalytischen Methoden unterzogen werden. Das Grundanliegen bleibt immer das gleiche: *Die* Items ausfindig zu machen, die am besten im Sinne der Fragestellung zwischen den Personen mit hoher Einstellung und denen mit niedriger Einstellung trennen können.

Zur Kritik der Methode: Die Itemanalyse unterscheidet die Likert-Methode am stärksten von der Thurstones. Bei der Methode Thurstones sind es die an der eigentlichen Untersuchung nicht beteiligten „Experten", die den Wert einer Aussage beurteilen. Außer daß sie sich mit dem Einstellungsobjekt auskennen, brauchen sie im Prinzip keine Ähnlichkeit mit den Personen zu haben, denen die Skala später einmal vorgelegt wird. Bei der Likert-Methode ist das anders. Hier muß die Gruppe, an der die Items ausprobiert werden, genau den wesentlichen Charakteristika der Gruppe entsprechen, auf die die Skala angewandt werden soll, denn es sind ja die Antwortmuster der Probegruppe, die bestimmen, ob eine Aussage als gehaltvoll beibehalten wird oder nicht. Dieser Unterschied in den Methoden hat eine wichtige Konsequenz für den Inhalt der Items. Bei der von Thurstone entwickelten Skalierungsmethode ist es nötig, daß der Inhalt der Aussagen etwas mit dem Einstellungsobjekt zu tun hat. Bei der Likert-Methode ist das nicht der Fall. Selbst wenn der Inhalt eines Items direkt nichts mit dem Einstellungsobjekt zu tun hat, kann eine Aussage doch in die endgültige Skala aufgenommen werden, solange sie hoch mit dem Gesamtscore korreliert und somit zur Messung der fraglichen Einstellung beiträgt. An der University of Michigan wurde z. B. nach der Likert-Methode ein Test konstruiert, der mit gewisser Wahrscheinlichkeit einen College-Erfolg voraussagt. Dieser Test enthält die *trennscharfe* Frage: „Essen Sie lieber rohe oder gekochte Möhren?" Es hat sich immer wieder gezeigt, daß die, die im College Erfolg haben, rohe Möhren vorziehen. Niemand weiß, warum das so ist, aber es ist nun mal so, und der Test hieß allgemein „the cooked-carrot-test". Für die Thurstone-Methode wäre ein solches Item offensichtlich völlig unbrauchbar gewesen. In einer Likert-Skala kann es seinen Platz haben. Das hat natürlich den Vorteil, daß man in Likert-Skalen eher mit nicht offensichtlichen Items arbeiten kann und damit besser an Einstellungen herankommt, die der Befragte eher verbergen möchte.

Allerdings kann der Score, den die Likert-Skala liefert, nur relativ, nicht absolut interpretiert werden. Das heißt, wir können sagen, Fritz hat einen höheren Score als Hans, also ist er ehrgeiziger, kirchentreuer, antisemitischer als Hans, oder was immer die Skala erfragt. Wir können aber nicht absolut sagen, Fritz ist „sehr" ehrgeizig oder „extrem" kirchentreu. Bei der Thurstone-Skala ist das möglich, denn da beruht die Skalierung ja auf den zumindest quasi-objektiven Einschätzungen der Items durch „Experten". Bei der Likert-Skala gibt es nicht einmal diese Quasi-Objektivität, denn es ist eine Versuchsgruppe von Menschen wie die Befragten selber, die durch ihre Antworten bestimmen, welche Aussagen in die Skala aufgenommen wurden und welche nicht.

Eine andere Schwierigkeit summativer Scores ist ihre Interpretation. Bei den sehr niedrigen und den sehr hohen Scores ist es noch relativ einfach. Dagegen sind Scores, die im mittleren Bereich liegen, viel schwerer zu interpretieren, weil sie auf ganz verschiedene Weise zustande gekommen sein können. Ein mittlerer Score kann einmal dadurch entstanden sein, daß der Befragte vorwiegend die mittlere oder neutrale Kategorie angekreuzt hat. Er kann aber auch dadurch entstanden sein, daß der Befragte manche Aussagen extrem ablehnt, andere dafür wieder extrem befürwortet. So wie dem Mann, der mit einem Bein im Feuer, dem anderen auf Eis steht, „im Durchschnitt" angenehm warm ist. Daß es psychologisch eine ganz andere Bedeutung hat, ob einer neutral antwortet oder zwischen Extremen schwankt, dürfte klar sein. Dieser Nachteil der nicht eindeutigen Interpretierbarkeit besteht im übrigen auch bei der Methode Thurstones, bei der sich der Gesamtscore aus der Summe der Skalenwerte aller Items zusammensetzt, die der Befragte zustimmend angekreuzt hat.

(3) Methode der kumulativen Skalierung:

Die Entwicklung dieser Skala ist eng an den Namen Guttman gebunden, so daß man wie von der Likert-Skala auch von der Guttman-Skala spricht. Guttman (1944) definiert seine Skala etwa folgendermaßen: Ein Satz von Items mit gemeinsamem Inhalt kann dann eine Skala genannt werden, wenn jemand mit höherem Rangplatz im Vergleich zu anderen Personen bei wenigstens einem Item höher als die anderen Personen liegt, bei allen anderen Items aber mindestens gleich hoch wie sie. Das Beispiel einer perfekten Guttman-Skala wäre eine Größen-Skala, die aus den Items bestünde: (1) „Ich bin größer als 150 cm." — (2) „Ich bin größer als 170cm." — (3) „Ich bin größer als 190 cm." In einer solchen Skala würde eine Person, die der Aussage (3) zugestimmt hat, mit logischer Notwendigkeit auch der Aussage (1) und (2) zustimmen müssen.

Bei der Größen-Skala wissen wir, daß sie nur eine physikalische Dimension mißt, die Länge. Und genau das ist die Absicht des Guttmanschen Verfahrens: einen Satz von Aussagen zu finden, die so eindeutig *einer* Einstellungsdimension zugeordnet werden können, daß es möglich wird, die *einzelnen* Aussagen analog der Größen-Skala in eine logische Ordnung zu bringen. In einer perfekten Guttman-Skala würde sich aus der Kenntnis des Gesamtscores einer Person das Antwort*muster* dieser Person reproduzieren lassen. Wir würden nicht nur ihren Score kennen, sondern auch wissen, wie sie die einzelnen Items beantwortet hat. Wenn wir jedes „Ja, stimme zu" mit — 1 — bewerten und jedes „Nein, stimme nicht zu" mit — 0 — ansetzen und uns ein Gesamtscore von „2" gegeben wird, dann wissen wir, daß eine Person Item (1) und Item

(2) unserer Größen-Skala mit „Ja, stimme zu“ beantwortet hat, das heißt, daß sie größer als 170 cm sein muß, aber kleiner als 190 cm.

Vollständige Reproduzierbarkeit ist natürlich fast nie zu erreichen, denn gewisse Fehler schleichen sich immer ein, und sei es nur aufgrund von Unachtsamkeit. Außerdem ist es in sehr vielen Fällen praktisch unmöglich, Items zu erfinden, die für alle Befragten nur die Bedeutung haben, die sie für den Forscher besitzen. Aufgrund dieser Erkenntnis sagen Guttmann und seine Mitarbeiter, daß eine Skala noch sinnvolle Aussagen erlaubt, wenn auch nur 90% aller Antworten reproduzierbar sind, das heißt, in das logisch zu fordernde Muster fallen. Auch das ist fast nie zu erreichen.

Das klassische Beispiel einer Guttman-Skala im sozialwissenschaftlichen Bereich ist das soziale Distanzmaß von Bogardus (1925). Es erfaßt den Grad, in dem ein Sozialpartner als menschlich nah bzw. fern erlebt wird. Das Einstellungsobjekt wird vorgegeben, z. B. Studenten, Gastarbeiter usw., und zu jedem Einstellungsobjekt werden die folgenden Fragen gestellt: (1) Ich würde ihn als Ehepartner für meine Kinder akzeptieren. (2) Ich würde ihn als Freund akzeptieren und zu meinem privaten Club zulassen. (3) Ich würde ihn in meiner Straße als Nachbarn akzeptieren. (4) Ich würde zulassen, daß er den gleichen Beruf wie ich hat. (5) Er dürfte Bürger meines Landes werden. (6) Er dürfte mein Land nur besuchen. (7) Ich würde ihn in meinem Land nicht dulden.

Zur Kritik dieser Methode: Es ist ausgesprochen schwer, einen repräsentativen Satz von Aussagen zu finden. Guttman selbst scheint Item-Konstruktion als eine Sache der Intuition und der Erfahrung zu sehen. Es besteht hier das Dilemma, daß nur dann die Hoffnung besteht, auch Aussagen zu finden, die auf einer Dimension liegen und logisch geordnet werden können, wenn der inhaltliche Bereich, mit dem sich die Items befassen, eng begrenzt ist. Andererseits aber ist eine so enggefaßte Einstellung nur selten von wissenschaftlichem und praktischem Interesse. Die meisten für uns wichtigen Einstellungen haben viele Aspekte. Man braucht also viele Guttman-Skalen, um auch nur eine Einstellung zu erfassen. Aber selbst angenommen, man hätte Eindimensionalität bei einer Personengruppe erreicht, so könnte man doch nicht sicher sein, daß die nächste Personengruppe unter eben diesem eindimensionalen Aspekt strukturiert. Skalen-Konstrukteur und Skalen-Benutzer müssen die Welt und ihre Inhalte in das gleiche Koordinatensystem einordnen, sonst funktioniert die Guttman-Skala nicht. Und da diese Übereinstimmung so schwer zu gewährleisten ist, ist es auch so schwer, gute Guttman-Skalen zu entwickeln.

(4) Das semantische Differential

Das semantische Differential als Methode der Einstellungsmessung (Osgood et al., 1957) hat gegenüber den bisher beschriebenen Methoden den Vorteil, daß auf eine aufwendige Skalenkonstruktion verzichtet und diese Skala für unterschiedliche Einstellungsgegenstände verwendet werden kann. Stroebe (1980) meint:

„Semantische Differentiale sind bipolare Einstufungsskalen, deren Endpunkte von gegensätzlichen Adjektivpaaren (etwa: gut-schlecht, hart-weich) gebildet werden. Die Entdeckung des semantischen Differentials als Instrument der Einstellungsmessung war ein Nebenprodukt eines Projektes zur Erforschung der Dimensionen des semantischen Raumes. Zu diesem Zweck wurde eine Vielzahl solcher Adjektiv-Skalen entwickelt. Dann mußten Versuchspersonen eine Anzahl von Konzepten (etwa: Vater, Mutter, Selbst, Sünde, USA) mit diesen Skalen beurteilen. Hierbei zeigte sich, daß viele der Skalen auf recht ähnliche Weise benutzt wurden. Zum Beispiel wurden Konzepte, die als gut beurteilt wurden, auch für angenehm und wertvoll gehalten, und als stark eingestufte Konzepte wurden auch als hart, ausdauernd und streng empfunden. Mit Hilfe von Faktorenanalysen ließen sich drei grundlegende Dimensionen (Faktoren) identifizieren, die als Bewertung (evaluation), Potenz (potency) und Aktivität (activity) interpretiert wurden.

Es liegt natürlich nahe, die Adjektivskalen mit hoher Ladung auf dem Bewertungsfaktor zur Einstellungsmessung heranzuziehen. Man läßt den Einstellungsgegenstand etwa auf folgenden Skalen einstufen:

gut	+3	+2	+1	0	−1	−2	−3	schlecht
angenehm	+3	+2	+1	0	−1	−2	−3	unangenehm
wertvoll	+3	+2	+1	0	−1	−2	−3	wertlos
sauber	+3	+2	+1	0	−1	−2	−3	schmutzig
freundlich	+3	+2	+1	0	−1	−2	−3	unfreundlich

Diese Einstufungen werden dann summiert und ergeben den Einstellungswert. Da die semantischen Differentiale unspezifisch sind, können dieselben Adjektivpaare zur Erfassung von Einstellungen zu allen erdenklichen Einstellungsobjekten verwendet werden und ergeben eine allgemeine Einstellungsskala, von der die Autoren (Osgood et al., 1957) postulieren, daß sie Intervallskalen-Niveau besitzt.

In der Begeisterung über die vielseitige Verwendbarkeit dieser Methode wird allerdings häufig übersehen, daß die Bedeutung der einzelnen Adjektivskalen in Abhängigkeit vom beurteilten Einstellungsgegenstand unterschiedlich interpretiert werden kann. Aufgrund von Untersuchungen stellen Osgood et al. (1957) explizit fest: ‚... die Bedeutung von Skalen und ihre Beziehungen zu anderen Skalen variieren beträchtlich je nach dem Begriff, der beurteilt wird' (S. 187).

Fishbein und Ajzen (1975) sind deshalb der Ansicht, daß auch semantische Differentiale in jedem Einzelfall einer Itemanalyse unterworfen werden müßten, um festzustellen, welche der Adjektivskalen sich am besten zur Erfassung der Einstellung zu dem spezifischen Einstellungsobjekt eignen" (S. 159—160).

(5) Methode der getarnten Technik

Für die Erfassung von Einstellungen sind neben den beschriebenen Skalen Verfahren entwickelt worden, die man unter dem Sammelbegriff „Getarnte Techniken“ zusammenfassen kann.

Bei den bisher besprochenen Methoden konnte es den Befragten mehr oder weniger klar sein, worum es ging. Zumindest wußten sie, daß man etwas von ihnen wissen wollte. Es gibt aber auch Verfahren, die Einstellungen auf indirektem Wege erfassen. Ein prinzipieller Vorzug solcher getarnter Techniken besteht darin, daß man auf diese Weise zumindest versuchen kann, an die sonst fast unzugänglichen tabuierten Einstellungen heranzukommen, tabuiert durch die Gesellschaft und tabuiert auch, weil sie dem eigenen Selbstbild nicht entsprechen. Wer möchte schon wissen, ob und wie sehr er seine Eltern haßt.

Ein zweiter prinzipieller Vorteil der getarnten Techniken, die Webb u. a. (1966) beschreiben, besteht darin, daß sie es erlauben, Einstellungen zu erfassen, ohne durch den Prozeß des Erfassens die Einstellung selbst zu beeinflussen oder überhaupt erst zu schaffen. Durch sogenannte „Umfragen“ in einer Gruppe, ein Thema oder ein Produkt erst bewußt oder relevant zu machen, ist uns allen ein aus der Werbung geläufiger Prozeß. Die dabei entstehenden Probleme sind genereller Art und betreffen alle Meßvorgänge, nicht nur die Einstellungsmessung.

Zu den getarnten Techniken gehören unter anderem auch die projektiven Testverfahren, in denen die Befragten auf unstrukturierte Reize eingehen sollen und dabei dann schwer etwas anderes tun können, als sich selbst zu enthüllen. Eine solche Methode aus der Werbung ist die „Einkaufsnetz-Methode“, wie sie z. B. von Haire (1950) berichtet wird. Haire wollte in Erfahrung bringen, welche Faktoren die Hausfrauen beim Kauf von Instantkaffee beeinflussen. Zunächst stellte er einer Stichprobe von Hausfrauen die Frage: „Verwenden Sie Instantkaffee?“ War die Antwort „Nein“, fragte er weiter: „Was gefällt Ihnen daran nicht?“ Die häufigste Antwort der Instantkaffeegegnerinnen war Mißfallen über das Aroma. Haire war von diesen Gründen nicht überzeugt. Er hielt sie für Rationalisierungen, die andere Gründe verdecken sollten. Er entwickelte deshalb die folgende getarnte Technik: Es wurden zwei Einkaufslisten zusammengestellt von Dingen, die eine Hausfrau bei einem normalen Einkauf besorgt. Die beiden Listen waren identisch, nur kaufte die Hausfrau nach der ersten Liste eine Dose Instantkaffee, nach der anderen Filterkaffee. Jede der Listen wurde einer Gruppe von Frauen mit der Bitte vorgelegt, sich eine Frau vorzustellen und zu charakterisieren, die so einkauft. Die beiden Frauengruppen waren nach Alter, Herkunft usw. vergleichbar. Wie gesagt, der einzige Unterschied in den Listen war die Art des Kaffees. Haires Ergebnisse lassen sich tabellarisch so darstellen:

Eigenschaften der Käuferin	Nescafé-Käuferin %	Filterkaffee-Käuferin %
faul	48	4
kann nicht planen	48	12
sparsam	4	16
gute Hausfrau	4	16

(Haire, M., Projective Techniques in Marketing Research. Journal of Marketing, 1950, 14, 649—656)

Es zeigt sich also, daß die Nescafé-Käuferin von den Frauen weit negativer beurteilt wird als die Käuferin von Filterkaffee. Es ist vernünftig anzunehmen, daß sich in diesem Unterschied die Einstellung der beurteilenden Frauen zum Instantkaffee widerspiegelt, eine Einstellung, die so aus den verbalen Äußerungen nicht zu entnehmen war.

Ein weiteres Beispiel getarnter Techniken ist die von Hammond (1946) entwickelte Methode der Fehler-Wahl. Ursprünglich wurde diese Technik von Hammond angewandt, um die wechselseitigen Einstellungen von Arbeiterschaft und Management in einem Betrieb zu erfassen. Die Technik ist dann auch auf andere Bereiche angewandt worden. Hammond zwang seine Versuchspersonen, eine von zwei alternativen Antworten zu wählen. Beide Alternativen waren falsch, nur gingen die Fehler jeweils in die entgegengesetzte Richtung. Hammond hatte z. B. Items wie das folgende: „Der Durchschnittliche Verdienst eines Rüstungsarbeiters war 1945? (a) 37 Dollar in der Woche — (b) 57 Dollar in der Woche." Es wurde angenommen, daß arbeiterfreundliche Versuchspersonen, die dem Management Ausbeutung unterstellen, den niedrigeren (falschen) Betrag wählen würden, während managementfreundliche Personen aus der Annahme heraus, daß es den Arbeitern sowieso schon viel zu gut ginge, den höheren (falschen) Betrag wählen würden. Auf der gleichen Linie liegt ein anderes Item: „Finanzberichte zeigen, daß jeder Dollar Umsatz (a) 16 Cent — (b) 3 Cent Profit bringt."

Abschließend noch einige interessante Beispiele für getarntes Vorgehen bei der von Webb u. a. (1966) beschriebenen Verwertung von Verhaltensspuren. Hier kommt die Arbeit eines Sozialwissenschaftlers der eines Detektives sehr nahe. So hat man aus der Tatsache, daß im Chicagoer Museum für Wissenschaft und Technik vor den Vitrinen mit lebenden Küken alle sechs Wochen die abgetretenen Fliesen erneuert werden mußten, den Schluß gezogen, daß es sich dabei um den beliebtesten Ausstellungsteil handelt. Die Popularität von Radiostationen ist dadurch geschätzt worden, daß man Mechaniker bat, bei der Reparatur eines Autos darauf zu achten, auf welche Station das Autoradio eingestellt war. Ebenso wurden aus der Veränderung der Pupillengröße Rückschlüsse auf Einstellungen gezogen. Die Augen von Männern weiteten sich vielsagend, wenn ihnen Bilder nackter Frauen gezeigt wurden. Die Pupillen von Frauen reagierten zwar auch auf Bilder von Muskelmännern, erheblich stärker jedoch auf die Bilder von Babys (Hess & Polt, 1960).

Einstellungswandel

Die Frage, wie Einstellungen wirksam geändert werden können, beschäftigt nicht nur die Sozialpsychologie, sondern ist darüber hinaus von großem praktischen Interesse. In vielen Bereichen des öffentlichen Lebens, z. B. in den Massenmedien, der politischen Propaganda oder der Werbung, aber auch der Erziehung und Bildung wird versucht, Einstellungen zu ändern. Dies geschieht durch den Abbau unerwünschter und den Aufbau erwünschter Einstellungen, oder es wird versucht, Einstellungen gegen Veränderungsbemühungen zu sichern. Zunächst kann man feststellen, daß die Einstellungen, über die ein Individuum verfügt, von sehr unterschiedlicher Wichtigkeit für den einzelnen und für die Gesellschaft sein können. Das reicht beim Individuum von oberflächlich vertretenen Meinungen über bestimmte zweitrangige Tagesereignisse bis hin zu lebensbestimmenden Grundeinstellungen. Eine Klassifikation in mehr oberflächliche, Ich-ferne Einstellungen und in zentrale, Ich-nähere Einstellungen erscheint wenig sinnvoll, da sie den dynamischen Wechselwirkungen nicht gerecht wird.

Das von McGuire (1969) entwickelte Ankerketten-Modell erscheint besser geeignet, die Wichtigkeitsdimension von Einstellungen zu veranschaulichen. Man stelle sich einen Anker vor. Der repräsentiert die Grundhaltung des Menschen, die sein ganzes Handeln bestimmt. Die speziellen Einstellungen muß man sich als das Boot vorstellen, das mit diesem Anker über eine Kette verbunden ist. Diese Kette kann nun lang und locker sein, aber auch kurz und straff gespannt. Ist die Kette lang und locker, kann sich das Boot in einem ziemlich großen Spielraum bewegen, ehe der Anker es festhält. Ist die Kette straff und kurz, dann hat das Boot kaum Möglichkeiten zur Positionsänderung. Auf unser Problem übertragen heißt das, daß sich Einstellungen relativ leicht ändern und beeinflussen lassen, wenn es sich darum handelt, Positionen innerhalb des von der Grundhaltung gesetzten Spielraums zu verändern, daß es aber schwer, wenn nicht unmöglich wird, den Anker, die Grundhaltung zu verändern. Zumindest bedarf es zur Änderung von Grundhaltungen so intensiver Methoden, daß man sie gesondert behandeln muß. Solche Maßnahmen wären z. B. Psychotherapie oder Gehirnwäsche, obwohl auch nach den bisher vorliegenden Untersuchungen über die Wirksamkeit psycho-therapeutischer Verfahren und langfristiger Wirkungen von Gehirnwäsche bezweifelt werden muß, daß mit dem Einsatz dieser Methoden tatsächlich grundlegende Werthaltungen und Einstellungen beim Menschen geändert werden können.

Das in unserer normalen Lebensumwelt am häufigsten anzutreffende Verfahren der Einstellungsänderung besteht im Prozeß der Kommunikation.

Die Einwirkung von bewußt gesetzten Informationen oder Überredungsversuchen auf die Entstehung und den Wandel von Einstellungen ist sicher das am sorgfältigsten bearbeitete Gebiet der Einstellungsforschung. Dies ist verständlich, wenn wir uns überlegen, wieviel in unserem Denken und Handeln durch symbolische Interaktion und Kommunikation vermittelt ist. Man kann den Kommunikationsprozeß nun auf verschiedene Weise strukturieren und für die Besprechung aufbereiten.

Das klassische Beschreibungsmodell findet seinen Ausdruck in der von Lasswell (1948) geprägten Formel: Wer sagt was zu wem, wie und mit welchem Effekt? Dieses Modell lenkt unsere Aufmerksamkeit auf den Kommunikator, die Kommunikation selbst, die Art der Übermittlung (Medium), die Natur des Empfängers und die Wirkung des gesamten Ablaufes. In der Tat handelt es sich bei dieser Kategorisierung um ein Schema, in das ein großer Teil der Forschung mühelos eingeordnet werden kann.

Man darf aber nicht übersehen, daß es sich dabei um ein recht mechanistisches Modell handelt, das die Wechselwirkungen zwischen Kommunikator und Empfänger außer acht läßt. Insofern beschreibt dieses Modell besser den Vorgang der Massenkommunikation als den der Kommunikation in direkten interpersonalen Beziehungen. Das in der Lasswell-Formel ausgedrückte Ordnungsschema sagt nichts darüber aus, wie der Prozeß der Einstellungsänderung in der einzelnen Person abläuft. Nach McGuire (1969) vollzieht sich der Prozeß der Änderung oder Entstehung von Einstellungen in fünf Schritten: (1) Die Aufmerksamkeit wird angeregt, (2) man tritt in den kommunikativen Prozeß ein, nimmt die Information auf und versteht sie, (3) man bewertet die an einen gerichteten Aussagen und schließt sich ihnen gegebenenfalls an, (4) man behält die veränderte Einstellung im Gedächtnis und (5) schließlich handelt man der veränderten Einstellung entsprechend. Vereinfachend kann man sagen, daß bei jedem Versuch der Einstellungsänderung durch Kommunikation zumindestens eine Aufnahme- und eine Bewertungs- oder Annahmephase zu berücksichtigen sind und daß sich ein Einstellungsänderungsversuch in jeder der beiden Phasen unterschiedlich auswirken kann. Es ist also sinnvoll, im Sinne eines Prozeß-Modells zunächst auf die Rolle des Kommunikators, dann auf die Art der Informationsdarbietung und Steuerung des Kommunikationsprozesses und schließlich auf die Zuhörerschaft, die die Aussagen aufnimmt, näher einzugehen.

Die Rolle des Kommunikators beim Einstellungswandel

Bei der Entstehung und dem Wandel von Einstellungen sind auf Seiten des Kommunikators für das Verständnis seines sozialen Einflusses die folgenden drei Aspekte von zentraler Bedeutung: (1) Glaubwürdigkeit, besonders hinsichtlich der Aspekte Fachkompetenz und Vertrauenswürdigkeit, (2) die Attraktivität des Kommunikators und (3) seine Macht.

Wirkt der Kommunikator allein durch seine Macht, so wird meist nur eine äußere Anpassung, eine Art Lippenbekenntnis, erreicht. Wirkt der Kommunikator attraktiv, z. B. durch seine Liebenswürdigkeit, dann will der Angesprochene die Verbindung zum Kommunikator aufrechterhalten und schließt sich deshalb seiner Meinung an. Wirkt der Kommunikator durch seine fachliche Kompetenz, so bewirkt der Änderungsprozeß eine Verinnerlichung, eine Internalisierung des Gesagten. Der Angesprochene macht die Anschauungen des Kommunikators zu seinen eigenen.

Es ist eine praktische Erfahrung und wird durch die Ergebnisse der Kommunikationsforschung erhärtet, daß derjenige, der etwas sagt, genauso wichtig sein kann für die Wirkung einer Kommunikation wie das, was er sagt. Besonders Vertrauenswürdigkeit und Sachkenntnis des Kommunikators sind in diesem Zusammenhang zu beachten. So gaben beispielsweise Hovland und Weiss (1951) einer Gruppe amerikanischer Studenten Artikel zu lesen, in denen es um die Frage ging, ob es wohl möglich wäre, ein atomar getriebenes U-Boot zu bauen. Das Quellenmaterial wurde als Zeitungs- oder Illustrierten-Artikel deklariert, und zwar wurde der Hälfte der Studenten gesagt, der Artikel stamme von dem bekannten Wissenschaftler Robert Oppenheimer, der anderen Hälfte wurde der gleiche Text als *Pravda*-Artikel vorgestellt. Tatsächlich hatten die Experimentatoren den Text selber verfaßt.

Vor Beginn der Untersuchung waren die Studenten über ihre Meinung zum Bau atomarer Unterseeboote befragt worden. Jetzt, nachdem sie das neue Material gelesen hatten, wurden sie wieder gefragt: (1) Wie denken Sie über die Möglichkeiten des Baues atomar getriebener U-Boote? (2) Wie einsichtig und sachlich gerechtfertigt erscheinen Ihnen die im Artikel vorgebrachten Ansichten?

Es zeigte sich, daß 36% der Versuchspersonen die Schlußfolgerungen des Artikels für gerechtfertigt hielten, wenn er der *Pravda*, einer wenig vertrauenswürdigen Quelle, entstammen sollte. Die gleichen Schlußfolgerungen aber wurden von 71% der Vpn für sachlich richtig angesehen, wenn der Artikel einem geachteten Wissenschaftler zugeschrieben wurde.

In der Gruppe der Studenten, die ursprünglich, vor der Untersuchung, eine andere Meinung vertraten als der Artikel, änderten 23% ihre Meinung nach dem Lesen des „Oppenheimer Artikels“. Glaubten sie aber, es handelte sich um einen Artikel aus der *Pravda*, änderten nur 7% ihre Meinung. Diese Untersuchung zeigt beispielhaft, wie bedeutsam die wahrgenommene Vertrauenswürdigkeit des Kommunikators für die Einstellungswirksamkeit der Kommunikation ist.

In einer Untersuchung von Kelman und Hovland (1953) wurden drei Studentengruppen eingeladen, ein Tonband abzuhören, auf dem ein Radioprogramm aufgezeichnet sein sollte. In Wirklichkeit aber war das Tonband eine von den Untersuchern vorbereitete und aufgenommene Rede über die Behandlung junger Straftäter. In jeder der drei Gruppen wurde die Sendung anders eingeführt: Der einen Gruppe wurde gesagt, es spräche ein Jugendrichter, ein äußerst erfahrener Mann und eine gut informierte Persönlichkeit, die eine Kapazität auf dem Gebiet des Jugendstrafrechtes darstelle. Der zweiten Gruppe wurde gesagt, es spräche ein Student, jemand wie sie. Und der Sprecher, dem die dritte Gruppe vermeintlich zuhörte, wurde als Delinquent vorgestellt, den man nur auf Bewährung entlassen habe, der aber trotzdem wohl immer noch an dunklen Geschäften beteiligt sei. Die Ergebnisse zeigten, daß der Richter in der Tat, wie zu erwarten war, als sachkundiger angesehen wurde, über Milde im Strafvollzug zu urteilen. Weiterhin zeigte sich, daß der sachkundige Kommunikator bei den Zuhörern eine weitgehende Einstellungsänderung erreichte.

An den Ergebnissen dieser beiden referierten Untersuchungen läßt sich der Einfluß der Glaubwürdigkeit des Kommunikators auf die Reaktion der Zuhörer gut erkennen. Nun ist es allerdings zugegebenermaßen nicht besonders überraschend zu hören, daß ein sachkundiger und vertrauenswürdiger Redner mehr Einfluß hat als eine wenig vertrauenswürdige Person. Interessanter ist eigentlich die Tatsache, daß in jeder der beiden referierten Untersuchungen das Ausmaß der Einstellungsänderung beträchtlich geringer ist, als die Stärke der unterschiedlichen Reaktionen auf die verschiedenen Kommunikatoren hätte vermuten lassen. Nur ein Bruchteil derer, die Oppenheimer für vertrauenswürdig halten und dem Richter Sachkompetenz zusprechen, ändert seine Meinung. Es wird also offensichtlich, daß zum wirkungsvollen Überzeugen mehr gehören muß als nur die Information durch einen vertrauenswürdigen Fachmann.

Wenn man von der Glaubwürdigkeit eines Kommunikators spricht, so läßt sich vermuten, daß der Annahme der Information das Motiv zugrunde liegt, eine rational vertretbare und richtige Einstellung zu einer Sache zu gewinnen. Wirkt dagegen die Attraktivität des Kommunikators, so scheint die Motivation zur Annahme eher in dem Wunsch zu liegen, durch die Aufrechterhaltung des Kontaktes mit dem Kommunikator eine befriedigende soziale Beziehung mit ihm herzustellen. Hinsichtlich der Attraktivität sind drei Aspekte von besonderer Bedeutung und in der Einstellungsforschung und Attraktivitätsforschung näher untersucht worden: (1) Ähnlichkeit, (2) Bekanntheit und (3) Sympathie. Wenn sich diese drei Begriffe auch analytisch voneinander trennen lassen, so muß man berücksichtigen, daß im sozialen Handeln diese drei Aspekte der Attraktivität sich derart gegenseitig beeinflussen, daß es oft unmöglich ist zu entscheiden, ob die wahrgenommene Ähnlichkeit zur Sympathie führt oder ob umgekehrt aufgrund bestehender Sympathien Ähnlichkeit erlebt wird.

Aufgrund der bisher vorliegenden Forschungsergebnisse läßt sich wohl als gesichert annehmen, daß man in dem Maße von einem Kommunikator beeinflußt wird, in dem man ihn als ähnlich erlebt. Natürlich gelten solche Befunde nur, so lange man andere Faktoren wie Macht oder Glaubwürdigkeit konstant hält.

Eine interessante und auch praktisch relevante Kontroverse hat sich dabei hinsichtlich der Art der Ähnlichkeit ergeben, die Sympathie schafft und uns beeinflußt. Man kann sich ja in verschiedener Hinsicht ähnlich sein, und die Frage ist aufgetaucht, was schwerer wiegt, die Übereinstimmung in Normen und Werten oder die Ähnlichkeit der sozio-ökonomischen Herkunft. Rokeach (1960; 1961) ist der Meinung, die ideologische Ähnlichkeit sei wichtiger. Er meint, ein weißer Verfechter der Rassentrennung werde mehr Sympathiegefühl für einen schwarzen Verfechter der Rassentrennung haben als für einen Weißen, der für die Integration der Rassen eintritt. Dagegen vertreten Triandis und seine Mitarbeiter die entgegengesetzte Meinung, daß nämlich gerade in diesem Fall Rasse wichtiger sei als Ideologie (Triandis, 1961; Triandis, Davis & Takezawa, 1965). Triandis versucht die Widersprüche dadurch zu klären, daß er die Art der Beziehung berücksichtigt. Er meint, in engen, intimen Beziehungen spiele die sozio-ökonomische Ähnlichkeit die Hauptrolle, während in weniger hautnahen Beziehungen die ideologische Ähnlichkeit wichtiger sei.

Untersuchungen zur sozialen Wahrnehmung, besonders zur Attraktivitätsforschung, wie sie auch in diesem Band besprochen werden, können hierüber nähere Aufschlüsse geben (z. B. Mikula & Stroebe, 1977).

Die Untersuchungen über den Grad der Bekanntheit mit dem Kommunikator und die Sympathie für den Kommunikator in ihrer Wirkung auf die Einstellungsänderung zeigen, daß ein Kommunikator dann mehr einstellungsändernden Einfluß ausüben kann, wenn er seine Zielperson kennt und wenn zwischen ihnen eine positive emotionale Beziehung besteht. Allerdings ergeben sich bei näherem Hinsehen eine Reihe von Differenzierungen. Es hat sich z. B. in einer Untersuchung von Harvey (1962) gezeigt, daß Lob von einem Fremden größeren Einfluß ausübt als Lob von einem Freund, daß aber dagegen Kritik durch Freunde wichtiger genommen wird als Kritik durch Fremde. Eine Erklärung dieser Befunde läßt sich wohl am besten aus der Wirksamkeit des Selbstwertgefühles des Gelobten bzw. Kritisierten ableiten. Lob von Freunden bestätigt nur, was man erwartet, und es bringt somit keinen neuen Zuwachs an Selbstwertgefühl. Kritik von Fremden läßt sich relativ leicht ablehnen, und sie beeinträchtigt nur in geringem Maße das eigene Selbstwertgefühl. Dagegen bedeutet Lob von einem Fremden Zuwachs an Selbstwertbestätigung, und Kritik von einem Freund, den man ernstnehmen muß, bedeutet eine Gefahr für die eigene Selbsteinschätzung.

Oft bewirkt der Versuch der Einstellungsänderung durch den Einsatz von Machtmitteln nur eine äußerliche Anpassung, die kaum den Namen Einstellungsänderung verdient. Den psycho dynamischen Prozeß kann man sich folgendermaßen vorstellen: Der Empfänger einer Kommunikation versucht abzuschätzen, inwieweit der Kommunikator ihn belohnen bzw. bestrafen kann, d. h. inwieweit er Macht ausüben kann. Dann überlegt sich der Empfänger weiter, wie wichtig es wohl für den Kommunikator ist, daß er der Kommunikation zustimmt; und schließlich versucht er abzuschätzen, wie wahrscheinlich es ist, daß der Kommunikator überhaupt merkt, ob man zustimmt oder nicht. Ob also auf Macht- und vielleicht sogar Gewaltanwendung ein Lippenbekenntnis erfolgt oder nicht, hängt vom Ergebnis dieser Analyse ab. Dabei darf man allerdings nicht vergessen, daß es sich auch hier wieder um ein Wechselverhältnis handelt. Nicht nur der Kommunikator hat Macht über den Empfänger, sondern in sehr vielen Fällen hat auch der Empfänger eine gewisse Macht über den Kommunikator. Die gleichen Überlegungen, die der Empfänger über die Macht des Kommunikators anstellt, stellt er auch bezüglich seiner eigenen Machtposition an.

Sieht es von daher zunächst so aus, als sei ein Lippenbekenntnis relativ harmlos, als könne man Machtausübung durch oberflächliche Zustimmung unterlaufen, so ist allerdings zu bedenken, daß unter normalen Bedingungen über kurz oder lang aus der oberflächlichen Zustimmung eine verinnerlichte Annahme werden kann. Das Grundbedürfnis des Menschen nach einer konsistenten Welt bewirkt mit der Zeit eine Einstellungsänderung in Richtung auf die des Kommunikators.

Die Art der Informationsdarbietung

Weiterhin ist die Art der Darbietung der Kommunikation ein wichtiger Faktor für die Wirksamkeit von Einstellungsänderungsversuchen. Um einen Eindruck von der Komplexität dieses Problems zu vermitteln, soll auf die Forschungsresultate zu folgenden Teilproblemen kurz eingegangen werden: (1) Die Art, in der eine Kommunikation den Empfänger anspricht, (2) die Wirkung expliziter und impliziter Schlußfolgerungen in der Kommunikation, (3) die Reihenfolge, in der die Argumente vorgetragen werden und (4) die Wirksamkeit einer einseitigen oder einer ausgewogenen Darbietung der Information.

Die Untersuchungen der Frage, ob Einstellungsänderungen eher durch emotional getönte Informationen oder eher durch rationale Argumentationen bewirkt werden, haben zu keinen eindeutigen Ergebnissen geführt. Es ist anzunehmen, daß die Zusammensetzung der Zuhörerschaft, die Vorerfahrungen der Zuhörer, die situativen Bedingungen, unter denen die Zuhörer die Informationen aufnehmen, und schließlich die Beschaffenheit des Einstellungsobjektes darüber entscheiden, ob eher emotionale oder eher rationale Appelle eine Änderung der Einstellung bewirken.

Auch die Untersuchungen zur Frage, ob die Darstellung und Androhung negativer Konsequenzen beim Ausbleiben der gewünschten Einstellungsänderung und Verhaltensänderung, also die Erzeugung von Angst und Furcht, eine Einstellungsänderung eher beschleunigt oder eher verhindert, haben zu recht widersprüchlichen Ergebnissen geführt. Es ist anzunehmen, daß zwischen Furcht und Einstellungswandel eine umgekehrt U-förmige Beziehung besteht. Sowohl geringe Furcht als auch ein sehr hohes Furcht- und Angstniveau verhindern einen Einstellungswandel. Am wirkungsvollsten ist ein Mittelmaß an

Furcht oder Angst, wobei die Schwierigkeit darin besteht, dieses Mittelmaß genau zu bestimmen. Für einen ohnehin schon ängstlichen Menschen wird bereits ein geringes Maß an zusätzlicher Angst schon ein solches einstellungsänderndes Mittelmaß darstellen, während es bei anderen schon ganz massiver Drohungen bedarf, damit sie überhaupt ihre gegenwärtigen Einstellungen überdenken und sich mit der Stichhaltigkeit der neuen Informationen auseinandersetzen.

Die Frage, ob Einstellungsänderungen dann eher eintreten, wenn der Empfänger aus der übermittelten Information selbständig Schlußfolgerungen zieht oder wenn ihm die Schlußfolgerungen gleich mitgeliefert werden, kann ebenfalls nicht eindeutig beantwortet werden. Einerseits läßt sich eine höhere Bereitschaft zur Annahme einer Information vermuten, wenn dem Empfänger die zu ziehenden Schlußfolgerungen selbst überlassen bleiben, wenn er also nicht zu einer bestimmten Art von Schlußfolgerung gezwungen wird, andererseits zeigen eine Reihe von experimentellen Untersuchungen (McGuire, 1985), daß Einstellungen sich stärker wandeln, wenn in der Kommunikation schon explizit eine Schlußfolgerung vorgenommen wird. Zur Erklärung dieses anscheinend widersprüchlichen Ergebnisses muß man unterscheiden zwischen Faktoren, die die Aufnahme der Information beeinflussen, und solchen, die eher auf die Annahme einwirken. Es kann durchaus sein, daß man von einer Botschaft, deren Bedeutung man sich klar gemacht hat, im Prinzip mehr beeinflußt wird. Allerdings besteht das Problem in einer normalen Kommunikationssituation zunächst darin, die Aufnahme der Botschaft sicherzustellen. Zu oft sind die Zuhörer weder genügend informiert noch motiviert, um die intendierte Schlußfolgerung selbst zu ziehen. Auch in diesem Fall kann also die Wirksamkeit expliziter Schlußfolgerungen nur dann vorhergesagt werden, wenn man die bei den Zuhörern vorliegenden Voraussetzungen genau kennt. Ist z. B. ein hoher Wissensstand und eine hohe Motivation vorhanden, sich mit den übermittelten Informationen auseinanderzusetzen, so wird es von Vorteil sein, Schlußfolgerungen nicht auszusprechen, sondern den Zuhörern das Schlußfolgern selbst zu überlassen, da anderenfalls ein Gefühl der Bevormundung entsteht, das Reaktanz zur Folge hat. Hat man es aber mit uninteressierten und uninformierten Zuhörern zu tun, dann ist es unter Umständen besser, gleichzeitig mit der Informationspräsentation die zu ziehenden Schlußfolgerungen zu liefern, damit die übermittelte Information überhaupt aufgenommen wird und eine Einstellungsänderung bewirken kann.

Ein weiterer bedeutsamer Gesichtspunkt für die Wirksamkeit von Informationen ist die Reihenfolge, in der die Argumente dargeboten werden. Dabei ist zunächst nach der Wirkung einer bestimmten Plazierung des sprachlichen Höhepunktes zu fragen. So kann man in einer Rede die starken Argumente für die Änderung einer Einstellung an den Anfang stellen oder an den Schluß. In einer Reihe von Untersuchungen hat sich gezeigt, daß die Plazierung des starken Arguments am Ende einer Rede zu einer stärkeren Einstellungsänderung führt als die Plazierung zu Anfang. Diese Wirkung des letzten Eindrucks (recency-effects) ist allerdings abhängig von dem anfänglichen Aufmerksamkeitsniveau der Zuhörer. Zeigen die Zuhörer schon zu Beginn der Rede eine hohe Bereitschaft, dem Sprecher zuzuhören, so ist es angebracht, den Höhepunkt der Argumente an den Schluß zu setzen. Ist dagegen das anfängliche Aufmerksamkeitsniveau niedrig, so ist es wirksamer, eine Rede mit zwei Höhepunkten zu konzipieren, einen Höhepunkt der Rede gleich zu Beginn zu bringen, um die Aufmerksamkeit auf sich zu ziehen, und den zweiten Höhepunkt am Ende, um eine nachhaltige Einstellungsänderung zu bewirken. Um also eine wirksame Einstellungsänderung zu erzielen, ist es wichtig, bei der Plazierung des Höhepunktes der Argumente sowohl die Aufnahmephase als auch die Annahmephase zu beeinflussen.

Für die Wirksamkeit von Informationen auf die Einstellungsänderung ist weiterhin der Positionseffekt bedeutsam. Die Frage lautet: Hat die Partei, die ihre Argumente zuerst vorbringt, eine größere Chance, die Meinung der Zuhörer zu beeinflussen, als die Partei, die ihre Argumente zuletzt vorträgt? Die Forschungsergebnisse sind hier nicht eindeutig. Einerseits kann die Wirksamkeit des ersten Eindrucks (primacy-effect) dazu führen, daß die zuerst vorgetragenen Argumente wirksamer sind, andererseits kann der zweite Sprecher auf den Aussagen des ersten Sprechers aufbauen und seine Argumentation entsprechend darauf einstellen, um somit eine größere Wirkung bei den Zuhörern zu erzielen. Weiterhin ist die Art der Themenbehandlung zu beachten. So ist es möglich, daß der Redner das Thema sehr einseitig behandelt und nur Argumente zur Unterstützung seiner eigenen Ansicht vorträgt. Bei einer zwei- und mehrseitigen Art der Argumentation können in der Rede auch abweichende und sogar gegenteilige Argumente vorkommen. Ob eine ein- oder mehrseitige Argumentation die Einstellung wirksamer verändert, richtet sich danach, mit welchen Vorinformationen die Zuhörer versorgt sind und inwieweit sie sich schon eine feste Meinung zu dem behandelten Sachverhalt gebildet haben. Personen, die einem Redner gegenüberstehen, der nicht ihre Meinung vertritt und nur Argumente für seine Einstellung bringt, werden schon während der Rede eigene Gegenargumente entwickeln und die einseitige Darbietung als Voreingenommenheit ablehnen. Personen, die demgegenüber noch keine präzisen Einstellungen zu dem behandelten Sachverhalt gebildet haben, bzw. solche, die bereits über Gegenargumente informiert sind, werden von einer einseitigen Behandlung des Themas eher beeindruckt sein. Wirksame Einstellungsänderung durch Kommunikation setzt also eine gute Kenntnis der Zuhörerschaft voraus.

Die Beschaffenheit der Zuhörerschaft

Für die Entstehung und den Wandel von Einstellungen sind die psychologische und soziale Situation und ebenso die Erfahrungen und Vorkenntnisse der Zuhörer bedeutsame Determinanten. So hat sich in Untersuchungen über den

Zusammenhang von Persönlichkeitsfaktoren und der Bereitschaft zur Einstellungsänderung gezeigt, daß Personen mit geringem Selbstwertgefühl eher zur Einstellungsänderung bereit sind, wenn damit nicht zugleich das Eingeständnis eigenen Versagens verbunden ist. Besteht jedoch die Gefahr, daß aus der Einstellungsänderung eine Selbstwertkritik resultiert, dann sinkt die Bereitschaft zur Einstellungsänderung stark ab. Weiterhin beeinflussen das Bewußtsein und das Gefühl der Zugehörigkeit zu einer Gruppe die Veränderungsbereitschaft erheblich. Es läßt sich belegen, daß dabei der Stärke des Zugehörigkeitsgefühls eine zentrale Bedeutung zukommt. Argumente, die von der Zugehörigkeits- oder der Bezugsgruppe geteilt werden, finden bereitwilligere Aufnahme, als wenn der Zuhörer erwartet, daß die vorgetragenen Argumente bei den für ihn wichtigen Gruppenmitgliedern eher auf Ablehnung stoßen. Auch für die Übernahme und Verfestigung von Einstellungen sind soziale Vergleichsprozesse und der tatsächliche oder vermutete Grad sozialer Unterstützung bedeutsame Determinanten (Gottlieb, 1983).

Eine genaue Kenntnis der Ausgangslage der Zuhörer ist für die Wirksamkeit der gegebenen Informationen von entscheidender Bedeutung. Spricht der Kommunikator in einer Weise, die sich zu stark von der Meinung seiner Zuhörer unterscheidet, besteht einmal die Gefahr, daß sie ihm nicht mehr zuhören oder die Informationen nur noch selektiv aufnehmen. Zum anderen besteht die Gefahr, daß er einen Kontrasteffekt bei seinen Zuhörern erreicht. In diesem Falle bewirkt der Redner eine Einstellungsänderung in entgegengesetzter Richtung. Viele Untersuchungsergebnisse sprechen dafür, daß die Einstellungsänderung um so größer ist, je stärker die vertretene Meinung von der Meinung der Zuhörer abweicht. Allerdings gilt dies nur, solange sich die Diskrepanz der Meinungen innerhalb eines gemeinsamen Denk- und Argumentationsrahmens bewegt. Die vorgetragenen Meinungen müssen für die Zuhörer noch im Bereich des Annehmbaren und Vertretbaren liegen. Abwehrhaltungen treten bei Zuhörern dann auf und werden verstärkt, wenn eine Kommunikation den gewohnten Denkrahmen verläßt, die vorgetragenen Argumente in den Ablehnungsbereich fallen und sowohl Inhalt wie Art der Argumentation im Vergleich zu den eigenen Überzeugungen und Gewohnheiten als zu unähnlich bewertet werden.

Sicherung bestehender Einstellungen

Sind bei den Zuhörern erwünschte Einstellungen gegenüber einem Einstellungsobjekt aufgebaut worden, dann hat der Kommunikator ein Interesse daran, daß diese Einstellungen auch erhalten bleiben. Sie sollen nicht wieder durch andere Beeinflussungsversuche aufgeweicht und verändert werden. Wie lassen sich Einstellungen gegen Änderungsversuche stabilisieren?

Analog dem Vorgehen in der Medizin, wo ein Individuum gegen Krankheitserreger immunisiert wird, indem man ihm eine geringe Dosis eben dieser Erreger einimpft, konzipierte McGuire eine Art „kognitive Schutzimpfung", indem er die Vpn mit leicht einstellungskonträrem Material (McGuire, 1964) versorgte.

Die grundlegende Annahme dieses Ansatzes besteht darin, daß Immunisierung dann wirkungsvoll sein wird, wenn es ihr gelingt, zwei Schwierigkeiten zu überwinden: Der Anhänger einer bis dahin unangefochtenen Meinung ist in der Verteidigung der Einstellung ungeübt, weil die Verteidigung nie nötig war, und der Anhänger einer solchen selbstverständlich erscheinenden Einstellung ist zu ihrer Verteidigung gar nicht motiviert, weil er seine Einstellung für unangreifbar hält. Mit diesen Schwierigkeiten kann man nach McGuire auf zwei Wegen fertig werden: Erstens kann die Motivation zur Verteidigung dadurch erreicht werden, daß man der Person die Verwundbarkeit ihrer Einstellung vor Augen führt. Entsprechend der Analogie zum Impfen setzt man die Vp einer abgeschwächten Kritik an der Einstellung aus. Zweitens muß die Person angeleitet werden, Verteidigungsargumente zu entwickeln, um so der Beeinflussung widerstehen zu können.

Der Versuchsablauf war folgendermaßen aufgebaut:

Den Versuchspersonen wurde gesagt, daß es sich bei den Experimenten um eine Untersuchung der Beziehung zwischen Auffassungsgabe und schriftlicher Ausdrucksfertigkeit handelte.

Jedes Experiment bestand aus zwei Sitzungen. Die erste Sitzung diente der Entwicklung der Abwehrhaltung. Dazu bekamen die Vpn ein Blatt Papier, auf dem eine der kulturellen Selbstverständlichkeiten und darunter eines der möglichen Gegenargumente vermerkt waren. Die Versuchspersonen hatten nun das Gegenargument schriftlich zu entkräften.

In einer zweiten Sitzung, die im Abstand von 2—7 Tagen folgte, lasen die Vpn scharfe Attacken auf die kulturelle Selbstverständlichkeit, etwa eine Seite lang. Dann kamen einige Persönlichkeitstests mit der Absicht, die Versuchspersonen über den wahren Zweck der Experimente im dunkeln zu halten. In einem vorletzten Fragebogen wurde erfaßt, welche Einstellung der Student zu seinen früheren Selbstverständlichkeiten hatte, nachdem sie so massiv angegriffen worden waren. In allen Experimenten gab es eine Kontrollgruppe, die den Angriffen ohne vorangegangene Immunisierung ausgesetzt wurde.

Zum Schluß wurde noch ein weiterer Fragebogen ausgegeben, um festzustellen, ob die Vpn den wahren Zweck der Experimente auch genügend mißverstanden hatten.

Die Forschungsergebnisse zeigten, daß eine einseitige Unterstützung der Einstellung die Widerstandskraft gegen Angriffe bei weitem nicht so stärkt wie die Einbeziehung von Gegenargumenten in abgeschwächter Form. Die Immunisierung mit Hilfe von Gegenargumenten erwies sich als effektiver als die unterstützende Argumentation. Bei Untersuchungen zur Wirkung gleichartiger und verschiedenartiger Argumentation zeigte sich, daß die Widerstandsfähigkeit fast genauso verstärkt wurde, wenn die Gegenargumente, die in der Immunisierungssitzung verwandt wurden, von den Argumenten verschieden waren, die in der Angriffssitzung vorkamen. Die Resistenz gegenüber Angriffen ließ sich auch durch eine Kombination von widerlegender und bestärkender Immunisierung beträchtlich erhöhen, wenn man also den Vpn nicht nur die Gegenargumente, sondern auch deren Widerlegung präsentierte. Die unterstützenden Argumente wurden nach und nach vergessen, während dagegen die Gegenargumentation die Vpn motivierte, über Widerlegungen von Gegenargumenten nachzudenken, so daß einige Tage lang „geübt" wurde und somit die Widerstandsfähigkeit gegen Angriffe anstieg.

Der Immunisierungsansatz hat leider nur eingeschränkte Bedeutung, da er meist lediglich bei kulturellen Selbstverständlichkeiten (z. B. Hilfe für behinderte Menschen) wirksam ist. Bei den meisten Einstellungen handelt es sich eben nicht um kulturelle Selbstverständlichkeiten, sondern um kontroverse Überzeugungen (z. B. Einstellungen gegenüber Asylanten, zu Entwicklungshilfemaßnahmen, zum Schwangerschaftsabbruch), über deren Annahme bzw. Ablehnung das Individuum nicht unabhängig von der Bewertung der Informationsquelle entscheidet. So konnte bei Untersuchungen eine generelle Überlegenheit der Gegenargumentation über die bloße Unterstützung von Einstellungen nicht nachgewiesen werden. Es zeigte sich vielmehr eine interessante Wechselwirkung zwischen der Glaubwürdigkeit des Senders und der Wirksamkeit von Gegenargumentation bzw. Unterstützung. Bei Mitteilungen ohne Senderangabe war die Unterstützung der Gegenargumentation überlegen (Petty & Cacioppo, 1981).

Verhältnis von Einstellung und Verhalten

Folgt man der Definition von Allport (1935) über Einstellung, nach der Einstellung ein innerpsychischer Bereitschaftszustand ist, der einen richtenden und dynamischen Einfluß auf die Reaktionen des Individuums ausübt, und folgt man den Hoffnungen der Einstellungsforscher, daß mit dem Begriff Einstellung ein Konzept zur Erklärung und Vorhersage von Verhaltenskonsistenz zu gewinnen sei, dann müßte eigentlich eine enge Beziehung zwischen Einstellung und Verhalten feststellbar sein.

Die Einstellung sollte das Verhalten so determinieren, daß aus der gemessenen Einstellung einer Person gegenüber einem Objekt ihr Verhalten dem Objekt gegenüber vorhergesagt werden kann.

Schon 1934 berichtete LaPiere folgende Beobachtung:

Er reiste mit einem jungen chinesischen Ehepaar kreuz und quer durch die Vereinigten Staaten. Die Gruppe übernachtete anstandslos in 66 Hotels oder Gasthäusern und speiste in 184 Restaurants und Imbißstuben. Nur ein einziges Mal wurde ihnen die Aufnahme in einem Hotel verweigert. LaPiere, der aus Meinungsumfragen wußte, daß (zu dieser Zeit) in den USA extreme Vorurteile gegenüber Asiaten weit verbreitet waren und der deshalb die gemeinsamen Reisen mit schlimmen Befürchtungen angetreten hatte, war von der allgemeinen Freundlichkeit derart verblüfft, daß er einige Zeit später alle besuchten Hotels und Gaststätten anschrieb und fragte, ob sie Chinesen als Gäste akzeptieren würden. Von den 128 Antworten, die er erhielt, waren 92% Ablehnungen und nur eine Antwort eine klare Zusage.

Ähnliche Ergebnisse berichteten Kutner, Wilkins und Yarrow (1952), die die LaPiere-Untersuchungen nach einigen Jahren wiederholten. Diesmal speisten zwei weiße Damen und eine farbige Dame gemeinsam in elf Restaurants einer eleganten Vorstadt. Die beiden weißen Damen betraten das Restaurant stets zuerst und fragten nach einem Tisch für drei Personen. Sobald sie Platz genommen hatten, betrat die gut gekleidete farbige Dame das Restaurant. Sie sagte der Empfangsdame, sie werde von Freunden erwartet und setzte sich ohne Schwierigkeiten an den gemeinsamen Tisch. Zwei Wochen später wurde bei diesen Restaurants schriftlich angefragt, ob ein Tisch für eine rassisch gemischte Gruppe reserviert werden könne. Alle lehnten ab, obwohl sie Tischbestellungen für eine weiße Gruppe zum selben Termin akzeptierten.

Es lassen sich allerdings auch eine ganze Reihe von Experimenten angeben, in denen sich hohe Korrelation zwischen Einstellungen und Verhalten ergaben, so z. B. Untersuchungen zum Wählerverhalten, zur Religiosität und zur Geburtenkontrolle.

Die unterschiedlichen Ergebnisse in den Untersuchungen, die eine Konsistenz zwischen Einstellung und Verhalten feststellten, und solchen, die keinen Zusammenhang fanden, sind durch Einflußfaktoren begründet, von denen hier die wichtigsten genannt sein sollen.

1. Unterschiedliche Spezifität von Einstellungen im Vergleich zu Verhaltensmerkmalen

Das Problem läßt sich vielleicht am besten verdeutlichen, wenn wir als Verhaltensmerkmal einmal nicht die Angaben der Person über ihr Verhalten betrachten, sondern die tatsächliche Beobachtung spezifischer Handlungen. Eine solche Verhaltensbeobachtung erfaßt stets drei wesentliche Charakteristiken: Eine spezifische Handlung, die in einer spezifischen Situation in bezug auf eine spezifische Person oder ein spezifisches Objekt durchgeführt wird. Eine solche spezifische Handlung kann man aufgrund von Einstellungen nur dann zuverlässig vorhersagen, wenn man auch hier alle drei Charakteristiken spezifiziert, also die Einstellung zur Durchführung einer Handlung gegenüber einer bestimmten Person (bzw. einem bestimmten Objekt) in einer ganz bestimmten Situation erfaßt. Will man vorhersagen, daß Herr Meier während einer Abteilungsbesprechung das Verhalten seines Chefs kritisieren wird, muß man etwas wissen über die Einstellung von Herrn Meier zum öffentlichen Kritisieren von Vorgesetzten. Es reicht also nicht aus, nur Herrn Meiers Einstellung zur Kritik, zum Äußern von Kritik oder zu seinem Vorgesetzten zu erfassen. Selbst, wenn Herr Meier keine Hemmung hat, Kritik zu äußern, und wenn er Kritik grundsätzlich positiv bewertet, wird er sie doch nicht äußern, falls er an seinem Chef nichts auszusetzen hat. Falls es etwas zu kritisieren gäbe, würde er sich doch nicht kritisch äußern, wenn er das Gefühl hätte, die Kritik nicht gut und wirkungsvoll genug formulieren und vortragen zu können. Angenommen, Herr Meier möchte seinen Chef zu Recht kritisieren, und er hätte zur Kritik selbst eine positive Einstellung, dann wird er sie in der Abteilungsbesprechung vielleicht doch nicht vorbringen, weil er seinen Chef nicht vor den anderen Mitarbeitern bloßstellen will. Er wird möglicherweise auf eine Gelegenheit warten oder sie suchen, um ihm unter vier Augen seine Meinung zu sagen. Während Verhaltensbeobachtung immer auf diesem spezifischen Niveau stattfinden muß, werden Einstellungen gewöhnlich auf einer wesentlich allgemeineren Ebene erfaßt. So wird bei der Einstellungsmessung meist nur eine der drei Charakteristiken eindeutig spezifiziert. Erfaßt man etwa die Einstellung zu einer Person oder einer Gruppe von Personen, dann ist damit weder die Handlung noch die Situation bestimmt.

2. Auswahl einstellungsrelevanter Handlungen

Welche Handlungen soll man auswählen, um sie mit den Einstellungen in Verbindung zu bringen, wenn man schon nicht alle Handlungen erfassen kann? Es geht also um die Auswahl einstellungsrelevanter Handlungen. Auch auf der Einstellungsseite besteht dieses Problem, und die Konstruktion von Einstellungsskalen befaßt sich ja damit, einstellungsrelevante Items zu finden, die am besten zwischen Probanden mit unterschiedlichen Einstellungen unterscheiden. Aus einer Anzahl von Aussagen über Verhaltensweisen, die eine positive oder negative Bewertung des Einstellungsgegenstandes enthalten, werden diejenigen ausgewählt, die deutlich zwischen Befürwortung und Ablehnung unterscheiden. Durch derartige Itemanalysen wird erfahrungsgemäß ein Großteil der Verhaltensweisen ausgesondert, obwohl sie intuitiv Schlußfolgerungen auf die Einstellung des Handelnden zu erlauben scheinen. Sie sind aber untauglich, da ihre Implikationen nicht eindeutig sind (man weiß nicht, ob das Verhalten für oder gegen das Einstellungsobjekt spricht), oder aber, weil das Verhalten so allgemein verbreitet ist, daß es nicht zwischen Personen mit unterschiedlicher Einstellung unterscheidet. So ist es nicht erstaunlich, wenn in den einschlägigen Untersuchungen, in denen ein einziges mehr intuitiv ausgewähltes Verhalten als Kriterium verwendet wird, häufig kein Zusammenhang zwischen Einstellung und Verhalten festgestellt wird.

3. Auswahl der Personen

Bei der Ausführung von Handlungen gegenüber Personen werden immer auch stereotype Vorstellungen über das Handlungsobjekt wirksam. Weicht eine Person von diesem Stereotyp ab, dann wird die Einstellung auch bei einem korrekt ausgewählten Verhaltenskriterium nur schlechte Vorhersagen erlauben. So meinte LaPiere, daß die Faktoren, die sich am meisten auf das den Chinesen gegenüber gezeigte Verhalten auswirken, nichts mit deren Rasse zu tun gehabt hätten. Qualität und Zustand der Kleidung, das Aussehen des Gepäcks (auf das Hotelangestellte scheinbar ihre Einschätzungen stützen), Sauberkeit und Ordentlichkeit wären für die Reaktionen in den untersuchten Situationen wesentlich bedeutsamer gewesen als rassische Merkmale wie Hautfarbe, schwarzes Haar, Schlitzaugen und flache Nasen.

Als LaPiere seine Untersuchungen durchführte, gehörte womöglich zum Stereotyp vom „Chinesen" Rasse *und* Unterschichtzugehörigkeit. So ist verständlich, daß das gutgekleidete Ehepaar (obwohl es chinesische Merkmale aufwies) ein Hotelzimmer bekam, daß aber in der Beantwortung des Briefes die Unterschichtzugehörigkeit wirksam wurde und so die Aufnahme abgelehnt wurde.

Ähnliches ließe sich in Deutschland vielleicht bei Einstellungen und Verhaltensweisen gegenüber Gastarbeitern oder gegenüber einem türkischen Restaurantbesitzer, Unternehmer, Gastdozenten beobachten.

4. Auswahl von Situationen

Wenn man bedenkt, daß der verhaltensdeterminierende Einfluß der sozialen Situation ein zentrales Forschungsfeld der Sozialpsychologie darstellt, ist es schwer verständlich, daß Sozialpsychologen je glauben konnten, Verhalten ließe sich allein aufgrund von Einstellungen vorhersagen, ohne Berücksichtigung der sozialen Situation. Die Einstellung zu einem Einstellungsobjekt beruht auf Meinungen über positive oder negative Attribute dieses Gegenstands. So setzt eine positive Einstellung zu einer Handlung die Erwartung voraus, daß die Ausführung dieser Handlung zu positiven Konsequenzen führt, zum Beispiel zu körperlichem Wohlbefinden, Erfolg oder Anerkennung.

Eine Person, die keine Rassenvorurteile hat, aber in einer Umgebung lebt, in der Rassenvorurteile weit verbreitet sind, wird öffentlichen Kontakt mit fremdrassigen Personen meiden, aber außerhalb der von Gleichrassigen kontrollierten Bereiche durchaus zum Kontakt bereit sein.

Diese Beispiele lassen vermuten, daß ein Zusammenhang zwischen Einstellung und Verhalten am ehesten dann zu erwarten ist, wenn sich die einstellungsrelevanten Verhaltensweisen nicht unter normativer Kontrolle befinden, entweder, weil keine relevanten Normen bestehen, oder aber, weil das Verhalten nicht durch die Bezugsgruppe überwacht werden kann. Untersuchungen, die hohe Konsistenz zwischen Einstellung und Verhalten feststellten, erfaßten dann auch gewöhnlich Verhalten, das durch Abwesenheit von Normen oder schlechte Kontrollierbarkeit gekennzeichnet war wie etwa Kirchenbesuch von

Studenten in einer Universitätsstadt, Wahlbeteiligung, Benutzung von Empfängnisverhütungsmitteln.

Während also bei Verhaltensbeobachtungen spezifisches Verhalten gegenüber spezifischen Personen/Objekten in spezifischen Situationen erfaßt wird, registriert man mit Hilfe von Einstellungsmaßnahmen gewöhnlich Einstellungen zu Handlungen oder zu Personen/Objekten, wobei jeweils zwei oder drei Charakteristiken unbestimmt bleiben. Konsistenz zwischen Einstellung und Verhalten ist nur dann zu erwarten, wenn entweder die Einstellung zu spezifischem Verhalten in spezifischen Situationen erfaßt wird oder aber der Allgemeinheitsgrad des Verhaltens durch Mehrfachbeobachtung dem Allgemeinheitsgrad des verwendeten Einstellungsmaßes angeglichen wird. Daraus ergeben sich Schlußfolgerungen für die Entwicklung von Kommunikationsinhalten etwa bei der Propaganda oder der Werbung. Da gewöhnlich nicht nur Einstellungs-, sondern auch Verhaltensänderung erzielt werden soll, müssen solche Kommunikationen je nach Art des Verhaltenskriteriums unterschiedlich spezifisch organisiert werden.

Zusammenfassung

Die Annahme, das Verhalten des Menschen sei bestimmt von seinen Einstellungen und die Erfassung der Einstellung einer Person zu einem Sachverhalt erlaube eine zutreffende Verhaltensprognose, konnte durch die Einstellungsforschung nicht bestätigt werden. Die Einstellung ist zwar eine bedeutsame, aber keineswegs die allein dominierende Verhaltensdeterminante. Einstellung läßt sich als Verhaltenskonsistenz oder als latenter psychischer Prozeß definieren. Einstellungen haben Auswirkungen auf den affektiven Zustand, die Kognitionen und das Verhalten einer Person. Die Erfassung von Einstellungen erfolgt meist mit Hilfe von Einstellungsskalen, wobei die Thurstone-, Likert- und Guttman-Skala sowie das semantische Differential die wichtigsten sind, und unter Verwendung getarnter Techniken.

Entsprechend der Stärke ihrer Verankerung in stabilen Grundhaltungen lassen sich Einstellungen schwerer oder leichter ändern. Die Einstellungsänderung durch Kommunikation wird am häufigsten praktiziert. Glaubwürdigkeit, Attraktivität und Macht des Kommunikators sind die zentralen Determinanten erfolgreicher Einstellungsänderung. Weiterhin beeinflußt die Art der Informationsdarbietung den Erfolg der Einstellungsänderungsversuche. Dabei sind die Art, in der eine Kommunikation den Empfänger anspricht, die Wirkung expliziter und impliziter Schlußfolgerungen, die Reihenfolge der Argumente und die Wirkung einseitig oder ausgewogen dargebotener Informationen bedeutsam. Wirksame Determinanten sind zudem die Reihenfolge der Informationsdarbietung, die psychische und soziale Situation der Zuhörer und ihre Erfahrungen und Vorkenntnisse gegenüber dem Einstellungsobjekt. Je genauer der Kommunikator seine Zuhörer kennt, um so wirksamer kann er die Kommunikationssituation in Richtung auf die erwünschte Einstellungsänderung planen, steuern und kontrollieren. Die Einbeziehung von Gegenargumenten in abgeschwächter Form in die Kommunikation stärkt die Widerstandskraft gegen Versuche, die gewonnene Einstellung zu verändern.

Es besteht nur in Ausnahmefällen eine Konsistenz zwischen Einstellung und Verhalten, und zwar dann, wenn die Einstellung zu sehr spezifischem Verhalten in sehr spezifischen Situationen erfaßt wird oder wenn der Allgemeinheitsgrad des Verhaltens dem des Einstellungsmaßes angeglichen wird. Da mit Hilfe von Einstellungsmaßen die Einstellungen zu Handlungen, Personen oder Objekten meist nur sehr allgemein erfaßt werden, ist demgegenüber das registrierte Verhalten immer viel konkreter auf spezifische Personen und Objekte in spezifischen Situationen bezogen.

Fragen

1. Worin liegen die Unterschiede zwischen der Definition von Einstellung als Verhaltenskonstante und als latenter psychischer Prozeß?

2. Welche Unterschiede bestehen zwischen den vier bekanntesten Skalierungsverfahren zur Einstellungserfassung?

3. Welche Vor- und Nachteile haben getarnte Techniken gegenüber der Verwendung von Einstellungsskalen?

4. Welche Merkmale weisen Einstellungen auf, die nur schwer zu verändern sind?

5. Wie lassen sich Einstellungen durch Kommunikation wirksam ändern bzw. gegen Beeinflussung sichern?

6. Welche Kenntnisse sollte der Kommunikator über seine Zuhörer besitzen, um die Kommunikationssituation so beeinflussen zu können, daß die erwünschten Einstellungen aufgebaut werden?

7. Welche Zusammenhänge bestehen zwischen Einstellungen und Verhalten?

8. Welche Determinanten sind für die Inkonsistenz zwischen Einstellung und Verhalten verantwortlich?

Weiterführende Literatur

Bierhoff, H.W. (1988). *Sozialpsychologie — Ein Lehrbuch.* (2. Auflage), Kap.IV: Einstellungen (S. 195—218). Stuttgart: Kohlhammer.

Dawes, R.M. & Smith, T.L. (1985). Attitude and opinion measurement. In G. Lindzey & E. Aronson (Eds.), *The Handbook of Social Psychology,* Vol. I (pp. 509—566). New York: Random House.

Mummendey, H.D. (Hrsg.). (1979). *Einstellung und Verhalten.* Bern: Huber.

Kapitel VIII

Soziale Wahrnehmung und Kognition

Im alltäglichen Handlungsvollzug ist jedem Menschen sofort klar, was Wahrnehmung ist: Die Aufnahme der Außenwelt, des Erfahrbaren, des Vorfindbaren. In der Überschrift wird aber schon ein Problem angedeutet, das sich bei jeder näheren Untersuchung des Prozesses der sozialen Wahrnehmung stellt: Kann zwischen Wahrnehmung und Kognition unterschieden werden? Wenn wir erleben, daß bereits leichte Formen von Ermüdung oder eine negative Einstellung zum Wahrnehmungsobjekt die Aufnahme von Außenreizen beeinflussen, oder daß wir an einem vorurteilsbehafteten Objekt Eigenschaften wahrnehmen, die wir sonst nicht registrieren, dann wird eine klare Trennung von Wahrnehmung (das, was wir wahrnehmen) und Kognition (das, was wir wissen und denken) fragwürdig. Tatsächlich hat die sozialpsychologische Forschung der letzten Jahrzehnte so viele einschlägige Belege für die enge Verknüpfung von Wahrnehmung und Kognition gesammelt, daß es als erwiesen gelten kann, daß wir die Welt und die Dinge um uns herum nicht einfach vorfinden und so wahrnehmen, wie sie sind, sondern daß wir sie von uns aus bereits kognitiv verarbeiten, z. B. klassifizieren, selektieren, verzerren, betonen und bewerten.

Unter sozialer Wahrnehmung läßt sich zweierlei verstehen. Einmal kann die „Wahrnehmung des sozialen Bereichs" gemeint sein. Dies kann sich in einem sehr engen Sinne allein auf den Prozeß der Eindrucksbildung über die Eigenschaften anderer Personen beziehen. Es ist aber auch möglich, daß die Wahrnehmung von Ereignissen in sozialen Situationen, z. B. das Zurechtweisen eines Schülers durch den Lehrer, mit eingeschlossen ist. Dadurch wird der Begriff auf ein weites Feld zwischenmenschlicher Erfahrungen ausgedehnt. Zum anderen läßt sich unter sozialer Wahrnehmung die Mitbedingtheit der Wahrnehmung durch soziale Faktoren verstehen. So nehmen wir z. B. Personen als ehrlicher und zuverlässiger wahr, wenn wir erfahren haben, daß sie von den Mitgliedern unserer sozialen Bezugsgruppe ebenfalls als ehrlich und zuverlässig beurteilt werden. Personen, Ereignisse und Gegenstände werden vom Wahrnehmenden, je nachdem, unter welchen sozialen Rahmenbedingungen er handelt, bzw. entsprechend der Einbettung der Wahrnehmungsgegenstände in den sozialen Kontext, verschieden wahrgenommen.

Bei der Gewinnung verläßlicher Eindrücke von unserer Umwelt, die überhaupt erst eine reibungslose und wirksame Interaktion erlaubt, spielen der Prozeß der Zuordnung (Attribution) von Eigenschaften zu Personen und die

Ursachenzuschreibungen (Kausalattribution) hinsichtlich beobachteter Ereignisse eine bedeutsame Rolle.

Für die Erforschung der sozialen Wahrnehmung ergeben sich somit folgende zentrale Themen und Fragestellungen:

1. Eindrucksbildung über andere Personen:
Wie vollzieht sich der Prozeß der sozialen Wahrnehmung? Wie gelangen wir zu einem Eindruck über eine andere Person? Wie läßt sich beurteilen, ob wir zutreffende und richtige Eindrücke von einer Person gewonnen haben?

2. Kognitionen als determinierende Faktoren der Eindrucksbildung:
Welche Funktionen haben Wissens- und Überzeugungsstrukturen in dem Prozeß der sozialen Wahrnehmung? Wie kommt es zur Ausbildung von wahrnehmungsbeeinflussenden Wissens- und Überzeugungsstrukturen? Wie sind diese Strukturen beschaffen?

3. Attributionsprozeß:
Wie vollzieht sich der Prozeß der Kausalattribution? Wie beeinflussen Kausalattributionen die Eindrucksbildung?

Die Funktion der sozialen Wahrnehmung

Der Mensch existiert nicht als isoliertes Individuum, sondern ist eingebunden in ein soziales System. Dies hat zur Folge, daß für ihn nicht nur seine eigenen Handlungen bedeutsam sind, sondern auch die Handlungen seiner Mitmenschen. Die Handlungen anderer Personen können sein eigenes Leben beeinflussen, sie können zum eigenen Erfolg beitragen, aber auch das Erreichen gesetzter Ziele verhindern oder sogar großes persönliches Leid verursachen. Bedingt durch den zentralen Einfluß, den die soziale Umwelt auf das Leben eines Individuums ausübt, entsteht im Handelnden das Bedürfnis nach Kontrolle des sozialen Einflusses. Die soziale Wahrnehmung ist insofern ein wirksames Instrument zur Einflußkontrolle, da sie es dem Handelnden erlaubt, sich einen zuverlässigen Eindruck von seinen Interaktionspartnern und der sozialen Umwelt zu verschaffen. Der zunächst unstrukturierte Informationsfluß, der von einer anderen Person ausgeht (Mimik, Gestik, Kleidung, Handlungen usw.), kann im Prozeß der sozialen Wahrnehmung zu einem überschaubaren, ganzheitlichen und sinnvollen Eindruck geformt werden. So werden für den Handelnden die äußeren Merkmale und Verhaltensweisen seines Interaktionspartners sowie die ihn umgebende Umwelt verständlich und bedeutsam.

Für das alltägliche Leben und Handeln des Menschen erfüllt der so gewonnene Eindruck die gleiche Funktion wie die Theorie für den Wissenschaftler. Aus dem Eindruck von einer bestimmten Person leiten wir Vorhersagen über das zu erwartende Verhalten dieser Person ab. Diese Verhaltensvorhersagen oder Antizipationen geben uns Aufschluß darüber, inwieweit das Handeln des

Partners unseren Zielen und Erwartungen entspricht oder ihnen zuwiderläuft, ob das Handeln Konstanz oder Variabilität aufweist, ob wir das Handeln des anderen kontrollieren können oder ob es sich unserer Kontrolle entzieht, ob bestimmte Kontrollstrategien erfolgversprechend sind, ob andere Personen das Verhalten unseres Interaktionspartners beeinflussen usw.. Das aktivierte Kontrollverhalten kann sich einerseits auf den Interaktionspartner direkt beziehen oder über den Einfluß auf dritte Personen indirekt auf den Interaktionspartner einwirken. Die folgende Abbildung enthält eine schematische Darstellung dieser Vorgänge.

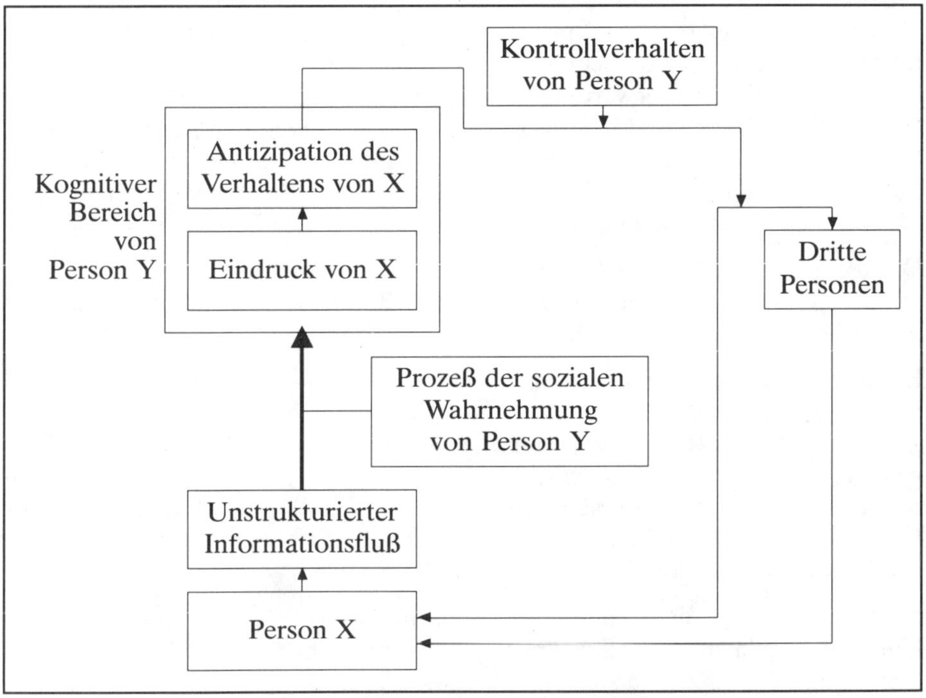

Abbildung 7: Funktion der sozialen Wahrnehmung

Die soziale Wahrnehmung erfüllt also für den Handelnden dadurch eine zentrale Orientierungsfunktion, daß er aufgrund des Eindrucks von seinem Gegenüber eine einigermaßen realistische Antizipation dessen Verhaltens vornehmen kann. Diese Wahrnehmungs- und kognitive Verarbeitungsleistung ermöglicht dann eine direkte oder indirekte Verhaltenskontrolle.

Der Prozeß der sozialen Wahrnehmung

Nach der von Bruner und Postman (1949) entwickelten Theorie vollzieht sich unsere Wahrnehmung in drei Schritten. Zunächst setzt sie mit einer Erwartung ein. Die Erwartung ist eine Art Vorbereitung und bewirkt eine Sensibilisierung der Aufnahme von Sinneseindrücken aus der Umwelt wie Hören, Tasten usw.

Die Stärke und Richtung dieser Erwartung hängt von fünf Faktoren ab: (1) Häufigkeit vorangegangener Bestätigungen, d. h. wie oft hat sich die Erwartung unter den gegebenen Bedingungen bereits als richtig erwiesen. (2) Stärke des monopolistischen Zuges, d. h. je kleiner in der gegebenen Situation die Zahl der für möglich gehaltenen Alternativen, desto stärker ist die Erwartung, daß eine davon eintreffen wird. (3) Kognitive Einbettung, d. h. die gedanklichen Assoziationen, die wir mit einem bestimmten Inhalt verbinden. Hören wir z. B. einen Schrei im Theater, verbinden wir damit andere Erwartungen, als wenn wir den Schrei auf der Straße hören. (4) Motivationale Einbettung, d. h., daß die erwartungsvolle Hinwendung auf eine bestimmte Wahrnehmung von unserer Motivationslage abhängt. Wenn in der Dunkelheit Sträucher wie Menschen erscheinen, dann spielt hier sicher oft eine gewisse Furcht vor Gefahr mit. (5) Soziale Einbettung, d. h. die Mitbedingtheit unserer Erwartung durch soziale Faktoren wie Rolle, Schicht usw.

Der zweite Schritt ist die Begegnung mit den Reizen der Umwelt, mit den Wahrnehmungsstimuli. Bruner und Postman sprechen von „input of information from the environment" (Informationseingang von der Außenwelt).

Im dritten Schritt kommt es dann zur Überprüfung der Stimmigkeit von Erwartung und Reiz. Sind sie nicht stimmig, wird sowohl die Erwartung modifiziert wie auch das Reizmaterial uminterpretiert. Damit beginnt der ganze Vorgang von vorn und wird so lange fortgesetzt, bis eben eine Stimmigkeit von Erwartung und Reizmaterial erreicht ist. Die vielfältigen Möglichkeiten zur Uminterpretation von Reizen, von sogenannten „faktischen Gegebenheiten", beschreibt neben anderen vor allem auch Asch (1952).

Die Forschungen von Asch zur Eindrucksbildung gehören zu den klassischen Untersuchungen in der Sozialpsychologie und insbesondere der sozialen Wahrnehmung. Er ging als Gestaltpsychologe von der Annahme aus, daß der Gesamteindruck, der sich beim Anblick einer Person sofort bildet und der dem Betrachter ein Bild über den Charakter der beobachteten Person vermittelt, nicht aus der Summation von Einzelinformationen entsteht, sondern sich als ein organisiertes Ganzes darstellt, ganz im Sinne des grundlegenden Gestaltgesetzes „das Ganze ist mehr als die Summe der Teile". Mit Hilfe einer einfachen experimentellen Anordnung, bestehend aus variablen Listen von Eigenschaftsbegriffen, mit deren Hilfe die Versuchspersonen eine Charakterbeschreibung einer fiktiven Person liefern sollten, auf die die vorgelegten Eigenschaften paßten, konnte er die Wirksamkeit von vier Organisationsregeln bei der Eindrucksbildung nachweisen. Die Eindrucksbildung von Personen wird beeinflußt (1) von zentralen Eigenschaften und Merkmalen, weniger von peripheren, (2) von Kontextbedingungen, in die gegebene Eigenschaften eingebettet sind, (3) von der Reihenfolge, in der sich die Merkmale dem Wahrnehmenden darbieten, und (4) bei der Eindrucksbildung wird eine Tendenz zur Komplettierung wirksam, d. h. bei nur wenigen verfügbaren Informationen werden fehlende Informationen einfach hinzugefügt, damit aus dem Teileindruck der gewünschte Gesamteindruck entsteht (Abele-Brehm, 1987).

Zentrale Bestimmungsstücke der von Bruner und Postman (1949) entwickelten „Hypothesentheorie der (sozialen) Wahrnehmung" (Lilli, 1984) beziehen sich auf den Ausprägungsgrad und die Determinanten der Hypothesenstärke. Mit zunehmender Hypothesenstärke nimmt die Wahrscheinlichkeit zu, daß die Hypothese im Prozeß der sozialen Wahrnehmung zur Anwendung kommt. Die Menge der die Hypothese unterstützenden Reizinformationen nimmt mit zunehmender Hypothesenstärke ab, da sie keiner weiteren Bestätigung mehr bedarf. Bei zunehmender Hypothesenstärke muß die Menge widersprechend der Reizinformationen zunehmen, um sie zu widerlegen. Bezüglich der Determinanten der Hypothesenstärke ist davon auszugehen, daß eine Wahrnehmungs-Erwartungshypothese um so stärker ausgeprägt ist, je öfter sie bestätigt wurde. Je größer die Zahl der in einer Wahrnehmungssituation wirksamen Hypothesen, desto mehr passende Reizinformationen sind erforderlich, um eine davon zu bestätigen. Je stärker die motivationale Unterstützung für eine gegebene Wahrnehmungs-Erwartungshypothese, eine desto geringere Menge an passender Reizinformation ist zu ihrer Bestätigung und eine desto größere Menge an widersprechender Reizinformation ist zu ihrer Widerlegung nötig. Je fester eine Hypothese in ein kognitives System eingefügt ist, eine desto geringere Menge an passender Reizinformation ist zu ihrer Stützung erforderlich und desto höher ist die Resistenz dieser Hypothese gegen Änderung. Je stärker die kognitive Unterstützung für eine Hypothese ist, desto größer muß die Menge widersprechender Reizinformationen sein, um sie zu widerlegen. Je geringer die Menge unterstützender Reizinformationen, desto größer die Wahrscheinlichkeit, daß die Reizsituation im Sinne der dominierenden Hypothese interpretiert wird. Wenn passende Reizinformationen fehlen, dann kann die Übereinstimmung von Mitgliedern einer Gruppe als Validierung einer Hypothese fungieren.

Diese Annahmen der Hypothesentheorie der sozialen Wahrnehmung weisen schon auf die zentralen Einflußfaktoren im Prozeß der sozialen Wahrnehmung hin:

(1) Kognitive Einflußfaktoren
(2) Motivationale Einflußfaktoren
(3) Situative Einflußfaktoren

Der Eindruck, den eine Person von einer anderen Person bekommt, ist abhängig von ihren Kognitionen, ihrer Motivationslage und dem situativen Kontext, in dem sie selbst und das Wahrnehmungsobjekt sich befinden. Einige zentrale Aspekte dieser Einflußfaktoren sollen im Folgenden näher untersucht werden.

Kognitive Einflußfaktoren im Prozeß der sozialen Wahrnehmung

Wenn man unter Kognitionen Wissens- und Überzeugungsstrukturen versteht, dann ist zunächst zu fragen, welche Typen von Wissens- und Überzeugungsstrukturen auf den Prozeß der sozialen Wahrnehmung Einfluß nehmen.

Als eine sehr allgemeine Wissensstruktur hat sich das Menschenbild, d. h. die Annahmen einer Person über die allgemeinen Eigenschaften und das generelle Verhalten von Menschen, als wichtige Determinante herausgestellt. Wrightsman (1964/1974) kommt nach einer Analyse philosophischer, theologischer und sozialwissenschaftlicher Literatur zu einer Aufgliederung dieser Wissensstrukturen nach sechs bipolaren Dimensionen: Vertrauenswürdigkeit vs. Nicht-Vertrauenswürdigkeit; Willensstärke und Rationalität vs. Willensschwäche und Mangel an Rationalität; Altruismus vs. Egoismus; Unabhängigkeit vs. Konformität; Variabilität vs. Konstanz und Komplexität vs. Einfachheit. Die individuelle Ausprägung des Menschenbildes ist einerseits abhängig von den bisherigen Lernerfahrungen im Umgang mit Interaktionspartnern und andererseits ist sie das Resultat des kulturspezifischen Sozialisationsprozesses.

Interessant sind in diesem Zusammenhang auch die Experimente von Postman u. a. (1948), die zeigen, daß wertbezogene Überzeugungen einen Einfluß auf den Wahrnehmungsprozeß nehmen. Die Hypothese der Untersuchung lautete: Die Länge der Zeit, die zum Erkennen wertbezogener Begriffe nötig ist, hängt ab von der Stärke der Werthaltung. Die Autoren nahmen an, daß der personale Wertbezug auf den Wahrnehmungsvorgang sensitivierend wirkt. Gemessen wurde die Zeit, die eine Person benötigt, um ein wertbezogenes Wort, das nur kurzzeitig dargeboten wird, zu erkennen. Vor der Wortdarbietung wurden die Versuchspersonen mit Hilfe der Allport-Vernon-Skala (Allport & Vernon, 1931), mit der sich die sechs auf Spranger (1924) zurückgehenden Werttypen, der soziale, der theoretische, der ökonomische, der politische, der ästhetische und der religiöse Werttyp, erfassen lassen, daraufhin untersucht, welchem Werttyp sie entsprechen. Im Ergebnis zeigte sich, daß die als „theoretische Typen“ eingestuften Versuchspersonen Worte aus dem theoretischen Wertbereich in der Tat schneller erkannten als Versuchspersonen mit z. B. einer stärkeren ästhetischen Werthaltung. Weiterhin ist interessant, daß auch die Fehler im Erkennen der Worte den Einfluß der Werteinstellung deutlich machten. Oft gaben die Versuchspersonen an, ähnliche Worte aus dem gleichen Wertbereich erkannt zu haben. Die Autoren vermuteten, daß hier eine Art „Wertresonanz“ wirksam wird.

Eine zweite Art von Wissensstruktur beinhaltet Annahmen über die Zusammenhänge zwischen verschiedenen Persönlichkeitseigenschaften. Man kann davon ausgehen, daß Menschen über eine Art „implizite" Persönlichkeitstheorie verfügen, die es ihnen erlaubt, aus nur wenigen, unzusammenhängenden oder isoliert auftretenden Informationen einen geordneten und „stimmigen" Eindruck von einer Person herzustellen. Als „implizit" muß die Persönlichkeitstheorie so lange angesehen werden, wie sich das Individuum über ihre Strukturen und die angenommenen Zusammenhänge nicht im klaren ist und nicht darüber reflektiert hat.

Wissensstrukturen, die sich auf einen bestimmten Gegenstandsbereich beziehen, werden unter dem Begriff „Schema" zusammengefaßt. Unterscheiden lassen sich Schemata bezüglich eines bestimmten Persönlichkeitszuges, einer konkreten Person, eines Persönlichkeitstypus (auch Prototyp genannt), einer Gruppe (Stereotyp) oder eines standardisierten sozialen Prozesses (Skript). Ein Schema, das mit dem Begriff „Prototyp" bezeichnet werden kann, umfaßt die Eigenschaften, die einen bestimmten Persönlichkeitstyp auszeichnen (z. B. die Führerpersönlichkeit oder der Typ des Duckmäusers). Dabei können verschiedene Prototypen so ineinander verschachtelt sein, daß sie eine Hierarchie ausbilden, z. B. kann der Prototyp „Entertainer" dem Typ der „extrovertierten Persönlichkeit" untergeordnet sein. Die Aktivierung prototypischer Schemata spielt offensichtlich in der Personenwahrnehmung eine wichtige Rolle, um rasch ein zusammenhängendes Persönlichkeitsbild aufbauen zu können.

Auf bestimmte Gruppen bezogene Wissensstrukturen werden im Sinne des Wahrnehmungsschemas als „Stereotyp" bezeichnet (Hamilton, 1979). Forschungen zur Wirkung des gruppenbezogenen Stereotyps zeigten, daß Stereotype, die sich auf die eigene Gruppe beziehen, komplexer sind als solche, die für Außengruppen gelten (Park et al., 1982). Die Mitglieder der Außengruppe werden als einander ähnlicher angesehen als die Mitglieder der eigenen Gruppe. Da die Außengruppe somit eher undifferenziert wahrgenommen wird, besteht die Tendenz, die Außengruppe extremer als die eigene Gruppe zu bewerten, sowohl in positiver als auch in negativer Richtung. Da man über die Außengruppe meist weniger genaue und präzise Informationen besitzt als über die eigene Gruppe, entsteht eine Tendenz, sie mit allgemeineren und unschärferen Begriffen zu beschreiben und weniger differenziert wahrzunehmen (Tajfel, 1981). Besonders deutlich läßt sich dieses an der Entwicklung und Stabilisierung von Vorurteilen gegenüber Personen feststellen, die rassisch, kulturell oder geschlechtsbedingt unterschiedlichen Fremdgruppen angehören.

Hinsichtlich des Erwerbs von Wissensstrukturen kann man davon ausgehen, daß sie das Resultat des individuellen Sozialisationsprozesses darstellen und eng an den Spracherwerb und die Entwicklung des begrifflichen Denkens gebunden sind. Kelly (1955) unterstellt dem Menschen ein genuines Bedürfnis nach Erkenntnis: Der Mensch strebt danach, seine Umwelt zu verstehen und richtige Vorhersagen treffen zu können. Er legt sich Strukturen zurecht, die für sein Streben nach Verständnis und Vorhersage dienlich sein können. Schließlich versucht er, diese Strukturen zu validieren, d. h. auf ihre Gültigkeit hin zu überprüfen. Demnach geht der Mensch im Alltagsleben bei dem Versuch, Erkenntnis über sich und seine Umwelt zu gewinnen, ähnlich vor wie ein Wissenschaftler.

Nach Bourne et al. (1979) sind eher die positiven Konsequenzen, die sich für den Handelnden aus dem Einsatz bestimmter Wissensstrukturen im Prozeß der sozialen Wahrnehmung ergeben, dafür verantwortlich, daß sie beibehalten und verfestigt oder verändert und verworfen werden. Nach ihm liegt dem Erwerb von Wissensstrukturen ein Lernprozeß zugrunde, der sich in drei Schritten vollzieht: Der Mensch entwickelt bestimmte Zusammenhangsstrukturen über zu beobachtende Sachverhalte, die zunächst hypothetischen Charakter haben. Diese Zusammenhangsstrukturen werden mit Hilfe eigener Erfahrungen auf ihre Stimmigkeit hin geprüft. Wenn der Gebrauch solcher Zusammenhangsstrukturen zu positiven Konsequenzen führt, werden sie beibehalten, wenn sich negative Konsequenzen ergeben, werden die Zusammenhangsstrukturen verworfen und durch neue ersetzt.

Das Entstehen sozialer Stereotype wird nach Hamilton (1981) durch die Wirkung „illusionärer Korrelationen" begünstigt. Diese kommen dann zustande, wenn der Zusammenhang zwischen zwei Merkmalen überschätzt wird und zudem die Merkmalsträger selten in Erscheinung treten. So läßt sich die weit verbreitete Meinung, Ausländer neigten stärker als Einheimische zur Kriminalität, statistisch meist nicht belegen, doch sorgt die „illusionäre Korrelation" für die Beibehaltung dieses Fehlurteils. Eine persönliche Begegnung mit Ausländern ist relativ selten, andererseits genießen kriminelle Handlungen in der öffentlichen Meinung einen hohen Attraktivitätswert, und kriminelle Ausländer passen in das Bild, das über abgelehnte Fremdgruppen besteht.

Bei der Frage nach der Funktion von Wissensstrukturen in der Eindrucksbildung kann man zunächst allgemein feststellen, daß die einzelnen Wissensstrukturen eine Art Theorie darstellen, die das Individuum einsetzt, um schnell einen ganzheitlichen Eindruck von seiner sozialen Umwelt zu gewinnen. Der Eindruck erlaubt dann eine schnelle Antizipation des Verhaltens der Interaktionspartner.

Die Funktion von Schemata als zentrale Bestandteile von Wissensstrukturen, worunter Prototypen, Stereotypen, Skripts und auf einzelne Personen bezogene Kognitionen verstanden werden, lassen sich in folgenden vier Punkten beschreiben:

1. Schemata zentrieren unsere Aufmerksamkeit auf bestimmte Aspekte der sozialen Umwelt. Sie bestimmen, welche Informationen aufgenommen werden und welche zu vernachlässigen sind. Wenn z. B. jemand ein Restaurant betritt, um darin zu essen, so wird in ihm aufgrund der bisher gewonnenen Erfahrungen in diesem Handlungsfeld das Schema „Essen im Restaurant" aktiviert. Dies besteht aus der Beschreibung der Prozesse, die im Zusammenhang mit „Essen im Restaurant" bedeutsam sind. So enthält dieses Schema beispiels-

weise die Information, daß man sich zunächst nach dem Betreten des Restaurants einen Tisch auszusuchen hat und die Garderobe aufhängt. Die Aufmerksamkeit richtet sich also zunächst auf die Anordnung der Tische, auf die Anzahl der an den Tischen sitzenden Personen, auf unbesetzte Tische und auf die Möglichkeiten, seine Garderobe abzulegen. Andere Informationen treten demgegenüber in den Hintergrund, z. B. die Kleidung der Gäste, die Speisen und Getränke, die sie zu sich nehmen, die Verfügbarkeit von Zeitungen und Illustrierten oder die Haarfarbe des Kellners.

2. Schemata legen fest, wie die aufgenommene Information zu interpretieren ist. Aktiviert beispielsweise eine Person in einem Beobachter einen bestimmten Prototyp, so liefert dieser Prototyp dem Beobachter einen ganzheitlichen Eindruck von der fremden Person. Wenn beispielsweise der Prototyp „extrovertierte Persönlichkeit" aktiviert wird, so entsteht im Beobachter ein ganzheitlicher Eindruck von der Person, d. h. er sieht in ihr einen offenen, zugänglichen, mitteilsamen und freundlichen Menschen, der von sich aus auf seine Umwelt zugeht. Erzählt diese Person z. B. etwas über eigene Familienprobleme, so interpretiert der Beobachter diese Information auf dem Hintergrund seines soeben gewonnenen ganzheitlichen Wissens von dieser Person. Da der Beobachter aufgrund seines Schemas weiß, daß „extrovertierte Personen" sehr kommunikationsfreudig sind, nimmt er an, daß nicht der Leidensdruck, sondern eher die ihm eigene Gesprächsfreudigkeit ihn dazu motiviert, so persönliche Äußerungen zu machen. Wurde demgegenüber vorher der Prototyp „introvertierte Persönlichkeit" aktiviert, so gewinnen dieselben Äußerungen einen ganz anderen Stellenwert: Der Beobachter nimmt an, daß die berichteten familiären Probleme sehr gravierend sein müssen und der Leidensdruck einen hohen Grad erreicht haben muß, wenn sein Partner über so private Dinge mit ihm spricht.

3. Schemata ermöglichen uns, Verhaltensweisen anderer Personen vorwegzunehmen. Wurde im Beobachter der Prototyp „extrovertierte Persönlichkeit" aktiviert, so führt das bei ihm zu der Annahme, daß es nicht sehr schwer sein wird, mit dem Partner ins Gespräch zu kommen, von ihm etwas über seine Ansichten und Meinungen zu erfahren und mit ihm eine angenehme Zeit zu verbringen.

4. Schemata erleichtern das Abrufen und Wiedererinnern von Informationen über unsere soziale Umwelt, da die Schemata Informationen als sinnvolle, strukturierte Ganzheit speichern. So läßt sich beispielsweise eine Zahlenreihe, die durch die Addition von „2" strukturiert ist (2, 4, 6, 8, 10, ...), oder die Buchstabenfolge in dem bedeutungshaltigen Wort „Mensch" leichter einprägen und wiedererinnern als eine unstrukturierte Zahlenreihe (3, 4, 8, 11, 25, ...) oder eine sinnlose Buchstabenfolge (m, l, t, p, k, n).

Zusammenfassend ist also festzustellen, daß der Eindruck, den sich eine Person von ihrem Interaktionspartner macht, im wesentlichen von dem Schema bestimmt wird, das im Beobachter aktiviert wurde. Welches Schema aktiviert wird, hängt davon ab, wie sehr das Wahrnehmungsobjekt den Personen ähnlich ist, die bisher das Schema aktiviert haben, es hängt von der Motivationslage des Beobachters ab und von den situativen Kontextbedingungen. Die Funktion der impliziten Persönlichkeitstheorie besteht für den Beobachter darin, von wahrgenommenen Persönlichkeitseigenschaften auf andere Merkmale der Person zu schließen. Er kann damit also seinen Informationsstand über die Eigenschaften der beobachteten Person erheblich erweitern und Zusammenhangsstrukturen zwischen sonst unverbundenen Einzelinformationen herstellen.

Motivationale Einflußfaktoren im Prozeß der sozialen Wahrnehmung

Einen bedeutsamen Einfluß auf die Aktivierung von Wissensstrukturen und die Art des eingesetzten Schemas haben die aktuelle Motivationslage und die überdauernden Motive der Person. Ziele und Motive des Wahrnehmenden leiten die Suche nach Informationen und bestimmen den Inhalt dessen, was später wiedererinnert werden kann (Showers & Cantor, 1985).

Zudem ist die Wahrnehmung und Bewertung von Berichten und Meinungen anderer Personen zu sozialen Ereignissen abhängig von Einstellungen, Werten und Motiven des Wahrnehmenden. Versteht man unter Motiv eine hochgeneralisierte Wertungsdisposition zur Ausführung bestimmter Handlungen und zur Wahrnehmung und Bewertung spezifischer Ereignisse und Sachverhalte, dann zeigen schon die bereits klassischen Untersuchungen von Postman et al. (1948), über die weiter oben berichtet wurde, welche Bedeutung Motiven bzw. Wertungsdispositionen in der sozialen Wahrnehmung zukommt.

So konnten in jünster Zeit Vallone et al. (1985) zeigen, daß pro-israelisch eingestellte Personen amerikanische Berichte über Massaker während des arabisch-israelischen Konflikts anders beurteilten als pro-arabische Beurteiler. Beide Gruppen empfanden zudem die Berichterstattung als unfair, übertrieben und unzutreffend, wobei sie ihre eigene Einstellung zur Grundlage der Bewertung verwendeten.

Leistungsmotivierte Personen nehmen Personen, die zur Leistungsbewertung berechtigt sind, um so kompetenter wahr, je wohlwollender und bestätigender diese auf die erbrachte Leistung reagieren und je höher der zu erwartende Gewinn aus der Leistungsbewertung eingeschätzt wird. Wenn der Leistungsbewerter die Leistung neutral oder negativ beurteilt, wird er als wenig kompetenter Beurteiler wahrgenommen und bewertet.

Es besteht eine Tendenz, den Opfern von Verbrechen und Unfällen eine Mitschuld an dem Unglück zuzuschreiben, da nur so die Überzeugung aufrechterhalten werden kann, daß es in der Welt gerecht zugeht. Diese Tendenz nimmt allerdings deutlich ab, wenn der Beurteiler erwartet, daß ihm das gleiche

Schicksal widerfahren kann wie dem Unglücksopfer (Sorrentino et al., 1974) und wenn der Beurteiler sich in die Lage des Opfers einfühlt.

Situative Einflußfaktoren im Prozeß der sozialen Wahrnehmung

Situative Faktoren, die einen Einfluß auf die soziale Wahrnehmung bzw. Aktivierung von Wissensstrukturen ausüben, lassen sich gruppieren nach dem Aspekt der zeitlichen Reihenfolge, in der die Informationen auftauchen, der Art der auftretenden Informationen, dem Kontext, in dem die Informationen auftreten und der Vorerfahrung über das beobachtete Objekt.

Wie schon erwähnt hatte bereits Asch (1952) beobachtet, daß Informationen, die zuerst aufgenommen werden, das Bild von einer zu beurteilenden Person bestimmen und alle weiteren Informationen beeinflussen (primacy-effect). Offensichtlich aktivieren die Erstinformationen ein Schema, das dann bestimmt, welche weiteren Informationen aufgenommen werden und wie diese Informationen zu verarbeiten sind. Der „primacy-effect" tritt aber keineswegs zwangsläufig auf, denn er ist unwirksam, wenn der Beobachter vor einer zu voreiligen und nur auf Erstinformationen beruhenden Beurteilung gewarnt wird (McGuire, 1985). Wird der Informationsfluß, den der Beurteiler über eine andere Person erhält, durch bestimmte Ereignisse unterbrochen, entstehen also zwei Informationsblöcke, dann tritt zudem ein sogenannter „recency-effect" auf. Dieser bewirkt, daß die zuletzt erhaltenen Informationen den Eindruck und das Urteil des Beobachters bestimmen.

Hinsichtlich der Art der dargebotenen Informationen kommt der Zentralität von Eigenschaften große Bedeutung zu, wie ebenfalls schon Asch (1956) nachgewiesen hatte. Zentrale Eigenschaften wie z. B. „warm/kalt" beeinflussen den Gesamteindruck von einer Person aber nur dann nachhaltig, wenn sie in der impliziten Persönlichkeitstheorie des Beobachters für die zu beurteilende Dimension bedeutsam sind. So wirkt das Eigenschaftspaar „warm/kalt" bei der Beurteilung der Hilfsbereitschaft oder der sozialen Umgänglichkeit einer Person eindrucksprägend, nicht jedoch bei der Beurteilung ihrer Sportlichkeit.

Für den Wahrnehmenden besonders auffällige positive oder negative Eigenschaften einer Person erzeugen in ihm ein insgesamt positives oder negatives Persönlichkeitsbild. Dies kommt zustande durch die Wirkung des sogenannten „Ausstrahlungseffekts", auch „Halo-Effekt" genannt. Ein Merkmal hat Auswirkungen auf viele andere Merkmale einer Person und läßt schließlich die Gesamtpersönlichkeit in einem eher positiven oder negativen Licht erscheinen. Nach dem Konzept der implizierten Persönlichkeitstheorie kann angenommen werden, daß das implizite Persönlichkeitsbild des Beobachters so beschaffen ist, daß positive Eigenschaften mit anderen positiven bzw. negative mit anderen negativen Eigenschaften verbunden sind. Nach dem Schema-Konzept läßt sich vermuten, daß positive Informationen ein Schema des „guten Menschen“ bzw. negative Informationen ein Schema des „bösen Menschen“ aktivieren, aus dem dann Schlußfolgerungen gezogen werden über weitere gute bzw. böse Eigenschaften der beobachteten Person.

Weiterhin ist die soziale Wahrnehmung abhängig von den Kontextbedingungen, die den Informationen zugrunde liegen, und von der Wahrscheinlichkeit ihres Auftretens. Personen werden beurteilt nach dem sozialen Kontext und dem jeweiligen Handlungszusammenhang, in dem sie tätig sind. Kontextinformationen werden zum Verständnis der an Personen zu beobachtenden Merkmale und Verhaltensweisen genutzt. So kann derselbe mimische Ausdruck, beispielsweise ein leicht angedeutetes Lächeln, in unterschiedlichen sozialen Situationen unterschiedlich interpretiert werden, nämlich als Ermunterung oder als Geringschätzung. Wenn zur Interpretierung der gewonnenen Informationen auch die unmittelbar vorausgegangenen Handlungen herangezogen werden, so konzentriert sich der Beobachter doch im Regelfall auf den momentanen, unmittelbaren Handlungskontext, aus dem er seine Eindrücke gewinnt. Das kann dazu führen, daß wichtige Informationen über die Vorgeschichte des beobachteten Ereignisses oder Objekts vernachlässigt werden, oder daß z. B. die Wahrscheinlichkeit des Auftretens eines wichtigen Merkmals falsch eingeschätzt wird.

Tversky und Kahneman (1980) führten dazu ein Experiment durch, in dem sie ihren Versuchspersonen eine angebliche Zufallsauswahl von Persönlichkeitsbeschreibungen vorlegten. Sie sollten beurteilen, ob die beschriebene Person Rechtsanwalt oder Ingenieur sei. Zusätzlich erhielten die Versuchspersonen Angaben über die statistische Wahrscheinlichkeit, mit der die Persönlichkeitseigenschaften auf die Beschreibung eines Rechtsanwaltes bzw. eines Ingenieurs zutreffen. Die Versuchspersonen orientierten sich bei ihren Persönlichkeitsbeschreibungen ausschließlich am Inhalt der vorgegebenen Persönlichkeitseigenschaften, nicht jedoch an den statistischen Wahrscheinlichkeiten. In diesem Zusammenhang haben die Forschungen über Urteilsheuristiken (Strack, 1985) viele Erkenntnisse darüber erbracht, wie Individuen vorgehen, wenn sie unter eingeschränkten Bedingungen, wie z. B. zu wenige Informationen, hoher Komplexitätsgrad der Aufgabe und Zeitdruck, Informationen aufnehmen und zu Urteilen verarbeiten müssen. Insbesondere konnten eine Fülle von Ursachen für systematische Urteilsverzerrungen aufgedeckt, beschrieben und hinsichtlich ihrer Wirkungen auf den Prozeß der Wahrnehmungs- und Urteilsbildung analysiert werden.

Die Wirkung vorausgehender Schema-Aktivierung auf die Eindrucksbildung soll an einem Experiment von Higgins et al. (1977) demonstriert werden. Die Untersuchung ging von folgender Fragestellung aus: Wie beeinflussen Vorinformationen die Eindrucksbildung bei einem Beobachter bezüglich eines nicht klar charakterisierten Wahrnehmungsobjekts? Dabei mußte der Beobachter durch entsprechende Instruktionen davon überzeugt werden, daß die Vorinformationen sich nicht direkt auf das Beobachtungsobjekt bezogen, obwohl die gegebenen Informationen prinzipiell auf das Beobachtungsobjekt anwendbar waren. Es wurde angenommen, daß die vorherige Konfrontation eines Beobachters mit bestimmten Persönlichkeitseigenschaften zur Aktivierung von Schemata führte, die diese Eigenschaften repräsentierten. Dies sollte die Wahrscheinlichkeit erhöhen, daß der Beobachter die aktivierten Schemata benutzte, wenn er im folgenden ein Beobachtungsobjekt zu charakterisieren hatte. Die Wahrscheinlichkeit des Einsatzes der aktivierten Schemata sollte dann erhöht sein, wenn das Beobachtungsobjekt mehrdeutig war und sich für die Anwendung der aktivierten Schemata eignete. Werden also Beobachter zunächst mit Bezeichnungen von positiven Eigenschaften konfrontiert, so charakterisieren sie vermutlich im folgenden eine nicht eindeutig beschriebene Person als positiv. Werden sie dagegen mit Bezeichnungen von negativen Eigenschaften konfrontiert, so sollten sie die Person negativ charakterisieren.

Das Experiment bestand aus zwei Teilen, von denen die teilnehmenden Studenten glaubten, daß sie nicht miteinander zu tun hätten. Im ersten Teil wurden die Studenten mit Persönlichkeitseigenschaften konfrontiert, wobei die erste Hälfte der Gruppe positive Persönlichkeitseigenschaften zusammen mit Füllwörtern genannt bekam, und die zweite Hälfte der Gruppe negative Eigenschaften. Anschließend wurden die Studenten gebeten, eine Person zu charakterisieren, die ihnen in einem kurzen Bericht als Abenteurertyp so mehrdeutig und unklar beschrieben wurde, daß prinzipiell sowohl positive als auch negative Persönlichkeitseigenschaften auf sie angewandt werden konnten. Anschließend wurden die abgegebenen Personenbeschreibungen danach beurteilt, ob in ihnen die zu beurteilende Person positiv, negativ oder ausgewogen bewertet wurde.

Die Resultate lassen eine Bestätigung der Vermutungen erkennen: Die Konfrontation mit positiven Bezeichnungen zieht signifikant häufiger positive Charakterisierungen der Person nach sich als negative. Die Konfrontation mit Bezeichnungen von negativen Eigenschaften führt zu signifikant häufiger auftretenden negativen Charakterisierungen.

Hinsichtlich der Wirkung von Schemata läßt sich aufgrund dieser und ähnlicher Untersuchungen feststellen: Es spricht einiges dafür, daß die Konfrontation mit Persönlichkeitseigenschaften Schemata aktiviert, die diese Eigenschaften repräsentieren. Diese Aktivierung erhöht die Wahrscheinlichkeit, daß solche Schemata bei der Wahrnehmung von Personen eingesetzt werden. Ist eine Person nicht eindeutig zu interpretieren und sind diese Schemata prinzipiell auf diese Person anwendbar, so besteht die Tendenz, diese aktivierten Schemata bei der Eindrucksbildung uneingeschränkt zu nutzen.

Attribution und Kausalattribution

Wenn bisher mehr nach den Bedingungen, Prozessen und Wirkungen der Informationsaufnahme gefragt wurde, so soll nun die Aufmerksamkeit stärker auf die Verarbeitung der gewonnenen Informationen gerichtet werden.

Unter Attribution versteht man in der Sozialpsychologie allgemein den Interpretationsprozeß, durch den ein Individuum beobachteten und erfahrenen sozialen Ereignissen und Handlungen Gründe zuschreibt, damit sie in eine verständliche und akzeptable Zusammenhangsstruktur eingeordnet werden können. Die Erforschung der Kausalattributionen zielt auf die Beschreibung und Analyse von Ursachenzuschreibungen unter verschiedenen situativen Bedingungen von überdauernden Attributionsmustern, Schemata und Kategorien, die zur Erklärung von Ereignissen und Handlungen verwandt werden.

Die Attributions- und besonders die Kausalattributionsforschung geht zurück auf Heider (1958), der annahm, daß der Mensch bei Wahrnehmungs- und Bewertungsvorgängen von der Überzeugung ausgeht, daß Ereignisse und Handlungen bestimmte Ursachen haben. Der Wahrnehmende ordnet den auftretenden Ereignissen sofort und ohne langwierige Vorüberlegungen bestimmte Ursachen zu, die dann darüber entscheiden, wie die Ereignisse bewertet werden und wie auf sie reagiert wird. So kann eine beobachtete Handlung (z. B. eine Hilfeleistung) sehr unterschiedlich bewertet werden, je nachdem welche Gründe für ihr Auftreten angenommen werden. Die Hilfeleistung kann als Resultat der Hilfsbereitschaft des Helfers aufgefaßt und damit uneingeschränkt positiv, sie kann aber auch als Resultat einer Belohnungserwartung des Helfers interpretiert und dann weniger positiv bzw. eher negativ bewertet werden.

Schon Heider unterschied zwischen einer Dispositionsattribution und einer Situationsattribution. Beim Vorliegen einer Dispositionsattribution nimmt das Individuum an, daß die Ursache für ein Ereignis in der Person selbst liegt, weshalb in diesem Fall auch häufig von internaler Attribution gesprochen wird. Bei der Situationsattribution wird die Ursache für das beobachtete Ereignis in außerhalb der Person liegenden, z. B. situativen Bedingungen vermutet, weshalb diese Form der Attribution häufig auch als externale Attribution bezeichnet wird. In der Forschung und Theoriebildung zur Attribution hat diese Unterscheidung bis heute eine zentrale Bedeutung.

Die Attributionsforschung im Rahmen der sozialen Wahrnehmung konzentrierte sich zunächst auf zwei Theorien, die Attributionstheorie von Kelley (1967) und die Theorie der korrespondierenden Inferenz von Jones und Davis (1965).

1. Die Attributionstheorie von Kelley beschreibt die Beziehung zwischen verfügbaren Informationen und der daraus erschlossenen Kausalattribution, indem sie angibt, bei welcher Informationsgrundlage welche Attribution gewählt wird. Kelley ging bei seinen Untersuchungen von einer Standardsituation aus,

in der ein Handelnder (z. B. ein Lehrer) gegenüber einer anderen Person (z. B. einem Schüler) in einer bestimmten Situation (z. B. Mathematikunterricht) eine spezifische Handlung ausführt (z. B. tadeln). Ein unbeteiligter Beobachter hatte anschließend anzugeben, weshalb so und nicht anders gehandelt wurde (Kausalattribution). Nach Kelley sollten sich drei Attributionstypen unterscheiden lassen, nämlich (1) Personenattribution (die Ursachen der Handlung liegen im Handelnden selbst), (2) Entitätsattribution (die Ursachen der Handlung liegen im Objekt der Handlung) und (3) Umstandsattribution (die Ursachen der Handlung liegen in den situativen Umständen). Weiterhin unterschied Kelley zwischen drei verschiedenen Arten von Informationen, auf die der Beurteiler zurückgreifen kann: (1) Konsens-Informationen: Das sind Informationen über das Verhalten anderer Personen in derselben Situation, wobei ein hoher Konsens dann vorliegt, wenn sich diese anderen Personen wie der Handelnde verhalten. (2) Konsistenz-Informationen: Solche Informationen liegen dann vor, wenn der Beobachter weiß, daß der Handelnde sich gegenüber dem Handlungsobjekt in unterschiedlichen Situationen konsistent verhält. (3) Bestimmtheits-Informationen: Hierbei handelt es sich um Informationen über das Verhalten des Handelnden in bezug auf andere Handlungsobjekte. Ein hoher Grad an Bestimmtheit liegt dann vor, wenn der Handelnde gegenüber verschiedenen Objekten unterschiedliche Handlungen ausführt.

Aufgrund der Unterscheidung der drei Attributionstypen und der drei Informationstypen formulierte Kelley als Kern seiner Theorie folgende Hypothesen:

1. Eine Personenattribution erfolgt dann, wenn der Konsens niedrig, die Konsistenz hoch und der Bestimmtheitsgrad niedrig sind. Entsprechend der erwähnten Standardsituation ist dies immer dann der Fall, wenn andere Lehrer den Schüler beim Erreichen des definierten Leistungswertes nicht bestrafen, wenn der Lehrer auch andere Schüler beim Erreichen dieses Leistungswertes bestraft und wenn er bei niedrigen Leistungsergebnissen aus anderen Leistungsbereichen ebenfalls mit Tadel reagiert.

2. Eine Entitätsattribution erfolgt dann, wenn der Konsens hoch, die Konsistenz hoch und die Bestimmtheit hoch sind. Dies ist dann der Fall, wenn auch andere Lehrer beim Erreichen des definierten Leistungsergebnisses den Schüler tadeln, wenn immer und unter allen Umständen getadelt wird und wenn gute Leistungen gelobt bzw. befriedigende Leistungen nicht eigens betont werden.

3. Eine Umstandsattribution erfolgt dann, wenn die Konsistenz niedrig ist. Dies trifft für den Fall zu, daß der Lehrer eine erbrachte Leistung lobt oder tadelt, je nachdem wie leistungsförderlich oder leistungsbehindernd die situativen Bedingungen (z. B. Prüfungssituation, Hausarbeitssituation) waren.

In einer Reihe von Untersuchungen konnten diese Hypothesen empirisch im wesentlichen bestätigt werden (McArthur, 1976). Liegen allerdings nur unklare Informationsmuster vor, so wird die Handlung einer bestimmten Kombination der drei beschriebenen Attributionstypen zugeordnet. Falls der Beobachter nur so wenige Informationen erhält, daß er nicht über alle diese relevanten Informationstypen verfügen kann, nimmt Kelley an, daß er kausale Schemata zur Attribution einsetzt. Unter kausalen Schemata versteht er dabei Wissensstrukturen über die Zusammenhänge zwischen mehreren interagierenden kausalen Faktoren und deren Wirkung. In unserer Standardsituation könnte ein solches kausales Schema in der Wissensstruktur über „faule Schüler" oder „unbegabte Schüler" bestehen.

2. Die Theorie der korrespondierenden Inferenz von Jones und Davis (1965) versucht zu erklären, nach welchen Prinzipien Kausalattributionen dann durchgeführt werden, wenn nicht genügend Informationen über Konsens, Konsistenz und Bestimmtheit verfügbar sind. Dies ist immer dann der Fall, wenn der Beobachter für seine Kausalattributionen auf die Beobachtung einer einzelnen Handlungssequenz angewiesen ist. Er besitzt also nur Informationen über die Handlung einer Person in einer bestimmten Situation. Die Theorie soll nun Auskunft darüber geben, nach welchen Kriterien der Beobachter das Verhalten einer Person unter diesen Bedingungen beurteilt, um zu einer zutreffenden Ursachenzuschreibung zu gelangen. Weiterhin soll geklärt werden, wie diese Beurteilungen ausfallen müssen, damit der Beobachter zu dem Schluß gelangt, daß der Handelnde nur so und nicht anders handeln konnte, da er für diese Art von Handlung aufgrund seiner Einstellung, seiner Persönlichkeitseigenschaften, seiner Leistungsfähigkeit usw. disponiert ist. Diesen Attributionstyp bezeichnen Jones und Davis als korrespondierende Inferenz. Unter Berücksichtigung der Bewertung einer Verhaltensweise als sozial erwünscht, des Ausmaßes an Wahlfreiheit, das der Handelnde besitzt, und der Konsequenzen des Verhaltens für den Handelnden selbst sowie der Konsequenzen aus alternativen Handlungsweisen, formulieren Jones und Davis folgende zentrale Aussagen ihrer Theorie:

Die Wahrscheinlichkeit, daß ein Beobachter eine korrespondierende Inferenz durchführt, z. B. in Form der Überzeugung, daß der Handelnde sich deshalb aggressiv verhält, weil er aggressiv ist, wird dann besonders hoch sein, wenn die ausgeführte Verhaltensweise zu Effekten führt, die durch alternative Verhaltensweisen nicht erreicht werden können, wenn die soziale Erwünschtheit der Verhaltensweise gering zu veranschlagen ist und wenn der Beobachter glaubt, daß der Handelnde sein Verhalten frei wählen konnte. Wenn also ein Schüler einem anderen Schüler ohne ersichtlichen Grund ins Gesicht schlägt und ihn dabei erheblich verletzt, dann ist dies ein unerwünschtes Verhalten, das vom Schüler freiwillig ausgeführt wurde und einen spezifischen Effekt (Verletzung des Gesichts) zur Folge hat. Dieser Handlungsverlauf führt beim Beobachter zu einer spezifischen Schlußfolgerung (korrespondierende Inferenz) über den Zusammenhang von Handlungseffekt (Verletzung) und Handlungsursachen (Intentionen bzw. Disposition der Person in Richtung auf Aggressivität).

Ist der Beobachter von den Folgen der Handlung selbst betroffen, so beeinflussen zwei weitere motivationale Faktoren die Wahrscheinlichkeit für eine korrespondierende Inferenz. Der erste Faktor besteht in der hedonistischen Relevanz, d. h. in dem Ausmaß, in dem die Handlung für den Beobachter positive oder negative Konsequenzen hat. Der zweite Faktor bezieht sich auf den Grad der persönlichen Betroffenheit, d. h. auf das Ausmaß, in dem der Beobachter die Handlung als intentional auf sich gerichtet erfährt. Je größer die hedonistische Relevanz und die persönliche Betroffenheit sind, desto wahrscheinlicher werden korrespondierende Inferenzen durchgeführt. Wenn sich also die aggressive Schülerhandlung sogar noch in Anwesenheit des Klassenlehrers vollzieht, dann wird sich der Eindruck von der aggressiven Schülerpersönlichkeit noch verstärken.

Attributionsverzerrung

Die vorgestellten Attributionstheorien betrachten das nach Erklärungen suchende Individuum weitgehend als ein nach Rationalitätskriterien vorgehendes Informationsverarbeitungssystem. Diese vermeintliche Rationalität ist allerdings durchaus lückenhaft, da sowohl motivationale Faktoren als auch kognitive Unzulänglichkeiten das rationale Kalkül des Attributionsprozesses maßgeblich beeinflussen bzw. stören. Die so entstehenden spezifischen Attributionstendenzen, werden im folgenden beschrieben werden.

Die Attributionsforschung hat zunächst einmal einen „fundamentalen Attributionsirrtum" aufgedeckt, der in der Tendenz des Beobachters besteht, den Einfluß des Handelnden auf bestimmte Ereignisse zu überschätzen und situative Einflußfaktoren zu vernachlässigen (Ross, 1977). Dies läßt sich dadurch erklären, daß der Beurteiler offensichtlich einer Art „Internalitätsnorm" folgt, die ihn zu der Überzeugung führt, daß Menschen immer für ihre Handlungsergebnisse selbst verantwortlich sind. Zudem ist die Aufmerksamkeit des Beobachters auf den Handelnden als Aktionszentrum konzentriert. Die handelnde Person hebt sich gleichsam als Figur vor dem diffusen Hintergrund der situativen Kontextbedingungen ab, so daß der Beobachter wichtige Einflußfaktoren aus der Umgebung des Handelnden nicht bemerkt.

Während also der Beobachter die Tendenz besitzt, das beobachtete Verhalten als Folge der Persönlichkeitseigenschaften des Handelnden anzusehen, neigt der Handelnde selbst dazu, sein Verhalten durch situative Kontextbedingungen determiniert einzuschätzen (Jones et al., 1971). Dieser Akteur-Beobachterunterschied läßt sich, wie bereits bemerkt, einmal dadurch erklären, daß der Handelnde vor allem die Ereignisse um sich herum, also die Situation, wahrnimmt, der Beobachter dagegen sich auf die handelnde Person konzentriert. Hinzu kommt, daß Handelnder und Beobachter über unterschiedliche Informationen verfügen. So hat der Beobachter oftmals keine Information über die Vergangenheit des Handelnden und seine bisherigen Erfahrungen und stützt sich bei seinen Erklärungen auf das, was in der augenblicklichen Handlungssituation zu beobachten ist. Der Handelnde dagegen kann zur Interpretation seines Verhaltens frühere Erlebnisse und Erfahrungen hinzuziehen und dabei womöglich zu dem Schluß kommen, daß sein jetziges Verhalten weitgehend durch frühere *und* durch gegenwärtige Umwelteinflüsse determiniert ist.

Die Attributionsunterschiede zwischen Handelndem und Beobachter verringern sich, wenn es dem Beobachter gelingt, sich in den Handelnden hineinzuversetzen (Empathiebeziehung), da sich damit die Wahrscheinlichkeit erhöht, Informationen über situative Einflußfaktoren zu gewinnen und zu einer Situationsattribution zu gelangen. Weiter kann der Handelnde sich selbst als Handlungszentrum beobachten, was die Wahrscheinlichkeit für Dispositionsattributionen erhöht. Zudem hat sich gezeigt, daß Erwartungen hinsichtlich eines bestimmten Handlungsresultats die beschriebenen Attributionstendenzen modifizieren können. Wenn erwartet wird, daß eine Handlung zu einem positiven Ergebnis führt, so schreibt sich der Handelnde mehr Verantwortung zu und folgt dem Konzept der internalen Attribution, wohingegen bei Erwartung eines negativen Ergebnisses die Tendenz zur Situationsattribution zunimmt. Der Beobachter dagegen führt ein in gleicher Situation erzieltes Handlungsergebnis im Falle eines erwarteten positiven Effekts weniger auf den Handelnden selbst zurück, d. h. die Tendenz zur Dispositionsattribution ist schwächer, sondern macht eher situative Faktoren für das Handlungsergebnis verantwortlich (Harvey et al., 1974).

Je stärker in einer Beobachtungssituation die bereits beschriebene hedonistische Relevanz und der Grad der persönlichen Betroffenheit ausgeprägt sind, um so wahrscheinlicher treten beim Beobachter Dispositionsattributionen auf. Diese Tendenz zur stärkeren Dispositionsattribution des Beobachters läßt sich auch schon dann feststellen, wenn der Beobachter lediglich erwartet, daß er mit dem Handelnden zukünftig interagieren muß.

In weiteren Untersuchungen hat sich gezeigt, daß Beobachter verstärkt Situationsattribuierungen vornehmen, wenn der zeitliche Abstand zwischen der Handlung und der vorgenommenen Attribution größer wird. Dies kann darauf zurückgeführt werden, daß in der Erinnerung sich Figur (Handelnder) und Hintergrund (situative Bedingungen) immer mehr angleichen und einander ähnlicher werden. Für die Auswirkung dieses Zeitfaktors auf die Attribution kann allerdings auch das Bedürfnis nach Vorhersagbarkeit und Kontrolle fremden Verhaltens verantwortlich sein, dem eine Dispositionsattribution entspricht und das schwächer wird, wenn mehr über vergangenes als über gegenwärtiges Verhalten nachgedacht wird.

Interessant ist schließlich noch die Feststellung von Gergen et al. (1982), daß es zwar logisch betrachtet keine „wirkliche“, also letzte Ursache für ein beobachtetes Verhalten geben kann, da jede Ursache wieder auf dahinterliegende Ursachen zurückgeführt werden kann und somit eine nahezu endlose Ursachenkette beschreibbar ist, daß aber aus Gründen der Zweckmäßigkeit an der

Existenz von „wirklichen" Ursachen festgehalten wird. In der Gesellschaft muß das Konzept der „wirklichen" Ursachen schon deshalb aufrechterhalten werden, damit verbindliche Überzeugungen über Grundlagen des sozialen Zusammenlebens, wie sie in Begriffen wie „soziale Verantwortlichkeit", „Gerechtigkeit", „Gegenseitigkeit" zum Ausdruck kommen, und damit verbindliche soziale Systeme wie das Rechtssystem mit Konzepten von „Schuld" und „Sühne" oder das Familiensystem mit dem Konzept der „gegenseitigen Hilfeleistung", aufrechterhalten werden können.

Zusammenfassung

Unter sozialer Wahrnehmung kann man einmal die Erfassung von Gegenständen, Ereignissen und Merkmalen bezeichnen, die zum Bereich des sozialen Verhaltens gehören, worunter insbesondere dem Prozeß der Eindrucksbildung über Eigenschaften anderer Personen große Aufmerksamkeit zukommt. Zum anderen kann man darunter die Mitbedingtheit der Wahrnehmung durch soziale Faktoren verstehen. Die Aufnahme von Informationen und die Bildung von Eindrücken über andere Personen und über soziale Sachverhalte ist eine notwendige Voraussetzung für eine wirksame Kontrolle unserer sozialen Umwelt.

Der Prozeß der sozialen Wahrnehmung wird im wesentlichen bestimmt von Wissensstrukturen (Kognitionen), motivationalen Faktoren und situativen Merkmalen. Die Wissensstrukturen (Schemata, implizite Persönlichkeitstheorien usw.) werden im Laufe der Sozialisation erworben, und durch ihre Anwendung auf den uns umgebenden, zunächst unstrukturierten Informationsfluß gelangen wir zu ganzheitlichen und strukturierten Eindrücken, an denen sich unser Handeln orientieren kann.

Welche Wissensstrukturen zur Wahrnehmung und Interpretation der sozialen Umwelt herangezogen werden, hängt wesentlich ab von motivationalen Faktoren, wobei Werte, Einstellungen, Ziele und grundlegende Überzeugungen, z. B. der Glaube an eine gerechte Welt, eine bedeutsame Rolle spielen. Weitere Determinanten der sozialen Wahrnehmung sind situative Merkmale wie die Reihenfolge, Zentralität, die Angleichung von Informationen in Richtung auf eine insgesamt positive bzw. negative Bewertung, die Kontextbedingungen und verallgemeinerbare bzw. auf das Wahrnehmungsobjekt anwendbare Vorerfahrungen.

In der sozialen Wahrnehmung sind Kausalattributionen für die Zuordnung von Ursachen zu Ereignissen verantwortlich. Die attribuierten Ursachen bestimmen, wie die entsprechenden Ereignisse interpretiert werden und wie auf diese Ereignisse reagiert wird. Der Attributionsprozeß wird durch die Theorie von Kelley (1967) und Jones und Davis (1965) beschrieben, die bestimmte Verknüpfungsregeln zwischen Informations- und Attributionsmustern formulieren. Die Wahl des spezifischen Attributionsmusters für ein bestimmtes Ereignis hängt ab von der Quantität und Qualität der verfügbaren Informationen, der Rolle des Attribuierenden als Handelnder oder Beobachter, den motivationalen Faktoren wie hedonistische Relevanz und Grad der persönlichen Betroffenheit, den Interaktionserwartungen und dem zeitlichen Abstand zwischen beobachtetem Ereignis und vorgenommener Attribution. Die Attribution der „wirklichen" Ursachen erweist sich aus logischen Gründen als problematisch, wird aber aus pragmatischen Gründen beibehalten, damit verbindliche Normen, Regeln und Strukturen des menschlichen Zusammenlebens aufrechterhalten werden können.

Fragen

1. Welches sind zentrale Frage- und Problemstellungen der Erforschung sozialer Wahrnehmungsprozesse?
2. Welche Funktion kommt den Erwartungen im Prozeß der sozialen Wahrnehmung zu?
3. Nach welchen Organisationsregeln vollzieht sich die interpersonale Eindrucksbildung?
4. Welche kognitiven Faktoren beeinflussen den Wahrnehmungsprozeß?
5. Wie läßt sich der Einfluß motivationaler Faktoren auf die soziale Wahrnehmung erkennen?
6. Welche Funktion haben Urteilsheuristiken?
7. Worin unterscheiden sich die Attributionstheorien von Kelley (1967) und Jones & Davis (1965)?
8. Wodurch entstehen Attributionsverzerrungen?

Weiterführende Literatur

Bierhoff, H.W. (1986). *Personenwahrnehmung. Vom ersten Eindruck zur sozialen Interaktion*. Berlin: Springer.

Cantor, N. & Mischel, W. (1979). Prototypes in person perception. In L. Berkowitz (Ed.), *Advances in experimental social psychology*, (Vol. 12.) New York: Academic Press.

Rosemann, B. & Kerres, M. (1986). *Interpersonales Wahrnehmen und Verstehen*. Bern: Huber.

Ross, M. & Flechter, G.J.O. (1985). Attribution and social perception. In G. Lindzey & E. Aronson (Eds.), *The Handbook of Social Psychology*,(Vol. II) (pp. 73—122). New York: Random House.

Kapitel IX

Soziale Attraktion

Einer der für die Erforschung von sozialer Attraktion bedeutendsten Sozialpsychologen (Berscheid, 1985) beschließt einen Überblicksartikel über den aktuellen Forschungsstand zu diesem Teilbereich der Sozialpsychologie mit der Feststellung, daß menschliches Verhalten nur dann vollständig verstanden werden kann, wenn genaue Kenntnisse über die Dynamik interpersonaler Attraktion vorliegen. Für die Analyse psychischer Prozesse im menschlichen Verhalten und in der sozialen Interaktion ist zweifellos ein fundiertes Wissen um die Wirksamkeit der Bedingungen, Verlaufsprozesse und Effekte von interpersonaler Attraktivität von zentraler Bedeutung.

Definition und Aspekte

Die Alltagssprache kennt eine Fülle von Begriffen, mit denen wir zum Ausdruck bringen, welche Beziehung wir zu anderen Menschen haben (lieben, bewundern, gefallen), wie andere Menschen auf uns wirken (sympathisch, ehrlich, warmherzig) und welche Gefühle andere Personen in uns hervorrufen (Geborgenheit, Freude, Erregung). Wir verfügen darüber hinaus über ein komplexes und fein abgestuftes Repertoire nicht-sprachlicher Verhaltens- und Reaktionsformen (Mimik, Formen des Blickkontakts, Gestik), mit denen wir versuchen, interpersonale Kontakte zu initiieren, zu regulieren und zu kontrollieren. Zudem sind wir für verbale und nicht-verbale Signale der Zuneigung und Ablehnung durch andere Personen höchst sensibel, nehmen sie wahr, bewerten sie und nutzen sie als Basis eigenen interaktiven Verhaltens.

Im Abschnitt über die soziale Motivation wurde bereits auf die zentrale Bedeutung des Anschlußmotivs für das menschliche Leben hingewiesen. Dabei war schon die komplexe Interaktionsstruktur anschlußmotivierten Verhaltens aufgefallen, besonders in ihrer Bedeutung zur Erreichung individueller Ziele, als Quelle von positiver Verstärkung, als Möglichkeit zur Selbstbewertung, zur Orientierung und zur Herstellung sozialer Beziehungen und schließlich zur Furchtreduktion.

Bereits in alltäglichen zwischenmenschlichen Beziehungen lassen sich verschiedene Formen der interpersonalen Attraktion beobachten, die dadurch charakterisiert sind, daß sie eine auf den Interaktionspartner gerichtete, positiv bewertete Orientierung, Einstellung und Intentionalität besitzen. Interpersonale Attraktion liegt dann vor, wenn zwischen Personen eine Tendenz zur Annäherung und zum Umgang miteinander beobachtbar ist und wenn die Eigenschaften und Handlungen der beteiligten Personen einen gegenseitigen Belohnungswert besitzen. Interpersonale Attraktion ist ein sog. hypothetisches Konstrukt, das nicht direkt beobachtbar ist, sondern nur über seine Auswirkungen auf das Verhalten der Interaktionspartner erfaßt werden kann. Zu unterscheiden sind verschiedene Formen der sozialen Attraktion entsprechend der Qualität der bestehenden Beziehung:

(1) Flüchtige und kurzzeitige Beziehungen zwischen Personen, die bei den Partnern einen positiven Eindruck hinterlassen und evtl. das Bedürfnis nach einer wiederholten Begegnung verstärken, (2) Freundschaftsbeziehungen und (3) Liebesbeziehungen.

Nachdem die sozialpsychologische Forschung sich zunächst vorrangig mit Untersuchungen der sozialen Attraktion in flüchtigen und kurzfristigen Begegnungssituationen befaßt hat, die relativ leicht unter experimentalpsychologischen Bedingungen hergestellt und analysiert werden konnten, hat sich die neuere Attraktionsforschung verstärkt den beiden anderen Attraktionsformen zugewandt (Mikula & Stroebe, 1977; Huston&Levinger, 1978). Dadurch wurde nicht nur ein Wechsel der Untersuchungsmethoden von labor-experimentellen zu feld-experimentellen Methoden in natürlichen Alltagssituationen erforderlich, sondern der Untersuchungsgegenstand wurde immer komplexer. Die Untersuchungen zeigten schon bald, daß spezifische Personenmerkmale nicht allein als Ursache für interpersonale Attraktion angesehen werden können, sondern daß Personen, eingebunden in interdependente Beziehungen zu anderen Personen, Objekten und Situationen, mit ihren Erfahrungen, Zielen und Erwartungen die zentrale Rolle im Prozeß der Attraktionsbildung spielen. Auch findet sich hier die in der sozialpsychologischen Forschung häufig zu beobachtende Tendenz, von der Analyse einseitiger Ursache-Wirkungsbeziehungen zur Analyse von Wechselwirkungsvorgängen in den Sozialbeziehungen überzugehen. Wenn dieses Vorgehen den in alltäglichen und in natürlichen sozialen Situationen ablaufenden Prozessen auch eher gerecht wird und so zu verläßlicheren wissenschaftlichen Erkenntnissen führen kann, dürfen aber die damit zugleich gegebenen Schwierigkeiten der wissenschaftlichen Bewältigung von Komplexität und der Analyse multifaktoriell bedingter sozialer Prozesse nicht übersehen werden.

Entstehungsbedingungen interpersonaler Attraktion

In den Forschungen zur Anschlußmotivation stehen zwar die Analyse der Ursachen für das Bedürfnis nach sozialem Anschluß und das Erkennen der Möglichkeiten der Bedürfnisbefriedigung durch soziale Interaktionsprozesse im Vordergrund, doch hat sich schon früh gezeigt, daß Personen nicht wahllos auf andere Personen zugehen und mit ihnen interagieren. Personen wirken auf ihre soziale Umwelt unterschiedlich anziehend, ihr Attraktionsgrad füreinander variiert beträchtlich. Die Erfassung attraktionsfördernder Merkmale von Personen unter den Bedingungen der Erstbegegnung bzw. in kurzfristigen und interaktionsarmen Begegnungssituationen war zunächst das vorrangige Ziel der experimentell betriebenen Attraktionsforschung. Es ließen sich dabei die folgenden zentralen Determinanten für soziale Attraktion bestimmen: räumliche Nähe, Ähnlichkeit von Werten, Einstellungen und Persönlichkeitseigenschaften, physisches Erscheinungsbild, Kompetenz, positiv bewertete Persönlichkeitseigenschaften und Sympathie.

Die räumliche Nähe hat sich als ein wichtiges Merkmal für das Zustandekommen zwischenmenschlicher Annäherung erwiesen. So fand bereits Festinger (1950), daß Studenten in einem Studentenwohnheim sich vor allem zu Personen hingezogen fühlen, die in demselben Wohnheim und auf derselben Etage wohnen. Personen, die räumlich nahe beieinander leben, begegnen sich öfter, können somit häufiger miteinander interagieren, so daß sich allein dadurch ihr jeweiliger Attraktivitätsgrad erhöht („mere-exposure"-Hypothese von Zajonc, 1974). Allerdings lehrt bereits die Alltagserfahrung, was auch in sozialpsychologischen Studien nachgewiesen werden konnte, daß die Attraktivität eines häufig auftretenden Reizes oder Ereignisses nur dann zunimmt oder auf hohem Niveau stabil bleibt, wenn noch nicht alle Merkmale des Reizes klar erfaßt sind und noch ein gewisser Grad an Ungewißheit besteht. Nicht allein die Häufigkeit der Begegnung mit einer noch unbekannten Person ist also entscheidend, sondern die Qualität der in der Begegnung bereits gewonnenen bzw. noch unklar gebliebenen Eindrücke. Es läßt sich auch nachweisen, daß oft nicht die physische (räumliche) Nähe, sondern die funktionalen Beziehungen, z. B. die psychische Erreichbarkeit eines Interaktionspartners als Ursache für die soziale Attraktion wirkt. Wenn sich in Studentenwohnheimen Bewohner einer Etage oder eines Wohnblocks besonders attraktiv finden, so kann das sehr wohl damit zusammenhängen, daß sie sich häufig sehen, Interaktionsmöglichkeiten also ohne viel Anstrengung und Aufwand mühelos zu haben sind, doch könnten noch weitere und vielleicht wirksamere Faktoren hinzukommen. Es ist höchst wahrscheinlich, daß sich in Studentenwohnheimen Personen finden, die ein hohes Maß an sozialer und personaler Ähnlichkeit, bedingt durch Geschlecht, Alter, sozio-ökonomischen Status, Herkunftsfamilie, Religion, politische Einstellung usw.besitzen, wodurch die psychische und soziale Distanz verringert wird. Hinsichtlich des Ausmaßes an körperlicher Nähe bzw. Distanz, die in einer Interaktionssituation von den Partnern akzeptiert und positiv bewertet wird, bestehen spezifische, kulturell geprägte Verhaltensregeln, die bei ihrer Mißachtung eine Reduzierung der sozialen Attraktion zur Folge haben.

Die Ähnlichkeit von Werten, Einstellungen und Persönlichkeitseigenschaften als Ursache für den Grad der erlebten interpersonalen Attraktion ist ein empirisch gut gesicherter Tatbestand. In zahlreichen Feld- und Laborstudien hat sich gezeigt, daß beim Vorliegen von Ähnlichkeit die Attraktion erhöht, bei Unähnlichkeit reduziert ist. So ließ beispielsweise Newcomb (1961) von Studenten, die einander nicht kannten, vor ihrem Eintreffen am Studienort einen Einstellungs- und Werte-Fragebogen ausfüllen und während ihres Zusammenlebens im Studentenwohnheim mehrfach soziometrische Befragungsdaten erheben, aus denen sich der Grad gegenseitiger Sympathie und Freundschaft ermitteln ließ. Einstellungs- und Wertähnlichkeit korrelierten deutlich mit dem Attraktionsmaß. Byrne (1971) ließ von seinen Personen zunächst einen Einstellungsfragebogen ausfüllen. Einige Zeit später gab er ihnen mehrere, bereits ausgefüllte Fragebögen von fremden Personen mit dem Auftrag einzuschätzen, wie sympathisch und attraktiv diese Personen für sie sein könnten. Die Antworten in den vorgelegten, bereits ausgefüllten Fragebögen wurden dabei so manipuliert, daß sie den befragten Personen in unterschiedlichem Ausmaße ähnlich waren. Auch bei diesem gegenüber Newcomb völlig andersartigen experimentellen Vorgehen zeigten sich hohe Übereinstimmungen zwischen Ähnlichkeit und eingeschätzter Attraktivität. Dieser Zusammenhang kommt nach Byrne dadurch zustande, daß wir die wahrgenommene Ähnlichkeit mit anderen Personen als Hinweis darauf deuten, daß wir die soziale Realität richtig interpretieren, und daß Personen, die uns diese Richtigkeit bestätigen, für uns einen hohen Attraktivitätswert besitzen.

Wenn somit auch das Sprichwort „Gleich und gleich gesellt sich gern“ in der sozialpsychologischen Forschung eine Bestätigung findet, so bleibt noch das entgegengesetzte Sprichwort „Gegensätze ziehen sich an“ zu erklären. Tatsächlich gibt es eine Reihe von Untersuchungen, die sich mit der komplementären Bedeutung von Werten, Einstellungen und Persönlichkeitsmerkmalen für die interpersonale Attraktion befaßt haben. Die zum Teil widersprüchlichen Befunde lassen vermuten, daß die Wirksamkeit von Ähnlichkeit oder Komplementarität auf die interpersonale Attraktion davon abhängt, wie stark der jeweilige Zusammenhang als belohnend und zur Erreichung der gesetzten Ziele förderlich erlebt wird. Mikula (1977) meint: „Daher erscheint es nicht sinnvoll, davon zu sprechen, daß der Ähnlichkeit oder der Komplementarität *an sich* eine Bedeutung als Attraktionsdeterminanten zukommt, sondern richtiger ist es zu sagen, daß jede bei den Partnern bestehende Konstellation von Persönlichkeitsmerkmalen und Bedürfnissen Einfluß auf die entstehende Attraktion nehmen kann; ob dies der Fall ist und in welche Richtung der Einfluß geht, wird davon abhängen, ob sie die Verwirklichung angestrebter Ziele der Partner fördert oder hemmt“ (S. 26).

So ließ sich nachweisen, daß unähnliche Personen, die sich in einem erwünschten Zustand befinden und die über wertvolle Ressourcen verfügen, an Attraktivität gewinnen, wohingegen Personen in einem beklagenswerten Zustand oder in einer unterprivilegierten Stellung an Attraktivität einbüßen. Allerdings können schon geringfügige Veränderungen die attraktivitätsschwächende Wirkung von Unähnlichkeit aufheben, wenn z. B. Personen mit Einstellungs- und Wertdifferenzen die Möglichkeit haben, über diese Unstimmigkeiten miteinander zu diskutieren gegenseitige Abstimmungen vorzunehmen oder ein Verständnis für die Position des Partners zu gewinnen.

Eine weitere, aus vielen alltäglichen Erfahrungen gut bekannte Determinante interpersonaler Attraktion ist das physische Erscheinungsbild. Physisch attraktive Personen werden positiver beurteilt und als Interaktionspartner mehr bevorzugt als weniger attraktive Personen. Welche Merkmale an einer Person den physischen Attraktivitätsgrad bestimmen, hängt wesentlich von kulturellen Normen ab: Berscheid und Walster (1974) vermuten, daß ein kulturell geprägtes Attraktivitätsstereotyp, wie z. B. „was schön ist, ist auch gut", und die Möglichkeit, über die Interaktion mit physisch attraktiven Personen das eigene Prestige zu steigern, für den beobachteten Zusammenhang verantwortlich sind. Untersuchungen haben gezeigt, daß der Zusammenhang zwischen physischer und persönlicher Attraktivität nicht linear, sondern umgekehrt u-förmig verläuft, d. h. sowohl wenig attraktive als auch hoch attraktive Personen werden nicht besonders bevorzugt, wohl aber Personen mit einem mittleren bis hohen Attraktivitätsgrad. Sehr attraktive Personen können verstärkt Unterlegenheitsgefühle beim Interaktionspartner auslösen, und zudem besteht bei ihnen die Gefahr der Zurückweisung. Diese Risiken sind geringer zwischen Personen mit einem ähnlichen Grad an physischer Attraktivität. Besonders in den Beziehungen zwischen gegengeschlechtlichen Partnern unter den Bedingungen der Erstbegegnung ist das physische Erscheinungsbild eine zentrale Determinante für die Ausbildung der interpersonalen Attraktion.

Ähnlich wie bei der physischen Attraktivität wirkt auch die wahrgenommene Kompetenz einer Person zwar grundsätzlich attraktivitätserhöhend, doch verläuft diese Beziehung auch hier nicht linear. Erweckt eine Person den Eindruck, sehr kompetent zu sein, so wird sie durch das Auftreten kleiner Fehler und Mißgeschicke noch attraktiver. Eine weitere, wichtige Einflußvariable ist das Selbstwertgefühl der beurteilenden Person. Ist ihr Selbstwertgefühl auf einem mittleren Niveau angesiedelt, so steigern kleine Inkompetenzen sehr fähiger Personen deren Attraktivität. Ist jedoch das Selbstwertgefühl gering oder sehr stark ausgeprägt, so verringern solche Inkompetenzen die interpersonale Attraktion. Eine mögliche Erklärung für diese Befunde bietet die Annahme, daß Personen mit einem hohen Selbstwertgefühl sich mit kompetenten Partnern identifizieren wollen und Personen mit einem niedrigen Selbstwertgefühl in besonders kompetenten Personen Ideale verwirklicht sehen möchten. Aufgrund der gezeigten Kompetenzmängel kann die beobachtete Person für keine der beiden Gruppen die gestellten Erwartungen erfüllen, was zur Verringerung der interpersonalen Attraktion führt. Besitzt der Beobachter demgegenüber ein mittleres Selbstwertgefühl, so können die beobachteten Kompetenzmängel die Kompetenzunterschiede zwischen den Interaktionspartnern verringern, was dazu führt, daß die interpersonale Attraktivität der beobachteten Person ansteigt.

Die Attraktion hängt auch davon ab, welche Persönlichkeitseigenschaften jemand besitzt, wobei positive Eigenschaften attraktiver sind als negative. Untersuchungen von Clore (1978) deuten darauf hin, daß Persönlichkeitseigenschaften auch im Hinblick auf die Konsequenzen dieser Eigenschaften für die

Interaktion des Beurteilers mit dem Beurteilten bewertet werden. Es läßt sich feststellen, daß Persönlichkeitseigenschaften dann die interpersonale Attraktivität erhöhen, wenn der Wahrnehmende aus den beobachteten Eigenschaften schließt, daß eine Interaktion mit dem Partner positive Konsequenzen nach sich zieht.

Die Vermutung, daß der Partner einem Sympathie entgegenbringt, steigert ebenfalls die wahrgenommene interpersonale Attraktivität.

Zur Erklärung der hier berichteten Befunde über die Entstehungsbedingungen und Determinanten interpersonaler Attraktion wurden im wesentlichen vier in der Sozialpsychologie weit verbreitete Theorien angewandt, die Balance-Theorie, die Verstärkungstheorie, die Austauschtheorie und die Theorie der distributiven Gerechtigkeit. Die Balance-Theorie von Heider (1977) fordert, daß dann, wenn beide Interaktionspartner in der Beurteilung bestimmter Personen, Objekte und Ereignisse übereinstimmen, sie füreinander an Attraktivität gewinnen, weil sich so ein ausbalanciertes, störungsfreies und harmonisches Interaktionsgefüge herstellen läßt. Nach dem verstärkungstheoretischen Ansatz (Clore & Byrne, 1974) lösen am Interaktionspartner wahrgenommene, bestimmte positiv bewertete Persönlichkeitseigenschaften, Ähnlichkeiten von Werten und Einstellungen und wahrgenommene situative Bedingungen angenehme Gefühle aus, die entsprechend dem Prinzip des klassischen Konditionierens so mit dem Interaktionspartner verbunden werden, daß in der Folgezeit bereits die Anwesenheit des Partners diese Gefühle hervorruft. Der Interaktionspartner gewinnt somit an Attraktivität, weil er als Quelle und Verursacher positiver Gefühlsregungen erfahren wird. Entsprechend dem austauschtheoretischen Erklärungsansatz (Thibaut & Kelley, 1978) bewerten zwei Partner ihre Interaktionen hinsichtlich der für sie entstehenden Kosten und Erträge. Demnach wird Person A für eine Person B um so attraktiver, je höher der Ertrag abzüglich der investierten Kosten aus der Interaktion für Person B ist. Person A vergleicht demgegenüber den aus der Interaktion für sich zu ziehenden Gewinn mit dem aus anderen möglichen Interaktionen zu erwartenden Gewinn („Vergleichsniveau für Alternative") und wird dann mit der Interaktion zufrieden sein, wenn der Gewinn ihren subjektiv festgelegten Mindestsollwert überschreitet. Sollten jedoch die erwarteten Gewinne aus anderen Interaktionen den tatsächlich erreichten Gewinn aus der Interaktion mit Person B überschreiten, so steigt die Wahrscheinlichkeit, daß Person A die Interaktionsbeziehung mit Person B abbricht. Der Grad der interpersonalen Attraktivität hängt demnach also wesentlich von den Gewinnerwartungen der Interaktionspartner ab. Nach der Theorie der distributiven Gerechtigkeit (Walster u. a., 1978) erfassen die Personen nicht nur ihre eigenen Kosten und Erträge aus einer Interaktion, sondern auch die ihres Interaktionspartners. Eine Person empfindet eine Interaktion dann als ungerecht, wenn sie zu dem Schluß kommt, daß sich ihr Ertrag-Kosten-Verhältnis von dem des Interaktionspartners deutlich unterscheidet. In diesem Falle entsteht das Bedürfnis, Gerechtigkeit wiederherzustellen, und zwar durch eine Änderung der tatsächlichen Kosten und Erträge oder durch eine Änderung der Bewertung von Kosten und Erträgen. Entsprechend dieser Theorie ist die interpersonale Attraktion eines Partners um so größer, je gerechter Kosten und Gewinne in der Interaktionsbeziehung verteilt sind.

Die verschiedenen Theorien betonen jeweils unterschiedliche Aspekte des Interaktionsprozesses, wie kognitive, emotionale und interaktionale Faktoren und sind deshalb nicht in der Lage, eine befriedigende Erklärung für die Entstehung von interpersonaler Attraktion zu liefern. Die Vorteile der balancetheoretischen, verstärkungstheoretischen und austauschtheoretischen Modelle bestehen darin, daß sie einen weiten Bereich von Phänomenen zu erklären versuchen, doch geht dies nur auf Kosten der Präzision und Differenziertheit. Eine, der Komplexität, der Entstehung und Wirkung interpersonaler Attraktion gerechtwerdende Theorie, die zudem noch in der Lage ist, die Wirkung der vielfältigen Determinanten im Verlauf des Interaktionsprozesses zu erklären, ist bisher nicht in Sicht.

Freundschaft und Liebe als Formen interpersonaler Attration

Die bisher berichteten Untersuchungen zur interpersonalen Attraktion wurden bei Erstbegegnungen zwischen bisher einander unbekannten Personen oder an kurzfristig und oft allein zum Zwecke der wissenschaftlichen Analyse stattfindenden Interaktionsszenen durchgeführt. Wenn dabei auch wichtige Erkenntnisse über die Entstehung interpersonaler Attraktion gewonnen werden konnten, so sind diese nicht ohne Einschränkung auf interpersonale Attraktionsformen übertragbar, bei denen eine andere Qualität der persönlichen Beteiligung und Betroffenheit vorliegt, wie z. B. bei Freundschaft und Liebe. Nach Rubin (1973) läßt sich das interpersonale Beziehungskonzept „Freundschaft" durch die Beziehungskomponenten ‚Zuneigung' und ‚Achtung' und das der ‚Liebe' durch die Beziehungskomponenten ‚Bindung (attachment)', ‚Intimität' und ‚Sorge für das Wohl des Partners' kennzeichnen und von anderen Beziehungsformen unterscheiden.

Untersuchungen über die Wirkung von Freundschaftsbeziehungen auf die interpersonale Attraktion und das Verhalten der Partner zueinander zeigen im wesentlichen folgende Resultate:

1. Freunden wird im Unterschied zu Bekannten mehr Verantwortung für gute und weniger Verantwortung für schlechte Taten zugeschrieben.

2. Freunde werden bei Leistungsbewertungen und Arbeitszuteilungen bevorzugt.

3. Bei Belohnungsaufteilungen unter Freunden geht es gerechter zu als bei Aufteilungen unter Bekannten.

Assertive Selbstpräsentations-Taktik:
(sich behauptende
Selbstpräsentations-Taktik)

Der Akteur versucht über eine (positive) Selbstdarstellung das Publikum so zu beeindrucken, daß seine soziale Macht vergrößert wird und eigene Interessen und Wünsche vom Publikum erfüllt werden.

Ingratiation (Schmeicheln):
Self-enhancing communication (Kommunikation mit dem Ziel, sich selbst oder andere zu erhöhen)
Other-enhancing communication
Opinion conformity (Meinungskonformität)
Favourdoing (nett zu anderen sein)

Intimidation (einschüchtern)

Supplication (hilfsbedürftig erscheinen)

Self-Promotion (kompetent und intelligent erscheinen)
Entitlements (verbal Leistungen herausstellen)
Enhancements (eigene Leistungen überbewerten)
Social Identity (sich mit einer anerkannten Gruppe identifizieren)
Basking in Reflected
Glory Blasting (rivalisierende Gruppen/Personen abwerten)

Exemplification (sich als beispielhaft, moralisch und integer darstellen)

Defensive Selbstpräsentations-Taktik:
(sich verteidigende
Selbstpräsentations-Taktik

Der Aktuer versucht zu verhindern oder zumindest einzuschränken, daß er beim Publikum an Ansehen verliert.

Predicaments and Face-Work
(sich aus einer mißlichen Lage herauswinden)

Excuses (sich als nicht verantwortlich hinstellen)

Justifications (sich rechtfertigen)

Disclaimers and Self-handicapping (andere über eventuelle spätere eigene Mißerfolge informieren)

Apologies (sich entschuldigen)

Assertive Selbstrepräsentations-Strategie
(sich behauptende
Selbstpräsentations-Strategie)

Der Akteur ist bemüht, eine langfristig gültige gute Reputation zu erwerben, die über verschiedene und unterschiedliche Situationen hinweg wirksam ist.

Competence or Expertise (kompetent bzw. als Experte erscheinen)

Attractiveness (sich als attraktiv und liebenswert darstellen)

Status and Prestige (status-, prestigebehaftet, elitär auftreten)

Credibility and Trustworthiness (sich als glaubwürdig und vertrauenswürdig darstellen)

Self-disclosure (sich anderen gegenüber öffnen, erschließen)

Defensive Selbstpräsentations-Strategie:
(sich verteidigene
Selbstpräsentations-Strategie)

Der Akteur ist bemüht, ein Bild von sich zu vermitteln, wonach er — auch über verschiedene und unterschiedliche Situationen hinweg — nicht in vollem Ausmaß für sein Handeln verantwortlich zu machen ist.

Helplessnes and Anxiety (sich als hilflos und ängstlich darstellen)

Alcoholism and Drug Addiction (alkohol- oder drogensüchtig werden, als Ausdruck der Nichtübernahme von Verantwortung)

Symptoms of Mental Illness (Übernahme der Rolle des „Geisteskranken", vor allem bei Patienten in Krankenanstalten)

Abbildung 8: Systematik der Selbstpräsentation nach Tedeschi u. a. (1985)
(zitiert nach Mummendey/Bolten, 1985, S. 60—61)

Die jeweils angewandte und vorherrschende Beeinflussungstechnik richtet sich nach den individuellen Fähigkeiten und Erfahrungen und den handlungswirksamen situativen Bedingungen.

Zwei Formen des „impression management" sind in der Sozialpsychologie bereits seit langem bekannt, wenn sie auch nicht unter diesem Thema behandelt wurden: Der Faktor der sozialen Erwünschtheit und die Methode des Einschmeichelns.

Soziale Erwünschtheit tritt immer dann auf, wenn eine Person, z. B. in der Rolle der Versuchsperson in einem Experiment, sich so verhält wie sie glaubt, daß die soziale Umwelt, z. B. der Versuchsleiter, Beobachter oder andere Versuchsteilnehmer es wünscht. So werden Untersuchungsergebnisse erheblich verzerrt, wenn die Versuchspersonen über das Untersuchungsziel und die Untersuchungshypothesen informiert sind oder sich aufgrund spezifischer Hinweisreize bei ihnen eine entsprechende Erwartung entwickelt. Dieser oft nur schwer zu kontrollierende Effekt der sozialen Erwünschtheit läßt sich mit dem Konzept des „impression management" gut erklären. Die Versuchsperson versucht, sich in den Augen des Versuchsleiters, anderer Personen oder ‚der Wissenschaft' als ‚gute' Versuchsperson zu qualifizieren und handelt demnach so, wie sie glaubt, daß die Bewerter ihres Verhaltens es wünschen.

Einschmeicheln ist ein Verhalten, das dazu dient, beim Partner die eigene Attraktivität zu erhalten bzw. zu erhöhen. Formen des Einschmeichelns bestehen darin, dem Partner Komplimente zu machen und ihm positive Bewertungen zukommen zu lassen, was besonders dann erfolgreich ist, wenn sie sich auf Merkmale und Eigenschaften beziehen, über deren richtige Bewertung der Partner selbst Zweifel hegt. Bezogen auf zentrale Einstellungs- und Verhaltensbereiche ist es wirksam, besonders die bestehenden interpersonalen Übereinstimmungen in diesem Bereich hervorzuheben. Eine positive Selbstdarstellung, die so dosiert ist, daß sie den Selbstwert und die Selbstdarstellung des Partners nicht bedroht und zugleich den eigenen Interaktionswert für den Partner verdeutlicht, steigert die Attraktivität. Beim Überreichen von Geschenken ebenso wie bei Komplimenten besteht die Gefahr, daß statt einer Aufwertung eine Abwertung der eigenen Attraktivität erfolgt, wenn sie als unangemessen hoch vom Partner bewertet werden. Alle diese Formen des Einschmeichelns können allerdings nur dann erfolgreich angewandt werden, wenn die manipulative Absicht dem Partner verborgen bleibt.

Wie sich gezeigt hat, setzen Personen Taktiken und Strategien des „impression management" nicht nur ein, um auf Interaktionspartner Eindruck zu machen, sondern sie versuchen auch in Erfahrung zu bringen, inwieweit sie selbst das Ziel solcher Beeinflussungsversuche sind. Sie versuchen herauszufinden, ob sich hinter den Mitteilungen und Verhaltensweisen der Interaktionspartner eine manipulative Absicht verbirgt oder ob sie ‚echt' gemeint sind. Um dies festzustellen, achten die Interaktionspartner vorzugsweise auf Ausdrucksformen nonverbalen Verhaltens wie Gestik, Mimik, den Ton der Stimme u. ä., da

4. Freunde tauschen untereinander mehr Gedanken und Gefühle aus und zeichnen sich durch eine größere verbale Offenheit aus.

5. Bei Freundschaften zwischen Frauen und zwischen Männern und Frauen nimmt die körperliche Distanz der Interaktionspartner ab.

6. Hinsichtlich der Sitzhaltung von Freunden zeigen sich geschlechtsspezifische Unterschiede derart, daß befreundete Frauen bevorzugt nebeneinander sitzen, befreundete Männer dagegen bevorzugt einander gegenüber sitzen.

7. Freunde haben mehr Blickkontakt untereinander als mit Bekannten.

8. Bei Vorliegen einer hohen Arbeitsmotivation sind Freundschaften leistungsförderlich, besteht jedoch eine geringe Arbeitsmotivation und eine Divergenz hinsichtlich der Leistungsziele, so behindern Freundschaften eher die Gruppenleistung.

Aus den meisten Untersuchungen läßt sich folgern, daß Freundschaften aus der Bereitschaft der Partner zur Aufnahme, zur Aufrechterhaltung und Intensivierung wechselseitiger Beziehungen entstehen. Der Grad der Ich-Beteiligung eines Individuums in einer Freundschaft hängt davon ab, inwieweit es sich selbst zur Aufnahme dieser Beziehung ermuntert hat und wie hoch es den Grad der eigenen Wahlfreiheit für diese Beziehung bewertet. Weiterhin spielt die Einschätzung des eigenen Selbstwertgefühls bei der Auswahl der Partner und der Entwicklung einer Freundschaftsbeziehung eine wichtige Rolle. So haben Untersuchungen gezeigt, daß ähnliche Partner besonders dann gewählt werden, wenn hohe Unsicherheit vorliegt. Weiterhin ist die Beziehung zwischen dem Bild, das sich jemand von sich selbst macht (tatsächliches Selbst) und dem angestrebten Idealbild von sich selbst (ideales Selbst) für die Aufnahme und Aufrechterhaltung von Freundschaftsbeziehungen wichtig. Bisher konnte allerdings nicht eindeutig geklärt werden, ob Personen mit einer größeren Diskrepanz zwischen tatsächlichem und idealen Selbst sich eher Freunde aussuchen, die dem idealem Selbst entsprechen oder solche, die im Sinne der Ähnlichkeitshypothese eher dem tatsächlichen Selbst nahekommen. Der gegenwärtig noch unbefriedigende Forschungsstand rührt hauptsächlich daher, daß die wissenschaftliche Analyse der Aufrechterhaltung und Intensivierung von Freundschaftsbeziehungen schon deshalb erheblich mehr Schwierigkeiten bereitet als die Untersuchung interpersonaler Attraktion in kurzfristigen Erstbegegnungen, weil die Interaktionspartner im Verlauf der Interaktion nicht nur etwas über den anderen erfahren und ihn genauer kennenlernen und somit selbst Veränderungen unterliegen, sondern auch durch den anderen Kenntnisse über sich selbst, ihre soziale Position, ihre Rolle, ihren Selbstwert usw. vermittelt bekommen. Die Verarbeitung dieser Erfahrungen und die daraus zu ziehenden Konsequenzen sind wiederum bedeutsam für den noch zu besprechenden Versuch, den eigenen Eindruck, den man beim Partner hinterläßt, zu kontrollieren (impression management).

Levinger (1972) hat aufgrund seiner Studien den Prozeß der Entwicklung von Liebesbeziehungen in drei zeitlich aufeinanderfolgende Phasen unterteilt. In der ersten Phase ist es notwendig, daß die Partner aufeinander aufmerksam werden. Überschneiden sich die geographischen Lebensräume der zukünftigen Partner, so steigt die Wahrscheinlichkeit, daß aufgrund der räumlichen Nähe eine Erstbegegnung zustande kommt. Ist die Phase des Aufeinander-Aufmerksam-Werdens abgeschlossen, so beginnt die Phase des oberflächlichen Kontaktes, die durch den Faktor ‚physische Attraktivität' bestimmt ist. Finden sich die beiden Personen gegenseitig aufgrund äußerer, meist körperlicher Erscheinungsmerkmale attraktiv, so erhöht sich die Kontaktbereitschaft. Wahrgenommene Ähnlichkeit bezogen auf Persönlichkeitseigenschaften, Werte und Einstellungen kann zu einer Intensivierung, eine stark ausgeprägte Einstellungsdifferenz zum Abbruch des Kontaktes führen. Neuere Untersuchungen zeigten, daß eine zu große Offenheit in dieser Phase evtl. negative Konsequenzen haben kann, weil Offenheit als ein wertvolles Gut betrachtet wird, auf das der Partner adäquat reagieren muß, wenn ein interaktives Gleichgewicht erhalten bleiben soll. In der Phase des oberflächlichen Kontaktes entwickeln die beiden Partner Schemata voneinander und von ihrer interaktiven Beziehung, die in Verbindung mit dem Auftreten romantischer Liebesgefühle und idealisierter Partnervorstellungen den weiteren Interaktionsverlauf bestimmen. In der anschließenden Phase der Gemeinsamkeit nehmen die Interdependenzgefühle der Partner untereinander an Intensität zu und man lernt in zunehmendem Maße, sich auf den Partner zu verlassen. War in den vorhergehenden Entwicklungsphasen der Faktor ‚Ähnlichkeit' eine wichtige Determinante, so wird in dieser Phase die Möglichkeit zur gegenseitigen Ergänzung von Fähigkeiten und Bedürfnissen der Partner bedeutsam. Unterschiede, die sich gegenseitig ergänzen, führen für beide Partner zu positiven Konsequenzen.

Im Rahmen der Attraktionsforschung wurden in jüngster Zeit eine Reihe von Bedingungen untersucht, die eine dauerhafte und erfolgreiche Partnerschaft positiv beeinflussen:

1. Offene und partnerzentrierte Interaktionsformen, in denen die Partner ihre Gedanken und Gefühle gegenseitig so mitteilen, daß sie verstanden und richtig interpretiert werden können, wirken attraktionserhöhend und stabilisieren die Beziehung. Kommunikationsdefizite, mangelnde Ausdrucksfähigkeit und divergente Erfassung und Interpretation der erhaltenen Informationen gefährden den Zusammenhalt.

2. Der Erfolg einer Partnerschaft hängt davon ab, inwieweit die Partner glauben, daß es in ihrer Beziehung gerecht zugeht, d. h. daß ein gerechter Ausgleich von Kosten und Ertrag zustandekommt. Anfallende Aufgaben und Verantwortlichkeiten müssen als gerecht verteilt von beiden Partnern angesehen werden, da sonst das Gefühl subjektiver Ungerechtigkeit entsteht. Gerade bei einem Scheitern der Beziehung spielt die nach austauschtheoretischen Gesichtspunkten wichtige Relation von antizipierten Erträgen bei Fortsetzung der

Beziehung zu den antizipierten Erträgen der verfügbaren alternativen Beziehungen eine wichtige Rolle. Ist diese Relation zugunsten alternativer Beziehungen verschoben, so nimmt die Attraktivität des Partners und die Beziehung zu ihm ab. Dabei ist nicht der tatsächlich entstehende Ertrag handlungswirksam, sondern das, was der Partner glaubt, aus einer neuen Beziehung für sich gewinnen zu können. Je mehr sich die Partner gegenseitig vertrauen und je mehr sie sich als eine Handlungseinheit betrachten, die gemeinsame Ziele anstrebt, um so dauerhafter und erfolgreicher ist die Partnerschaft.

3. Für den Erfolg der Partnerschaft ist weiterhin wichtig, daß beide Partner Verhaltensregeln entwickeln können, die für beide Teile akzeptabel sind. Diese Regeln geben an, welche Verhaltensweisen berechtigt sind und wie auf eine Verletzung der gegenseitigen Normen reagiert werden kann. Dabei müssen diese Regeln grundsätzlich modifizierbar sein, damit sie sich den wechselnden Lebensumständen und Bedürfnissen der Partner anpassen.

4. Eine Gleichverteilung der Entscheidungsmacht, insbesondere beim Treffen zentraler Entscheidungen, bzw. eine als gerecht empfundene Aufteilung der Entscheidungsbefugnisse über spezifische Sachverhalte ist eine weitere, wichtige Voraussetzung für den Bestand der Partnerbeziehung.

Je mehr die sozialpsychologische Forschung sich mit lebensnahen Formen interpersonaler Beziehungen, wie z. B. Freundschaft und Liebe, befaßt, um so klarer zeigt sich, daß zwar interpersonale Attraktion eine wichtige Determinante zur Aufnahme interpersonaler Beziehungen darstellt, daß andererseits aber auch viele Interaktionen aufgenommen und beibehalten werden, in denen Sympathiegefühle, Ähnlichkeit und Hochachtung vor der Qualität des Partners keine Rolle spielen. Für manche Interaktionsformen ist interpersonale Attraktion weder ein notwendiger, noch hinreichender Erklärungsgrund. Das Bedürfnis nach sozialem Anschluß ist allerdings ebenfalls kein notwendiger und hinreichender Erklärungsgrund für das Entstehen von interpersonaler Attraktion. Wenn auch die Vorteile des Attraktionskonzepts, nämlich Einfachheit und empirische Brauchbarkeit zur Unterscheidung von Einflußfaktoren, wie dem Bedürfnis nach sozialem Anschluß, nach sozialer Zuwendung und nach sozialem Vergleich, nicht übersehen werden können, so hat die Forschung doch zu recht widersprüchlichen Befunden der Erklärung der Zusammenhänge zwischen den verschiedenen Determinanten geführt. Ein wichtiger Grund dafür ist die zu unpräzise Bestimmung des Attraktionskonstrukts. Zudem hat die Attraktionsforschung sich zu häufig mit sozialen Beziehungen in experimentell hergestellten, künstlichen und zu wenig mit solchen in natürlichen, sozialen Handlungsfeldern befaßt. Dadurch sind außerhalb der Kontrolle durch das Individuum liegende, externale Determinanten in ihrem Einfluß auf die Unterstützung und Behinderung interaktiver Handlungsformen zu wenig beachtet worden. In vielen Fällen sind es aber gerade solche externe Faktoren, die sozialen Kontakt, Anschluß, Anpassung, Vergleiche usw. erzwingen und in deren Folge erst die bisher behandelten Prozesse der interpersonalen Attraktion handlungswirksam werden.

Eindrucksverarbeitung und -kontrolle

Ob eine soziale Beziehung aufrechterhalten werden kann, ist nicht nur davon abhängig, inwieweit ein Interaktionspartner seine Attraktivität behält oder steigert, sondern auch davon, wie attraktiv man selbst auf den Partner wirkt. Ist diese Interdependenz erkannt, so liegt es nahe, Maßnahmen zu ergreifen, die sicherstellen, daß die eigene Attraktivität gesteigert oder doch zumindest erhalten bleibt. Sind diese Maßnahmen erfolgreich, dann zeigt sich das u. a. darin, daß man im Partner tatsächlich *den* Eindruck von der eigenen Person hervorruft, von dem man wünscht, daß er im Interaktionspartner vorhanden ist. Auf diese Weise läßt sich ein effektiver Einfluß auf das Partnerverhalten ausüben.

In der sozialpsychologischen Forschung wurden derartige Prozesse unter dem Stichwort „impression management" untersucht (Schlenker, 1980). Grundlegend für die Annahme der Wirksamkeit einer Eindruckskontrolle ist die Beobachtung, daß soziale Interaktionen durch wechselseitige Erwartungen der beteiligten Partner determiniert sind. Diese Erwartungen bestehen nicht nur in bezug auf das Verhalten der anderen Person, sondern auch auf deren Erwartungen. Jeder Mensch versucht zunächst einmal ein zuverlässiges Bild über sich selbst dadurch zu erhalten, daß er die tatsächlichen oder vermuteten Urteile und Meinungen anderer Personen über sich selbst erfaßt und bewertet, sein eigenes Selbst also gleichsam im ‚Spiegelbild' der sozialen Umwelt betrachtet. Wenn die Meinung der Interaktionspartner über die eigene Person zur Entwicklung eines stabilen Selbstbildes so wichtig ist, dann liegt es nahe zu versuchen, diese Einstellungen, Erwartungen und Urteile anderer Personen so zu beeinflussen, daß sie günstig ausfallen. Aus Alltagsbeobachtungen ist bekannt, und wissenschaftliche Studien über die Wirksamkeit von „impression management" haben dies bestätigt, daß sich Menschen hinsichtlich ihrer Fähigkeit zur erfolgreichen Eindrucksbeeinflussung erheblich voneinander unterscheiden und zudem recht unterschiedliche Taktiken (kurzfristige und situationsspezifische Maßnahmen) und Strategien (langfristig angelegte und in vielen Situationen einsetzbare Maßnahmen) verwenden. Eine Zusammenfassung der bisher beschriebenen „impression management"-Praktiken und -Strategien stammt von Tedeschi u. a. (1985) und enthält folgende Maßnahmen:

sie so bedeutsame Informationen über die wahren oder nur vorgetäuschten Gefühle, Einstellungen und Motive des Interaktionspartners zu erhalten hoffen.

Zweifellos wurde mit dem Konzept des „impression managements“ die interpersonale Attraktionsforschung erheblich bereichert, wenn auch kritisch anzumerken bleibt, daß bislang dieses Konzept noch zu umfassend formuliert ist, um auf Fragen über spezifische Zusammenhänge auch spezifische Erklärungen liefern zu können.

Zusammenfassung

Interpersonale Attraktion liegt dann vor, wenn Personen über Merkmale verfügen, die bei ihren Interaktionspartnern die Tendenz zur Annäherung und zum Umgang mit ihnen erhöhen. Attraktionsbeziehungen spielen im menschlichen Leben eine wichtige Rolle. Unterscheiden lassen sich Beziehungsformen zwischen Personen, die nur wenig und kurzfristig miteinander interagieren von solchen, die langfristige und intensive Beziehungen pflegen, wie z. B. Freundschafts- und Liebesbeziehungen.

Wissenschaftliche Untersuchungen der interpersonalen Attraktion beziehen sich vor allem auf das Bindungsgefüge und die Konsequenzen von Attraktionsbeziehungen. Die Verwirklichung persönlicher Ziele, die Erwartung positiver Unterstützung, die Bewertung der eigenen Person und die Angstreduktion sind wichtige Beweggründe, mit anderen Personen Kontakt aufzunehmen und sich ihnen anzuschließen. Die Auswahl der Interaktionspartner erfolgt nicht willkürlich, sondern aufgrund interpersonaler Attraktion.

Es gibt eine Reihe von Merkmalen, die schon bei geringer Interaktionshäufigkeit auf die Partner anziehend wirken, wie die Ähnlichkeit von Einstellungen, Werten und Persönlichkeitszügen, die physische Attraktivität, Wissens- und Handlungskompetenz, positive und negative Persönlichkeitseigenschaften, die erfahrene Sympathie und die räumliche Distanz bzw. Nähe. Zur Erklärung der Zusammenhänge zwischen diesen Faktoren und der erlebten interpersonalen Attraktion sind verschiedene Theorien herangezogen worden, insbesondere verstärkungsorientierte Theorien, die Balance-Theorie, die Austauschtheorie und die Theorie der distributiven Gerechtigkeit.

In Freundschaftsbeziehungen spielen Zuneigung und gegenseitige Achtung eine dominante Rolle. Liebesbeziehungen sind demgegenüber enger, intimer und von der Sorge für das Wohl des anderen geprägt. Stehen zwei Personen in einer Freundschaftsbeziehung zueinander, so beeinflußt dies die Art und Weise, wie sie sich gegenseitig wahrnehmen. Sie betrachten sich gegenseitig als für das gemeinsame Wohl verantwortlich, sie tendieren zu einer höheren gegenseitigen Leistungsbewertung, sie teilen Belohnungen untereinander gerechter auf, sie stimmen ihr verbales und nonverbales Verhalten aufeinander ab, sie stimulieren sich gegenseitig zu höheren Leistungen, wenn die Motivationslage und die sozialen Rahmenbedingungen dazu günstig sind.

Liebesbeziehungen können als Prozeß aufgefaßt werden, der sich in drei Phasen vollzieht, vom Aufeinander-Aufmerksam-Werden über oberflächliche Kontakte bis hin zum Eintritt in eine Phase des gemeinsamen Schicksals. Voraussetzungen für dauerhafte und erfolgreiche Liebesbeziehungen sind offene und partnerschaftszentrierte Kommunikation, Gerechtigkeit, Vertrauen und Wir-Gefühl, das Aushandeln von Verhaltensregeln, die für die interpersonalen Beziehungen bedeutsam sind und die Herstellung einer Gleichverteilung der Entscheidungsmacht.

Für die Entwicklung und die Wirkung interpersonaler Attraktion ist die Fähigkeit zum „impression management“ der Interaktionspartner bedeutsam. Um beim Partner *den* Eindruck zu hinterlassen, den man gerne bei ihm verankert wissen möchte, werden Selbstrepräsentations-Taktiken und Selbstrepräsentations-Strategien in einer sich selbst behauptenden und sich selbst verteidigenden Form eingesetzt. Interaktionsformen, die von der Tendenz zur sozialen Erwünschtheit beeinflußt sind und Formen des Einschmeichelns können mit dem Konzept des „impression management“ erklärt werden, da sie beide der Erhöhung der eigenen Attraktivität dienen.

Fragen

1. Welche Funktion hat die soziale Attraktion im menschlichen Leben?
2. Welche Arten von interpersonaler Attraktion lassen sich unterscheiden?
3. Welche Personenmerkmale bewirken eine Attraktivitätserhöhung?
4. Welche sozialpsychologischen Theorien sind zur Beschreibung und Erklärung interpersonaler Attraktion geeignet?
5. Welches sind charakteristische Merkmale interpersonaler Attraktion in Freundschafts- und Partnerbeziehungen?
6. Wodurch ist eine wirksame Eindruckskontrolle in der sozialen Interaktion zu erreichen?

Weiterführende Literatur

Mikula, G. & Stroebe, W. (Hrsg.). (1977). *Sympathie, Freundschaft und Ehe.* Bern: Huber.

Mummendey, H.D. & Bolten, H.G. (1985). Die Impression-Management-Theorie. In D. Frey & M. Irle (Hrsg.), *Theorien der Sozialpsychologie*, Bd. III: Motivations- und Informationsverarbeitungstheorien (S. 57—77). Bern: Huber.

Walster, E. & Walster, G.E. (1978). *A new look at love.* Reading, Mass.: Addison-Wesley.

Kapitel X

Soziales Lernen und Sozialisation

Die Analyse psychischer Bedingungen, Verlaufsprozesse und Wirkungen von Lernvorgängen hat in der Psychologie eine lange Tradition. An der Untersuchung von Sozialisationsproblemen sind neben der Psychologie besonders auch die Soziologie und Pädagogik beteiligt. Soziales Lernen als ein grundlegendes Thema der Sozialpsychologie greift auf lernpsychologische Erkenntnisse zurück und behandelt Lernvorgänge im sozialen Handlungs- und Bedingungskontext. Dabei zielt die wissenschaftliche Analyse des sozialen Lernens einerseits auf die Erforschung der Lerninhalte im Zusammenhang mit dem Erlernen und Verbessern sozial bedeutsamer Verhaltensweisen und andererseits auf die methodischen Aspekte des Lernens im sozialen Kontakt mit anderen Personen (z. B. Vorbildern und Modellpersonen).

In Abgrenzung zu biologisch und physikalisch bedingten Veränderungen der Person umfaßt der Begriff ‚Lernen' alle die vielfältigen Prozesse, die erfahrungsbedingte Verhaltensänderungen zur Folge haben. Soziales Lernen bezeichnet demgemäß die durch soziale Erfahrung herbeigeführten und auf die Interaktion mit Personen und Gruppen bezogenen, komplexen Prozesse der Verhaltens- und Einstellungsänderung.

Definitionen und Aspekte

In der Sozialpsychologie wird soziales Lernen oft als Teilgebiet der Sozialisation behandelt, da Sozialisationsprozesse im Kern soziale Lernprozesse sind und Sozialisationswirkungen durch erfolgreiches soziales Lernen erreicht werden. Was mit dem Begriff „Sozialisation" gemeint ist, haben Zigler und Child (1969) treffend so definiert:

„Sozialisation ist ein weiter Begriff für alle die Prozesse, durch die ein Individuum in Auseinandersetzung mit anderen Personen die ihm gemäßen Muster sozial relevanten Verhaltens und sozial relevanter Erfahrung entwickelt" (S. 474). Bemerkenswert ist, daß sich diese Definition in einem wichtigen Aspekt grundlegend von der in der ersten Auflage des gleichen Artikels im Handbook of Social Psychology unterscheidet. Die ältere Definition lautet:

„Sozialisation wird als ein weiter Begriff aufgefaßt, der alle die Prozesse umfaßt, durch die ein Individuum mit angeborenen Verhaltensdispositionen dazu geführt wird, sein aktuelles Verhalten in einem viel engeren Rahmen zu halten — im Rahmen des Üblichen und aufgrund der bestehenden Gruppennormen für ihn Annehmbaren" (Child, 1954, S. 655).

Diese Definition betont die Führung und Anleitung des Individuums zur Anpassung an das „Übliche" und entsprechend bestehender Gruppennormen „Annehmbare". Der Mensch wird hier als ein unfertiges Wesen gesehen, das auf ein Ziel hin geführt und gelenkt werden muß und das diesem Geschehen mehr passiv ausgeliefert ist. Schon 15 Jahre wird in der Definition die aktive Gestaltungskraft des Handelnden betont, der seine sozial relevanten Verhaltensweisen und Erfahrungen entwickelt.

Sozialisation findet nicht nur in der Kindheit oder in bestimmten Lebensabschnitten statt, sondern vollzieht sich während der gesamten Lebensspanne eines Menschen. Dabei sind in den einzelnen Entwicklungsphasen jeweils spezifische sozial relevante Verhaltensweisen zu erlernen, damit die in der Auseinandersetzung mit der sozialen Umwelt sich stellenden Aufgaben gelöst werden können.

Sozialpsychologische Forschungen über soziales Lernen und Sozialisation beschäftigen sich mit der Beschreibung und Erklärung von Prozessen, durch die das Individuum sich in der Interaktion mit seiner sozialen Umwelt zu einem integrierten und vollwertigen Mitglied der sozialen Gemeinschaft, in der es lebt, entwickelt. Dabei stehen folgende Probleme im Vordergrund:

1. Wer definiert, was sozial relevante Verhaltensweisen und Erfahrungen sind, bzw. wie entstehen die zur Orientierung und zum sozialen Lernen bedeutsamen Gruppennormen?
2. Wer vermittelt sozial relevantes Wissen und sozial relevante Verhaltensweisen?
3. Durch welche Prozesse werden soziales Wissen und soziale Verhaltensweisen erworben?
4. Welche kognitiven und emotionalen Vorgänge sind am Prozeß der Sozialisation beteiligt?
5. Welche Sozialisationsbedingungen führen, vermittelt durch welche Sozialisationsprozesse, zu welchen Sozialisationsfolgen?

Antworten auf diese Fragen liefern Sozialisationstheorien, wenn auch aus unterschiedlichen Perspektiven heraus.

Sozialisationstheorien beschreiben und erklären die Zusammenhänge zwischen Sozialisationsbedingungen, Sozialisationsprozeß und Sozialisationsergebnissen auf der Ebene des Individuums und der Gesellschaft (siehe nachfolgende Tabelle).

	Individuum	Gesellschaft
Sozialisations-bedingungen:	Entwicklungsstand, Lerngeschichte	historisch-kulturelle, ökonomisch-politische Verhältnisse
Sozialisations-prozeß:	Auseinandersetzung mit sozialer Realität durch Interaktionen mit anderen	Einflußnahme durch Sozialisationsinstanzen auf Personen
Sozialisations-ergebnisse:	Aufbau von Orientierungen und Qualifikationen	Reproduktion und Innovation ihrer Merkmale

Tabelle 1: Aspekte der Sozialisation

Strukturmodell der Sozialisationsbedingungen

Bevor auf die verschiedenen Sozialisationstheorien näher eingegangen wird, ist es sinnvoll, zum Verständnis dieser komplexen Zusammenhänge das von Geulen und Hurrelmann (1980) in Anlehnung an Bronfenbrenner (1976) entwikkelte Strukturmodell der Sozialisationsbedingungen näher zu betrachten.

Die Autoren beschreiben die Zusammenhänge so:

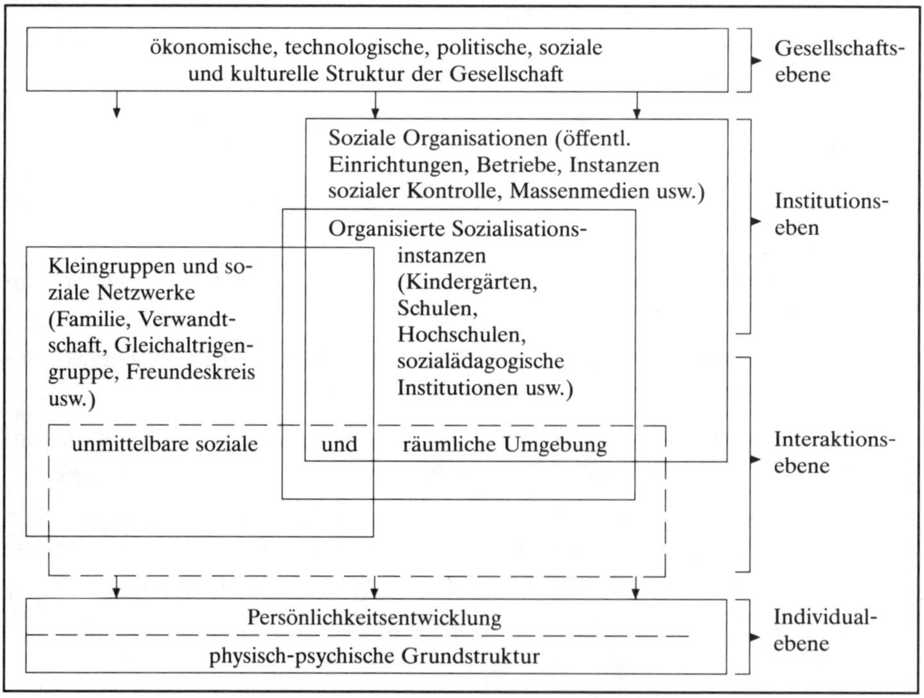

Abbildung 9: Komponenten und Ebenen eines Strukturmodells der Sozialisationsbedingungen

„Grundprämisse unseres Modells ist (...) die These, daß sich die menschliche Persönlichkeit in keiner ihrer Merkmale gesellschaftsfrei herausbildet, sondern stets in einer konkreten Lebenswelt, die gesellschaftlich-historisch vermittelt ist. Die physisch-psychischen Grundgegebenheiten für die Entwicklung des Menschen, wie etwa Bau- und Funktionsweise des Organismus, genetisches Potential, Trieb- und Affekthaushalt, Wachstums- und Verfallprozesse der physischen und psychischen Kapazitäten usw. folgen z. T. ihren eigenen immanenten Gesetzmäßigkeiten, doch sind diese Gesetzmäßigkeiten gesellschaftlich (mit) konstituiert und sozial überformt. So sind etwa kognitive und sprachliche Entwicklungsphasen in gewissem Maße von der Entwicklung organischer Strukturen abhängig, doch werden sie in ihrer zeitlichen Dauer, inhaltlichen Ausgestaltung und kulturellen Sinngebung durch gesellschaftliche und soziale Faktoren mitbestimmt“ (S. 64—64).

Weiter führen Geulen und Hurrelmann (1980) aus:

„Ein Strukturmodell der Sozialisationsbedingungen muß von den unmittelbaren situativen sozialen und räumlichen Umweltkonstellationen ausgehen. Diese sozio-ökologische ‚Lebenswelt‘ wird ihrerseits durch verschiedene soziale Institutionen und durch die allgemeine ökonomische, technologische, politische, soziale und kulturelle Formation des gegebenen, historisch gewachsenen Gesellschaftssystems konstituiert und strukturiert.

Der Bereich der sozialen Institution kann (...)nach Kleingruppen und sozialen Netzwerken, organisierten Sozialisationsinstanzen und weiteren sozialen Organisationen differenziert werden. Unter Kleingruppen und sozialen Netzwerken sollen dabei Familie, Verwandtschaft, Nachbarschaft, Freundeskreis und Gleichaltrigengruppe verstanden werden. (...) Beschreibung und Erklärung der Interaktionen in diesen Systemen sind sinnvolle Ausgangspunkte jedes Theorie- und Forschungsansatzes in diesem Bereich. Die Kenntnis der Grundstrukturen der Interaktion ist von erheblicher Bedeutung für die Sozialisationsforschung, denn man darf annehmen, daß die Mitgliedschaft in (solchen) Systemen gerade für heranwachsende Kinder und Jugendliche einen großen Stellenwert für die persönliche Entwicklung hat. In diesen Kleingruppen begegnen ihnen soziale Systeme, die spürbar der direkten Beeinflussung ihrer sozialen Strukturen zugänglich sind. In diesen Gruppen bauen sich Heranwachsende in Kommunikation mit den übrigen Mitgliedern Zug um Zug auch einen ersten sozialen Orientierungsstand an Alltagswissen auf, also einen intersubjektiv geteilten Fundus an Situationsdefinitionen, Erwartungstypisierungen, retrospektiven und zukunftsgerichteten Deutungen.

Kleingruppen und soziale Netzwerke stehen in enger Korrespondenz mit den sie umgebenden gesellschaftlichen Bedingungen allgemein und anderen, mehr oder weniger stark formal organisierten sozialen Systemen im besonderen. Von herausragender Wichtigkeit für die Sozialisationsforschung sind diejenigen sozialen Systeme, die sich eigens zum Zweck der Sozialisation und Erziehung des gesellschaftlichen Nachwuchses herausgebildet haben. Geplante und institutionell spezialisierte Bildungsinstitutionen wie etwa Kindergärten, Schulen, Hochschulen und sozialpädagogische Einrichtungen sind hier gemeint, speziell ausdifferenzierte Einheiten, wie sie typisch für Industriegesellschaften zur Bewältigung begrenzter Aufgaben sind. Mit dem Grad der Institutionalisierung wächst die organisationsinterne Eigendynamik und damit die spezifische Strukturierung der Sozialisationsziele und der sozialisatorischen Interaktion. Diese Organisationen sind typischerweise Systeme mit einer relativen Autonomie im Verhältnis zu ihrer sozialen Umwelt. Wie groß diese Autonomie und damit der Spielraum für soziale Eigengesetzlichkeiten ist, hängt von der historischen und sozialen Geschichte des Systems ab. Ein grundlegender Trend in Industriegesellschaften scheint zu sein, daß der Sozialisationsprozeß in immer stärkerem Maße durch solche formalen, sozialen Organisationen getragen wird. Entsprechend konstituieren sie einen großen Bereich der unmittelbaren sozialen und räumlichen Umgebung für die Persönlichkeitsentwicklung. Nun üben in unserer Gesellschaftsformation nicht nur die beschriebenen Kleingruppen und organisierten Sozialisationsinstanzen Einflüsse auf die Persönlichkeitsentwicklung der Gesellschaftsmitglieder aus, sondern im Grunde sämtliche sozialen Organisationen schlechthin. Die ‚Sozialisationseffekte‘, die von öffentlichen Einrichtungen und Dienstleistungsorganisationen, von Instanzen sozialer Kontrolle, von Betrieben, Kirchen und Massenmedien, von Institutionen der psychosozialen Versorgung usw. ausgehen, lassen sich nur schwer beschreiben und analysieren. Sie sind nur z. T. mit den ‚Effekten‘ der übrigen direkt sozialisationsbezogenen Instanzen identisch; zum größten Teil ergänzen, überlagern und korrigieren sie diese“ (Geulen und Hurrelmann, 1980, S. 65–66).

Auf der „Gesellschaftsebene“ sind die ökonomischen, technologischen, politischen, sozialen und kulturellen Rahmenbedingungen der Gesellschaft als Grundbedingungen des Sozialisationsprozesses zu betrachten.

Für die sozialpsychologische Sozialisationsforschung ist die Analyse der Vermittlung von gruppen- und gesellschaftsspezifischen Normen, Werten, Traditionen, Wissen usw. durch die Sozialisationsinstanzen Eltern (Familienmitglieder), Lehrer (Erwachsene mit Erziehungsfunktionen) und peer-groups (d. h. gleichaltrige Freundesgruppen) von besonderer Bedeutung. Die Sozialisationsforschung hat gezeigt, daß bei der Vermittlung von Sozialisationsinhalten durch diese Sozialisationsinstanzen folgende Aspekte besondere Beachtung verdienen:

1. Aspekt der Reziprozität: Die Sozialisationsinstanz (z. B. Eltern) und der zu sozialisierende (z. B. das Kind) stehen in einer Wechselbeziehung zueinander. Nicht nur die Sozialisationsinstanz beeinflußt das Erleben und Verhalten des Kindes, sondern das Kind seinerseits beeinflußt auch die Personen der Sozialisationsinstanz. Wenn Eltern ihren Kindern Werte, Fähigkeiten und Verhaltensweisen vermitteln, dann verändern sie im Zuge dieses von ihnen initiierten und kontrollierten Lernprozesses ihre eigenen Werte, Fähigkeiten und Verhaltensweisen (Bell & Harper, 1977).

2. Aspekt der Erwartung: Der Verlauf des sozialen Lernprozesses und damit des Sozialisationsprozesses wird sowohl durch die Erwartungen der Sozialisationsinstanzen als auch durch die Erwartungen der zu sozialisierenden Personen beeinflußt. So haben nicht nur die Eltern bestimmte Erwartungen hinsichtlich des Sozialisationsfortschrittes und der Sozialisationsergebnisse, sondern auch die Kinder entwickeln aufgrund ihrer Interaktionserfahrungen spezifische Erwartungen bezüglich der Sozialisationsinstanzen, der Sozialisationsfortschritte und Sozialisationsergebnisse. Ihr eigenes Verhalten wird von diesen Erwartungen beeinflußt.

3. Aspekt von Anlage und Umwelt: Sozialisationsergebnisse sind weder vollkommen auf Anlagefaktoren (genetische Substanz) noch allein auf Umwelteinflüsse (Sozialisationsprozesse) zurückzuführen. Wenn auch das Problem des Zusammenspiels von Anlage und Umwelt nach wie vor eine noch ungelöste, offene Forschungsfrage darstellt, so ist es sinnvoll, davon auszugehen, daß die genetische Ausstattung eines Individuums einen bestimmten Bereich von Entwicklungsmöglichkeiten, verbunden mit einem spezifischen Leistungsniveau zuläßt, wobei es dann von den spezifischen Sozialisationsbedingungen, Sozialisationsprozessen und Sozialisationsergebnissen des Individuums abhängt, welche dieser Entwicklungsmöglichkeiten auf welchem Niveau tatsächlich realisiert werden.

Sozialisationstheorien

Wenn auch die genannten drei grundlegenden Aspekte des Sozialisationsprozesses allgemein anerkannt werden, so liegen der Sozialisationsforschung nach wie vor recht verschiedene Theoriekonzepte zugrunde. Eine einheitliche Sozialisationstheorie ist nicht in Sicht. Nach wie vor gilt, was Geulen und Hurrelmann (1980) über die Aufgaben einer Sozialisationstheorie feststellten: „Die Sozialisationsforschung zerfällt noch immer in eine Reihe mehr oder weniger disparater theoretischer Ansätze und empirischer Einzeluntersuchungen. Es scheint sogar, daß durch die Differenzierung und Ausweitung sozialisationstheoretischer Fragestellungen auf immer weitere Lebensbereiche, Institutionen, Altersstufen, Persönlichkeitsmerkmale usw. in den letzten Jahren das Ziel einer umfassenden Sozialisationstheorie in die Ferne gerückt ist“ (S. 51).

Entsprechend den in der Psychologie allgemein gebräuchlichen Theorieansätzen lassen sich für die Sozialisation folgende Theorien unterscheiden: Lern- und Verhaltenstheorien, Entwicklungstheorien, psycho-analytische Theorien, Rollen- und Interaktionstheorien und Gesellschaftstheorien. Statt einer ausführlichen Darstellung dieser einzelnen Theorieansätze (siehe dazu Hurrelmann & Ulich, 1980, S. 71—193) sollen zur ersten Orientierung und im Anschluß an die beiden Definitionen von Sozialisation durch Zigler und Child zwei unterschiedliche Theoriekonzepte über Sozialisationsziele dargestellt werden. Diese verschiedenen Zielvorstellungen basieren auf Unterschieden in den zugrundeliegenden Menschenbildern.

Die grundlegende Frage lautet: Reagiert der Mensch aktiv oder passiv auf seine Umwelt, und ist er von Natur aus ‚gut' oder ‚böse'. Die Beantwortung dieser Frage ist entscheidend für den zu verwirklichenden Sozialisationsprozeß.

Da ist zunächst die „social-mold theory" zu erwähnen, die Anschauung, daß der Organismus nur der Ton sei, den die Gesellschaft nach Belieben kneten könne. Soziales Lernen wird hier im wesentlichen als Übernahme von Gewohnheiten durch einen grundsätzlich passiven Organismus verstanden. Der bekannteste Vertreter dieser Richtung ist Skinner (1938), der glaubte, Verhalten durch gezielt dosierten Einsatz von Belohnungen und Bestrafungen nahezu unbegrenzt formen zu können. Die Grundannahme der Passivität zeigt sich auch in der Vorstellung, daß der Mensch weder sozial noch anti-sozial angelegt sei, sondern einfach nur a-sozial oder nicht-sozial. Damit verbunden ist auch die Annahme, daß Vererbung und andere biologische Einflüsse praktisch vernachlässigt werden können.

Dagegen steht die Anschauung, daß das Kind als aktiv Handelnder an seinem eigenen Sozialisationsprozeß mitarbeitet, daß es bereits von klein an versucht, die größtmögliche Kontrolle über seine Umgebung zu gewinnen. Empirische Untersuchungen scheinen eine solche Meinung eher zu stützen. So ist das Verhalten des Kleinkindes weitaus komplexer als ursprünglich angenommen wurde. Auch die allgemein anerkannte Bedeutung des Aspektes der Reziprozität bestärkt diese Auffassung. Wenn man das Kind als aktiven Partner bei der Gestaltung seines eigenen Sozialisationsprozesses betrachtet, ist man zugleich gezwungen, die angeborenen Anlagen und Möglichkeiten des Kindes stärker zu berücksichtigen. Wrong (1961) spricht ebenfalls diesen Unterschied zwischen einem aktiven und einem passiven Menschenbild an, wenn er zwischen zwei Formen der Sozialisation trennt, nämlich der Sozialisation als Vermittlung von Kultur und der Sozialisation als Prozeß der Menschwerdung. Mit dieser Formulierung wird wieder auf die Unterschiede im Verständnis des Begriffs „Sozialisation" hingewiesen, wie sie sich schon in den beiden eingangs erwähnten Definitionen von Zigler und Child ausdrücken. Interessant ist in diesem Zusammenhang auch das von Montada (1982) entwickelte Modell des Person-Umwelt-Bezuges, in dem sowohl die Person als auch die Umwelt unter dem Aspekt von aktiv/passiv betrachtet wird.

Der Unterschied in der Auffassung, ob der Mensch von Natur aus ‚gut' oder ‚böse' sei, zieht sich durch die gesamte Philosophie. Eine für die Psychologie bedeutsame Variante der philosophischen und theologischen Diskussion über die Unterscheidung zwischen dem Guten und dem Bösen im Menschen ist die Frage, ob der Mensch nur von Trieben und Instinkten gesteuert wird oder auch soziale Motive besitzt. Ist der Mensch nur deshalb aktiv tätig, um einen wie auch immer gearteten Triebdruck zu reduzieren, oder entwickelt der Mensch spezifische Ziele, die er anzustreben versucht und die ihn zu einem bestimmten Verhalten und zur Übernahme spezifischer Einstellungen motivieren. Die negative Vorstellung von der menschlichen Natur findet sich sowohl bei Freud (1930) als auch bei den klassischen Behavioristen wie z. B. Skinner (1971/1973). Positive Vorstellungen finden sich auf der anderen Seite in der Weiterentwicklung der Psychoanalyse auf eine Ich-Psychologie hin, wie sie von Hartmann (1939) und generell in der humanistischen Psychologie von Maslow (1954) oder Rogers (1951) vertreten wird. Das Schwergewicht liegt bei diesen Autoren auf der Betonung der Fähigkeit des Menschen zur Selbstaktualisierung, zur Entwicklung von in ihm angelegten positiven Möglichkeiten.

Die Ziele des Sozialisationsprozesses sind zum großen Teil davon abhängig, welches Menschenbild in der jeweiligen Gesellschaft oder Gruppe überwiegt. Umgekehrt aber dient das Menschenbild auch zur Rechtfertigung bestehender Sozialisationsziele. Im Zusammenhang mit Anpassung als Sozialisationsziel ist besonders auf Riesman's (1950, 1956) Buch *Die einsame Masse* zu verweisen. In diesem Buch vertritt Riesman die These, daß in unserer Zeit und in der vorhersehbaren Zukunft die Anpassung an die Gruppe immer mehr an Bedeutung gewinnen wird. Den damit verbundenen Wechsel in den Erziehungspraktiken haben Miller und Swanson (1958) in ihrem Buch *The Changing American Parent* nachgezeichnet. Sie zeigen, wie in der Kindererziehung auf Grund der zunehmenden Bürokratisierung der Lebenssituation der Eltern, besonders am Arbeitsplatz, Wertvorstellungen wie Unabhängigkeit, Originalität, Selbstgenügsamkeit gegenüber Werten wie Einfühlung in andere, Nicht-auffallen-wollen und Gruppendenken zurücktreten.

Es erscheint sinnvoll, zwischen Anpassung *im Verlauf* der Entwicklung und Anpassung *nach Erreichen* eines relativ stabilen Selbst zu unterscheiden. Anpassung sollte zunächst wertfrei verstanden und nicht sofort mit Konformität gleichgesetzt werden. In unserer überbevölkerten, komplex-interdependenten Gesellschaft wird selbst ein nur von seinem eigenen Gewissen geleiteter Mensch nicht auf Anpassung an bestehende Verhältnisse und Strukturen verzichten können, wenn er seine gesetzten Ziele erreichen will.

Bei der Selbstaktualisierung als Sozialisationsziel steht der Wunsch im Vordergrund, den einzelnen dahin zu bringen, daß er die in ihm angelegten Möglichkeiten auch zu realisieren versteht. Natürlich darf auch ein solcher Ansatz die realen ökologischen und gesellschaftlichen Grenzen nicht aus dem Auge verlieren, aber die Tendenz einer solchen Sozialisierung würde doch wohl dahin gehen, diese realen Grenzen nach Möglichkeit hinauszuschieben. Anpassung wäre hier nur insoweit ein Unterziel, als erkannt wird, daß sich viele menschliche Möglichkeiten nur im Rahmen der Gesellschaft realisieren lassen. Aber während eine auf Anpassung gerichtete Sozialisierung die Gruppe oder die Gesellschaft als Wert an sich darstellen würde, dürfte eine auf Selbstaktualisierung hin orientierte Sozialisierung die Gesellschaft und Gruppe nur als Mittel, Weg und vielleicht auch notwendiges Übel sehen.

Im Hinblick auf gruppendynamische Prozesse würde der Unterschied etwa bedeuten, daß die Anpassungssozialisierung dem einzelnen beibringen würde, sich in der Gruppe zu öffnen, auf die anderen einzugehen, Verantwortung für die anderen zu übernehmen. Die auf Selbstaktualisierung gerichtete Sozialisierung würde eher Wert darauf legen, daß der einzelne lernt, sich in der Gruppe zu behaupten, durchzusetzen und die Gruppe seinen Wünschen entsprechend umzufunktionieren, was z. B. bedeuten könnte, daß gerade emotionale Zurückhaltung trainiert werden muß.

Wenn hier auch die Ziele des Sozialisationsprozesses begrifflich etwas verabsolutiert wurden, so muß beachtet werden , daß in der Praxis ein erfolgreicher Sozialisationsprozeß vermutlich beide Zielsetzungen verfolgen muß. Es besteht aber kein Zweifel, daß trotz der Bejahung der Tatsache, daß Anpassung *und* Selbstverwirklichung wichtige Prinzipien der Sozialisation sind, sich der Schwerpunkt in den einzelnen Erziehungsstilen doch recht klar bestimmen läßt. Allerdings darf man sich nicht mit Diskussionen über praktische, konkrete Erziehungssituationen zufrieden geben, um herauszufinden, wo bei einem Lehrer, bei den Eltern oder auch in wissenschaftlichen Veröffentlichungen der Schwerpunkt liegt. Im Mittelbereich der gängigen Erziehungsprobleme verständigt man sich relativ leicht. Der zugrundeliegende Standpunkt wird erst klar, wenn man Personen zwingt, zwischen unvereinbaren Alternativen zu wählen.

Die hier beschriebenen verschiedenen Zielsetzungen im Sozialisationsprozeß und die Unterschiede des zugrundeliegenden Menschenbildes haben in der Erziehungspraxis folgenreiche Konsequenzen. Je mehr der einzelne als passiv den Sozialisationseinflüssen ausgesetzt gesehen wird und je mehr der Erzieher auf Anpassung bedacht ist, desto mehr wird er mit so relativ einfachen Praktiken wie Konditionieren, Einpauken und mit autoritärem Führungs- und Erziehungsstil arbeiten können. Je mehr er den Menschen als von sich aus aktiv und im Prinzip als eigenständig handelndes Wesen ansieht und je mehr er hofft, ihn zur Verwirklichung der in ihm angelegten Entwicklungsmöglichkeiten führen zu können, desto wichtiger werden Einsichtig-machen, selbständiges Entscheiden-lassen und eine warme Gefühlsbeziehung. Nur so wird dem Kind die Möglichkeit gegeben, die angebotene Erziehung anzunehmen, ohne dabei die eigenen Intentionen aufgeben zu müssen.

Auch die Art des Gesellschaftsbildes hat Konsequenzen. Ist man der Meinung, daß sich im Grunde in der Welt und in der Gesellschaft nur sehr wenig ändert, daß die wesentlichen Werte und Probleme immer die gleichen bleiben, dann kann man die Sicherheit entwickeln, den Sozialisierungsprozeß auch inhaltlich im Sinne eines Wertekatalogs festzulegen. Ist man dagegen der Auffassung, daß sich die Welt und die Gesellschaft ständig und grundlegend verändert, daß man es also mit offenen und nicht mit geschlossenen Systemen zu tun hat, dann läßt sich diese Sicherheit nicht entwickeln. Eltern wird es dann z. B. ausgesprochen schwer fallen, inhaltlich zu bestimmen, was aus den Kindern werden soll und wie sie werden sollen. Vielleicht wird man noch sagen können: Ungeachtet, wie Welt und Gesellschaft sich entwickeln mögen, der Mensch wird immer Entscheidungen fällen müssen. Ich muß also mein Kind dazu bringen, daß es lernt, sich zu entscheiden. Aber wie es sich entscheiden wird, für welche Inhalte, Werte, und Überzeugungen, darf im Interesse des Kindes nicht vorprogrammiert werden.

Die Realisierung dieser Art von Sozialisation führt allerdings in das Dilemma, daß sich Methode und Inhalt nicht voneinander trennen lassen. Die Auswahl der Methoden der Lebensbewältigung, die dem Kind beigebracht werden, sind keineswegs beliebig, sondern vom Menschen- und Gesellschaftsbild der Eltern geleitet. Zudem müssen alle Methoden an konkreten Inhalten erläutert werden. Wenn man zudem bedenkt, daß das Menschenbild und die Sozialisationsziele von Eltern bestenfalls von der heutigen Zukunftsvorstellung geprägt sind, wahrscheinlich aber, wie viele entwicklungspsychologische Studien zeigen, vom Situationsverständnis ihrer eigenen Eltern, dann muß man feststellen, daß die Kinder entweder mit den Methoden von gestern für die Welt von morgen ausgerüstet werden oder daß auf ein Zukunftsbild hin erzogen wird, von dem die Erzieher bestenfalls glauben können, daß es eintrifft. Es gibt zwar keine prinzipielle Lösung für dieses Dilemma, aber zumindest zwei pragmatische: Zum einen können die Methoden selbst einer kritischen Analyse unterzogen werden, und zum anderen kann der Erzieher sich bemühen, das Kind entsprechend seinen wachsenden intellektuellen Fähigkeiten am Auswahlprozeß von Methoden und Inhalten zu beteiligen.

Das Anpassungsmodell

Am Beispiel des Sozialisationsprozesses in Familien sollen nun zunächst die Grundzüge der Sozialisation nach dem Anpassungsmodell dargestellt werden. Das von Parsons, Bales und Shils (1953) entworfene Entwicklungsschema ist diesem Anpassungsmodell sehr ähnlich. Es geht davon aus, daß es in jedem sozialen System vier funktionale Voraussetzungen des Bestehens gibt:

1. In jedem sozialen System muß *produktive Arbeit geleistet werden*, damit das System sich erhalten kann. Die zur Verfügung stehenden Hilfsquellen müssen ausgebeutet werden. Die Wirtschaft wäre ein Beispiel für eine Institution, die sich dieser Aufgabe widmet.

2. *Die Früchte der Arbeit müssen verteilt werden*. Es muß dafür gesorgt werden, daß jedes Glied des sozialen Systems genug Anteil an den Früchten hat, damit die Person sich nicht aus dem sozialen System zurückzieht. Nach Parsons u. a. ist das weitgehend die Aufgabe der politischen Institutionen.

3. In jedem sozialen System muß ein *gewisses Maß an Ordnung aufrechterhalten werden*. Es muß Verwaltungs- und Kontrollarbeit geleistet werden, damit das Ganze bestehen kann. Die verschiedenen Bürokratien, z. B. die Polizei,

die Ordnungsämter, Finanzverwaltungen, aber auch Teile der Schulbehörde gehören hierher.

4. Mindestens eine Instanz muß es aber auch geben,die die *Werte des Systems formt, bewahrt und konserviert.* Eine Instanz muß da sein, die dem System Ziele setzt, ihm einen Sinn verleiht. Kirche und Schule sind Beispiele solcher wertbewahrenden Institutionen.

Kompliziert wird dieses Bild vom sozialen System dadurch, daß sich jede Funktion selbst wieder in der gleichen Weise unterteilen läßt wie das ganze System. Zumindest wird diese Unterteilung nötig, sobald man aus dem abstrakten, theoretischen Raum des „sozialen Systems" herausgeht und versucht, das Schema auf eine konkrete Gesellschaft anzuwenden.

Nach Parsons geben diese Funktionen aber nicht nur ein Bild des Geschehens in einem verfestigten sozialen System, sondern sie liefern auch das Modell für einen Sozialisationsprozeß, dessen Ziel es ist, das Kind zu einem effektiv funktionierenden Sozialwesen zu machen. Dazu bedarf es als Voraussetzung der Erziehbarkeit zunächst einmal einer Bindung des Kindes an das System. Das Kind muß seine Abhängigkeit von der Gesellschaft erkennen und muß ihr einen grundsätzlichen Wert zugestehen. Das erste, was das Kind auf dieser Welt tut: Es bildet Werte. Es lernt, andere Menschen als wertvoll zu schätzen. Der nächste Schritt liegt darin, dem Kind beizubringen, sich im Kreise anderer zu bewegen, ohne laufend überwacht zu werden und ohne dauernd anzuecken. Hierher gehört der Prozeß der Identifizierung, nachdem zuvor in der ersten Phase die Werte einfach übernommen wurden, ohne einen bewußten Prozeß des Sich-modellierens. Die Identifizierung, das Sich-modellieren hilft, diese Werte in solche Verhaltensweisen umzusetzen, die es dem Kind erlauben, sich relativ konfliktfrei in der Gesellschaft zu bewegen. Um aber das Kind oder den Heranwachsenden dazu zu bringen, in der Gesellschaft und für die Gesellschaft produktive Arbeit zu leisten, muß ein Anreiz gegeben werden. Man muß einen Geschmack davon bekommen, was das System einem zu bieten hat. Man muß sozusagen zur Übernahme von Verantwortung verführt werden.

Das Selbstaktualisierungsmodell

Das Selbstaktualisierungsmodell geht von der Annahme aus, daß das Individuum die sich ihm stellenden Umweltanforderungen eigenständig aktiv bewältigen muß. Das Erreichen gesetzter Ziele verlangt einerseits eine aktive Anpassung aufgrund erworbener Fähigkeiten und Fertigkeiten an die gebotenen Realisierungsmöglichkeiten und andererseits eine aktive Interpretation, Strukturierung und Veränderung der gegebenen Umweltbedingungen.

Das von dem Neopsychoanalytiker Erikson (1950/1965) entwickelte Stufenkonzept der individuellen Entwicklung und Sozialisation läßt sich mit dem

Selbstaktualisierungsmodell gut verbinden. Erikson erweitert das fünfstufige Entwicklungsmodell von Freud um drei weitere Stufen und teilt so den gesamten Lebenslauf von der Geburt bis zum Tode in Zeitabschnitten ein. Damit versucht er, eine Einteilung zu finden, die alle Persönlichkeitsbereiche umfaßt, und die zudem eine möglichst große Einheitlichkeit innerhalb der jeweiligen Phase bei deutlicher Unterschiedlichkeit zur vorhergehenden und nachfolgenden Phase aufweist. Für Erikson sind drei Aspekte des Entwicklungsprozesses bedeutsam, nämlich der Organismus, das Ich und die Gesellschaft. Die organischen Vorgänge betrachtet er als Reifungsprozesse, die sich nach eigenen biologischen Gesetzmäßigkeiten vollziehen. Die zeitliche Reihenfolge der Phasen ist somit genetisch festgelegt, wobei zum gegebenen Zeitpunkt die jeweils aktive Körperzone die vorherrschende Funktionsweise determiniert. So ist in der oralen Phase der Mund die aktive Körperzone, die durch Einverleiben und Beißen eine erste lebenswichtige Funktion erfüllt. In der analen Phase ist demgegenüber der Analbereich die aktive Körperzone, mit der Funktion von Ausstoßen und Zurückhalten. Den jeweils aktiven Körperzonen und zugehörigen Funktionsweisen entsprechen in jeder Entwicklungsstufe spezifische Seinsweisen und zugehörige psychosoziale Funktionen. Die jeweilige Seinsweise wird dabei durch ein vorrangiges Thema charakterisiert, so z. B. in der oralen Phase das Thema Nehmen und Geben, in der analen Phase das Thema Ausstoßen und Zurückhalten. In dem Maße, in dem die soziale Umgebung dem Kind die Bewältigung des sich stellenden Themas ermöglicht, so z. B. in der ersten Phase durch Stillen und Pflegen bzw. in der zweiten Phase durch die Festsetzung von Erlaubtem und Verbotenem, prägt die soziale Situation die Entwicklung des Individuums. So unterscheiden sich Kulturen beispielsweise dadurch, daß sie recht unterschiedliche und sehr spezifische Interaktionsformen für das Eingehen auf die phasenspezifische Lebensbewältigung des Individuums entwickelt haben. Diese Interaktionsformen werden zunächst von der Mutter, dann durch die Eltern und schließlich durch die ganze Familie als Primärgruppe auf das Kind angewandt. Es kann somit seinen Horizont erweitern, indem es ständig größere und über die eigene Familie hinausgehende Ausschnitte der Kultur in seine Lebensbewältigung einbezieht. Die folgende Abbildung gibt einen Überblick über die Phaseneinteilung von Erikson, wie sie von Trautner (1978) zusammengestellt wurde.

	Psychosexuelle Stufe (Erogene Zone) und	(1) zugehörige Funktionsweise	(2) Psychosoziale Funktionsweise	(3) Merkmale des sozialen Gefüges	(4) Relevante Bezugspersonen	(5) Psychosoziale Krise
I	Oral-respiratorisch, Sensorisch-kinästhetisch, Mundzone	Einverleibung, später Beißen	Empfangen und Geben; „I am what I am given“, (Vertrauen)	ist darauf eingerichtet, das Kind zu stillen und zu pflegen (Cosmic order)	Mutter (bzw. Pflegeperson)	Urvertrauen vs. Urmißtrauen; Entwöhnungssituation, Verlassensein und Trennung, Antrieb und Hoffnung
II	Anal-urethral, Muskulär, Analzone	Retention und Elimination (Vorform; Beugen und Strecken)	Behalten und Hergeben; „I am what I will“ (Anfänge der Selbständigkeit)	Einüben von Gehorsam (Law and order)	Vater und Mutter (Eltern)	Autonomie vs. Selbstzweifel; Kampf zwischen Fremd- und Selbstkontrolle, Mitte finden zwischen Omnipotenz und Unterwerfung, Selbstbeherrschung und Willenskraft
III	Infantil-genital, Lokomotorisch, Genitalzone	Intrusion, Inklusion, Eindringen und Einschließen	Etwas machen, nachmachen (Spielen) „I am what I will be“ (Experimentieren, Anfänge von Wetteifer)	Eltern als Vorbilder, Idealpersonen	Primärgruppe, Familie	Initiative vs. Schuldgefühl; Rollenübernahme bringt Gefahr von Rivalität mit gleichgeschlechtlichem Elternteil, Schuld und Angst vor Strafe (Ödipale Situation), Richtung und Zweckhaftigkeit
IV	Latenzphase (keine eigene Zone)	„Geistiges“ Eindringen, Begreifen	Dinge machen, zusammenfügen (Konstruieren) „I am what I learn“	Dinge, Sachen der Umwelt	Nachbarschaft, Schule	Werksinn vs. Minderwertigkeitsgefühl; Methode und Können
V	Adoleszenz und ihre auffälligen körperlichen Veränderungen	wie III?	Selbst sein oder nicht selbst sein; „To share being oneself“	Meinungen und Einstellungen, Ideologien, Ideen; Wertehierarchien	Peergroup und andere Bezugsgruppen, Führerfiguren	Identitätsfindung vs. Rollendiffusion; Festigung der sozialen Rolle, Hingebung und Treue

Abbildung 10: Phasen der individuellen Entwicklung

Psychosexuelle Stufe (Erogene Zone)	und (1) zugehörige Funktionsweise	(2) Psychosoziale Funktionsweise	(3) Merkmale des sozialen Gefüges	(4) Relevante Bezugspersonen	(5) Psychosoziale Krise
VI Genitalität, Genitalzone	wie V?	Sich in einem anderen verlieren und finden	Kooperation und Wettstreit	Sexualpartner, Freunde, Kameraden, mit denen man im Wettstreit steht oder zusammenarbeitet	Intimität (Solidarität) vs. Isolation (Rückzug); Finden der Rolle des Ehemanns/der Ehefrau, Bindung und Liebe
VII Generativität, Erwachsenenalter	–	Etwas schaffen, sorgen für; sich einen Bekanntenkreis schaffen, häusliches Leben usw.	Erziehung und Tradition	Arbeitsplatz und gemeinsamer Haushalt; Arbeitsteilung	Zeugungsfähigkeit vs. Selbst-Abkapselung; Fürsorge
VIII Integrität, Greisenalter	–	Sein durch gewesen sein, dem Nicht-Sein ins Auge sehen	Weisheit	Die ganze Menschheit, Gefühl der Einheit mit „meiner Art“	Ichintegrität vs. Verzweiflung; Eigener Zerfall und Tod, Entsagung und Weisheit

Abbildung 10 (Fortsetzung)

Dargestellt sind die phasenspezifischen Merkmale, wie sie sich für den in der psychoanalytischen Theorie so wichtigen Bereich der psychosexuellen Entwicklung mit ihren triebbesetzten Körperzonen und zugehörigen Funktionsweisen ergeben. Angegeben ist für jede der insgesamt acht Entwicklungsstufen das spezifische Aufgaben- und Bedingungsgefüge, in dem der Heranwachsende handelnd tätig wird: die psychosoziale Funktionsweise, die Merkmale des sozialen Gefüges, die relevanten Bezugspersonen und schließlich die Art der sich daraus ergebenden psychosozialen Krise, die zu bewältigen ist. Im folgenden werden die von Erikson (1950/1965) in seinem Buch *Kindheit und Gesellschaft* für die einzelnen Entwicklungsphasen beschriebenen psychosozialen Krisen und ihre Bewältigung zusammenfassend dargestellt.

Das Problem des Vertrauens

Von zentraler Bedeutung für die Entwicklung des Individuums, den Beginn der Sozialisation und erfolgreiches soziales Lernen ist die Unterscheidung zwischen dem eigenen Körper und der Umwelt. Das Neugeborene muß ein Körperschema entwickeln.

Der Körperteil, dem in diesem Entwicklungsprozeß zuerst besondere Aufmerksamkeit geschenkt wird, ist der Mund. Für das Baby sind der Mund und das Gefüttertwerden die Hauptquellen von Freude und Zufriedenheit. Aber der Mund ist nicht nur Quelle der Befriedigung, er ist auch ein Mittel zur Erforschung der Welt. Wesentlicher als die Zentrierung auf den Mund aber ist die Erkenntnis, daß die volle Befriedigung seiner Bedürfnisse nicht von ihm selbst kommt, sondern daß jemand anderes für diese Befriedigung zuständig ist, gewöhnlich die Mutter. Damit erkennt das Kind erstmalig seine Abhängigkeit von anderen Menschen. Und es hängt vom Verhalten dieser anderen Menschen ab, wie die emotionale Tönung dieses Kontaktes aussieht, vertrauensvoll und hingebend oder unsicher und voller Zweifel.

In diesem Stadium beginnt das Kind, Grundhaltungen zu anderen Menschen zu entwickeln. Aus der Tatsache, daß das Kind seine Abhängigkeit von der Mutter erkennt oder doch wenigstens fühlt, wird die Grundangst dieser Phase verständlich. Es handelt sich um die Trennungsangst, die in dem Gefühl besteht, alleingelassen zu werden. Dabei muß man beachten, daß das Kind noch keinen Zeitsinn entwickelt hat. Es hat noch keine Vorstellung von der Dauer von Ereignissen, von Vergangenheit, Gegenwart und Zukunft. Wenn die Mutter weggegangen ist, so ist sie in der Vorstellung des Kindes für immer weg. Das Kind muß lernen, sein Vertrauen zu behalten, selbst wenn es so scheint, als ob die verlangte Nahrung und die bisher gewohnte Bezugsperson nie mehr erscheinen würden. Wenn man sich dieser Situation bewußt ist, wird man bemerken, daß in dieser Phase für das Kind ein zentrales und für die weitere individuelle Entwicklung bedeutsames Problem zu bewältigen ist.

Das Problem der Autonomie

Nehmen wir an, das Kind habe das erste Problem gemeistert, ein grundlegendes Vertrauen zu anderen Menschen entwickelt und sich mit der Tatsache abgefunden, daß es Befriedigung nicht immer dann erfahren wird, wenn es sie wünscht, daß die Mutter aber trotzdem noch da ist und es nicht allein bleibt.

Das Kind fährt also fort, sich und die Welt zu entdecken. Die nächstwichtige Funktion nach der Nahrungsaufnahme ist in diesem jungen Alter der Prozeß der Ausscheidung. Wie alles andere, ist auch das für ein Kind höchst aufregend und faszinierend. Es erkennt, daß es zwei verschiedene Dinge tun kann: Es kann hergeben und festhalten, ziemlich nach Belieben. Das Kind kann etwas kontrollieren, was ein höchst erhebendes Gefühl, ein Gefühl der Macht ist. Nun gibt es kaum ein anderes Gebiet, nicht einmal die Sexualität, das so privat, so unterdrückt, so mit Scham behaftet ist wie der Prozeß der Ausscheidung. Dabei ist Kot für das kleine Kind zunächst nichts anderes als ein von ihm selbst erzeugtes Produkt, das es gilt, im spielerischen Umgang zu entdecken. Diese erste Erfahrung von Autonomie wird jäh unterbrochen durch die Reaktionen der Mutter, die mit allen Zeichen des Abscheus auf diese Art spielerischen Entdeckens reagiert und ihr Kind schließlich einem Programm der Reinlichkeitserziehung unterwirft.

Hier zeigt sich, daß wir mit Recht vom Problem der Autonomie sprechen können. Das Kind versucht, Kontrolle über die Welt und über sich zu gewinnen, aber es kann das nicht ungestört tun, sondern muß auch lernen, sich so zu kontrollieren, wie es die Welt von ihm erwartet. Es glaubt, etwas zu haben, was ihm allein gehört und muß erkennen, daß es auch hier den Forderungen der Umwelt entsprechend handeln muß. Die Art, in der dieses Problem gelöst wird, formt die Grundeinstellung zum eigenen Selbst. Entweder entwickelt sich trotz der Umweltforderungen ein Gefühl der Autonomie und der Selbstkontrolle, oder es werden die Wurzeln gelegt für ein Gefühl der Beschämung und des Zweifels an den eigenen Rechten und Fähigkeiten.

Das Problem der Initiative

Auch im nächsten Stadium der Entwicklung ist das Anliegen wieder ein Problem der interpersonalen Beziehungen. Das Problem der Autonomie war: Wie kann ich andere aus meinem Reich fernhalten? Was ist mein Reich? Jetzt lautet das Problem anders: Wie weit kann ich gehen? Wie groß ist mein Aktionsradius? Bis zu welchem Ausmaß kann ich selber die anderen kontrollieren? Diese Frage beginnt im Trotzalter (ca. 2 1/2 Jahre) und wird im Alter von etwa vier Jahren für das Kind ein zentrales Problem. Für ein vierjähriges Kind sind die anderen noch hauptsächlich die Eltern und möglicherweise die Geschwister und die Spielgefährten im Kindergarten.

Das Bemühen um Initiative könnte sich theoretisch auf vielen Gebieten ausdrücken. Das Kind könnte z. B. versuchen, andere durch seine Stimmungen und Gefühle zu kontrollieren. Aufgrund der physiologischen Reifung erklärt sich die Tatsache, daß das Suchen nach Initiative sich vorrangig im Bereich des Sexuellen entwickelt. Nach Mund und After werden jetzt die Genitalien interessant. Das Bemühen um Initiative zeigt sich nicht nur im Erkunden. Das Kind möchte mit den neu gewonnenen Erfahrungen von diesem Bereich Besitz ergreifen. Es versucht, andere zu kontrollieren. Da Eltern und Geschwister die nächsten Bezugspersonen darstellen, ist das Objekt der erwachenden Sexualität, das das Kind zu kontrollieren trachtet, gewöhnlich der gegengeschlechtliche Elternteil. Nach Freud (1910) führt dies beim Jungen zur Entwicklung des Ödipus-Komplexes. Der Ödipus-Komplex ist im Grunde ein Problem der interpersonalen Beziehungen und hat weitere Gültigkeit als nur im Bereich des Sexuellen. Man versetze sich in die Situation: Hier ist ein kleiner Junge, der seine Mutter zu kontrollieren und zu manipulieren sucht. Tagsüber hat er recht oft Erfolg damit, der Vater ist fort, er hat die Mutter für sich. Dann kommt abends dieser Mann zurück. Er dringt ein, er nimmt die Zuwendung der Mutter für sich in Anspruch. Natürlich wird der Junge Rivalitätsgefühle gegen den Vater entwickeln, denn er bleibt zu Hause und hält zur Mutter, während der Vater nach Belieben kommt und geht. Die Lebenszusammenhänge der Eltern sind für das Kind unverständlich, da es keine Einsicht in die Lebensweise des Vaters hat. Dem Jungen wäre es genauso lieb, der Vater bliebe ganz weg.

In dieser Phase schwankt das Kind zwischen Initiative und Schuldgefühlen hin und her. Bewältigt werden diese Probleme durch den Prozeß der Identifikation als zentralem Mechanismus des sozialen Lernens.

Das Problem der Produktivität

Wenn das Kind erst einmal diese vier Stufen erklommen hat, wird sein Leben für eine Reihe von Jahren relativ problemlos. Nicht, daß der Prozeß der Identifikation nicht fortschreitet. Aber inzwischen hat das Kind gelernt, sich zu identifizieren. Es hat damit ein neues und höchst effektives Werkzeug, mit Problemen fertig zu werden. Bis zum Alter von etwa 11 oder 12 Jahren kann sich das Kind jetzt auf die Erkundung und den produktiven Umgang mit der Außenwelt konzentrieren. Freud (1905) spricht von der Latenzperiode. Die Zeit ist nicht ohne Probleme, aber die Probleme sind konkreter, greifbarer, lösbarer, wie z. B. Lesen- und Schreiben-lernen, Radfahren, Drachen steigen lassen. Das Kind entdeckt seine Fähigkeit zur Produktivität und zum gestaltenden Umgang mit seiner gegenständlichen und sozialen Umwelt und erfährt dabei Lob und Anerkennung, aber auch Tadel, Zurücksetzung und Mißerfolge. Es erlebt, daß ihm viele Dinge nicht so gut gelingen wie anderen, und es muß mit Gefühlen der Minderwertigkeit, Schwäche und Zurücksetzung fertigwerden.

Das Problem der Identität

Es folgt die Phase der Adoleszenz, und damit bricht die mühsam erworbene Harmonie wieder zusammen. Aus der Fülle der Probleme soll hier das zentrale Problem der späten Adoleszenz angesprochen werden, nämlich das Problem der Identität. Die Frage lautet erneut: Wer bin ich eigentlich? Wie kann ich etwas werden, und was will ich eigentlich werden?

Die Identität einer Person, die Vorstellung vom eigenen Selbst entsteht aus drei Bestimmungsstücken: (1) Der Summe der vorangegangenen Identifikationen, (2) den angeborenen oder erworbenen Talenten und Dispositionen und (3) den Möglichkeiten, die einer Person in einer bestimmten Gesellschaft zu einer bestimmten Zeit offen stehen.

Diese Identitätsfindung ist für junge Menschen in der modernen Industriegesellschaft wahrscheinlich ein größeres Problem als in weniger komplexen Kulturen. Erstens gibt es in den meisten Industriegesellschaften keine klar institutionalisierten Methoden zur Lösung der Identitätskrise, und zum anderen erhalten die Kinder von ihren Eltern bei der Lösung dieser Fragen weniger Hilfe als früher. Die Eltern sind heute in ihrer Rolle und in ihren Erziehungsmaximen unsicherer als zu Beginn unseres Jahrhunderts. Bei dem relativ schnellen Wandel gesellschaftlicher Verhältnisse läßt sie fragen, ob das , was für sie selber gut und richtig war, auch ihren Kindern in ihrem zukünftigen Leben weiterhelfen kann. Sie sind selber unsicher, welche Werte, Normen und Ziele sie vertreten sollen und können somit auch ihren Kindern keine Hilfen zur Bewältigung der Identitätsproblematik geben. Noch ein dritter Faktor erschwert die Identitätsfindung der Jugend in modernen Industriegesellschaften: Der Bruch zwischen dem Verhalten, das die Eltern von ihren Kindern erwarten und dem Handeln, das die Gesellschaft von den Erwachsenen fordert. In vielen Kulturen lernen die Kinder von Anfang an die Verhaltensweisen, die ihr ganzes Leben hindurch von ihnen erwartet werden. Die Rollen sind eindeutig festgelegt und werden schon früh eingeübt. In unserer Gesellschaft dagegen unterscheiden sich die Maßstäbe, die für das Verhalten in einer Altersstufe gelten oft stärker als die in einfacheren Kulturen über verschiedene Lebensperioden hinweg geltenden Maßstäbe. Bei uns wird vom Kind erwartet, daß es sich „artig" und gefügig verhält und daß es „brav" mit den anderen Kindern spielt. Und dann, für das Kind scheinbar plötzlich, verhalten sich die Erwachsenen so, als führte nur aggressives, leistungsorientiertes Verhalten zu Liebe und Anerkennung.

Das einmal gelernte Verhalten und seine Maßstäbe müssen also aufgegeben oder wenigstens modifiziert werden. Eine solche Änderung geschieht selten ohne Bruch, und von daher gesehen erklärt sich die oft beklagte Rebellion der Kinder gegen die Eltern als ein Mechanismus zur Erleichterung der Ablösung von den Eltern, ohne die eine Identitätsfindung in unserer Kultur nicht möglich ist (Benedict, 1938; Eisenstadt, 1956/1966; Oerter & Montada, 1982).

Problem der Intimität

Mit dem Verliebtsein, der Beziehung zu einem Partner und der ehelichen Bindung stellt sich einerseits das Problem, sich auf eine bisher fremde Person einstellen und an sie anpassen zu müssen, bis hin zur intimen Offenheit und Vereinigung. Andererseits werden Freunde und nähere Bezugspersonen zu Konkurrenten und Rivalen beim Erreichen privater und beruflicher Ziele. Die intime Bindung an einen Menschen, die Entwicklung beiderseits akzeptierter Werte, Normen und Ziele, die Abstimmung der verschiedenen Rollen, der Ausgleich der jeweiligen Interessen sind zentrale Aufgaben dieser Phase, die gelöst werden müssen unter Beibehaltung oder Neuformierung erweiterter sozialer Beziehungsmuster. Intimität mit einem Partner darf nicht zur sozialen Isolation und zum Rückzug aus sozialen Bezugsgruppen führen.

Das Problem der Spontanität

Dieses Problem besteht über einen längeren Zeitraum hinweg in immer wieder neuen Situationen. Die Erfahrung der Zeugungsfähigkeit und das Erleben der Elternschaft wird abgelöst von der Erfahrung der Bindung und Verantwortlichkeit gegenüber den eigenen Kindern. Auch nachdem der Mensch einen Beruf gewählt und gelernt hat, eine Ehe zu führen und sich mit der Gesellschaft zu arrangieren, entstehen neue Probleme. Eines der Hauptprobleme, das in den mittleren Jahren des Lebens in den Vordergrund tritt, läßt sich in der Frage zusammenfassen: Wie kann ich lebendig und schöpferisch bleiben trotz der vielen Bindungen und zermürbenden täglichen Routine? In den mittleren Jahren wird das berufliche und private Leben oft nur noch als ein unter den Maximen von Disziplin und Verantwortung stehender, unveränderbarer Vorgang erlebt, der keine spontane und vom Pfad des Gewohnten abweichende Handlungen mehr zuläßt. Lebenserwartung, Lebenszufriedenheit und Glück hängen wesentlich davon ab, wie das Problem der Erhaltung der Spontanität in den mittleren Lebensjahren gelöst wird.

Das Problem der Integrität

Selbst im Alter hat man noch nicht alles gelernt, was man benötigt, um den Rest seiner Tage zu bestehen. Der Eintritt in den Ruhestand oder der Tod des Ehegatten bringen neue Identitätskrisen. Selbst ohne Schicksalsschläge verliert ein alter Mensch in unserer Gesellschaft viele seiner Funktionen. In einer sich schnell wandelnden Gesellschaft hat die Lebenserfahrung der Alten, also das, was man gewöhnlich als „Weisheit“ bezeichnet, keine lebenserhaltende Bedeutung mehr. Zur Erfahrung zunehmenden Funktionsverlustes im beruflichen und privaten Bereich tritt das konkrete Erleben der körperlichen und geistigen Leistungsminderung und des biologischen Abbaus. Mit dem Alter muß man sich auf den Tod einrichten und die Frage beantworten: Wie hat sich mein Leben eigentlich entwickelt? Hat es sich gelohnt? Hat es irgendwem genützt? Was bleibt als Ergebnis zurück? Die Grundfrage lautet: Wie wird man mit der Verzweiflung fertig, die sich einstellt, wenn man zurückblickt auf den Reichtum der Welt und merkt, wie wenig man von ihm für die eigene Lebensgestaltung genutzt hat? Während in jungen Jahren noch alle oder doch zumindest sehr viele Möglichkeiten des Lebens offenstehen, werden mit jeder neuen Entscheidung zwar Möglichkeiten realisiert, aber damit zugleich andere Möglichkeiten des Handelns und der Zielverwirklichung ungenutzt beiseite gelassen. Das Problem dieser Phase besteht darin, beim Rückblick auf das eigene Leben im Alter nicht zu verzweifeln, wenn sich herausstellt, daß einen die vielen einzelnen Entscheidungen schließlich in eine Richtung geführt haben, die man eigentlich nicht gewollt hat und mit der man sich nunmehr nur schwer identifizieren kann.

Es muß hier nochmals betont werden, daß diese Beschreibung der einzelnen Lebensstufen notgedrungen eine Abstraktion darstellt, und daß der Sozialisationsprozeß in Wirklichkeit kontinuierlich verläuft. Jedes Problem verschmilzt mit dem anderen, und viele Probleme bleiben das ganze Leben lang ungelöst. Es sollte aber deutlich geworden sein, daß der Mensch sich nur in der Auseinandersetzung mit Problemen, die sich ihm unausweichlich in den Weg stellen, entwickeln kann. Ob erwünscht oder unerwünscht, die Unvermeidbarkeit von Konflikt und Leid hat im antiken Griechenland wohl zu der Erkenntnis geführt, daß der nicht ‚geschundene' Mensch auch nicht erzogen werden kann. Vielleicht ist ‚geschunden' eine Überspitzung, aber daß es der Auseinandersetzung mit Problemen bedarf, um uns Charakter und Persönlichkeit zu geben, das scheint unbezweifelbares Ergebnis nicht nur philosophierenden Nachdenkens, sondern auch empirischer Forschung. Ohne Frustrationen, im Sinne von Wunschversagungen, wird es dabei nicht abgehen, und das heißt, ohne Toleranz für Frustration könnten wir niemals in Gemeinschaft mit anderen leben, und ohne Gemeinschaft mit anderen können wir überhaupt nicht leben.

Das Stufenmodell der Sozialisation von Erikson stellt den Lebenslauf als eine Abfolge von Problemlösungsvorgängen dar, die sich aus den individuellen Bedürfnissen und den Anforderungen der Umwelt ergeben. Das Finden und Entwickeln einer passenden Art der Problemlösung ist eine jedem Menschen gestellte Aufgabe, die er aufgrund seiner Fähigkeiten, Fertigkeiten und Erfahrungen mehr oder weniger selbständig lösen muß.

Die in den letzten Jahren zunehmend auf den gesamten Lebenslauf ausgedehnten entwicklungspsychologischen Studien, von der Erforschung des kindlichen Bindungsverhaltens (Bowlby, 1982) über die Erwachsenensozialisation (Dion, 1985) bis hin zur Psychologie des Alterns (Lehr, 1984), haben die Gültigkeit des Modells eher bestätigt.

Theorie des sozialen Lernens

Die Theorie des sozialen Lernens, die von Bandura (1979) ausgearbeitet und in einer Fülle von experimentellen Studien abgesichert wurde, hat sich zur Beschreibung und Erklärung von Lernvorgängen im Sozialisationsprozeß als besonders tragfähig erwiesen. Dabei ging Bandura zunächst von den zu seiner Zeit in der Psychologie noch vorherrschenden Theorien des klassischen und operanten Konditionierens aus.

Die Theorie des klassischen Konditionierens basiert auf Erkenntnissen aus den von Pawlow (1926) durchgeführten Tierexperimenten. Pawlow stellte fest, daß bestimmte natürliche Reaktionen (z. B. Speichelsekretion), die normalerweise nur durch einen bestimmten Reiztyp (z. B. Futter), der als unbedingter Reiz bezeichnet wird, ausgelöst werden, auch durch einen anderen Reiztyp (z. B. Klingelzeichen), der als neutraler Reiz oder in der Terminologie des klassischen Konditionierens als bedingter Reiz bezeichnet wird, hervorgerufen werden können. Dies geschieht immer dann, wenn dieser zweite Reiztyp mit dem ersten Reiztyp zeitlich gekoppelt wird, wenn also z. B. das Klingelzeichen jedesmal vor der Futterpräsentation ertönt. Als Folge dieser Koppelung löst der neutrale (bedingte) Reiz, auch wenn er ohne den unbedingten Reiz auftritt, die natürliche Reaktion (z. B. Speichelfluß) aus, die normalerweise nur auf den unbedingten Reiz folgt. Zwar hat das Tier nach diesem Konditionierungsvorgang keine neue Verhaltensweise erlernt, aber in seinem Verhaltensrepertoire ist eine neue, bisher nicht vorhandene Koppelung zwischen Reiz und Reaktion entstanden. Konditionierungsvorgänge dieser Art lassen sich auch beim Menschen beobachten. Mit Hilfe dieses vergleichsweise einfachen Lernprinzips läßt sich erklären, wie sich bei Kindern im Verlauf ihres Sozialisationsprozesses Einstellungen zu Personen, Objekten und Situationen entwikkeln und verändern. So läßt sich auch erklären, wie bei Kindern emotionale Reaktionen, wie z. B. Angst und Abscheu, unter bestimmten situativen Reizbedingungen entstehen können, die normalerweise nicht zu solchen Reaktionen führen. So kann ein Kind eine negative Einstellung einschließlich der entsprechenden emotionalen Reaktionen (z. B. Ärger) und Verhaltensreaktionen (Abwendung und Rückzug) gegenüber der Verwandtschaft (bedingter Reiz) seiner Eltern entwickeln, wenn die Besuche dieser Verwandten stets mit dem Tragen unbequemer Sonntagskleidung (unbedingter Reiz), die das Kind heftig ablehnt (Reaktion), verbunden sind.

Die Theorie des operanten Konditionierens (auch instrumentelles Konditionieren genannt) geht davon aus, daß neue Verhaltensweisen durch den Einsatz von Verstärkern bzw. durch Bekräftigung erlernt werden. Verstärker (Bekräftigung) wirken dabei nicht direkt auf die Verhaltensweise ein, sondern auf ihre Folgen. Durch den Einsatz positiver Verstärker werden die mit einem bestimmten Verhalten verbundenen Folgen für den Handelnden besonders erstrebenswert, so daß er in zunehmenden Maße bestrebt ist, diese Verhaltensweise gehäuft auszuführen, damit er die positiven Folgen auskosten kann. Als positive Verstärker wirken neben materiellen Belohnungen alle Arten erwünschter, sozialer Zuwendung (wie Lächeln, Zärtlichkeiten, Ermunterung, Lob). Negative Verstärker reduzieren demgegenüber die Auftretenswahrscheinlichkeit einer Verhaltensweise, indem sie die Folge dieser Verhaltensweise so verändern, daß sie für den Handelnden an Anziehungskraft verliert. Negative Verstärker können aus Bestrafungen, aber auch aus dem Vorenthalten normalerweise auftretender, positiv bewerteter Folgen des jeweiligen Verhaltens bestehen. In beiden Fällen bleiben die vom Handelnden erwarteten Folgen aus, mit der Konsequenz, daß er die Ausführung dieses Verhaltens in Zukunft vermeidet. Die Forschungen zum operanten Konditionieren haben gezeigt, daß Verhaltensänderungen durch Verstärkung nicht nur abhängig sind von der Art der gewählten Verstärker, sondern auch von der Art, wie diese Verstärker eingesetzt werden. So unterscheidet man u. a. zwischen kontinuierlichen und partiellen (intermittierenden) Verstärkern. Bei kontinuierlicher Verstärkung wird jede Ausführung der zu lernenden bzw. abzubauenden Reaktion positiv bzw. negativ bekräftigt, wohingegen bei partieller Verstärkung nach einem spezifischen Verstärkungsplan immer nur einige Verhaltensweisen bekräftigt werden. Forschungen zum operanten Konditionieren haben in der Lernpsychologie große Verbreitung gefunden. Ein Vergleich der beiden Formen des Konditionierens findet sich bei Mowrer (1960).

Das operante Konditionieren tritt im Laufe des Sozialisationsprozesses sehr häufig auf, und zwar in all den Situationen, in denen Verhaltensweisen belohnt, ignoriert oder bestraft werden, um zu erreichen, daß der Lernende diese Verhaltensweisen zukünftig gehäuft ausführt oder unterläßt.

Aufbauend auf diesen verhaltenspsychologisch-behavioristischen Lerntheorien entwickelten Bandura (1962, 1976, 1979) und Bandura und Walters (1970) eine sozial-kognitive Theorie des Lernens, die das für den Menschen typische Lernen als Prozeß der aktiven, kognitiv gesteuerten Verarbeitung von Erfahrungen betont. Ein großer Teil der vom Menschen im Laufe seines Lebens erworbenen und sich von Zeit zu Zeit verändernden Verhaltens- und Erlebnisweisen läßt sich nämlich nicht allein mit den Theorien des klassischen und operanten Konditionierens erklären. Nach Bandura werden komplexe Fertigkeiten gerade nicht in einem langwierigen Prozeß von Versuch und Irrtum gelernt, sondern größere Verhaltenseinheiten werden an anderen Personen (Modellen) beobachtet und nachgeahmt (imitiert). Bandura unterscheidet zwischen dem Erwerb und der Ausführung einer Verhaltensweise. Durch Verhaltensbeobachtung oder durch Instruktion kann der Lernende sich neue Verhaltensweisen aneignen, die bislang noch nicht in seinem Repertoire enthalten sind.

Beim Erwerb neuer Verhaltensweisen werden zwei Teilprozesse durchlaufen. Zunächst muß der Handelnde auf das Modell und sein Verhalten (Modellverhalten) aufmerksam werden. Erst dann kann er das beobachtete Verhalten kodieren und speichern. Obwohl Verstärkungen keine notwendige Bedingung für den Erwerb neuer Verhaltensweisen sind, können sie den Erwerb jedoch in erheblichem Maße fördern oder hemmen. Werden Verstärkungen von einem Beobachter antizipiert, so beeinflußt dies seine Aufmerksamkeitszentrierung und seine Erinnerungsleistung. Erwartet z. B. ein Beobachter, daß ein Modell ein Verhalten ausführt, das von anderen Personen positiv verstärkt wird, so kann man davon ausgehen, daß der Beobachter besonders aufmerksam das Modellverhalten betrachtet und sich das gezeigte Verhalten einprägt, da er dessen positive Konsequenzen selbst auch erleben möchte.

Nach Bandura wird aber nicht jede erworbene Verhaltensweise auch ausgeführt. Ob es zur Ausführung kommt oder nicht, hängt u. a. von den Konsequenzen dieser Verhaltensweise, d. h. den nachfolgenden Verstärkungen ab. Unterscheiden lassen sich dabei drei Arten von Verstärkungen: (1) Externe Verstärker, damit sind positive und negative Bekräftigungen gemeint, die auf den Handelnden von außen, also aus seiner Umwelt, zukommen. (2) Interne Verstärker in Form von positiven oder negativen Bekräftigungen, die sich das Individuum selbst zuteilt (z. B. Selbstlob, Stolz auf eigene Leistungen, Selbstzufriedenheit). (3) Stellvertretende Verstärkung, die so zustandekommt, daß der Beobachter alleine dadurch eine Verstärkung erfährt, daß er die positiven und negativen Konsequenzen des Modells beobachtet.

In einer Reihe von Forschungsarbeiten wurde untersucht, welche Merkmale des Modells das Ausmaß beeinflussen, in dem neue Verhaltensweisen erworben bzw. ausgeführt werden. Dabei hat sich gezeigt, daß sympathische Modelle häufiger imitiert werden als weniger sympathische, daß Modelle, die dem Beobachter ähnlich sind, einen größeren Einfluß auf den Erwerb und die Ausführung neuer Verhaltensweisen haben als Modelle, die dem Beobachter unähnlich sind, und daß Modelle, die die Vergabe von Belohnungen kontrollieren, häufiger nachgeahmt werden als Modelle, die lediglich Belohnungen erhalten. Festzuhalten bleibt, daß Sympathie gegenüber dem Modell, Ähnlichkeitsbeziehung zwischen Modell und Beobachter und die soziale Macht des Modells die zentralen Einflußfaktoren für den Erwerb und die Ausführung neuer Verhaltensweisen darstellen.

Für den Prozeß des sozialen Lernens in Form des Modellernens sind für Bandura drei Aspekte besonders bedeutsam: (1) Die Abhängigkeit des Lernens von sozialen Einflüssen und Beziehungen, (2) die Eigenaktivität des Lernenden und (3) die Rolle kognitiver Prozesse. Zur Beschreibung des Modellernens sind neben Übung und Verstärkung die Merkmale der Modellperson, die Merkmale des Beobachters, also des Lernenden und die Merkmale der Beziehung zwischen Modell und Lernendem von zentraler Bedeutung.

Am Beispiel der Sozialisation zum pro-sozialen Verhalten kann gezeigt werden, welche Wirkungen soziales Lernen im Sozialisationsprozeß hat.

Sozialisation zum pro-sozialen Verhalten

Wie schon im Kapitel über soziale Motivation ausgeführt, ist es für das Überleben einer Gemeinschaft wichtig, daß ihre Mitglieder bereit und fähig sind, einander zu helfen und sich gegenseitig zu unterstützen. Die Entwicklung einer Einstellung, der Aufbau eines Motivs und die Schaffung einer Motivation zum pro-sozialen Verhalten sind deshalb bedeutsame Sozialisationsaufgaben. Auf der Basis von Forschungsergebnissen zum pro-sozialen Verhalten (Krebs & Miller, 1985) soll nun dargestellt werden, wie Sozialisationsbedingungen, Sozialisationsprozesse und Sozialisationsergebnisse ineinander greifen und welche Lernprozesse dabei wirksam werden.

In der sozialpsychologischen Forschung versteht man unter pro-sozialem Verhalten jede Art positiv bewerteten Verhaltens wie helfendes Verhalten, Kooperieren oder Unterstützen. Die Klärung des Sozialisationsprozesses zum pro-sozialen Verhalten erfordert eine Beschreibung und Erklärung der Vorgänge, die im Rahmen einer spezifischen Gesellschaft und Kultur ein Individuum dazu führen, solche positiv bewerteten Verhaltensweisen zu erwerben. Dabei sind die in einer Kultur bzw. Gesellschaft vorherrschenden sozialen Normen von entscheidender Bedeutung. Deren Tradierung ist eine wichtige Aufgabe des Sozialisationsprozesses. Die Sozialpsychologie geht davon aus, daß für die Entwicklung pro-sozialer Verhaltensweisen die Normen der Reziprozität, die Normen der sozialen Verantwortlichkeit und die Gerechtigkeitsnormen von entscheidender Bedeutung sind. Die Norm der Reziprozität besagt, daß man jenen helfen soll, die einem selbst geholfen haben und daß man jenen nicht schaden soll, die einem geholfen haben. Die Norm der sozialen Verantwortlichkeit besagt, daß man denjenigen helfen soll, die von einem abhängig sind. Die Gerechtigkeitsnormen, die in einer Gesellschaft entwickelt wurden, legen fest, wie die in einer Gesellschaft vorhandenen Güter verteilt werden sollten und wie ein gerechtes Kosten-Nutzen-Verhältnis in den sozialen Interaktions- bzw. Austauschbeziehungen hergestellt werden kann.

Sozialpsychologische Forschungen, die der Frage nachgingen, wie die Normen der Reziprozität, der sozialen Verantwortlichkeit und die Gerechtigkeitsnormen Einfluß auf das Verhalten eines Individuums ausüben bzw. wie das Individuum dazu kommt, diese spezifischen Normen als Richtlinie für sein eigenes Verhalten zu übernehmen, haben gezeigt, daß in diesem spezifischen Sozialisationsprozeß klassisches und operantes Konditionieren, Lernen am Modell, Lernen durch moralisierende, verbale Hinweise und Lernen durch Internalisierungsprozesse wirksam werden.

So konnten in einem Experiment zum klassischen Konditionieren Kinder ein rotes Licht aufleuchten lassen. Bei der ersten Kindergruppe reagierte der Versuchsleiter daraufhin mit Zeichen der Freude und einer Umarmung des Kindes und in der zweiten Kindergruppe lediglich mit Zeichen der Freude. Die Umarmung stellt den unbedingten Reiz dar, der im Kind einen positiven Affekt auslöst. Nach einigen Wiederholungen (Lernphase) reagierte der Versuchsleiter nur noch mit Zeichen der Freude (Prüfphase), und es zeigte sich, daß Kinder der ersten Gruppe signifikant häufiger das rote Licht aufleuchten ließen, also beim Versuchsleiter Zeichen der Freude hervorriefen und somit pro-soziales Verhalten zeigten, als Kinder der zweiten Gruppe. Der unbedingte Reiz in Form der Umarmung des Kindes wird in diesem Versuch mit dem Zeichen der Freude zeitlich gekoppelt, so daß diese Reaktion des Versuchsleiters von einem neutralen zu einem bedingten Reiz werden kann, der nun für sich allein die Kraft besitzt, den positiven Effekt im Kind hervorzurufen, der ursprünglich nur durch die Umarmung erzeugt wurde. Damit wäre die Freude des Versuchsleiters zu einem Verstärker geworden, der die Kinder dazu veranlaßt, häufiger pro-sozial zu handeln, indem sie die rote Lampe aufleuchten lassen, da dies für sie mit dem positiven Gefühl der Zuwendung verbunden ist. Dieses Ergebnis ließe sich allerdings auch dadurch erklären, daß in der ersten Kindergruppe der Versuchsleiter durch die Umarmung für die Kinder attraktiver wurde als in der zweiten Kindergruppe. Da erhöhte Attraktivität die Bereitschaft zum pro-sozialen Verhalten verstärkt, wäre verständlich, warum Kinder aus der ersten Gruppe häufiger das rote Licht aufleuchten lassen.

In Untersuchungen zum operanten Konditionieren zeigte sich immer wieder, daß Kinder zum Teilen mit anderen Kindern bereit sind, wenn diesem Verhalten positiv bewertete Verstärker materieller und sozialer Art folgen. Ebenso wie Studien zur Aggression haben auch Studien zum pro-sozialen Verhalten die hohe Wirksamkeit von Verhaltensmodellen sowohl für den Erwerb als auch für die Ausführung pro-sozialen Verhaltens nachgewiesen.

Eine der verbreitetsten Methoden in der Sozialisation zur Stärkung pro-sozialen Verhaltens ist die moralisierende Unterweisung. Eltern und andere am Sozialisationsprozeß beteiligte Erzieher neigen dazu, Normen und Richtlinien für sozial erwünschtes Verhalten darzulegen, zu erklären und zu begründen. Entsprechende Forschungsarbeiten legen nahe, daß pro-soziale Verhaltensweisen kurzfristig eher durch spezifische Ermahnungen als durch Mitteilungen allgemeinerer Art hervorgerufen und verstärkt werden. Dem Vermitteln allgemeiner Normen und Verhaltensregeln kommt allerdings dann besondere Bedeutung zu, wenn für den Erwerb des gewünschten Verhaltens bzw. die beabsichtigte Verhaltensänderung eine längere Lernperiode zur Verfügung steht.

Kognitiv orientierte Modelle des Lernens durch Internalisierung gehen davon aus, daß Kinder ihre Normen und Werte aufgrund eigener Erfahrungen aktiv konstruieren und nicht einfach von außen übernehmen. Dieser Konstruktionsprozeß umfaßt die Aufnahme von Informationen, ihre Verarbeitung und Organisation in kognitiven Strukturen. Die eigenen Normen und Werte sind das Ergebnis eines solchen Verarbeitungs- und Strukturierungsprozesses, und sie steuern zugleich die Informationsverarbeitung und regulieren das Verhalten. Internalisierung ist dabei kein Prozeß, der sich einmal ereignet und dann als abgeschlossen anzusehen ist, vielmehr vollzieht sich dieser Prozeß in mehreren

Stufen. Im Zuge der individuellen Entwicklung werden die kognitiven Konstrukte immer differenzierter und erreichen einen immer höheren Integrationsgrad. Beispiele für kognitive Modelle des Lernens durch Internalisierungsprozesse sind die von Piaget (1954) entwickelte Zwei-Stufen-Theorie der moralischen Entwicklung (von heteronomer bzw. von außen gesetzter Moral hin zur autonomen bzw. selbstgesetzten Moral) und Kohlbergs (1976) Theorie der Moralentwicklung des Kindes. Nach Kohlberg vollzieht sich die Moralentwicklung über drei Niveaustufen: (1) Das vorkonventionelle Niveau, das von einer hedonistischen Orientierung von externen Handlungskonsequenzen geprägt ist. (2) Das konventionell-konformistische Niveau, in dem eine Orientierung an wichtigen Partnern in Primärgruppen (Familie, Freundesgruppen) oder an den traditionellen Normen und Werten einer Gesellschaft erfolgt. (3) Das postkonventionelle Niveau, in dem Normen und Werte als gesellschaftliche Vereinbarungen erlebt werden, die somit prinzipiell veränderbar sind und die unter Berücksichtigung spezifischer Gerechtigkeitsgrundsätze autonom entwikkelt werden können.

Die Zusammenhänge zwischen den für die Entwicklung pro-sozialen Verhaltens wichtigen und recht unterschiedlichen Lern- und Sozialisationsprozessen lassen sich vom gegenwärtigen Forschungsstand aus an Hand der Abbildung 11 so beschreiben:

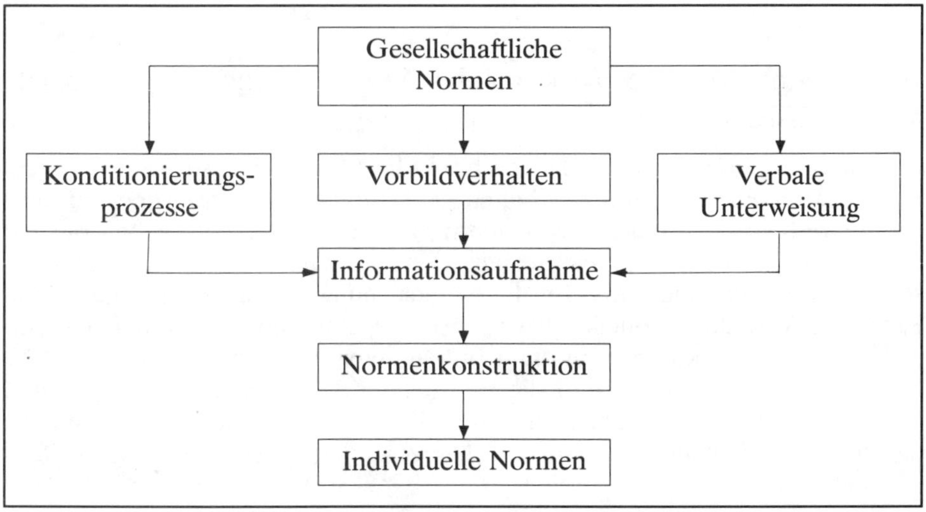

Abbildung 11: Lern- und Sozialisationsprozesse zum pro-sozialen Verhalten

Normen für das eigene Verhalten werden vom Individuum während des Sozialisationsprozesses aktiv konstruiert, wobei diese Konstruktion nicht beliebig erfolgt, sondern an den Informationen orientiert ist, über die das Individuum aufgrund seiner Interaktionserfahrungen verfügt. Zu diesen Interaktionserfahrungen zählen u. a. das Erhalten positiver oder negativer Verstärker, die Beobachtung des Verhaltens anderer Personen und das Aufnehmen verbaler Hinweise über erwünschtes Verhalten. Die Interaktionserfahrungen werden kognitiv verarbeitet. Individuen machen sich Gedanken darüber, was mit ihnen passiert, wie sich Modelle verhalten und wie Anordnungen und Unterweisungen zu verstehen sind. Diese Beobachtungen und Erfahrungen besitzen für sie einen hohen Informationswert, der es ihnen ermöglicht, Kenntnisse darüber zu gewinnen, wie und warum sie belohnt werden, wie und warum andere sich so und nicht anders verhalten und was andere von ihnen erwarten. In der Interaktion mit anderen Personen lernt das Individuum die in der jeweiligen Gesellschaft verbreiteten Normen des Sozialverhaltens kennen, von denen hauptsächlich die Norm der Reziprozität, die der sozialen Verantwortlichkeit und die der Gerechtigkeit von Bedeutung sind. Da sich die Normkonstruktion eines Individuums an seinen Interaktionserfahrungen orientiert und diese Interaktionserfahrungen von der gegebenen normativen Struktur der Gesellschaft bestimmt werden, handelt es sich bei diesem Vorgang der individuellen Normkonstruktion vorrangig um einen Rekonstruktionsprozeß. Das Individuum rekonstruiert aufgrund seiner Interaktionserfahrungen die normative Struktur der Gesellschaft, wobei, in gewissen Grenzen, individuelle Abweichungen durchaus möglich und zulässig sind.

Experiment über die Wirkung des Modellernens für pro-soziale Verhaltensleistungen

An einem Laborexperiment, das Rushton (1975) zur Analyse von Kurz- und Langzeiteffekten von Modellverhalten und verbaler Unterweisung auf pro-soziale Verhaltensleistungen bei Kindern durchführte, soll beispielhaft die Art experimenteller Forschung zur Sozialisation und zum sozialen Lernen dargestellt werden. Ausgangspunkt für die Untersuchung war die Beobachtung, daß Kinder an Verhaltensmodellen häufig zwei Aspekte beobachten, nämlich einmal das, was diese Modelle tun, und zum anderen, was diese Modelle über ihr Tun sagen. Das Verhalten und die Beurteilung des Verhaltens, das Tun und Werten stellen also zwei unterschiedliche Faktoren dar, über die die Modelle das kindliche Verhalten beeinflussen. Die zentralen Fragen der Untersuchungen lauteten:

1. Wie beeinflußt das Verhalten von Modellen das pro-soziale Verhalten von Kindern auf kurze und lange Sicht?

2. Wie beeinflussen die verbalen Mitteilungen von Modellen das pro-soziale Verhalten von Kindern über einen kürzeren oder längeren Zeitraum hinweg?

3. Bestehen hinsichtlich dieser pro-sozialen Verhaltensweisen Wechselwirkungen zwischen dem Verhalten und den verbalen Mitteilungen von Modellen?

Bereits vorliegende Untersuchungen legten die Vermutung nahe, daß die verbalen Mitteilungen von Modellen im Vergleich zum Modellverhalten selbst keinen oder nur einen unwesentlichen Einfluß auf das pro-soziale Verhalten ausüben. Rushton bezweifelte die Gültigkeit dieser Ergebnisse und ging deshalb bei seinen Untersuchungen von der Hypothese aus, daß auch die verbalen Mitteilungen von Modellen die Entwicklung und Übernahme pro-sozialer Verhaltensweisen beeinflussen, falls bestimmte Bedingungen gegeben sind: Das Modell muß dem Lernenden besonders einflußreich erscheinen, die verbalen Mitteilungen müssen zu einem lerngünstigen Zeitpunkt erfolgen, und sie müssen direkt an den Interaktionspartner gerichtet sein.

In die Untersuchung wurden 120 Kinder im Alter von 7—11 Jahren einbezogen. Die Kinder wurden den jeweiligen Untersuchungsbedingungen zufällig zugeordnet, wobei allerdings darauf geachtet wurde, daß eine Gleichverteilung nach Alter und Geschlecht zustande kam. Der Ablauf des Experiments sah folgende Phasen vor:

1. In der Einleitungsphase wird jedes Kind von seinem Lehrer zur Untersuchung geschickt. Der Versuchsleiter empfängt das Kind und stellt ihm eine weitere Person (Modellperson) vor, die zukünftig eventuell Lehrer an der Schule des Kindes sein wird. Der Versuchsleiter macht das Kind und die Modellperson mit der Funktionsweise eines elektrischen Kegelspiels vertraut, mit dem sich Gutscheine gewinnen lassen, die dann gegen reizvolle Preise eingetauscht werden können. Neben dem Spielapparat befindet sich an der Wand ein Plakat, mit dem zu Spenden für arme Kinder aufgefordert wird, und auf dem Tisch steht eine entsprechende Spendenbüchse.

2. In der Lernphase beginnt nun die Modellperson zu spielen und legt nach jedem Gewinn entweder regelmäßig die Hälfte der gewonnenen Summe in die Spendenbüchse (Demonstration pro-sozialen Modellverhaltens) oder behält alles für sich (Demonstration eigennützigen Modellverhaltens). Außerdem sagt die Modellperson nach jedem Gewinn entweder: „Es ist gut, wenn man armen Kindern etwas abgibt“ (verbaler Hinweis auf pro-soziales Verhalten), oder sie macht Aussagen wie: „Armen Kindern braucht man nichts abzugeben, jeder soll für sich selber sorgen“ (verbaler Hinweis auf eigennütziges Verhalten) oder „Das ist ein tolles Spiel“ (neutrale Aussage).

Die eigentliche Prüfphase beginnt damit, daß die Modellperson ihr Spiel beendet und den Raum verläßt und das Kind anfängt zu spielen. Die Anzahl und Abfolge der Gewinnspiele ist vorprogrammiert, und so kann das Kind in 20 Durchgängen lediglich 8 x je 2 Gutscheine gewinnen. Das pro-soziale Verhalten des Kindes wird durch die Anzahl der Gutscheine bestimmt, die es in die Spendenbüchse wirft. Die Reaktionen des Kindes werden einmal in seinem Spiel kurz nach dem Spiel der Modellperson erfaßt (Kurzzeiteffekt) und dann in einem erneuten Spiel zwei Monate später (Langzeiteffekt).

Die spezifischen Bedingungen, die das Modell entsprechend der von Rushton aufgestellten Hypothese fordert, werden dadurch hergestellt, daß dem Kind die Modellperson als möglicher zukünftiger Lehrer vorgestellt wird (soziale Macht), daß die verbale Mitteilung in einem lernwirksamen Zeitpunkt erscheint (das Modell trifft seine Aussagen jeweils unmittelbar nach seinem Gewinn) und daß die verbalen Mitteilungen direkt an das Kind erfolgen (die Modellperson nimmt während der verbalen Äußerung Kontakt zum Kind auf).

Mit Hilfe einer varianzanalytischen Auswertung des Verhaltens der Kinder im Anschluß an das Spiel der Modellperson (Kurzzeiteffekt) läßt sich ein hoch signifikanter Einfluß des Verhaltens der Modellperson auf das pro-soziale Verhalten nachweisen, wohingegen die verbalen Mitteilungen der Modellperson keinen signifikanten Einfluß auf das pro-soziale Verhalten der Kinder haben. Die varianzanalytische Auswertung der Untersuchungsergebnisse zum Langzeiteffekt zeigt, daß sowohl das Verhalten der Modellperson als auch die verbalen Mitteilungen der Modellperson einen hoch signifikanten Einfluß auf das pro-soziale Verhalten ausüben (s. Abb. 12).

	Modellverhalten	Verbale Mitteilungen des Modells		
		„prosozial“	„eigennützig“	„neutral“
Kurzzeiteffekt (Verhalten im Anschluß an das Spiel der Modellperson)	prosozial	7,6	6,1	7,6
	eigennützig	1,8	1,7	0,9
Langzeiteffekt (Verhalten nach 2 Monaten)	prosozial	5,2	3,3	6,8
	eigennützig	3,2	2,4	2,8
Die Zahlen beziehen sich auf die von jedem Kind durchschnittlich gespendeten Gutscheine				

Abbildung 12: Untersuchungsresultate bezogen auf Kurz- und Langzeiteffekte

Mit diesem Ergebnis läßt sich die Hypothese, daß auch verbale Mitteilungen von Modellpersonen pro-soziales Verhalten beeinflussen, in bezug auf Langzeiteffekte bestätigen. Pro-soziale und neutrale Äußerungen lösen mehr pro-soziale Verhaltensweisen bei den Kindern aus als eigennützige Aussagen. Kurzfristig haben demgegenüber verbale Mitteilungen keine verhaltensändernden Wirkungen.

Dieses Ergebnis läßt sich folgendermaßen erklären: Wird ein Kind unmittelbar nach dem Modelleinfluß zu einer Verhaltensreaktion aufgefordert, so kann es sich dabei noch an den im Kurzzeitgedächtnis gespeicherten Eindrücken der unmittelbar vorausgegangenen Verhaltensweisen der Modellperson orientieren. Zwei Monate nach dem am Modell beobachteten Verhalten sind die visuellen Eindrücke gelöscht bzw. so stark abgeschwächt, daß nunmehr eine Orientierung an den im semantischen Gedächtnis aufgrund der gespeicherten verbalen Äußerungen abrufbereiten, symbolisch repräsentierten Inhalten erfolgt. Bemerkenswert ist zudem, daß pro-soziales Verhalten der Modellperson vor allem dann wirksam ist, wenn es von neutralen, verbalen Äußerungen begleitet wird. Da diese „neutralen" Kommentierungen in Wirklichkeit positive Aussagen über die zu bewältigende Tätigkeit, nämlich das Kegelspiel, beinhalten, ist damit zu rechnen, daß diese Äußerungen positive Affekte bei den Kindern hervorrufen, wodurch eine verstärkte Bereitschaft zur Imitation geweckt wird.

Zusammenfassung

Unter Sozialisation versteht man das Hineinwachsen eines Individuums in die Normen der Gesellschaft und den lebenslangen Prozeß, durch den ein Individuum im aktiven Umgang mit anderen Menschen seine spezifischen, sozial relevanten Verhaltens- und Erlebnisformen entwickelt. In enger Beziehung zum Sozialisationsbegriff steht der Begriff des sozialen Lernens, der sowohl das Erlernen sozial bedeutsamer Verhaltensweisen bezeichnet als auch den Prozeß des Lernens in der sozialen Interaktion mit anderen Personen.

Sozialpsychologische Arbeiten zur Sozialisation beschäftigten sich mit der Beschreibung und Erklärung im Individuum ablaufender Prozesse, durch die soziales Wissen und soziales Verhalten erworben werden. Sozialisationsinhalte werden nicht direkt von der Gesellschaft auf das Individuum übertragen, vielmehr werden sie in der Interaktion zwischen dem Individuum und spezifischen Sozialisationsinstanzen, zu denen z. B. Eltern, Lehrer und Mitglieder der gleichaltrigen Bezugsgruppe gehören, erlernt. Diese lernwirksamen Interaktionen sind gekennzeichnet durch Reziprozität, die Bedeutsamkeit von Erwartungen und den Einfluß von genetischen und gesellschaftlichen Faktoren. Unterschiedliche Sozialisationstheorien versuchen, den Sozialisationsprozeß zu beschreiben und zu erklären, wobei jede dieser Theorien einen spezifischen Aspekt dieses komplexen Prozesses betont.

Für die psycho-analytische Theorie besteht die Sozialisation im wesentlichen aus der Lösung von psycho-sexuellen Konflikten, wobei dem Ödipuskomplex zentrale Bedeutung zukommt, dessen Bewältigung die Übernahme gesellschaftlicher Normen beinhaltet. Lerntheorien heben die Bedeutung elementarer Lernprozesse wie klassisches Konditionieren, operantes Konditionieren und Lernen am Modell hervor.

Der Verlauf des Sozialisationsprozesses wird am Beispiel des Erwerbs pro-sozialer Verhaltensweisen veranschaulicht. Die in einer Gesellschaft bestehenden Normen, die sich auf den Bereich des pro-sozialen Verhaltens beziehen, z. B. die Normen der Reziprozität, der sozialen Verantwortlichkeit und der Gerechtigkeit, steuern das Verhalten des Lernenden. Konditionierungsprozesse, Vorbildverhalten und verbale Mitteilungen, mit denen der Lernende konfrontiert wird, werden von diesen Normen bestimmt. Der Lernende ist diesen Konditionierungsvorgängen, Vorbildwirkungen und verbalen Unterweisungen nicht passiv ausgeliefert, vielmehr kann er die dabei gemachten Erfahrungen aktiv gedanklich verarbeiten und so zu einem Wissen und zu Erkenntnissen gelangen, die es ihm erlauben, eigene Normen für pro-soziales Verhalten aufzubauen. An diesen aktiv konstruierten Normen orientiert er sein eigenes pro-soziales Verhalten.

Die Wirksamkeit des Modellernens wird am Beispiel einer experimentellen Untersuchung zum Kurz- und Langzeiteffekt von beobachtbaren Verhaltensweisen und verbalen Hinweisen einer Modellperson auf das pro-soziale Verhalten von Kindern dargestellt.

Fragen

1. Welche Konsequenzen hat die Auffassung von Sozialisation als ein lebenslanger Prozeß für die Sozialisationsforschung?

2. Welcher Zusammenhang besteht zwischen Sozialisationstheorien und zentralen Menschenbildern?

3. Welche Phasen der individuellen Sozialisationsentwicklung lassen sich nach Erikson (1950) unterscheiden?

4. Welche psycho-sozialen Probleme sind auf den acht Sozialisationsstufen nach Erikson (siehe Trautner, 1978) zu bewältigen?

5. Welche Zusammenhänge bestehen zwischen der Theorie des sozialen Lernens (Bandura, 1979) und anderen Lerntheorien?

6. Warum ist es zweckmäßig, zwischen Erwerb und Ausführung sozialer Verhaltensweisen zu unterscheiden?

7. Wie läßt sich (am Beispiel der Untersuchungen von Rushton, 1975) die Wirkung des Modellernens zur Steigerung pro-sozialer Verhaltensleistungen beschreiben?

Weiterführende Literatur

Dion, K.K. (1985). Socialization in adulthood. In G. Lindzey & E. Aronson (Eds.), *The Handbook of Social Psychology*, Vol. II (pp. 123—147). New York: Random House.

Hurrelmann, K. (Hrsg.). (1976). *Sozialisation und Lebenslauf*. Hamburg: Rowohlt.

Karsten, H. (1981). Soziales Lernen. In H. Schiefele & A. Krapp (Hrsg.), *Handlexikon zur Pädagogischen Psychologie* (S. 339—343). München: Ehrenwirth.

Patry, J.-L. & Perrez, M. (1981). Lernen und Lerntheorien. In H. Schiefele & A. Krapp (Hrsg.), *Handlexikon zur Pädagogischen Psychologie* (S. 231—240). München: Ehrenwirth.

Literaturverzeichnis

Abele-Brehm, A. (1987). Eindrucksbildung: Die Experimente von Asch. In D. Frey & S. Greif (Hrsg.), *Sozialpsychologie. Ein Handbuch in Schlüsselbegriffen* (S. 434—438). München: Psychologie Verlags Union.

Aderman, D., Brehm, S.S. & Katz, L.B. (1974). Empathic observation of an innocent victim: The just world revisited. *Journal of Personality and Social Psychology, 29,* 342—347.

Allport, F.H. (1924). *Social psychology.* Boston, Mass.: Houghton Mifflin.

Allport, G.W. (1935). Attitudes. In C.M. Murchison (Ed.), *Handbook of Social Psychology.* Worcester, Mass.: Clark University Press.

Allport, G.W. (1954). The historical background of modern social psychology. In G. Lindzey (Ed.), *Handbook of Social Psychology* (Vol. I) (pp. 3—56). Cambridge, Mass.: Addison-Wesley.

Allport, G.W. (1985). The historical background of modern social psychology. In G. Lindzey & E. Aronson (Eds.), *Handbook of Social Psychology* (Vol. I) (pp. 1—46). New York: Random House.

Allport, G.W. & Vernon, Ph.E. (1931). *Study of values — a scale for measuring the dominant interests in personality.* Boston: Houghton Mifflin.

Argyle, M. (1979). *Körpersprache und Kommunikation.* Paderborn: Junfermann-Verlag.

Argyle, M. (1983). *The psychology of interpersonal behavior.* Harmondsworth: Penguin Books.

Asch, S.E. (1952). *Social psychology.* Englewood Cliffs, N.J.: Prentice-Hall.

Asch, S.E. (1956). Studies of independence and conformity. I. A minority of one against an unanimous majority. *Psychological Monographs, 70,* 1—70.

Bach, G.R. & Wyden, P. (1968). *The intimate enemy.* New York, N.Y.: Avon Books (deutsch: Streiten verbindet. Gütersloh: Bertelsmann, 1970).

Bandura, A. (1962). Social learning through imitation. In M.R.E. Jones (Ed.), *Nebraska Symposium on Motivation.* Lincoln: University of Nebraska Press.

Bandura, A. (1973). *Aggression: A Social learning analysis.* Englewood Cliffs, N.J.: Prentice Hall.

Bandura, A. (Ed.). (1976). *Lernen am Modell.* Stuttgart: Klett.

Bandura, A. (1979). *Sozial-kognitive Lerntheorie.* Stuttgart: Klett.

Bandura, A. & Walters, R.H. (1970). *Social learning and personality development.* New York: Holt, Rinehart & Winston.

Bauer, R.A. (1952). *The new man in Soviet psychology.* Cambridge, Mass.: Harvard University Press (deutsch: Der neue Mensch in der sowjetischen Psychologie. Bad Nauheim: Christian-Verlag, 1955).

Baumrind, D. (1972). Some thoughts on ethics of research: After reading Milgram's ‚Behavioral study of obedience'. In A.G. Miller (Ed.), *The social psychology of psychological research* (pp. 106— 111). New York: The Free Press.

Bell, R.Q. & Harper, L.V. (1977). *Child effects on adults.* Hillsdale, N.J.: Erlbaum.

Benedict, R. (1938). Continuities and discontinuities in culture conditioning. *Psychiatrie, 1,* 161—167.

Bergius, R. (1976). *Sozialpsychologie.* Hamburg: Hoffmann & Campe.

Berkowitz, L. (1965). The concept of aggressive drive: Some additional considerations. In L. Berkowitz (Ed.), *Advances in experimental social psychology* (Vol. 2). New York, London: Academic Press.

Berkowitz, L. (1969). The frustration-aggression hypothesis revisited. In L. Berkowitz (Ed.), *Roots of aggression. A re-examination of the frustration-aggression hypothesis* (pp. 1—28). New York: Atherton.

Bernsdorf, W. (Hrsg.). (1969). *Wörterbuch der Soziologie* (S. 1052—1054). Stuttgart: Enke.

Berscheid, E. (1985). Interpersonal attraction. In G. Lindzey & E. Aronson (Eds.), *The Handbook of Social Psychology* (Vol. II) (pp. 413—484). New York: Random House.

Berscheid, E. & Walster, E. (1974). Physical attractiveness. In L. Berkowitz (Ed.), *Advances in experimental social psychology* (Vol. 7). New York: Academic Press.

Biddle, B.J. (1979). *Role theory.* New York: Academic Press.

Bierhoff, H.W. (1973). Kosten und Belohnung: Eine Theorie sozialen Verhaltens. *Zeitschrift für Sozialpsychologie, 4,* 297—317.

Bierhoff, H.W. (1980). *Hilfreiches Verhalten. Soziale Einflüsse und pädagogische Implikationen.* Darmstadt: Steinkopf.

Bierhoff, H.W. (1986). *Personenwahrnehmung. Vom ersten Eindruck zur sozialen Interaktion.* Berlin: Springer.

Bierhoff, H.W. (1987). Austauschtheorien. In D. Frey & S. Greif (Hrsg.), *Sozialpsychologie. Ein Handbuch in Schlüsselbegriffen* (S. 136—141). München: Psychologie Verlags Union.

Bierhoff, H.W. (1988). *Sozialpsychologie. Ein Lehrbuch* (2. Auflage). Stuttgart: Kohlhammer.

Blau, P.M. (1964). *Exchange and power in social life.* New York: Wiley.

Bogardus, E.S. (1925). Measuring social distance. *Journal of Applied Sociology, 9,* 299—308.

Bourne, L.E., Dominowski, R.L. & Loftus, E.F. (1979). *Cognitive processes.* Englewood Cliffs, N.J.: Prentice Hall.

Bowlby, J. (1982). *Attachment and loss. (Vol. 1.) Attachment.* New York: Basic Books.

Brandt, U. & Köhler, B. (1972). Norm und Konformität. In C.F. Graumann (Hrsg.), *Handbuch der Psychologie,* Bd. VII/2 (Kap. 33). Göttingen: Hogrefe.

Brehm, J.W. (1966). *A theory of psychological reactance.* New York: Academic Press.

Bronfenbrenner, U. (1976). *Ökologische Sozialisationsforschung.* Stuttgart: Klett.

Brophy, J. (1981). Teacher praise: A functional analysis. *Review of Educational Research, 51,* 5—32.

Bruner, J.S. & Postman, L. (1949). Perception, cognition and behavior. *Journal of Personality, 18,* 14—31.

Bungard, W. (Hrsg.). (1980). *Die „gute" Versuchsperson denkt nicht. Artefakte in der Sozialpsychologie.* München: Urban & Schwarzenberg.

Byrne, D. (1971). *The attraction paradigm.* New York: Academic Press.

Cantor, N. & Mischel, W. (1979). Prototypes in person perception. In L. Berkowitz (Ed.), *Advances in experimental social psychology* (Vol. 12). New York: Academic Press.

Carlsmith, J.M., Ellsworth, P.C. & Aronson, E. (1976). *Methods of research in social psychology.* Reading, Mass.: Addison-Wesley.

Cartwright, D. & Zander, A. (1968). *Group dynamics* (3rd ed.). New York, N.Y.: Harper and Row.

Child, I.L. (1954). Socialization. In G. Lindzey (Ed.), *Handbook of Social Psychology* (Vol. II, 1st ed.) (pp. 655—692). Cambridge, Mass.: Addison-Wesley.

Clore, G.L. & Byrne, D. (1974). A reinforcement-affect model of attraction. In T.L. Huston (Ed.), *Fondations of interpersonal attraction.* New York: Academic Press.

Cohen, A.K. (1966). *Deviance and control.* Englewood Cliffs, N.Y.: Prentice Hall (deutsch: Abweichung und Kontrolle. München: Juventa, 1968).

Coke, J.S., Batson, C.D. & McDavis, K. (1978). Empathic mediation of helping: A two-stage model. *Journal of Personality and Social Psychology, 36,* 752—766.

Cook, S.W. & Selltiz, C. (1964). A multiple indicator approach to attitude measurement. *Psychological Bulletin, 62,* 36—55.

Dahrendorf, R. (1958). Homo Sociologicus: Versuch zur Geschichte, Bedeutung und Kritik der sozialen Rolle. In R. Dahrendorf, *Pfade aus Utopia.* München: Piper, 1967.

Darley, J.M. & Latané, B. (1968). Bystander intervention in emergencies: Diffusion of responsibility. *Journal of Personality and Social Psychology, 8,* 377—383.

Darwin, C. (1859). *The origin of the species.* New York: Modern Library, 1936.

Dawes, R.M. & Smith, T.L. (1985). Attitude and opinion measurement. In G. Lindzey & E. Aronson (Eds.), *The Handbook of Social Psychology* (Vol. I) (pp. 509—566). New York: Random House.

Deaux, K. & Wrightsman, L.S. (1984). *Social psychology in the 80s,* Chap. 18: Social psychology & society. Monterey: Brooks/Cole.

DeFleur, M.L. & Westie, F.R. (1963). Attitude as a scientific concept. *Social Forces, 42,* 17—31.

Deutsch, M. & Krauss, R.M. (1965). *Theories in social psychology.* New York: Basic Books.

Dion, K.K. (1985). Socialization in adulthood. In G. Lindzey & E. Aronson (Eds.), *The Handbook of Social Psychology* (Vol. II) (pp. 123—147). New York: Random House.

Dollard, J., Doob, L.W., Miller, N.E., Mowrer, O.H. & Sears, R.R. (1939). *Frustration and aggression.* New Haven: Yale University Press.

Dorsch, F. u. a. (Hrsg.) (1982). *Psychologisches Wörterbuch.* Bern: Huber (10. Aufl.).

Dunckel, H. & Rummel, M. (1983). Selbsterfahrungsgruppen. In D. Frey & S. Greif (Hrsg.), *Sozialpsychologie. Ein Handbuch in Schlüsselbegriffen.* (S. 273—280). München: Urban & Schwarzenberg.

Durkheim, E. (1898). Representations individuelles et representations collective. *Revue de Metaphysique et de Morale, 6,* 274—302.

Eibl-Eibesfeld, I. (1967). *Grundriß der vergleichenden Verhaltensforschung.* München: Piper.

Eibl-Eibesfeld, I. (1977). Evolution of destructive aggression. *Aggressive Behavior, 3,* 127—144.

Eichhorn, J.W. u. a. (1969). *Wörterbuch der marxistisch-leninistischen Soziologie.* Köln/Opladen: Westdeutscher Verlag.

Eisenstadt, S.N. (1956). *From generation to generation — age groups and social structure.* Glencoe, Ill.: Free Press. (deutsch: Von Generation zu Generation. München: Juventa, 1966).

Ekman, P., Friesen, W.V. & Ellsworth, P.C. (o. J.). *Emotion in the human face: Guidelines for research and an integration of findings.* New York: Pergamon Press.

Erikson, E.H. (1950). *Childhood and society.* New York: Norton. (deutsch: Kindheit und Gesellschaft (2. Aufl.). Stuttgart: Klett, 1965.)

Eysenck, H.J. (1967). *The biological basis of personality.* Springfield, Ill.: Thomas.

Eysenck, H.J. & Eysenck, M.W. (1985). *Personality and individual differences: A natural science approach.* New York: Plenum Press.

Festinger, L. (1954). A theory of social comparison process. *Human Relations, 7,* 117—140.

Festinger, L. (1957). *A theory of cognitive dissonance.* Stanford, Calif.: Stanford University Press (deutsch: Theorie der kognitiven Dissonanz. Bern: Huber, 1978).

Festinger, L., Schachter, S. & Back, K. (1950). *Social pressure in informal groups. A study of human factors in housing.* New York: Harper.

Fishbein, M. & Ajzen, I. (1975). *Belief, attitude, intention and behavior.* Reading, Mass.: Addison-Wesley.

Francis, E.K. (1965). *Wissenschaftliche Grundlagen soziologischen Denkens.* München: Francke.

Freeman, D. (1983). *Liebe ohne Aggression: Magaret Meads Legende von der Friedfertigkeit der Naturvölker.* München: Kindler. (Original erschienen 1983: Margaret Mead and Samoa. The making and unmaking of an anthropological myth. Cambridge, Mass.: Harvard University Press.)

French, J.R.P. & Raven, B.H. (1959). The basic of social power. In D. Cartwright (Ed.), *Studies in social power.* Ann Arbor, Mich.: Institute for Social Research.

Freud, S. (1905). Drei Abhandlungen zur Sexualtheorie. In S. Freud, *Gesammelte Werke,* Bd. V. London: Imago Publishing Co. (1948—1952).

Freud, S. (1910). Über einen besonderen Typus der Objektwahl beim Manne. In S. Freud ,*Gesammelte Werke,* Bd. VIII. London: Imago Publishing Co. (1948—1952).

Freud, S. (1912). Totem und Tabu. In S. Freud, *Gesammelte Werke,* Bd. IX. London: Imago Publishing Co. (1948—1952).

Freud, S. (1930). Das Unbehagen in der Kultur. In S. Freud, *Gesammelte Werke,* Bd. XIV. London: Imago Publishing Co. (1948— 1952).

Frey, D. (1984). Einleitung. In D. Frey & M. Irle (Hrsg.), *Theorien der Sozialpsychologie, Bd. I: Kognitive Theorien* (S. 11—15). Bern: Huber.

Frey, D. & Irle, M. (Hrsg.). (1984—1985). *Theorien der Sozialpsychologie,* Bd. I—III. Bern: Huber.

Gage, N.L. & Berliner, D.C. (1986). *Pädagogische Psychologie* (4., völlig neu bearb. Auflage). Weinheim: Beltz.

Gamson, W.A. (1961a). A theory of coalition formation. *American Sociological Review, 26,* 373—382.

Gamson, W.A. (1961b). An empirical test of a theory of coalition formation. *American Sociological Review, 26,* 565—573.

Gergen, K.J. (1973). Social psychology as history. *Journal of Personality and Social Psychology, 26,* 309—320.

Gergen, K.J. & Gergen, M.M. (1982). Form and function in the explanation of human conduct. In P. Second (Ed.), *Explaining social behavior.* Beverly Hills, CA.: Sage.

Geulen, D. & Hurrelmann, K. (1980). Zur Programmatik einer umfassenden Sozialisationstheorie. In K. Hurrelmann & D. Ulich (Hrsg.), *Handbuch der Sozialisationsforschung* (S. 51—67). Weinheim: Beltz.

Gottlieb, B.H. (1983). Social support as a focus of integrative research in psychology. *American Psychologist, 38,* 278—287.

Grabitz-Gniech, G. & Grabitz, H.J. (1973). Psychologische Reaktanz. Theoretisches Konzept und experimentelle Untersuchung. *Zeitschrift für Sozialpsychologie, 4,* 19—35.

Graumann, C.F. (1972). Interaktion und Kommunikation. In C.F. Graumann (Hrsg.), *Handbuch der Psychologie,* Bd. VII/2 (Kap. 24). Göttingen: Hogrefe.

Graumann, C.F. (Hrsg.). (1985). *Kurt Lewin Werkausgabe. Bd. 7.: Angewandte Sozialpsychologie.* Bern: Huber.

Grossmann, K.E. (1983). Die Entwicklung von Beziehungsmustern in der frühen Kindheit. In G. Lüer (Hrsg.), *Bericht über den 33. Kongreß der Deutschen Gesellschaft für Psychologie in Mainz 1982,* Bd. 2 (S. 543—549). Göttingen: Hogrefe.

Guilford, J.P. (1956). *Fundamental statistics in psychology and education (4th ed.).* New York, N.Y.: McGraw-Hill.

Günther, U. (1983). Gehorsam bei Elektroschocks: Die Experimente von Milgram. In D. Frey & S. Greif (Hrsg.), *Sozialpsychologie. Ein Handbuch in Schlüsselbegriffen* (S. 445—452). München: Psychologie Verlags Union.

Guttmann, L. (1944). A basis for scaling qualitative data. *American Sociological Review, 9,* 139—150.

Habermas, J. (1971). Vorbereitende Bemerkungen zu einer Theorie der kommunikativen Kompetenz. In J. Habermas & N. Luhmann (Hrsg.), *Theorie der Gesellschaft oder Sozialtechnologie.* Frankfurt/M.: Suhrkamp.

Hacker, W., Volpert, W. & v.Cranach, M. (Hrsg.). (1982). *Kognitive und motivationale Aspekte der Handlung.* Bern: Huber.

Haire, M. (1950). Projective techniques in marketing research. *Journal of Marketing, 14,* 649—656.

Haisch, J. & Frey, D. (1984). Die Theorie der sozialen Vergleichsprozesse. In D. Frey & M. Irle (Hrsg.), *Theorien der Sozialpsychologie, Bd. I: Kognitive Theorien* (S. 75—96). Bern: Huber.

Hamilton, D.L. (1979). A cognitive-attributional analysis of stereotyping. In L. Berkowitz (Ed.), *Advances in experimental social psychology* (Vol. 12) (pp. 53—84). New York: Academic Press.

Hamilton, D.L. (1981). Illusory correlation as a basis of stereotyping. In D.L. Hamilton (Ed.), *Cognitive processes in stereotyping and intergroup behavior* (pp. 115—144). Hillsdale, N.J.: Erlbaum.

Hammond, K.R. (1946). Measuring attitudes by error-choice and indirect method. *Journal of abnormal and social Psychology,* 1946, 43, 38—48.

Harré, R. & Secord, P.F. (1972). *The explanation of social behavior.* Oxford: Blackwell.

Hartmann, H. (1939). *Ich-Psychologie und Anpassungsprobleme.* Stuttgart: Klett, 1960.

Harvey, J.H., Barnes, R.D., Sperry, D.L. & Harris, B. (1974). Perceived choice as a function of internal-external locus of control. *Journal of Personality, 42,* 437—452.

Harvey, O.J. (1962). Personality factors in resolution of conceptual incongruities. *Sociometry, 25,* 336—352.

Heckhausen, H. (1980). *Motivation und Handeln.* Berlin: Springer.

Heider, F. (1958). *The psychology of interpersonal relations.* New York: Wiley. (deutsch: Psychologie der interpersonalen Beziehungen. Stuttgart: Klett, 1977).

Herrmann, T. & Lantermann, E.D. (Hrsg.). (1985). *Persönlichkeitspsychologie. Ein Handbuch in Schlüsselbegriffen* (S. 101—110). München: Urban & Schwarzenberg.

Hess, E.H. & Polt, J.M. (1960). Pupil size as related to interest value of visual stimuli. *Science, 132,* 247—255.

Hiebsch, H. & Vorwerg, M. (1973). *Einführung in die marxistische Sozialpsychologie* (8., veränd. Aufl.). Berlin: Deutscher Verlag der Wissenschaften.

Higgins, E.T., Rhoks, W.S. & Jones, C.R. (1977). Category accessibility and impression formation. *Journal of Experimental Social Psychologie, 13,* 141—154.

Hinckley, E.D. (1932). The influence of individual opinion on construction of an attitude scale. *Journal of Social Psychlogy,* 1932, 3, 283—296.

Hinde, R.A. (1979). *Towards understanding relationships.* London: Academic Press.

Hofstätter, P.R. (1963). *Einführung in die Sozialpsychologie* (3. Aufl.). Stuttgart: Alfred Kröner Verlag.

Hollander, E.P. (1958). Conformity, status, and idiosyncrasy credit. *Psychological Review, 65,* 117—127.

Homans, G.C. (1950). *The human group.* New York, N.Y.: Harcourt, Brace and Company. (deutsch: Theorie der sozialen Gruppe. Köln/Opladen: Westdeutscher Verlag, 1960).

Homans, G.C. (1961). *Social behavior: Its elementary forms.* New York, N.Y.: Harcourt, Brace & World.

Homans, G.C. (1967). Fundamental social processes. In N.J. Smelser (Ed.), *Sociology: An introduction.* New York, N.Y.: Wiley.

Hörmann, M. (1977). *Psychologie der Sprache.* Berlin: Springer.

Hovland, C.I. & Sherif, M. (1952). Judgmental phenomena and scales of attitude measurement: item displacement in Thurstone scales. *Journal of abnormal and social Psychology,* 1952, 47, 822—832.

Hovland, C.I. & Weiss, W. (1951). The influence of source credibility on communication effectiveness. *Public Opinion Quarterly, 15,* 635—650.

Hummell, H.J. & Opp, K.D. (1971). *Die Reduzierbarkeit von Soziologie auf Psychologie.* Braunschweig: Vieweg und Sohn.

Hurrelmann, K. (Hrsg.). (1976). *Sozialisation und Lebenslauf.* Hamburg: Rowohlt.

Hurrelmann, K. & Ulich, D. (Hrsg.). (1980). *Handbuch der Sozialisationsforschung.* Weinheim: Beltz.

Huston, T.L. & Levinger, G. (1978). Interpersonal attraction and relationships. *Annual Review of Psychology, 29,* 115—156.

Jones, E.E. (1985). Major developments in social psychology during the past five decades. In G. Lindzey & E. Aronson (Eds.), *The Handbook of Social Psychology* (Vol. I) (pp. 47—108). New York: Random House.

Jones, E.E. & Davis, K.E. (1965). From acts to dispositions: The attribution process in person perception. In L. Berkowitz (Ed.), *Advances in experimental social psychology* (Vol. 2) (pp. 219— 266). New York: Academic Press.

Jones, E.E. & Gerard, H.B. (1967). *Foundations of social psychology.* New York, N.Y.: Wiley.

Jones, E.E. & Nisbett, R.E. (1971). The actor and the observer: Divergent perceptions of the causes of behavior. In E.E. Jones, D.E. Karouse, H.H. Kelley, R.E. Nisbett,

S. Valins & B. Weiner (Eds.), *Attributions. Perceiving the causes of behavior.* Morristown, N.J.: General Learning Press.

Karsten, H. (1981). Soziales Lernen. In H. Schiefele & A. Krapp (Hrsg.), *Handlexikon zur Pädagogischen Psychologie* (S. 339—343). München: Ehrenwirth.

Katz, D. (1967). The functional approach to the study of attitude. In M. Fishbein (Ed.), *Readings in attitude theory and measurement.* New York: Wiley.

Katz, D. & Kahn, R.C. (1966). *The social psychology of organizations.* New York, N.Y.: Wiley.

Kelley, H.H. (1967). Attribution theory in social psychology. In D. Levine (Ed.), *Nebraska symposium on motivation* (Vol. 15) (pp. 192—238). Lincoln: University of Nebraska Press.

Kelley, H.H. & Thibaut, J.W. (1978). *Interpersonal relations: A theory of interdependence.* New York: Wiley.

Kelly, G.A. (1955). *The psychology of personal constructs* (2 vols.). New York: Norton.

Kelman, H.C. & Hovland, C.I. (1953). „Reinstatement" of the communicator in delayed measurement of opinion change. *Journal of Abnormal and Social Psychology, 48,* 327—335.

Kinder, D.R. & Sears, D.O. (1985). Public opinion and political action. In G. Lindzey & E. Aronson (Eds.), *The Handbook of Social Psychologie* (Vol. II) (pp. 659—742). New York: Random House.

Kipnis, D. (1974). The powerholder. In J.T. Tedeschi (Ed.), *Perspectives on social power* (pp. 82—122). Chicago: Aldine.

Kohlberg, L. (1976). Moral stages and moralization: The cognitive-developmental approach. In T. Lickona (Ed.), *Moral development and behavior* (pp. 31—53). New York: Holt, Rinehart & Winston.

Krebs, D.L. (1975). Empathy and altruism. *Journal of Personality and Social Psychology, 32,* 1134—1146.

Krebs, D.L. & Miller, D.T. (1985). Altruism and aggression. In G. Lindzey & E. Aronson (Eds.), *The Handbook of Social Psychology* (Vol. II) (3rd ed.). New York: Random House.

Krech, D. & Crutchfield, R.S. (1948). *Theory and problems in social psychology.* New York, N.Y.: Mc Graw-Hill.

Kretschmer, E. (1977). *Körperbau und Charakter* (26. Aufl.). Berlin: Springer.

Kutner, B., Wilkins, C. & Yarrow, P.R. (1952). Verbal attitudes and overt behavior involving racial prejudice. *Journal of Abnormal and Social Psychology, 47,* 649—652.

LaPiere, R.T. (1934). Attitudes vs. actions. *Social Forces,* 13, 230—237.

Lasswell, H.D. (1948). The structure and function of communication in society. In L. Bryson (Ed.), *Communication of ideas* (pp. 37— 51). New York, N.Y.: Harper & Row.

Latané, B. & Darley, J.M. (1970). *The unresponsive bystander: Why doesn't he help?* New York: Appleton-Century-Crofts.

Laucken, U. (1974). *Naive Verhaltenstheorie.* Stuttgart: Klett.

Lehr, U. (1984). *Psychologie des Alterns.* Heidelberg: Quelle & Meyer.

Lersch, P. (1966). *Aufbau der Person* (10. Aufl.). München: Barth.

Levinger, G. & Snoek, J.D. (1972). *Attraction in relationships: A new look at interpersonal attraction.* New York: General Learning Press.

Lewin, K. (1931). *Die psychologische Situation bei Lohn und Strafe.* Leipzig: Hirzel.
Lewin, K. (1944). Constructs in psychology and psychological ecology. *University of Jowa Studies in Child Welfare,* 20, 23—27.
Lewin, K. (1947a). Frontiers in group dynamics: II. Channels of group life: social planning and action research. *Human Relations, 1,* 143—153.
Lewin, K. (1947b). Group decision and social change. In E.E. Maccoby, Th.M. Newcomb & E.L. Hartley (Eds.), *Readings in social psychology.* New York, N.Y.: Holt, Rinehart & Winston, 1958, (3rd, ed).
Lewin, K. (1948). *Die Lösung sozialer Konflikte.* Bad Nauheim: Christian Verlag, 1953.
Lieberman, S. (1956). The effects of changes in roles on the attitudes of role occupants. *Human Relations, 9,* 385—402.
Likert, R. (1932). A technique for the measurement of attitudes. *Archives of Psyology,* 1932, Whole No. 140, 1—55.
Lilli, W. (1984). Die Hypothesentheorie der sozialen Wahrnehmung. In D. Frey & Irle, M. (Hrsg.), *Theorien der Sozialpsychologie. Bd. I. Kognitive Theorien* (S. 19—46). Bern: Huber.
Lindgren, H.C. (1969). *An introduction to social psychology.* New York: Wiley. (deutsch: Einführung in die Sozialpsychologie (2. Aufl.). Weinheim, Basel: Beltz, 1974).
Lindzey, G. & Aronson, E. (1985). *The Handbook of Social Psychology* (Vol. II). New York: Random House.
Lorenz, K. (1963). *Das sogenannte Böse.* Wien: Borotha-Schoeler.
Lück, H.E. (1969). *Soziale Aktivierung.* Köln: Wison-Verlag.
Luhmann, N. (1971). Moderne Systemtheorie als Form gesamtgesellschaftlicher Analyse. In J. Habermas & N. Luhmann (Hrsg.), *Theorie der Gesellschaft oder Sozialtechnologie.* Frankfurt/Main: Suhrkamp.

MacIver, R.M. (1965). *The web of government.* New York, N.Y.: The Free Press.
Malewski, A. (1967). *Verhalten und Integration. Die Theorie des Verhaltens und das Problem der sozialwissenschaftlichen Integration.* Tübingen: Mohr.
Mandel, A., Mandel, K.H., Stadter, E. & Zimmer, D. (1971). *Einübung in Partnerschaft durch Kommunikationstherapie und Verhaltenstherapie.* München: Pfeiffer.
Marcuse, H. (1955). *Eros and civilisation.* New York, N.Y.: Vintage Books, 1961. (deutsch: Triebstruktur und Gesellschaft. Frankfurt/M.: Suhrkamp, 1970.)
Maslow, A.H. (1954). *Motivation and personality.* New York, N.Y.: Harper.
McArthur, L.A. (1976). The lesser influence of consensus than distinctiveness in formation on causal attributions: A test of the person-thing hypothesis. *Journal of Personality and Social Psychology, 33,* 733—742.
McClelland, D.C. (1961). *The achieving society.* N.J.: Van Nostrand. (deutsch: Die Leistungsgesellschaft. Stuttgart: Kohlhammer, 1966).
McDavid, J.W. & Harary, H. (1948). *Social psychology.* New York, N.Y.: Harper & Row, 1968.
McGuire, W.J. (1964). Inducing resistance to persuasion: Some contemporary approaches. In L. Berkowitz (Ed.), *Advances in experimental social psychology* (Vol. I). New York, N.Y.: Academic Press.
McGuire, W.J. (1969). The nature of attitudes and attitude change. In G. Lindzey & E. Aronson (Eds.), *The Handbook of Social Psychology* (Vol. III, 2nd ed.) (pp. 136—314). Reading, Mass.: Addison-Wesley.

McGuire, W.J. (1985). Attitudes and attitude change. In G. Lindzey & E. Aronson (Eds.), *The Handbook of Social Psychology* (Vol. II) (pp. 233—346). New York: Random House.

Mead, M. (1928). *Coming of age in Samoa: A psychological study of primitive youth for western civilization.* New York: Morrow. (deutsch: Jugend und Sexualität in primitiven Gesellschaften (3. Aufl.), Bd. 1: Kindheit und Jugend in Samoa. München: Deutscher Taschenbuch Verlag, 1974).

Mead, G.H. (1934). *Mind, self and society.* Chicago, Ill.: University of Chicago Press. (deutsch: Geist, Identität und Gesellschaft (2. Aufl.). Frankfurt: Suhrkamp, 1975).

Meggle, G. (1981). *Grundbegriffe der Kommunikation.* Berlin: de Gruyter.

Mehrabian, A. (1972). *Nonverbal communication.* Chicago, Ill.: Aldine-Atherton.

Mertens, W. (1975). *Sozialpsychologie des Experiments. Das Experiment als soziale Interaktion.* Hamburg: Hoffmann & Campe.

Mikula, G. (1977). Interpersonale Attraktion: Ein Überblick über den Forschungsstand. In G. Mikula & W. Stroebe (Hrsg.), *Sympathie, Freundschaft und Ehe.* Bern: Huber.

Mikula, G. & Stroebe, W. (Hrsg.). (1977). *Sympathie, Freundschaft und Ehe.* Bern: Huber.

Milgram, S. (1964a). Group pressure and action against a person. *Journal of Abnormal and Social Psychology, 69,* 137—143.

Milgram, S. (1964b). Issues in the study of obedience: A reply to Baumrind. *American Psychologist, 19,* 848—852.

Milgram, S. (1966). Einige Bedingungen von Autoritätsgehorsam und seiner Verweigerung. *Zeitschrift für experimentelle und angewandte Psychologie, 18,* 433—463.

Milgram, S. (1974). *Obedience to authority.* New York: Harper & Row. (deutsch: Das Milgram-Experiment. Zur Gehorsamsbereitschaft gegenüber Autorität. Reinbek: Rowohlt, 1977).

Miller, D.R. & Swanson, G.E. (1958). *The changing american parent.* New York, N.Y.: Wiley.

Miller, J.G. (1955). Toward the general theory for the behavioral sciences. *American Psychologist, 10,* 513—531.

Mixon, D. (1972). Instead of deception. *Journal for the Theory of Social Behavior,* 2, 145—177.

Montada, L. (1982). Themen, Traditionen, Trends. In R. Oerter & L. Montada (Hrsg.), *Entwicklungspsychologie.* München: Urban & Schwarzenberg.

Moscovici, S. (1979). *Sozialer Wandel durch Minoritäten.* München: Urban & Schwarzenberg.

Mowrer, O.H. (1960). *Learning theory and the symbolic processes.* New York: Wiley.

Mueller, E.F. & Greiner, P. (1969). *Mauerbau und „Neues Deutschland“.* Bielefeld: Bertelsmann Universitätsverlag.

Mueller, E.F. & Thomas, A. (1976). *Einführung in die Sozialpsychologie* (2. Aufl.). Göttingen: Hogrefe.

Mulder, M. (1959). Power and satisfaction in task-oriented groups. *Acta psychological, 16,* 178—225.

Müller, G.F. & Müller-Andritzky, M. (1987). Norm, Rolle, Status. In D. Frey & S. Greif (Hrsg.), *Sozialpsychologie. Ein Handbuch in Schlüsselbegriffen* (2. erw. Aufl.) (250—254). München: Psychologie Verlags Union.

Mummendey, A. (1983). Aggressives Verhalten. In H. Thomae (Hrsg.), *Psychologie der Motive. Enzyklopädie der Psychologie* (IV, Bd.2) (322—439). Göttingen: Hogrefe.

Mummendey, H.D. (Hrsg.). (1979). *Einstellung und Verhalten.* Bern: Huber.

Mummendey, H.D. & Bolten, H.G. (1985). Die Impression-Management-Theorie. In D. Frey & M. Irle (Hrsg.), *Theorien der Sozialpsychologie, Bd. III: Motivations- und Informationsverarbeitungstheorien* (57—77). Bern: Huber.

Newcomb, T.M. (1943). *Personality and social change: Attitude formation in a student community.* New York: Holt, Rinehart & Winston.

Newcomb, T.M. (1950). *Social psychology.* New York, N.Y.: Dryden Press. (deutsch: Sozialpsychologie. Meisenheim/Glan: Anton Hain.)

Newcomb, T.M. (1953). An approach to the study of communicastive acts. *Psychological Review, 60,* 393—404.

Newcomb, T.M. (1961). *The acquaintance process.* New York: Holt, Rinehart & Winston.

Newcomb, T.M. (1964). On the definition of attitude. In M. Jahoda & N. Warren (Eds.), *Attitudes — selected readings* (pp. 22—24). Harmondsworth, England: Penguin Books, 1966.

Oerter, R. & Montada, L u. a. (1982). *Entwicklungspsychlogie.* München: Urban & Schwarzenberg.

Olmsted, M.S. (1959). *The small group.* New York: Random House. (deutsch: Die Kleingruppe: Soziologische und sozialpsychologische Aspekte. Freiburg i.Br.: Lambertus-Verlag, 1971.)

Opp, K.-D. (1983). *Die Entstehung sozialer Normen.* Tübingen: Mohr.

Osgood, C.E., Suci, G.J. & Tannenbaum, P.H. (1957). *The measurement of meaning.* Urbana: University of Illinois Press.

Osgood, C.E. & Tannenbaum, P.H. (1955). The principle of congruity in the prediction of attitude change. *Psychological Review, 62,* 42—55.

Park, B. & Rothbart, M. (1982). Perception of out-group homogenity and levels of social categorization: Memory for the subordinate attributes of in-group and out-group members. *Journal of Personality and Social Psychology, 42,* 1051—1068.

Parsons, T. (1951). *The social system.* Glencoe, Ill.: Free Press.

Parsons, T., Bales, R.F. & Shils, E.A. (1953). *Working papers in the theory of action.* New York, N.Y.: Free Press.

Parsons, R. & Shils, E.A. (1959). *Toward a general theory of action.* Cambridge, Mass.: Harvard University Press.

Patry, J.-L. & Perrez, M. (1981). Lernen und Lerntheorien. In H. Schiefele & A. Krapp (Hrsg.), *Handlexikon zur Pädagogischen Psychologie* (S. 231—240). München: Ehrenwirth.

Patterson, M.L. (1976). An arousal model of interpersonal intimacy. *Psychological Review, 83,* 235—245.

Pawlow, J.P. (1926). *Die höchste Nerventätigkeit (das Verhalten) von Tieren.* München: Bermann.

Petty, R.E. & Cacioppo, J.T. (1981). *Attitudes and persuasion: Classic and contemporary approaches.* Dubuque, Iowa: William C. Brown.

Piaget, J. (1954). *Das moralische Urteil beim Kinde.* Zürich: Rascher.

Platzköster, A. (1983). *Ein handlungstheoretisches Motivationsmodell des Hilfehandelns.* Frankfurt a. M.: Lang.

Plessner, H. (1960). Soziale Rollen und menschliche Natur. *Festschrift für Theodor Litt. Erkenntnis und Verantwortung.* Düsseldorf.

Postman, L., Bruner, J.S. & McGinnies, E. (1948). Personal values as selective factors in perception. *Journal of Abnormal and Social Psychology, 43,* 142—154.

Pruitt, D.G. (1968). Reciprocity and credit buildings in a laboratory dyad. *Journal of Personality and Social Psychology, 8,* 143—147.

Raven, B.H. (1974). The comperative analysis of power and power preference. In J.T. Tedeschi (Ed.), *Perspectives on social power* (pp. 172—198). Chicago: Aldine.

Raven, B.H. & Kruglanski, A.W. (1970). Conflict and power. In P. Swingle (Ed.), *The structure of conflict* (pp. 69—109). New York: Academic Press.

Riesman, D. (1950). *The lonely crowd.* New Haven, Conn.: Yale University Press. (deutsch: Die einsame Masse. Neuwied/Rhein: Luchterhand 1956).

Roberts, D.F. & Maccoby, N. (1985). Effects of mass communication. In G. Lindzey & E. Aronson (Eds.), *The Handbook of Social Psychology* (Vol. II) (pp. 539—598). New York: Random House.

Rogers, C. (1951). *Client-centered therapy.* Boston, Mass.: Houghton Mifflin. (deutsch: Die klient-bezogene Gesprächstherapie. München: Kindler, 1973.)

Roheim, G. (1925). *Australian totemism: A psychoanalytic study in anthropology.* London: Allen and Unwin.

Rokeach, M. (1960). *The open and closed mind: Investigations into the nature of belief systems and personality systems.* New York, N.Y.: Basic Books.

Rokeach, M. (1961). Belief versus race as determinants of social distance: Comment on Triandis paper. *Journal of Abnormal and Social Psychology, 62,* 187—188.

Rommetveit, R. (1955). *Social norms and roles: Explorations in the psychology of enduring pressures.* Minneapolis, Minn.: University of Minnesota Press.

Rosch, M. & Frey, D. (1983). Soziale Einstellungen. In D. Frey & S. Greif (Hrsg.), *Sozialpsychologie. Ein Handbuch in Schlüsselbegriffen* (S. 296—305). München: Urban & Schwarzenberg.

Rosemann, B. & Kerres, M. (1986). *Interpersonales Wahrnehmen und Verstehen.* Bern: Huber.

Rosenberg, M.J. (1960). An analysis of affective-cognitive consistency. In M.J. Rosenberg, C.I. Hovland, W.J. McGuire, R.P. Abelson & W.J. Brehm (Eds.), *Attitude organization and change* (pp. 112—163). New Haven: Yale University Press.

Rosenberg, M.J. & Hovland, C.I. (1960). Cognitive, affective, and behavioral components of attitudes. In M.J. Rosenberg, C.I. Hovland, W.J. McGuire, R.P. Abelson & W.J. Brehm (Eds.), *Attitude organization and change* (pp. 1—14). New Haven: Yale University Press.

Ross, L. (1977). The intuitive psychologist and his shortcomings: Distortions in the attribution process. In L. Berkowitz (Ed.), *Advances in experimental social psychology* (Vol. 10). New York: Academic Press.

Ross, M. & Flechter, G.J.O. (1985). Attribution and social perception. In G. Lindzey & E. Aronson (Eds.), *The Handbook of Social Psychology* (Vol. II) (pp. 73—122). New York: Random House.

Rotter, J.B. (1954). *Social learning and clinical psychology.* Englewood Cliffs, N.J.: Prentice-Hall.

Rotter, J.B., Chance, J.E. & Phares, E.J. (1972). *Applications of a social learning theory of personality.* New York: Holt, Rinehart and Winston.

Rubin, Z. (1973). *Liking and loving: An invitation to social psychology.* New York: Holt, Rinehart and Winston.

Rushton, J.P. (1975). Generosity in children. Immediate and longterm effects of modeling, preaching, and moral judgement. *Journal of Personality and Social Psychology, 31,* 459—466.

Sader, M. (1969). Rollentheorie. In C.F. Graumann (Hrsg.), *Handbuch der Psychologie,* Bd. VII/1. Göttingen: Hogrefe.

Sader, M. (1976). *Psychologie der Gruppe.* München: Juventa.

Sarbin, Th.R. & Allen, V.C. (1968). Role theory. In G. Lindzey & E. Aronson (Eds.), *The Handbook of Social Psychology* (Vol. II) (2nd ed.) (pp. 488—567). Reading, Mass.: Addison-Wesley.

Sarnoff, J.R. & Zimbardo, P.G. (1961). Anxiety, fear and social affiliation. *Journal of Abnormal and Social Psychology, 62,* 356— 363.

Sbandi, P. (1973). *Gruppenpsychologie.* München: Pfeiffer.

Schachter, S. (1959). *The psychology of affiliation.* Stanford, Cal.: Standford University Press.

Schachter, S. & Singer, J.E. (1962). Cognitive, social and physiological determinants of emotional state. *Psychological Review, 69,* 379—399.

Scherer, K.R. (1977). Kommunikation. In T. Herrmann, P.R. Hofstätter, H.P. Huber & F.E. Weinert (Hrsg.), *Handbuch psychologischer Grundbegriffe* (S. 228—239). München: Kösel.

Scherer, K.R. & Giles, H. (1979). *Social makers in speech.* Cambridge: University Press.

Scherer, K.R. & Wallbott, H.G. (Hrsg.). (1979). *Nonverbale Kommunikation: Forschungsberichte zum Interaktionsverhalten.* Weinheim: Beltz.

Schlenker, B.R. (1980). *Impression management: The self-concept, social identity and interpersonal relation.* Belmont: Brooks/Cole.

Schmidt, H.-D. (1982). Verhaltensforschung und Kinderpsychologie. In V. Johst (Hrsg.), *Biologische Verhaltensforschung am Menschen* (S. 125—136). Berlin.

Schwartz, S.H. (1977). Normative influences on altruism. In L. Berkowitz (Ed.), *Advances in experimental social psychology* (Vol. 10) (pp. 221—279). New York: Academic Press.

Secord, P.F. & Backman, C.W. (1964). *Social Psychology.* New York, N.Y.: McGraw-Hill.

Seiffert, H. (1972). *Einführung in die Wissenschaftstheorie* (Bd. 1). München: C.H. Beck.

Shannon, C. & Weaver, W. (1949). *The mathematical theory of communication.* Urbana: University of Illinois Press.

Shaw, M.E. & Constanzo, P.R. (1970). *Theories in social psychology.* New York: McGraw-Hill.

Showers, C. & Cantor, N. (1985). Social cognition: A look at motivated strategies. *Annual Review of Psychology, 36,* 275—305.

Simmel, G. (1908). *Soziologie. Untersuchungen über die Formen der Vergesellschaftung.* Leipzig: Dunker & Humbolt.

Skinner, B.F. (1938). *The behavior of organisms.* New York: Appleton.

Skinner, B.F. (1948). *Walden two.* New York, N.Y.: Macmillan (deutsch: Futurum zwei. Hamburg: Wegner, 1970).

Skinner, B.F. (1971). *Beyond freedom and dignity.* New York, N.Y.: Alfred A. Knopf (deutsch: Jenseits von Freiheit und Würde. Reinbek b. Hamburg: Rowohlt, 1973).

Smelser, N.J. (Ed.). (1967). *Sociology: An introduction.* New York, N.Y.: Wiley.

Sorrentino, R.M. & Boutilier, R.G. (1974). Evaluation of a victim as a function of fate similarity/dissimilarity. *Journal of Experimental Social Psychology, 10,* 84—93.

Spranger, E. (1924). *Lebensformen.* Halle/Saale: M. Niemeyer.

Steinbeck, J. (1985). *Früchte des Zorns.* München: Deutscher Taschenbuch Verlag.

Steiner, I.D. (1979). Social psychology. In E. Hearst (Ed.), *The first century of experimental psychology.* Hillsdale, N.J.: Lawrence Erlbaum.

Stendenbach, F.J. (1963). *Soziale Interaktion und Lernprozesse.* Köln: Kiepenheuer & Witsch.

Strack, F. (1985). Urteilsheuristiken. In D. Frey & M. Irle (Hrsg.), *Theorien der Sozialpsychologie, Bd. III: Motivations- und Informationsverarbeitungstheorien* (S. 239—267). Bern: Huber.

Stroebe, W. (1978). Das Experiment in der Sozialpsychologie. In W. Stroebe (Hrsg.), *Wege der Forschung: Sozialpsychologie* (Bd. 1). Darmstadt: Wissenschaftliche Buchgesellschaft.

Stroebe, W. (1980). Einstellung und Verhalten. In W. Stroebe (Hrsg.), *Grundlagen der Sozialpsychologie* (Bd.). Stuttgart: Klett-Cotta.

Stryker, S. & Statham, A. (1985). Symbolic interaction and role theory. In G. Lindzey & E. Aronson (Eds.), *The Handbook of Social Psychologie* (Vol. I) (pp. 311—378). New York: Random House.

Suls, J.M. & Miller, R.L. (Eds.). (1977). *Social comparison processes: Theoretical and empirical perspectives.* Washington, D.C.: Hemisphere.

Tajfel, H. (1981). Social stereotypes and social groups. In J.C. Turner & H. Giles (Eds.), *Intergroup behaviour* (pp. 144—167). Oxford: Basil Blackwell.

Tausch, R. & Tausch, A.-M. (1979). *Erziehungspsychologie: Begegnung von Person zu Person* (9. Aufl.). Göttingen: Hogrefe.

Tedeschi, J.T. (Ed.). (1974). *Perspectives on social power.* Chicago: Aldine Publishing Company.

Tedeschi, J.T., Lindskold, S. & Rosenfeld, P. (1985). *Introduction to social psychology.* St. Pauli: West.

Tenbruck, F.H. (1961). Zur deutschen Rezeption der Rollentheorie. *Kölner Zeitschrift für Soziologie und Sozialpsychologie, 13,* 1— 40.

Thibaut, J.W. & Kelley, H.H. (1959). *The social psychology of groups.* New York: Wiley.

Thomas, A. (1984). Sozialpsychologisch-kognitionspsychologische Ansätze der Erforschung von Einsamkeit. In D. Albert (Hrsg.), *Bericht über den 34. Kongreß der Deutschen Gesellschaft für Psychologie in Wien 1984* (Bd. 1) (S. 482—485). Göttingen: Hogrefe.

Thomas, W.I. & Znaniecki, F. (1918). *The polish peasant in Europe and America.* Boston, Mass.: Badger, 1918—1920.

Thompson, W.C., Cowan, C.L. & Rosenhan, D.L. (1980). Focus of attention mediates the impact of negative affect on altruism. *Journal of Personality and Social Psychology, 38,* 291—300.

Thurstone, L.L. & Chave, E.J. (1929). *The measurement of attitudes.* Chicago, Ill.: University of Chicago Press.

Timaeus, E. (1974). *Experiment und Psychologie: Zur Sozialpsychologie psychologischen Experimentierens.* Göttingen: Hogrefe.

Trautner, H.M. (1978). *Lehrbuch der Entwicklungspsychologie.* Göttingen: Hogrefe.

Triandis, H.C. (1961). A note on Rokeach's theory of prejudice. *Journal of Abnormal and Social Psychology, 62,* 184—186.

Triandis, H.C., Davis, E.E. & Takezawa, S.I. (1965). Some determinants of social distance among American, German and Japanese students. *Journal of Personality and Social Psychology, 2,* 540—551.

Triplett, N. (1898). The dynamogenic factors in pace making and competition. *American Journal of Psychology, 9,* 507—533.

Tversky A. & Kahneman, D. (1980). Causal schemas in judgements under uncertainty. In M. Fishbein (Ed.), *Progress in social psychology* (Vol. 1) (pp. 49—72). Hillsdale, N.J.: Lawrence Erlbaum.

Vallone, R.P., Ross, L. & Lepper, M.R. (1985). The hostile media phenomenon: Biased perception and perception of media in coverage of the Beirut massacre. *Journal of Personality and Social Psychology, 49,* 577—585.

Vernon, P.E. & Allport, G.W. (1931). A test for personal values. *Journal of Abnormal and Social Psychology, 26,* 233—248.

Vorwerg, M. (1971). Sozialpsychologische Grundlagen der Verhaltensänderung. In M. Vorwerg (Hrsg.), *Psychologische Probleme der Einstellungs- und Verhaltensänderung.* Berlin: VEB Deutscher Verlag der Wissenschaften.

Walster, E.H. & Walster, G.E. (1978). *A new look at love.* Reading, Mass.: Addison-Wesley.

Walster, E.H., Walster, G.W. & Berscheid, E. (1978). *Equity: Theory and research.* Boston: Allyn & Bacon.

Watzlawick, P., Beavin, J.H. & Jackson, D.D. (1967). *Pragmatics of human communication: A study of interactional patterns, pathologies, and paradoxes.* New York: Norton. (deutsch: Menschliche Kommunikation: Formen, Störungen, Paradoxien. Stuttgart: H. Huber, 1969).

Webb, E.J., Campbell, D.T., Schwartz, R.D. & Sechrest, L. (1966). Unobtrusive measures: Nonreactive research in the social sciences. Chicago, Ill.: Rand McNally.

Weber, M. (1922). *Wirtschaft und Gesellschaft* (5. neu hrsg. Aufl.). Tübingen: Mohr, 1972.

Wertheimer, M. (1945). *Productive thinking.* New York: Harper. (deutsch: Produktives Denken. Frankfurt: Kramer, 1957.)

Wicker, A.W. (1969). Attitudes versus actions: The relationship of verbal and overt behavioral responses to attitudes objects. *Journal of Social Issues, 25,* 41—78.

Willms, B. (1971). Gesellschaftsvertrag und Rollentheorie. In B. Willms (Hrsg.), *Funktion-Rolle-Institution.* Düsseldorf: Bertelsmann-Universitätsverlag.

Witte, E.H. (1979). *Das Verhalten in Gruppensituationen. Ein theoretisches Konzept.* Göttingen: Hogrefe.

Wolff, R.P. (1966). Jenseits der Toleranz. In P.R. Wolff, B. Moore & H. Marcuse (Hrsg.), *Kritik der reinen Toleranz.* Frankfurt/M.: Suhrkamp.

Wrightsman, L.S. (1964). Measurement of philosophies of human nature. *Psychological Reports, 14,* 743—751.

Wrightsman, L.S. (1974). *Assumptions about human nature: A social psychological approach.* Monterey, Calif.: Brooks/Cole.

Wrong, D.H. (1961). The oversocialized conception of man in modern sociology. *American Sociological Review, 26,* 183—193.

Wylie, Ph.G. (1959). *Generation of vipers.* New York, N.Y.: Pocket Books, 1959.

Zajonc, R.B. (1965). Social facilitation. *Science, 149,* 269—274.

Zajonc, R.B. (1966). *Social psychology: An experimental approach.* Belmont, Calif.: Books/Cole.

Zajonc, R.B., Markus, H.M. & Wilson, W.R. (1974). Exposure effects and associative learning. *Journal of Experimental Social Psychology, 10,* 248—263.

Zigler, E.F. & Child, I.L. (1969). Socialization. In G. Lindzey & E. Aronson (Eds.), *The Handbook of Social Psychology* (Vol. III, 2nd ed.) (pp. 450—589). Reading, Mass.: Addison-Wesley.

Zimbardo, P.G. & Formica, R. (1963). Emotional comparison and self-esteem as determinants of affiliation. *Journal of Personality, 31,* 141—162.

Autorenverzeichnis

Stichwortverzeichnis